U0938799

珍藏本
纪念版

汉译世界学术名著丛书

十八世纪
科学、技术和哲学史

上册

〔英〕亚·沃尔夫 著

周昌忠 苗以顺 毛荣运 译

周昌忠 校

2017年·北京

Abraham Wolf

A HISTORY OF SCIENCE,

TECHNOLOGY, AND PHILOSOPHY

IN THE EIGHTEENTH CENTURY

London: George Allen & Unwin Ltd.

First Published in 1938

Second Edition 1952

据伦敦乔治·艾伦与昂温公司1952年第二版译出

图 1一狄德罗的《百科全书》(1751 年)的扉页

汉译世界学术名著丛书
（120年纪念版·珍藏本）
出 版 说 明

2017年2月11日，商务印书馆迎来120岁的生日。120年前，商务印书馆前贤怀揣文化救国的理想，抱持“昌明教育，开启民智”的使命，立足本土，放眼寰宇，以出版为津梁，沟通中西，为中国、为世界提供最富智慧的思想文化成果。无论世事白云苍狗，潮流左右激荡，甚至战火硝烟弥漫，始终践行学术报国之志，无改初心。

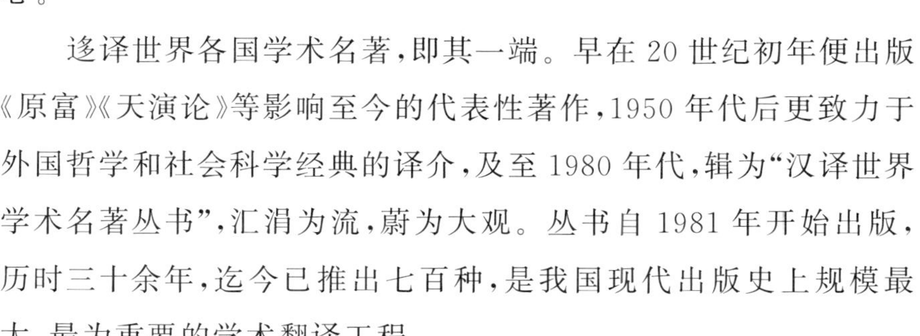

迻译世界各国学术名著，即其一端。早在20世纪初年便出版《原富》《天演论》等影响至今的代表性著作，1950年代后更致力于外国哲学和社会科学经典的译介，及至1980年代，辑为“汉译世界学术名著丛书”，汇涓为流，蔚为大观。丛书自1981年开始出版，历时三十余年，迄今已推出七百种，是我国现代出版史上规模最大、最为重要的学术翻译工程。

丛书所选之书，立场观点不囿于一派，学科领域不限于一门，皆为文明开启以来，各时代、各国家、各民族的思想与文化精粹，代表着人类已经到达过的精神境界。丛书系统译介世界学术经典，引领时代思想，为本土原创学术的发展提供丰富的文化滋养，为推动中国现代学术和现代化进程做出了突出的贡献。

为纪念商务印书馆成立120周年，我们整体推出“汉译世界学术名著丛书”120年纪念版的珍藏本，寄望既利于文化积累，又便于研读查考，同时向长期支持丛书出版的译者、编者和读者致以敬意。

两甲子后的今天，商务印书馆又站在了一个新的历史时间节点上。我们不仅要铭记先辈的身影和足迹，更须让我们的步伐充满新的时代精神。这是商务人代代相传的事业，更是与国家和民族的命运始终紧密相连的事业。我们责无旁贷，必须做好我们这代人的传承与创造，让我们的努力和成果不仅凝聚成民族文化的记忆，还能成为后来人可以接续的事业。唯此，才能不负前贤，无愧来者。

商务印书馆编辑部

2017年10月

目　　录

序　　言 24

我的《科学史》第二部的问世遂了我的心愿，得以有机会为前一卷所受到的欢迎表达我的感激之忱。我深深感谢威廉·布拉格爵士、F. 恩里克斯教授、已故 L. N. G. 菲荣教授、亨利·莱昂斯爵士、珀西·纳恩爵士、已故卢瑟福勋爵和其他人，他们不吝赞赏我的《十六、十七世纪科学、技术和哲学史》①。另外，有许多人垂询以后各部分的大概出版日期，这使我更增添了信心，相信我正在搞的这部著作是切合现实需要的。

本卷讨论十八世纪，因此或许格外适时。在文明世界大部分 1
都在向野蛮倒退的时候，重温欧洲为达致开明状态而奋斗并取得成功的那个时代，尤其令人感奋。人类曾经达到过的东西，无疑将再次达到。而且人们希望，在再次达到时，我们将更加充分地认识到，必须永远保持警惕，这是自由的代价，是人类进步所系。

这里可对本书总的计划说明一二。各门科学从数学开始按一般性（或者说抽象程度）递减的顺序排列，最后是生物科学。一般说来，一般程度低的科学在材料和方法方面，一定程度上依赖比较一般的科学。所以，采取这种方案有个优点，就是除了个别场合，

---

① 中译本：周昌忠、苗以顺等译，商务印书馆，1985 年。

不必反复重提各门科学成就之间的相互关系。科学史之后是各门主要技术的历史。最后几章讨论的内容可以称为比较特殊的人文学科，包括心理学、社会科学和哲学，因为就实证科学学生也对它们感兴趣而言，它们不同于美学和伦理学这类规范性学科。另外，论述按照研究问题的次序，而不是传记的次序进行。不过，读者可从《索引》方便地查知任何不止在一个领域工作的思想家取得的各种各样的成就。本书没有列出正式参考书目，但包含充足的文献和插图。

25 我之受惠于其他人，无疑所在多有。我愿向下述各位表达由衷的谢意：所有我提到的那些著作的作者；R. 道林小姐、S. B. 汉密尔顿先生、D. 麦凯博士以及尤其是 A. 阿米塔奇先生，他们间或作为我的研究助手而提供了宝贵的合作；伦敦经济学院、国立中央图书馆、皇家学会、科学博物馆、大学学院和伦敦大学等单位的图书馆管理员，他们不厌其烦地提供了必需的图书；H. W. 迪金森先生、R. T. 古尔德海军少校、J. E. 霍奇森先生、C. A. 卢伯克女士、皇家学会理事会、皇家研究院院长、科学博物馆馆长和其他人，他们慨允复制有些插图；D. 迈耶小姐和汉密尔顿先生，他们绘制了大部分线条图；最后，同样还有伦敦大学尤其伦敦经济学院的各位同事，他们对本工作的进展表现了友善的兴趣。

亚・沃尔夫

第一章　导论 27

十八世纪

十七世纪遗留给后世一大笔遗产；十八世纪则是这个天才时代当之无愧的继承者。前人在科学、技术和哲学等领域的成就都被恰当地吸收了，不仅如此，它们还被朝许多方向大大推进了。十八世纪被冠之以各种名称："理性时代"、"启蒙时代"、"批判时代"、"哲学世纪"。这些它都称得起，而且还不止于此。它最贴切的名称或许是"人文主义时代"。在这个世纪，人类获得的知识被传播到了空前广阔的范围内，而且还应用到了每一个可能的方面，以期改善人类的生活。这个时代的一切理智和道德的力量都被套到人类进步的战车之上，这是前所未有的。不幸而真实的是，实际取得的成就远不如人文主义运动领袖们所付出的努力。黑暗和压迫势力处处设防，很难驱除。人文主义的倡导者时时受到阻挠和迫害，他们的著作被当政者查禁或销毁。但是，他们从不沉默，从不消沉。他们越来越响亮地喊出苦难人类的呼声。这呼声在广大的地域引起反响。震撼了专制的基础，耶利哥城[①]的围墙倒坍了。

---

① 巴勒斯坦的一座古城。——译者

历史的遗产

我们一开始可以先来概述十八世纪从十六和十七世纪继承下来的遗产。

在数学方面，过去两个世纪里已取得了巨大进展，建立了一些
28 新的分支。代数学里，利用字母取代词语也即缩记方法已扎下了根，运算等等也已用符号来标示，这些符号有许多至今仍在应用。雷纪奥蒙塔拉斯把三角学的早期成就加以系统化；他的后继者采取代数方法处理三角比。包含三次和四次未知量的方程成功地解出；方程的负根和虚根的意义为人们所认识。概率论初露端倪。由于耐普尔发明自然数的对数和三角比的对数，算术计算得到了简化。笛卡尔和费尔玛奠定了解析几何的基础，他们发现了如何用方程表示曲线，这样，用代数方法便可以推导出曲线的几何性质。度量弯曲图形、确定重心等等的几何学方法，带来了处理连续变化量这个更为一般的问题。最后高潮是牛顿发明流数方法和莱布尼茨发明微积分。

在力学方面，伽利略和牛顿的工作建立了运动的基本定律和物体相互作用的基本定律。虚速度原理和斜面定律有了明确的表述，并得到应用。流体静力学取得了进步，流体动力学开始出现。气体力学方面，波义耳定律确立，大气压的作用已为人们理解。

天文学方面，哥白尼引入了日心说，它逐渐取代了地心模式。第谷·布拉赫推进了观察天文学；刻卜勒发现了行星运动定律。伽利略把望远镜应用于天文学，并以其动力学知识反驳了对日心

说的众多诘难。最后是牛顿提出万有引力定律，由之可以推出刻卜勒定律。

物理学在十七世纪取得了长足的发展。光学上，刻卜勒作出了一些重要发现。他用实验确定了近似的折射定律，相当正确地说明了光线通过各种透镜和透镜系统时走过的路径。斯涅耳提出光折射正弦定律。格里马耳迪发现并研究了衍射现象。牛顿确定 29
了颜色和光的可折射性之间的关系。巴塞林那斯发现了方解石中的双折射现象。勒麦近似地测定了光速。光的微粒说和波动说两个对立学说，相继提出并展开了争论。热的研究方面，热是分子运动之一种形式的概念找到了根据，注意到了热容量以及热和冷的辐射。声学研究涉及了音调、和弦振动、泛音、声的速度和媒质。磁和电的研究有了相当大的进展。在地球表面的广大区域测量了罗盘指针随地理子午圈而发生的变化，还注意到了这种变化随时间的流逝而变动。吉尔伯特对磁石的性能进行了实验研究，用整个地球犹如一块磁石的假说解释了磁针的定向性。他还表明，琥珀以外的一些物质也有电的性质。卡贝乌斯观察到了电排斥现象；盖里克制造了第一台摩擦起电的机器。

气象学在十七世纪里奠定了科学的基础。物理原理应用到了大气现象；专门研制了用于测量空气的温度、压强和湿度以及雨量的科学仪器。组织进行了国际规模的协调一致的观测，为测定大气层的厚度，解释地球表面上风和水的运动而作的努力，也取得了相当的成功。

化学也步入了科学的阶段，逐渐摆脱了炼金术的思想方式。实验工作、切合实验结果的解释，逐渐取代依据不充分资料进行的大胆猜测。这种变化主要是玻义耳引起的，他赋予“元素”、“化合物”和“混合物”等术语以切实的含义。由于莱伊、玻义耳、胡克、洛厄和梅奥等人的工作，煅烧、燃烧、呼吸和发酵等问题都达到了接近解决的阶段；布兰德和玻义耳各自独立地发现了磷。

阿格里科拉、斯特诺和佩罗等人沿着科学的路线发展了地质学的各主要分支。关于地球起源的含糊猜测渐渐地让位于对物理地质学、古生物学和晶体学的实验研究。至于地理学，十七世纪进行的最重要探险是：麦哲伦向西环球航行、澳大利亚和许多太平洋岛屿的发现以及北美腹地的探险。地图绘制方法大大改善。麦卡托的投影制图法是对制图学的一大贡献。

30 生物科学上的突出事件有：哈维发现血液循环；显微镜的发明及其在微生物研究中的广泛应用；发现植物的有性特征；医学诊断采用体温表；整个医学中的科学精神日益高涨。

在技术领域里，属于十七世纪的发明寥寥无几。其中最重要的是固定式蒸汽机开始出现。机械计算器也首开其端，包括计算尺和机械计算器。

社会科学中，十七世纪里最进步的是人口统计学。配第和其他人的“政治算术”为社会、经济和其他现象的统计研究奠定了基础。各种年龄组死亡率的研究导致编制寿命表，作为人寿保险的根据；这些研究和类似研究所揭示的规律性促使树立一种信念，相信一切社会现象都有规律性。

十七世纪是哲学的黄金时代。出现了五大体系，即霍布斯的唯物主义、笛卡尔的二元论、斯宾诺莎的泛神论、莱布尼茨的唯心主义和洛克的经验主义。它们今天仍然是哲学的几种主要类型；

哲学讨论大都围绕它们之中的一种进行。

科学、技术和哲学的进步

我们接下来的任务是简要地说明一下，十八世纪里在科学、技术和哲学等领域里取得了哪些进展。

数学方面，代数学扩展并得到系统化；三角学推广成为数学分析的一个分支；微积分有了发展，而且被用来解决几何学、力学和物理学等学科中的问题。函数的一般理论建立。方程和无穷级数的理论提出。变分法奠定了基础，概率学说得到发展。解析几何的原理获得了比较一般的表述；画法几何初露端倪。

力学丰富了，充实了好几个新的概括，即动量守恒原理（惠更 31
斯在十七世纪已在一定程度上预见到）、达朗贝原理和最小作用原理。数学分析越来越多地应用于力学问题，完成了系统化。对液体运动和液体中固体的运动的研究有了进展，为此做了精心设计的流体动力学实验。气体分子运动论开始出现，认为气体的压强乃由其运动粒子碰撞所产生，受其密度和温度影响。

天文学方面，在牛顿的基础上，构造了一个庞大的动力学体系。所取得的成果都汇集在拉普拉斯的《天体力学》（*Mécanique Céleste*）之中。三个相互吸引物体的运动问题，专门就太阳、地球和月球进行了研究。注意到了，行星的轨道因受它们相互吸引之影响而发生变化。根据流体力学原理研究了地球的形状。望远镜安装和配备的方法有了改进。发明了消色差透镜和量日仪。发现了光行差和地球两极的章动。确定了地球的质量、大小和形状，研究了地面上重力的变化。康德、布丰和拉普拉斯等人提出了各种关于太阳系起源的理论；威廉·赫舍尔研究了恒星系。

物理学几乎在其一切分支中都取得了可观的进步。在光的研究中，最重要的进步是在光度学方面，它的理论原理和实验原理由兰伯特和布格埃在这个世纪中期提出。在声的研究中，声音的拍、音调、强度、速度、媒质和可闻度等项的测定上取得了进步。热的研究导致在热容量、潜热、热膨胀测量和热的动力说等方面作出了许多新的发现。电和磁的研究进步迅速。在这个领域中，这个世纪的发现包括：有两种相反的带电状态存在；一些物体具有导电性；只要附近有带电物体存在，导体便感生电荷；电在低压下通过空气。这个世纪还发明了改良的用于以机械方法产生电荷的摩擦机器、积蓄和存储电荷的电容器以及用于检测和测量电荷的验电器和静电计。对电现象的数量方面的兴趣越来越大，其登峰造极
32 是库仑用实验证明，电荷之间的力服从平方反比定律。证明了闪电是放电，以及整个大气平常处于带电状态，从而大大开阔了关于电现象规模的观念。还证明了，某些海洋动物对敌类和捕食对象的攻击是电性质的。“动物电”的探索导致研究不同金属接触所产生的微量电荷，从而导致发明伏打电堆和发现电流。诉诸磁素的电现象解释代之以一种电流体的假说，或者有两种这样的流体存在的假说，按照后者，由于这两种电流体分布不均，引起物体中产生其中一种电荷。类似假说也援引来解释磁现象。弄清楚了，磁体也作用于铁以外的物质，有的吸引，有的排斥。库仑确立了磁极的力随距离变化的定律。在地磁学领域，罗盘的变化编制成表，它的分布图编绘得越来越详细，同时也确定了周日和周年的变动。

磁倾角也绘制成图，并已试图比较地面各处地磁场的强度。

气象学的研究，由于在国际范围内组织系统的观测和利用标准化仪器按照统一的程序采集数据而取得了进展。气压计和温度计的设计和应用有了改进；发明了新式的湿度计和风速计等等仪器。

拉瓦锡使化学系统化了。用于气体的收集和爆炸、燃烧和煅烧的实验、水的合成等各种用途的重要装置先后被发明出来。确证了物质（确切地说是重量）在化学变化中的守恒。化学亲合性和当量的研究取得了进展。化学的命名法作了改进，并逐步标准化。

地质学在火成岩的研究和物理地质学的研究方面取得了进展，后一项研究还首次引入了实验方法。

地理探险广泛开展。单个的旅行家和有组织的探险到达了非洲、亚洲、北美洲（从大西洋到太平洋），以及太平洋及其沿岸。众多的探险家中间，卓然超群的是库克船长。大地测量学、制图学和自然地理学也有所进展。

生物科学上，分类和命名方法都有了改进。植物和动物的形态学、解剖学和生理学的研究以及胚胎学研究也有进展。最重要 33
的是黑尔斯采取新的实验方法研究植物和动物。医学方面，学生的临床训练方法有了相当大的改进。人体生理学和病理解剖学的研究有所进展。引入了一些新的药物，开始把电应用于治疗。但是，最突出的是詹纳研究天花以及引入种痘术。

技术几乎在其一切分支都取得了巨大的进展。农业上，改良了旧的方法和农具，发明了新的农具（打谷机和切草机）。纺织工业方面，怀亚特和保罗发明了纺织辊，阿克赖特发明了“水力纺纱机”，另外还发明了各种新式织机。这个时期的一些第一流化学家还引入了新的织物漂染方法。建筑问题中的科学因素受到了注意，公共和私人建筑物的建造，尤其是道路、桥梁（包括铁桥）、运河和灯塔的建造有了进步。固定式蒸汽机大大改良，广泛应用于矿山和水厂；这个世纪结束之前，开始有了火车、蒸汽车和轮船。甚至气球和降落伞也昂然登场。对技术的后来发展作出的一个重要贡献是改进了机床的制造。化学工业方面开始大规模生产硫酸和碱。这个世纪的末年，还出现了采取煤气照明的新式灯。

十八世纪里，各门哲学学问（心理学、社会科学和哲学）也取得了进步。事实上，它们以种种方式对这个世纪产生了最强烈的影响，几乎人人都爱以哲学家自居，愿以世界贤哲的信徒自诩。人的研究被认为是人类的正经学问，因此心理学成为当时最流行的学问。这对心理学也许并非有百利而无一弊，但它终究取得了进展。心理过程的三重划分（认识、情感和意志）明确地作出，生理心理学和变态心理学肇始。心理学还应用到了教育，尤其是盲人和聋哑人的教育。在研究民族性的形成时，休谟强调心理因素，而不是通
34 常所倡言的气候影响。由于统计资料的收集和处理方法的改进，人口统计学大大进步。经济学空前地系统化，尤其是亚当·斯密以总括万殊的方式使之一体化。哲学在很大程度上按心理学的精神研究，众多致力于它的普及的人也让它受害不浅；但是，它从休谟的怀疑方法和康德的“批判”方法那里大受其益。

时代的精神

为了理解十八世纪，仅仅了解它在科学和技术上的成就是不够的。但这一世纪宗教、社会、经济和政治等领域里的斗争历史，本书没有涉及。然而，这里应当论述一下这个时代的精神，它引起了这些斗争。尤其是，它同这个时期的哲学密切相联系。对任何时代的精神进行分析，充其量是一种困难而又吉凶未卜的冒险。不过，我们这里应该尝试说明某些表征十八世纪之特质的重要特征；我们打算简要地考查一下它的现世主义、理性主义和自然主义，这一切促成了一种宽容人文主义的诞生。

现世主义在这里是指热衷于现世和尘世的生活，它区别于那种超脱的、一心想望来世生活的态度。理性主义是指相信人类理智的能力、相信个人判断的态度，区别于对他人教条式权威的仰赖。最后，自然主义是在这样意义上使用的：相信事物和事件的“自然秩序”，或者说，相信自然过程有其固有的秩序，而不存在神奇的或超自然的干预。 11

刚才所述的这些态度表征了所谓的“古典主义”，亦即亚里士多德时代雅典人处于鼎盛期的精神。但是，除了个别的例外，中世纪人对它们却闻所未闻。只是随着文艺复兴的出现，由于激动人心地同古典文献接触，它们才逐渐被恢复。科学本身是这些新观念的产物。它不是这些态度的原因，而是它们的结果。然而，科学在十七世纪所取得的惊人进步，极大地有助于证明这些观念是合理的，激励它们也同科学、技术和哲学以外的问题发生关系。十八世纪的精神领袖们正是试图这样做的。而且,他们不仅仅是为了自己,也是为了全人类。因此,他们猛烈批判教会要求权威的一切教条,批判国王及其宠臣的"神授权力"。因此,他们尽力使自己的时代成为彻头彻尾的"理性时代",尽力谋求思想和言论的自由,尽力抵制国家干预宗教信仰和公民的经济活动。因此,他们热忱地"启蒙"人民,引导他们为自己的合法利益而斗争,反对任何剥削和压迫。

"启蒙运动"实际诞生于十七世纪,而且是在英国。众所周知的历史条件导致了这个结果。致使一个国王身首分离(查理一世于 1649 年)和另一个被废黜(詹姆斯二世于 1688 年)的那些事件,势所难免地动摇了人民对国王的"神授权力"的信念。一个教派一旦当权便大肆迫害,同统治教派不合的国王则搞阴谋诡计。这使一切教派都有很多成员相信彼此宽容是明智的。1651 年的航海法实施以来,国际贸易迅速增长,这也助长了宽容精神。并且,这个时期英国有些伟人(包括弥尔顿和洛克)雄辩地宣传宽容的信条。英国人作出了一些十七世纪里最为重要的科学发现。这一事实表明,这种正确的精神当时是存在的。启蒙运动从英国传播到法国,又从那里传播到德国和其他国家。伏尔泰以居间作用,极大地推动了这整个运动。他在 1726 年访问英国,成为英国科学、英国哲学、英国宽容精神和英国常识的热忱宣传者。他的《哲学通信》(*Letters on the English*)(1728 年)在巴黎被公开焚毁,但这无碍于它们产生深远的影响。实际上,伏尔泰宣传宽容,同压迫进行斗争是那么持久而有效,以致有人认为十八世纪是"伏尔泰时代"。

对国王的"神授权力"的诘难表达为这样的论点:甚至君主也

对其子民负有义务。老米拉波鼓吹这个思想，他在他的《人民之友》（*L'Ami desHommes*）（1756 年）中要求路易十五做一个 *roi pasteur*［牧师之王］，而不是 *roi soleil*［太阳之王］[①]，并在他的《租 36
税理论》（*Théorie de l 'Impôt*）（1760 年）中大胆力主，一个国王只有当证明其功劳大于花费时，作为一国之主的地位才是合理的。米拉波由于鲁莽而遭囚禁，但他仍坚持己见；可以代表那个时代的是，普鲁士的腓特烈大帝认为，以“国家第一公仆”的面目出现，是明智的。反过来，要求个人自由的呼声则反对不劳而获者对劳动阶级的剥削。康德从哲学上表达了这种抗议。康德力主，应当把每个人都看做为终止于他自己的结果，而不只是工具。功利主义者也在他们的“最大多数的最大幸福”的理想中表达了这一点。

在对教会权威的反抗中，认为品质和行为远比宗教教义重要的观点流行了开来。这个时期的作家始终坚持不懈地嘲弄教会，讽刺它们肆意迫害不相信教义的人和包庇不道德的行为。蒲伯的《论人》（Ⅲ）（*Essay on Man*）中那著名的两行诗表达了这种对行为和品质优先性的信念：

让不识礼义的狂热者去为信仰方式奋斗，

他们一定不会弄错哪些人的生活方式对头。

莱辛的《智者纳旦》（*Nathan the Wise*）（1779 年）更是把这表达得淋漓尽致，这部著作把十八世纪宗教思想的精华包罗无遗。

人本主义和博爱主义之在时代精神中处于主导地位，自然地

---

① 指法国国王路易十四，他在位执政期间，法国封建专制制度达到了极点，中央王权空前强大，成为欧洲军事上最强大的国家。——译者

导致这时代倾向于国际主义即世界主义。伏尔泰公开反对狭隘爱国主义的自私和种种有害倾向。他力陈，对普鲁塔克笔下的英雄们是十分好的东西，不等于在理性时代也十分好。理性的作用应当团结一切人，达致四海之内皆兄弟，并把所有国家邦联成为一个伟大的“博爱的祖国”。许多十八世纪大思想家，包括康德、赫德尔和歌德都抱有这个理想，而没有人因之便认为他们不爱国。然而，这种博爱主义超越时代太前了。十九世纪里，民族主义和侵略主义的狭隘精神迅速增长，这种精神后来在有些国家里蜕变为极其野蛮的暴虐。同十八世纪的博爱主义相比，二十世纪看来是在开人类进步的倒车。约翰逊博士(1709—84)曾明确地预言，爱国主义可能被罪恶地滥用，他称那是“恶棍的最后一个庇护所”。

37 知识的传播

十八世纪里，知识空前广阔地在知识界狭小圈子以外传播。这个时期的特征是拉丁语迅速为国语所取代。整个著作家队伍把普及知识包括科学知识作为自己的使命，以推进启蒙运动的事业。传播知识的媒介包括百科全书、期刊和普通书籍；及至世纪末，为此目的还建立了专门的机构。跟其他方面一样，这些方面也都在十七世纪就已开始了；但是，只是在十八世纪，这整个运动才获得势头。

知识的传播没有也不可能普及到劳工阶级，而只限于上层和中层阶级。原因是显而易见的。大众还是文盲，不可能去读新的著作，即使是通俗易懂的读物。实际上，新书等等出版物的出版和发行，在渠道上会遇到形形色色的障碍，尤其是在法国。并且，启蒙运动领袖中，赞同劳工阶级受教育的人寥若晨星。米拉波、亚当·斯密和朗福尔德等属于少数几个鼓吹贫民免费教育的人之列。其他人如卢梭相信，未受过教育的“高尚的粗人”天生心地善良，他们认为，人如果不受教育，便可能十分幸福。还有些人，也许占绝大多数，害怕一旦大众突然从促成控制他们的信仰和恐惧下解放出来，可能会有所作为。这个阶级的代言人仅伏尔泰一人，他满怀对贫民和被压迫者的同情，恳请他的无神论者朋友谨小慎微。“你们尽情地搞哲学吧。我想，我会听到浅薄涉猎者演奏优美音乐自娱；但要当心，切莫给无知、蛮横和粗俗的人举行音乐会；他们可能用你们的乐器砸你们的头。”正是出于这种忧虑，伏尔泰说出了他的名言：“如果没有上帝，我们就必须发明一个。”因此，大众教育一点也没有搞；很可能正是由于这种疏忽，后来的革命者因而对拉瓦锡一类科学伟人采取冷酷无情的态度。直到法国大革命(1789 年)以后，劳工的免费职业教育才在巴黎和伦敦萌生。

图 2—伏尔泰

百科全书 38

今天人们公认，十八世纪出版的著作中，最有影响的是法国的《百科全书》(*Encyclopédie*)。它的第一卷于 1751 年问世，由狄德罗和达朗贝合编。然而，在它之前和之后也还有其他百科全书。因此，这里应当简单介绍一下其中一部分。第一部重要的近代百科全书是皮埃尔·培尔的《历史与批判辞典》(*Dictionnaire historique et critique*)(阿姆斯特丹，对开两卷本，1695，1697 年；第二版，三卷本，1702 年；第三版，四卷本，1720 年，等等——英译本，1709 年，等等)。这部著作科学内容并不多。然而，它产生了很大的影响。在巴黎，它刚问世的日子里，人们每天早晨在马扎兰图书馆外面排长队，想有机会查阅培尔的《辞典》。像最后一章里所要说明的，培尔是个哲学怀疑论者，他认为理性是破坏性批判的工具，而不是建设的工具。他自称是个信仰者，也没有什么结论性证据可以否定他的真诚。他肯定从未怀疑过道德心的确实性；他可能把他的宗教信仰也建基于这种直觉而不是理性之上。在谈论各种宗教教义及其据说的道理时，他的态度是非常破坏性的，虽然并不那么袒露。人们自然地认为，他虔诚的自白只是一种用来抵御迫害的手段，而他的激烈的批判才是他对各个问题下的结论。在这一点上，人们或许错了。然而，十八世纪许多理性主义者却都纷纷仿效他那为人们如此理解或者说误解的方法；狄德罗在他自己的《百科全书》中故意采取这种方法。他在相应的辞条中

图 3—培尔

恭敬地解释了“可敬的偏见”；但他又请读者参阅其他辞条，它们远为令人信服地阐释了相反的观点。狄德罗还花了相当篇幅论述培尔《辞典》中的材料。

培尔的工作之后，接下来令人感兴趣的这种事业是伊弗雷姆·钱伯斯的《百科全书，或艺术和科学百科辞典》（*Cyclopaedia, or an Universal Dictionary of Art and Sciences*）（1728 年，对开两卷本）。它算不上一个伟大成就，但它包含科学内容，而且在后
来几个版本中，科学部分有了相当的扩充和提高。钱伯斯《百科全 39
书》的主要功绩在于它最终导致那伟大的法国《百科全书》出版。约在 1743 年，一个英国人和一个德国人替这部《百科全书》搞了个法文译本，送给一位巴黎的出版家。后来发生争执，事情拖延了下来。最后，当手稿归这位巴黎出版家所有时，他不知该怎么办，于是去同狄德罗联系，后者劝他把计划大大扩充。约在1746年，狄

图 4—狄德罗

图 5—达朗贝

德罗被委以规划一部新的《百科全书》(*Encyclopédie*)的任务。他同达朗贝合作,后者认为:“指导和启蒙人的艺术是人类所能从事的事业中最高尚的部分,是最珍贵的礼物。”钱伯斯和培尔两人著作中的材料大都纳入了这部新著作,但它大大扩充了,收入了当时法国几乎所有名人撰写的辞条。辞条撰稿人包括——这里仅略举若干人——伏尔泰、卢梭、布丰、霍尔巴赫、欧勒、米拉波、孟德斯鸠、魁奈、杜尔哥,当然还有达朗贝和狄德罗。狄德罗是最多产的撰稿人和编者。检查员和出版家的阻难,政府的查禁和形形色色的障碍,延缓和损害了这项工作。1757 年,在第七卷出版以后,不像狄德罗那样敢当战士的达朗贝退出了,把编辑工作撂给他的合作者一人承担。另外十卷在 1765 年问世;十一卷图版在 1762 和 1772 年间出版;五卷增补卷在 1776—77 年出版。尽管不完善,但这部《百科全书》是这类工作中最伟大的成就,对启蒙时代产生最有力的影响。狄德罗在辞条“百科全书”中清楚地说明了这整个事业的人文主义精神:“人是我们应当由之出发并应当把一切都追溯到他的独一无二的端点。……如果你取消了我自己的存在和我同胞们的幸福,那么,我以外的自然界的其余一切同我还有什么关系呢?”我们特别感兴趣的是《百科全书》把大量篇幅用于科学和技术,以及其中所介绍的工艺过程都有详细的说明和大量图解。这部《百科全书》后来经过大大扩充和改编,以《方法百科全书》(*Encyclopédie Méthodique*)(1788—1832)为书名重新发行。(参见 J. Morley: *Diderot and the Encyclopaedists*,2 Vols.,1878,等等。)

十八世纪问世的其他百科全书中,最重要的是策特勒的六十四卷本的《大型科学和艺术百科辞典》(*Grosses vollstän diges U-*

niversal Lexicon aller Wissenschaften und Künste)（哈雷，1732—50），后来又出版了增订卷，以及三卷本的《英国百科全书》(*Encyclopaedia Britannica*)（爱丁堡，1771 年）。前者实质上是这个世纪所有百科全书中学术性最强的；后者很快就执英语百科全书之牛耳，这个地位一直维持到今天。第一部重要的意大利百科全书是十卷本的《新科学和宗教-世俗奇闻辞典》(*Nuovo Dizionario Scientifico e curioso sacro-profano*)（威尼斯，1746—51），编纂者是威尼斯科学院的秘书姜弗朗西斯科·皮瓦提。这个世纪末年，最流行的德国百科全书之一即布罗克豪斯的《会话百科全书》(*Conversations-Lexicon*)（莱比锡，1796—1808，六卷本）出了前几卷。

当然，这里还应当考虑到许多篇幅较小、价格较廉的这类著 40
作。可以提到下面一些：约翰·哈里斯的《技术百科全书》(*Lexicon Technicum*)（1704 年），他后来是皇家学会的秘书；柏林学院秘书 J. T. 雅布隆斯基的《艺术和科学百科全书》(*Allgemeines Lexicon der Künste und Wissen-schaften*)（莱比锡，1721 年）；本杰明·马丁的《技术文库》(*Bibliotheca Technologica*)（伦敦，1738 年）；罗伯特·多兹利的《导师》(*The Preceptor*)，载有塞缪尔·约翰逊博士的一篇序（伦敦，1748 年，两卷本）；以及上面提到的皮瓦提的《百科辞典》(*Dizionario Universale*)（1744 年）。马丁在他的《序言》中试图通过改动《旧约全书·箴言》中的一句话(xiv. 34)来表达时代的精神，他这样引述："学问使一个国家荣耀，但无知给任何民族都带来耻辱。"他正是竭力通过出版大量科学普及著作来提高他的同胞。

期刊

十七世纪的定期文献几乎全是各个学术会社的出版物。两个最重要的例外是1665年在巴黎发刊的《学人杂志》(*Journal de Sçavans*)和培尔于1684年在荷兰创办的《文学界新闻》(*Nouvelles de la République des Lettres*)。十八世纪里,出现了流行更广的期刊。许多英文期刊处于带头地位。其中最著名的有《闲谈者》(*The Tatler*)(1709年)、《救助者》(*The Guardian*)(1710年)、《旁观者》(*The Spectator*)(1711年)和《检查者》(*The Examiner*)(1712年)。名字同这些事业联结在一起的最著名人物有约瑟夫·艾迪生(1672—1719)、里查德·斯蒂尔爵士(1672—1729)和迪安·斯威夫特(1667—1745)。这些期刊、实际上十八世纪所有其他期刊的宗旨,诚如艾迪生在《旁观者》很早一期中所说明:"据说苏格拉底把哲学从天上降到人间;我有一个奢望,让人们说我把哲学从书房和图书馆、大学和学院带进俱乐部和集会,带到茶桌上和咖啡馆里"(*Spectator*, Vol. 1, No. 10)。《旁观者》的成功促使在巴黎也出了一种类似期刊即《法国旁观者》(*Spectateur Français*)(1722年)。下一种重要法国期刊最初于1756年在巴黎出版,它的刊名为《百科全书杂志》(*Journal Encyclopédique*)(显然是受正在出版过程之中的《百科全书》的启发)。十八世纪最重要的德国期刊是F.尼古拉的《最新文学通讯》(*Briefe die neueste Literatur betreffend*),莱辛和莫泽斯·门德尔松,尤其是门德尔松给它写了大量散文。重农主义者(见第三十章)出版了一种专业刊物《农业商业金融杂

志》(*Journal de l'Agriculture du Commerce et des Finances*)(1765 年),讨论经济、社会和政治问题。杜邦·德·内穆尔编辑的《杂志》在推动一些欧洲国家的各种经济改革上产生了相当大的 41
影响。当《杂志》于 1766 年暂时中止时,它的职能由《公民大事记》(*Éphémérides du Citoyen*)接替,后者创刊于 1765 年,原先是比较一般性的刊物。它最初由修道院院长邦多(他也属于重农主义派)编辑,后来由杜邦接任。从 1775 到 1783 年,《杂志》又成为重农主义者的刊物。在其他期刊中,可以提到另外两种英国出版物。1718 年,《自由思想家》(*The Freethinker*)首次问世;它刊载普及文章,"旨在唤醒人类被蒙骗的部分去利用理性和常识"。这个世纪快完结的时候,1798 年,出版了一种范围广泛的期刊,编者是亚历山大·蒂洛赫。这种期刊名叫《哲学杂志》(*The Phlosophical Magazine*),它的"宏旨"是"在每个'社会阶级'中传播'哲学[即科学]知识'及时向'公众'报道'国内'和'大陆'科学界一切新奇的东西"。这《杂志》刊载许多精彩文章,大都摘选自各个科学学会的出版物。

公共机构

十八世纪末年建立了两个传播科学和技术知识的公共机构。这两个机构至今犹存。它们就是在巴黎的国家工艺博物馆和在伦敦的大不列颠皇家研究院。

国家工艺博物馆是根据国民会议的法令在 1794 年创立的。1799 年,十一世纪在圣马丁田园创建的原本笃会隐修院让给博物馆作馆址。各种工具、机械和机械图纸等等收藏逐渐积累起来。

图 6—国家工艺博物馆——入口

这些藏品中，最古老的是机械师雅克·德·沃康松(1709—82)私人收藏的机器等物，他于 1782 年遗赠给路易十六。沃康松曾利用这份收藏训练工人。它包括一台丝织机。约瑟夫·玛丽·雅卡多[①](1752—1834)从这种机器得到启发而发明了一种改良的织机，后者奠定了里昂兴盛的丝绸工业的基础。博物馆逐渐获得了许多其他藏品，包括贝尔图收藏的时钟、查理和阿贝·诺莱的物理仪器以及或许最令人感兴趣的、拉瓦锡原来使用的化学仪器。拉瓦锡的仪器陈列在回声厅(图 7)。博物馆的教职人员原先有三名演示员和一名制图员。后来开设了各种免费的公共演讲课程，而且还不时增设新的课程。博物馆的活动最近大
42 大扩充，这个机构赢得了工业神学院(*Sorbonne Industrielle*)这个

---

① 提花织机发明人，后来这种织机即以他命名(Jacquard Loom)。——译者

非正式名称。作为第一所科学和技术博物馆，有理由认为巴黎博物馆刺激了其他地方也建立类似机构。不管怎样，1794 年国民会议关于创建博物馆的法令看来很可能同朗福尔德伯爵晚两年的建议有点关系，它倡议在伦敦创设类似机构。

图 7—国家工艺博物馆——回声厅

大不列颠皇家研究院是因本杰明·汤普森爵士即朗福尔德伯爵的倡议而问世的。他的科学工作将在后面几章论述。1796 年 1 月，他提议在伦敦建立一个组织，以给穷人提供食物，以及“介绍和推广使用新的发明和改进以及各种新奇的设计；重点放在热的处理和燃料节约方面，它们旨在促进家庭的舒适和实惠”。他的计划还包括“成立一个宏大的陈列馆，收藏各种各样有用的机械发明”。1796 年底，一批英国慈善家在皇家赞助下建立了一个“改善贫民条件学会”，1797 年初他们推举朗福尔德为这个学会的终身会员。1798年，朗福尔德把他的计划提交给这学会；他们任命了一个委

图 8—大不列颠皇家研究院

员会来审查这些建议。为了争取资助，草拟了这份计划的纲要，委员们把它给朋友们传阅；它征求五十畿尼[①]认捐额，认捐人及其后嗣将成为这个研究院的永久所有人。立即有五十八个颇著声望的人士报名；当时曾召集过一次会议，朗福尔德在会上宣传了“建议，在不列颠帝国的这个大都会用认捐款建立一个公共机构，传播知
43 识，促进广泛介绍有用机械发明和改进，以及借助哲学[即科学]讲演课程和实验，教授科学在日常生活中的应用”。朗福尔德规定了这研究院的两个主要目标：“迅速而又广泛地传播关于一切新的和有用的改进的知识，不管它们是在世界什么地方作出的；教授怎样把科学发现用于改良我国的工艺和制造，以及增进家庭的舒适和便利。”这个研究院包括“宽敞而又空气流通的房间……用来收藏

① 旧英国金币，合 21 先令。——译者

和公开展出一切值得让公众注目的新的机械发明和改良”。这些房间里放置实物大小的模型(可能的话,还是**活动的**模型),例如壁炉、火炉、窑、通风装置、厨房及用具、洗衣房、酿造和蒸馏设备、手纺车和织机、农具等等。参观者可以得到关于这些展品的工作原理的附有插图的说明书,并标明制造者的名称、地址和售价。为了开展教育工作,研究院设有一个“讲演室……供哲学演讲和实验用;和一个完备的实验室和哲学设备,配备必要的仪器,……用于进行化学和其他哲学实验”。演讲的题目限于科学和技术,演讲人是在好几个领域里都属于第一流的人物。他们说明热学定律对燃料节约和织布的应用,解释食品保存和烹调、制冰、制革、漂白、染色等等的工艺过程。研究院任命的第一个常任演讲人是托马斯·加尼特博士;他还担任学报编辑,第一期于 1800 年发刊。然而,加尼特和朗福尔德关系不和睦,他遂在 1801 年辞职,出缺由年轻的汉弗莱·戴维填补。朗福尔德原计划还要创办一所对工匠进行技术教育的工业学校,作为研究院的一个部分。有些地区对给下层社会实施教育抱有政治上的疑虑,但是这些被克服了,对仔细挑选的工人,开设了砌砖、细木工、铁工等等方面的深入细致的训练课程。除了最初的所有人之外,研究院还根据交纳一定的认捐额,接纳年度会员和终身会员。开支由这些认捐额、听讲和参观费、捐款和遗产抵充。研究院的会务由九名干事掌管,这些干事由所有会员在自己中间遴选。还委任了九名检查人,就研究院的活动和财务情况提出年度报告。第一次干事会议于 1799 年 3 月 9 日在约瑟夫·班克斯爵士在索霍区的宅第举行;翌年六月,研究院进入它 44
在阿尔比马尔街的永久院址,不久它便收到了乔治三世国王所赐

的皇家特许状。朗福尔德当时目睹他的计划大部分已经实现；但经费却十分拮据。因此，他在于 1800 年制订的一份新的计划书中，特别向富有阶级呼吁，希望“当富人乐于思考和鼓励那些真正有用的机械改造时，高尚以及与之不可或离的美德将复兴；合理的经济节约将成为时尚；勤奋和机智将得到褒奖；社会各阶级的探索活动将莫不倾向于促进社会的繁荣昌盛。”在新世纪开始时，朗福尔德离开英国去追求别的目标时，皇家研究院似乎濒临破产，不得不实施大幅度紧缩。但是，戴维的成就和声望使它很快就重蓄资财，并开始了延续至今的光辉历程。

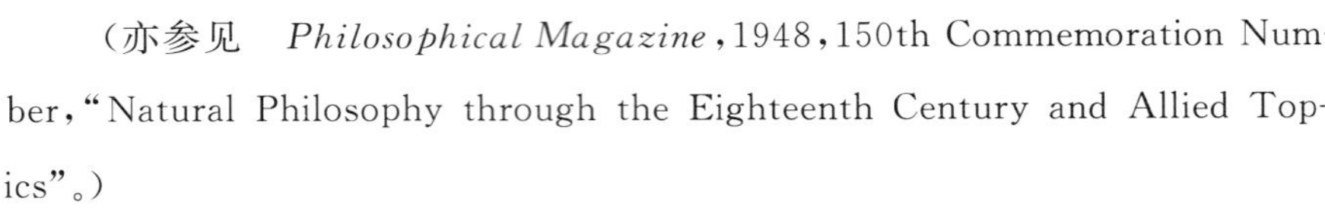

（亦参见 *Philosophical Magazine*，1948，150th Commemoration Number，“Natural Philosophy through the Eighteenth Century and Allied Topics”。）

第二章　数学 45

十八世纪期间，微积分方法的发展促使纯粹数学丰富起来；力学形成了理论体系；并且，数学推理方法对实验数据的应用，大大拓展了由伽利略、惠更斯和牛顿所开创的数理物理学领域。整个这个时期，数学和理论物理在它们发展中的关系，比以往和以后的任何时期都更为紧密。这是一种对双方都有益处的联系；许多新的力学与物理学问题促进了那些有助于解决它们的纯分析研究。十八世纪期间，推动纯粹数学和应用数学发展的，主要是一些大陆数学家，他们在这两个分支里同样显示出了天才。他们之中的主要人物有伯努利家族、欧勒和拉格朗日。

数学史上地位稍逊的有法国数学家克勒洛、达朗贝、勒让德和蒙日。前两人最大的贡献在于力学、天文学和数理物理学方面；勒让德主要是一个分析学家；而蒙日则创立了几何学的一个新分支。拉普拉斯对数理物理学和概率论作出了奠基性的贡献，但他的最伟大成就应载入天文学史册。这个时期的英国数学家，突出人物是布鲁克·泰勒、辛普森和马克劳林。

一、微积分、概率及其他

伯努利家族

伯努利家族源于一个到瑞士寻求宗教自由的荷兰新教家庭。在这个产生了众多数学家的伯努利家族中，最年长也是最杰出者之一是雅各布·伯努利(1654—1705)，他的工作对十七世纪和十八世纪的数学起着承前启后的作用。他出生于巴塞尔，在那儿度过了一生中的大部分时间。1687年，他在巴塞尔大学就任数学教授。雅各布·伯努利对数学的主要贡献在于系统化了和倡导了莱

46 布尼茨的微积分，以及把莱布尼茨的微积分应用到微分几何和物理问题。他还是建立概率演算的先驱。他的兄弟约翰·伯努利

图 9—雅各布·伯努利

图 10—约翰·伯努利

(1667—1748)继他之后任巴塞尔大学教授，约翰的兴趣扩展到化学和医学；但他在数学史上的声誉，主要在于对极大和极小问题的解决和探索，以及解析三角学的建立。约翰的次子丹尼尔·伯努利(1700—82)先在圣彼得堡当数学教授，后来回到巴塞尔历任几个教授职位。他最大的贡献在于数理物理学(特别是流体动力学)和概率问题。伯努利家族的天才一直延续到第三代；但只有雅各布、约翰和丹尼尔属于第一流数学家。

把莱布尼茨所发现的方法加以推广，以便建立正规的积分学的工作是由两个老伯努利即雅各布和约翰完成的。正是由于他们的著作，莱布尼茨的无穷小方法才得以在大陆数学家中间迅速确立起来。

约翰·伯努利把他的一些积分法讲稿整理成《积分法数学讲义》(*Lectiones mathematicae de methodo integralium*)(写于1691—92年，1742年出版，用德文编入奥斯特瓦尔德的*Klassiker*，No. 194)。在一些一般性的论述之后，伯努利先从曲面求积、曲线求长和微分方程求解等着手。接着，他转到力学和物理学问题，如(特席尔恩豪斯首先深入研究的)焦散线、等时降落轨迹和悬链线等问题；但是，这方面的计算可能性，是丹尼尔·伯努利首先深入探究的。

(为某些读者着想，对上面所提到的各种曲线和将要涉及的别的曲线作些解释并加以图示。也许是合宜的。**悬链线**是一条均匀链在重力作用下自由悬垂而形成的曲线。

焦散线是一个点(P)发出的光线在凹球面镜的轴向截面(AB)反射而形成的曲线。

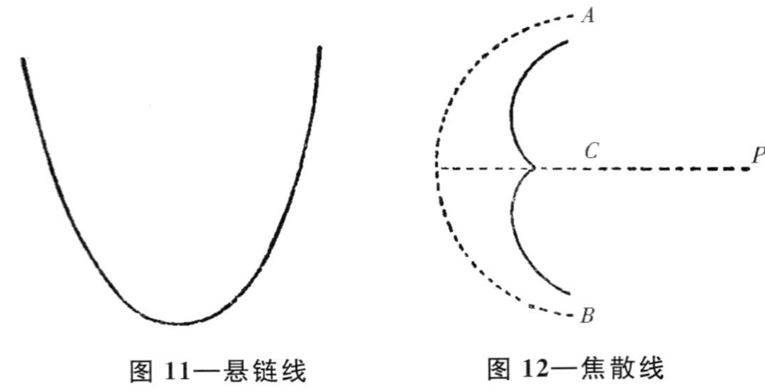

图 11—悬链线　　　　**图 12—焦散线**

47 **摆线**是当一个圆在一固定直线(AB)上滚动时,其圆周上一点(*P*)所生成的曲线。

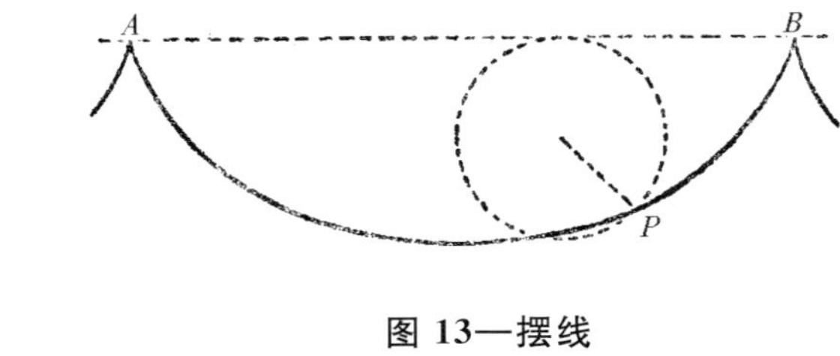

图 13—摆线

等时降落轨迹是这样的曲线:一质点沿着它从静止开始下滑,在重力作用下,不管从它上面什么位置开始运动,这质点到达某终点所用时间总是相等。这种曲线已经证明是带有水平基线的**摆线**。**最速**落径是下降最快的曲线,即一质点在重力作用下沿它下滑而在最短**可**能时间里通过的曲线。这曲线也是**摆线**。)

约翰·伯努利另一部关于微分学的著作,很长时间里一直被认为已经佚失,但后来在巴塞尔大学图书馆里发现了手稿(参见奥斯特瓦尔德的 *Klassiker*, No. 211)。现在看来,这本小册子构成了这一时期相当著名的一本著作的基础,这就是洛皮塔尔的《无穷小分析》(*Analyse des infiniment Petits*)(巴黎,1696 年)。这本书像伯努利的论文一样,也论述初等微分、极大和极小问题,但还论述了对焦散线、包络及方程论等等的一些附加应用。

约翰·伯努利还在使三角学成为分析的一个分支方面做了许多工作。他在这方面的工作由定居在英国的法国数学家亚拉伯罕·德莫瓦夫尔(1667—1754)加以补充的。后者主要作为三角学中的“德莫瓦夫尔定理”的发现者而名垂青史,并且还由于他对概率论的重要贡献而为统计学家们所崇敬。他在解析三角学方面的工作汇总在他的《分析综论》(*Miscellanea Analytia*,伦敦,1730年)之中。

雅各布·伯努利特别注意无穷级数。〔他关于这个问题的《论文集》(*Memoirs*)的带评注的德译本见奥斯特瓦尔德的 *Klassiker*, No. 171,这是他于 1689—1704 年间在巴塞尔发表的五篇论文的结集。〕这主要是因为级数常常能为积分中的问题的求解提供工具。正因为这样,微积分的先驱者们早已考虑过将一般函数展开
成无穷级数的问题。例如,沃利斯曾把双曲线和它的渐近线之间 48
的面积表示成无穷级数,并且在他的著作中已经出现逐次数平方倒数的级数:

$$\frac{1}{1^2}+\frac{1}{2^2}+\frac{1}{3^2}+\cdots$$

然而,首先求得这级数之和的是欧勒。最早用级数展开法求积分的人之一是尼古劳斯·麦卡托(1640? —1687),他是在对等轴双曲线求积分时这样做的,他想藉此证明他独立发现的对数级数(1668 年)。莱布尼茨也通过求一些无穷级数的和而得到 π 的估值。牛顿用无穷级数的形式阐明了对于一般情形的二项式定理。雅各布·伯努利通过对无穷级数的研究,得以用这种级数表示弹

性曲线坐标间的关系，以及求抛物线、对数曲线和其他曲线的长度，我们这里主要感兴趣的是它促进了应用数学的发展。欧勒特别注意无穷级数理论，但是，像他的同时代人一样，他也常常用一些不一定收敛的无穷级数。无穷级数的严格理论是在十九世纪由高斯、柯西和阿贝尔等人开始建立的。

概率演算是纯粹数学又一个具有重要科学意义的分支，雅各布·伯努利对之作出了有价值的贡献。他对组合理论和概率论发生兴趣，大约是从 1680 年开始的，后来他收集了他自己的和惠更斯在这两方面的研究成果，写成他的巨著《猜测的艺术》（*Ars Conjectandi*）（巴塞尔，1713 年，见奥斯特瓦尔特的 *Klassiker*，Nos. 107，108。）

伯努利的前辈中，巴斯卡和费尔玛是建立数学概率理论的两个主要先驱者。这理论现在在自然科学和生物科学中都有着重要的应用。最初的缘起是为了解决在未结束的赌博中，赌徒们如何合理分配赌注的问题。巴斯卡在 1654 年就这个问题请教过费尔玛。两人虽然用了不同的方法，但却得到了相同的结果。从这个简单的原始问题出发，巴斯卡进而考虑了其他比较复杂的和一般性的问题。在相关组合理论中，巴斯卡给出了求从 n 个东西中一次取 r 个的可能组合数目的正确规则。（参见他死后出版的 *Traité du triangle arithmétique*，1665）巴斯卡的方法是构造一个两条边由 n 个 1 组成的“算术三角形”，其他每个数乃由它正上方的数和左方紧邻的数相加而逐次得到的。第 r 行中的诸数的和即
49 给出 n 个东西中一次取 r 个的可能组合的数目。例如，令 $n=6$，$r=3$。可得到所求的“算术三角形”如下：

1	1	1	1	1	1
1	2	3	4	5	
1	3	6	10		
1	4	10			
1	5				
1					

算术三角形中第3行诸数是1,3,6,10,它们的和是20。对于n和r的其他值,情形亦复如此。

伯努利的书分为四部分,实际上包括了现在仍然沿用的那种形式的组合论的全部标准结果。然而,这本书的最重要的部分是第四即最后部分。在这部分里,伯努利研讨把概率演算应用于“民事、道德和经济场合”的问题。这开辟了通往数学这些分支的崭新途径,因此,尤为令人遗憾的是,这部分没能最后完成。

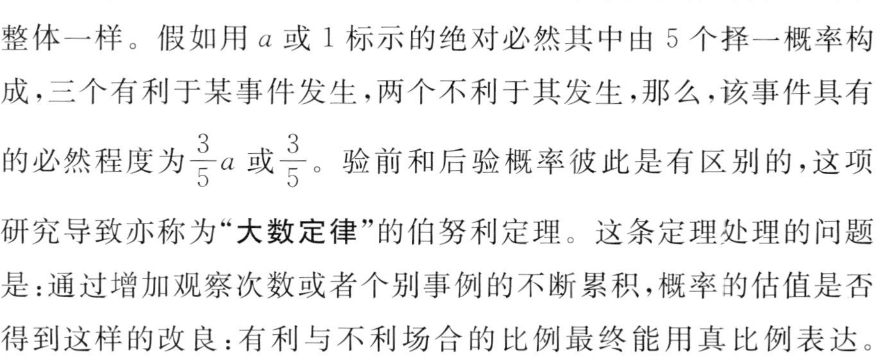

概率被定义为区别于绝对必然的必然程度,就像部分区别于整体一样。假如用a或1标示的绝对必然其中由5个择一概率构成,三个有利于某事件发生,两个不利于其发生,那么,该事件具有的必然程度为$\frac{3}{5}a$或$\frac{3}{5}$。验前和后验概率彼此是有区别的,这项研究导致亦称为“**大数定律**”的伯努利定理。这条定理处理的问题是:通过增加观察次数或者个别事例的不断累积,概率的估值是否得到这样的改良:有利与不利场合的比例最终能用真比例表达。伯努利用公式表达这个问题,并且凭借数学论证对之作了肯定的回答。他机敏地注意到,这问题可以说具有渐近线,这是由于,无论观察次数怎样增加,也不可能超过一定的概率度,因为有利与不 50
利场合的真比例业已得到。例如,伯努利考察了一个盖着的罐子,

而我们不知道有人已在里面放入3000个白石子和2000个黑石子。每次拿出一个石子，然后再把它放回去，反复这样做。这样，可以确定，随着次数的增加，取出白石子与黑石子的比例将以愈来愈大的概率，最后必然近似地取值$\frac{3}{2}$。伯努利坚认，我们因而不得不承认，一切事件的出现都蕴涵着某种必然性。因为，如果我们永无穷尽地观察事件，或然最终将会成为完全必然。因此，他认为，甚至在一些表面看来纯属偶然的事件中也包含必然性，从而应当断定，世界万物的发生肯定是有规可循的。

概率论进一步的系统化是在十九世纪由拉普拉斯和高斯作出的，它现已在科学的许多分支中，例如生物统计学和气体动力学理论中起着重要作用。

老一辈伯努利再次把数学家们注意力引向在物理学中有着重要意义的极大和极小问题。通过处理所谓等周问题，伯努利为欧勒、拉格朗日、勒让德和其他人后来建立变分法奠定了基础。（关于这门学科迄至1837年的主要文献带评注的德译文①，见奥斯特瓦尔德的*Klassiker*，Nos，46和47。）

所谓等周问题（广义上），原先是处理满足一定最大和最小条件的曲线。最古老的这类问题是，求具有一给定周长的所有曲线中哪一条围成的面积最大。古人已经知道，所求的这条曲线是圆

① 主要有Johann Bernoulli：*Acta Erudit.*，Leipzig，June 1696，pp. 269ff.；Jacob Bernoulli：*Acta Erudit.*，Leipzig，May，1697，pp. 211ff.；Euler：*Methodus Inveniendi lineas*，etc.（下面要提到）；Lagrange：*Miscellanea Taurinensia*，Tom. II，1762，pp. 173ff.，和Tom. IV，1770，pp. 163ff.；Legendre：*Mém. de L'Acad. Roy des Sci.*，Paris，1786，pp. 7ff.。

(Pappus:*Synagoge*,V,2)。约翰·伯努利研究的第一个等周问题系关于**最速落径**即最速下降曲线的问题。关于这个问题,他是这样表述的:“处于距地面不同高度之上,并且不在同一垂直线上的两个给定点,现需用一条曲线把它们连接起来,而沿这条曲线,一个可动物体从其上端点在自重作用下将在最短可能时间里降落到其下端点。”在他自己解决了这个问题之后,约翰按照当时的习惯“向全世界最聪明的数学家们”提出了挑战,要他们也来解这个问题。牛顿在获悉这个消息的第二天,就给一个朋友寄去了这问 51
题的一个正确解。莱布尼茨、雅各布·伯努利和洛皮塔尔也解出了所求的这条曲线是摆线。这结果更是令人惊讶,因为惠更斯早已认识到的,当一个质点沿摆线路径降落时,不论其起点怎样,它到达摆线最低点所花时间总是相同的。因此,他称这曲线为**等时降落轨迹**。所以,正如雅各布·伯努利在发表其解时所指出的那样,已经为这么多数学家研究过的曲线,关于它似乎不可能再有什么发现了,可是,它却突然展现了一个崭新的性质。雅各布·伯努利用他的解提出一个更为复杂的等周问题,企图作为对约翰的反挑战,结果在两兄弟之间引起了一场不合宜的论战。

欧勒

利昂纳德·欧勒(1707—83)是伯努利家族的一国同胞。在约翰·伯努利的教导下,欧勒开始了他与约翰的儿子丹尼尔亲密合作的漫长的发现生涯。由于丹尼尔的推荐,在20岁上他应召到了圣彼得堡学院,最后成为那里的数学教授。俄国数学家感到惊奇的是,预计需要花几个月时间编制的一些天文图表,他只用了三天就计算出来了。可是，由于这样艰辛地工作，加上气候恶劣，欧勒损伤了一只眼睛的视力。1741 年，腓特烈大帝邀请他到柏林的普鲁士科学院。他在那里的皇宫里住了二十五年，以前无古人的活力进行数学的改造工作。在科学院的学报上，他发表了 121 篇论文，其中有一些篇幅相当长（莫泊丢死后，便由他负责主管该科学院的数学工作。除了 45 卷单独论文集而外，欧勒一生发表的全部论文估计约有 700 篇）。1766 年，他返回圣彼得堡。不久他双目完全失明，但是直到他死去那一天，他仍一直在进行数学研究。欧勒的兴趣和研究广及数学的几乎每一个分支，但是他最擅长的是他大力使其系统化的分析和一些可认为是他所创立的分支。

图 14—欧勒

继伯努利家族研究等周问题之后，欧勒创立了作为高等分析
52 的一个独立分支的变分法。当约翰·伯努利表示已无希望找到解等周问题的一般方法时，欧勒在他题为《寻求具有某种极大或极小性质的曲线的技巧，或所提出的等周问题解逐渐被人接受》（*Methodus inveniendi lineas curvas maximi minimive proprietate gaudentes sive solutio problematis isoperimetrici latissimo sensu accepti*）（洛桑和日内瓦，1744 年；见奥斯特瓦尔德的 *Klassiker*，No. 46）的书中，开始朝发展一种“寻求具有某种极大或极小性质的曲线方法”前进了几步。在包含许多有趣而又有说服力的例

子的这本书里，欧勒采用的方法本质上是几何的，因而这些比较简单的问题的论述非常明白易懂。欧勒用下面的话来解释分析的这个分支的范围："变分法是求一个包含任意多个变量的表达式，在这些变量中的一些或全部变化时，所经历的变差的方法。"在《变分法》(*Methodus inveniendi*)一书的一篇补录里，欧勒详尽地解释了这种方法对于解决物理问题的重要意义。他坚信，自然界发生的事物没有不与某个量的极大值或极小值有关的。因此，解任一给定物理问题的两种独立方法表明一种是直接的，另一种是间接的，而两者又倾向于彼此验证，这样，就更加坚信解的正确性。例如，在确定两端悬挂的一根绳子的曲率时，可以通过考虑绳子本身所受重力作用来直接地解这问题，也可以用极大和极小的方法，确定绳子为使其重心高度尽可能低而必须取的形状来间接地解。两种方法得出同样的曲线——悬链线。

除了促成创立变分法而外，欧勒还对数学当时已有的每一分支都作出了宝贵贡献。他完成了维塔未竟的工作，使代数成为一种"国际数学速记法"(Tropfke)。在他的《无穷小分析导论》(*Introductio in analysin infinitorum*)(1748年)里，欧勒进一步使三角学成为分析的一个分支，用对数定义为指数，并且对用一般二次方程所定义的曲线作了广泛的讨论。这样，他发展了解析几何，而同时他又把这门高等分析从束缚其发展的几何学羁绊中解放出来，使它成为数学的一个独立分支。他的《原理》(*Institutiones*)(1755，1768年)总结了当时已有的微积分知识。欧勒最先明确地 53
构想数学**函数**概念，他在《导论》的前几章中论述了这概念。它已被恰当地看做现代数学的一切创造中最基本的一个。

欧勒给一个变量的数学函数下的定义是："用该变量以及数或常量以任何方式形成的一个解析式"（*Functio quantitatis Variabilis est expressio analytica quomo do cunque Composita ex illa quntitate variabili et numeris seu quntitatibus Constantibus.* — *Introductio*, I, i, 4)。他举了单变量 z 的函数的一些例子：

$a+3z, az-4z^2, az+b\sqrt{(a^2-z^2)}, c^z$，等等，

式中 a, b, c 代表常量。后来他又考虑了多于一个独立变量的函数，当一个函数是"代数的"（*algebraic*），乃由对它的变量和常量仅作代数运算，即加、减、乘、除、乘方和开方而构成时，他称之为**代数**函数。变量的对数函数或三角函数以及包含变量作为指数的函数归类为**超越**函数。代数函数又分为**有理的**或**无理的**，视它们没有还是包含变量的根而定。它们分为**整的**或**分的**，视变量是只出现在分子上还是出现在分母上或带负指数而定。欧勒还进一步区分了**单值**函数，即当变量值确定时，函数取一个确定值，以及**多值**函数，即对于变量的每个值，函数具有几个或无限多个可能值。

欧勒使今天已成为天文学计算的必要工具的球面三角学发生了革命。在他关于这方面的第一篇论文（1753 年，见奥斯特瓦尔德的 *Klassiker*, No. 73）中，他致力于从微积分的规则推导出球面三角学的一些重要定理，表明用各种不同方法达到同一些真理总是有益的，因为这样可获得新的观点。而像在一切其他场合里一样，假如想十分一般地解一个问题，这里就必须用这些新方法。在欧勒以前，处理三角问题所用的方法只适用于平面和球面三角形。他认识到，如果想研究可在一任意曲面（例如，劈锥曲面或椭球面）上，用完全处于其上的三条最短可能线把其上三点连结起来而构

成的那些三角形的性质，那么这样产生的问题只能用高等数学手 54
段来解。如果记得大地测量我们不是在球面上而是像欧勒指出的，必须在椭球面上进行，那就可以看出，把三角学建立在这种一般概念基础之上，是十分重要的。当为了三角测量而选择的三角形很大时，就必须考虑这个事实。欧勒在第一篇论文中，只导出了对于球面的公式，而在后来的一篇论文中，他进而考虑了高次曲面的三角学。他指出，平面三角学可以从球面三角学推导出来，假若球面半径的长度趋向于无穷大的话。现今球面三角学中使用的许多公式都应归功于欧勒。他引入了用字母 a,b,c 代表三角形各边，用 A,B,C 代表三个对角这种方便的标示方法，由此使公式更易于理解，并促进发现新的关系。欧勒还引入或确立了一些常用的数学符号。例如，他用 e 标示自然对数的底，用 i 标示 $\sqrt{-1}$。

拉格朗日

欧勒作为柏林学院数学负责人的继承者是约瑟夫·路易·拉格朗日（1736—1813）。拉格朗日是那个时代最伟大的数学家。他是法国血统，出生在都灵。在那里，他十九岁就当上了炮兵学校的数学讲师，并且把他最早的研究成果发表在他自己创办的一个学会的学报上。在还很年轻时，拉格朗日就已经与欧勒和达朗贝通信，还

图 15—拉格朗日

由于一篇关于月球天平动研究的论文而获得法兰西学院的奖金。他很快就被公认是最伟大的在世数学家，并于1766年接替了欧勒在柏林的职位。他一直在柏林工作，直到他的赞助人腓特烈大帝死去(1786年)，遂移居巴黎。他在那里度过了大革命时期，在高等理工学校(*Ecole Polytechnique*)讲学，并帮助建立新的度量衡制。像腓特烈一样，拿破仑也始终是一个科学的慷慨赞助人，他给予拉格朗日以很高的荣誉。拉格朗日不顾身体衰弱和性情忧郁，坚持不懈地撰写具有重要价值的论文，几乎涉及纯粹数学和应用数学的每一分支。他在力学方面的研究成果，汇集在他的杰作《分析力学》(*Mécanique analytique*)之中。

变分法发展的新阶段是从拉格朗日开始的。他用分析的处理
55 方法取代伯努利家族和欧勒在这个领域里所采用的几何方法。拉格朗日使微分学和积分学建立起更紧密的联系，并研究了表示被积界限的微小变化的效应。他关于这个问题的奠基性论文发表于1762年，1770年又写了一篇论文作为补充；并且在1788年发表的《分析力学》中指出了进一步的改进。拉格朗日在1762年的论文中给出了下述问题的一个一般解：设某个函数Z包含变量x，y，z及其导数，现要求找出，为使$\int Z$取最大值或最小值，这些变量之间必须满足的关系。为了举例说明他的方法，拉格朗日考虑了最速落径问题，而后者曾是整个系列研究的出发点，但他比前人更为一般地处理了它。

拉格朗日作为研究者还尽了最大努力去完成欧勒的任务，即在纯粹数学和应用数学的所有分支里，都用分析去代替前几个世

纪的综合方法。他对纯粹数学所作的贡献突出体现在方程论(特别是不定方程)、微分方程、解析几何和数论等领域。他解决了求出二元二次不定方程的全部解这个古老问题(1768 年)。费尔玛曾声称已解决了这个问题,但他没有公布他的方法。拉格朗日与欧勒一起创立了偏微分方程理论。1772 年,他发表了关于一阶偏微分方程的积分的研究成果(见奥斯特瓦尔德的 *Klassiker*, No. 113),七年以后,他又得出了对任意多变量的线性偏微分方程积分的一般方法。

勒让德

图 16—勒让德

对变分法的进一步重要贡献,是勒让德(1786 年)和雅各比(1837 年)作出的。勒让德表明了如何区分极大与极小。

阿德里安·玛里·勒让德(1752—1833)起了在十八世纪和十九世纪之间承前启后的作用。他先后在军事学校和巴黎师范学校任数学教授,还担任过一些政府公职。但是,他的生涯因拉普拉斯敌视而受到了打击。然而,拉普拉斯偶尔却不加声明就利用他的一些成果。勒让德擅长数学一些技术性最强的分支,如数论、三角调和函数(由拉普拉斯加以一般
化)和由他加以系统化的椭圆函数。在力学方面,勒让德研究了椭 56
球对外部质点的吸引问题;此外,在"误差"数学理论上具有极端重

要意义的最小二乘方法，基本上也应归功于他。

二、流数和英国数学家

在牛顿发表他的流数法后的那些年里，英国数学家们普遍对流数本质的认识还很模糊。普遍的倾向是把流数和莱布尼茨的微分相混淆，并认为它们是无穷小量，尽管这并没有妨碍流数概念的自由运用。因此，流数法的逻辑基础的探讨仍是一个悬而未决的问题；贝克莱主教正是充分利用了这一机会。

贝克莱

在《分析学家：或致一个不信教数学家的讲道》(*The Analyst: or, a Discourse addressed to an Infidel Mathematican*[①])(1734年)之中，贝克莱主教对就一个给定变量求一个表式之流数的下述基本方法提出质疑：先赋予这个变量以一增量，然后又使该增量消失，从而给出所求之流数。他写道："可以看出这推理不清楚，也不确定。因为，当我们说令增量消失，也即令增量为无，或者令没有增量时，就已把开始时作的增量是某种东西或有增量存在的假设推翻了，然而，该假设的一个推论即据其而得到的一个表式却被保留了下来"(§13)。"再也明白不过的是，从两个互相矛盾的假设，不可能得出任何合理的结论"(§15)。"那么，这些流数是什么呢？是渐趋于零的增量的速度。那么，这些渐趋于零的增量又是什么

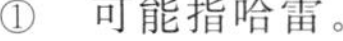

① 可能指哈雷。

呢？它们既不是有限量，也不是无穷小量，但也不是无。难道我们不可以称它们是已逝去的量的幽灵吗？”(§35)这本小册子的末尾是六十七个“疑问”。

朱林与沃尔顿

詹姆斯·朱林，曾是牛顿的学生。他写作了《剑桥爱真》(*Philalethes Cantabriginesis*)，捍卫流数学说，呼吁贝克莱主教回到牛顿的原著上去，那里没有牛顿追随者们所用的许多逻辑上有懈可击的表式。贝克莱的另一个反对者是都柏林的约翰·沃尔顿。贝克莱在回击时嘲讽了牛顿在思想发展过程中于不同时候作 57
的陈述之间发生的一些前后矛盾。朱林和沃尔顿加以反驳。后来，卷入这场论战的人越来越多。贝克莱是否完全严肃，尚属疑问。德·摩尔根认为，“只有知道该如何回答它的人，才能写出《分析学家》这本小册子。”

罗宾斯

本杰明·罗宾斯由于受到《分析学家》一书引起的论战的激发，在1735年写了一本关于流数的书。该书全部论述乃基于这样的**极限**概念之上：一变量能以任意近似度逼近它，但实际上永远也不达到它。这排除了许多逻辑困难，但它的缺点是，这种变化在科学上很少应用价值，因为自然界中出现的速度、位移等等的极限值通常在有限时间内就达到了。罗宾斯的观点正因为这一点而遭到了朱林的批评，并且，以朱林为一方，罗宾斯、亨利·彭伯顿为另一方，在《文学界》(*Republic of Letters*)(1735—37)杂志上展开了又一场激烈的论战。这场争论很快就把其他一切问题挤出这杂志，使其变成它的一个附录。

泰勒

这些论战有助于澄清极限概念，并且逐渐地导致计算时可以忽略不计的无穷小量的概念。它们也有助于推动应用牛顿流数法所能在数学上取得的进步。英国数学家继续同莱布尼茨的争论，几乎以坚持这种方法引为自豪。早些时候，布鲁克·泰勒（1685—1731）已在他的《增量法及其逆》（*Methodus incrementorum directa et inversa*）（1715 年）中，对纯粹流数理论及其物理学应用两方面都作了重要贡献。这本书遵循牛顿对流数的成熟解释。它包括现今所称的“泰勒定理”，虽然所附的一个证明并不充分，但还把这定理应用于物理学和方程论。泰勒对各种各样问题，诸如紧张弦的振动和光线穿过地球大气的路径问题作了数学处理。他是差分演算的奠基者。

图 17—布鲁克·泰勒

辛普森

托马斯·辛普森（1710—61）是一个自修成才的天才数学家。他在《流数新论》（*New Jreatise of Fluxions*）（1737 年）中，设法不用无穷小量而构造了一个流数理论。他以娴熟的技巧把流数应用到范围广泛的物理学和天文学问题。

马克劳林

图 18—马克劳林

然而，在牛顿之后，十八世纪最伟大的流数著作家是苏格兰数学家科林·马克劳林（1699—1746）。他的巨著《流数论》（*Treatise of Fluxions*）（爱丁堡，1742 年）是第一部并且在很长时间内也是唯一严格而又完整地概述了数学这一分支的著作。拉格朗日认为它可以与阿基米德的杰作相媲美。马克劳林拒斥无穷和无穷小量的概念，并企图从普遍的公理出发推演出这门学科的各条原理，以便与古代人的严格性相匹。马克劳林在用流数对物理学与天文学问题作纯粹几何处理上显示了高超的技巧。这给他采用的那些综合方法带来新的生机。马克劳林还使得圆锥曲线和高阶平面曲线的纯粹几何学取得了显著进步，成为研究垂足曲线的先驱。

继马克劳林的工作之后，出现了严格性一度下降的倾向，其证据是倾向于把牛顿的粗劣记法和莱布尼茨的粗劣概念相结合。于是，把大陆分析学家的优美记法和在十八世纪英国发展起来的宝贵的极限概念结合起来，去除从一开始就笼罩着流数理论的那种

几何学和力学的比喻，这个任务就留给了从罗伯特·伍德豪斯开始的十九世纪数学家。

（参见　F. Cajori：*A History of the Conceptions of limits and Fluxions in Great Britain from Newton to Woodhouse*. Chicago and London，1919。）

三、画法几何

十八世纪在纯粹数学方面的最大进展几乎全都集中在分析领域。然而，在这个世纪末，几何学上出现了一个显著进展。这就是画法几何的创立，它的特征问题是给出立体图形的平面表示和从这样得到的平面图精确地重新绘制原始立体图形。

平面图和正视图的应用同建筑术一样古老。帕皮里表明，埃及人为了建筑的需要绘制了这样的平面图，维特鲁维乌斯在他写于奥古斯都时代的《论建筑》(*on Architecture*)一书中，论述了古
59 罗马建筑师如何绘制这种平面图。如此形成的这种技术直接产生于建筑实践的需要，并且它的进一步发展也不是研究的产物，而是中世纪建筑师工场的产物。那个时期令人赞叹的建筑业绩，只有解决了像拱形作图中产生的一些特殊画法几何问题才能作出。当然，许多必要的作图方法都肯定是凭经验发现和加以应用的，而对它们的正确性没有作任何数学的证明。例如，在很多十六和十七世纪的教科书里，可以明显看到这一点。它们给出了重要的建筑作图法，但丝毫也没有试图进行证明。画家自然也对在平面上正确表示立体图形的技术极感兴趣。因此，无怪乎德国第一本关于这门学科的书是大画家阿尔布雷希特·丢勒写的，虽然他之前已

有一些前驱，包括意大利人弗朗切斯基，他大约在1480年就已经对这门学科作了系统的阐述。1525年问世的丢勒的书的重要性与其说在于说明了作图法，倒不如说在于它坚持认为，一幅画的透视基准应当由数学规则给出，不要像当时惯常做法那样随手绘制，因为这必然带来严重误差。所以，丢勒是这门透视科学的倡导者之一。但是，把许多世纪积累起来的成果加以补充并把它们建立在严格论证的基础之上，从而把这门技术系统化为数学的一个分支的工作，是法国数学家加斯帕尔·蒙日完成的。蒙日的生涯清楚地反映了法国大革命时代的状况。

蒙日

加斯帕尔·蒙日（1746—1818）出身贫寒，生于法国勃艮第的博内。他的父亲节衣缩食供养几个儿子受科学教育。蒙日在十六岁时就在里昂大学教授物理学。由于为故乡绘制了详图，他获准进入在梅齐埃尔的军事工程学院。在那里，他创造性地用几何方法取代过去在绘制防御工事详图时采用的烦琐算术方法；大约 60
在1770年，他由此得出了他的画法几何的一些基本原理。蒙日在梅齐埃尔晋升为教授，后来到了巴黎。大革命时期他曾身居高位，被委任为大炮制造总监。然而，在“恐怖时期”，他遭受贬斥，遂亡命海外。在重返法国后，又重执教

图19—蒙日

鞭，直到与贝尔托莱一起参加拿破仑的埃及远征。蒙日作为高等理工学校的教授，在帝国时代达到了其荣誉的顶峰。但在波旁王朝复辟后，他失去了地位以及拿破仑授予他的种种荣誉。不久他就死去了。

由于和梅齐埃尔权威们意见不合，蒙日把他关于画法几何的发现搁置了许多年。他关于这方面的论述，最先于1795年发表在《师范学校学报》(*Journal des Écoles Nornales*)上，第二次于1798年发表在他的《画法几何》(*Géométrie descriptive*)里。(参见奥斯特瓦尔德的*Klassiker*，No. 117。)

按蒙日的意见，射影几何研究的问题有两个方面。一方面，必须把三维图形归约为能在画图纸上表示的二维图形；另一方面，必须把如此描绘的立体图形的形状和构形所引起的那些关系全部从这画推导出来。为了解决这个问题，蒙日采用的射影法是从这样的假说出发的：空间中一点的位置可以用数学加以定义，如果给定它在两个互相垂直平面上的射影的话。这里所谓一个点在一平面上的射影，是指从该点向该平面画的垂线的垂足。蒙日的射影方法非常明白，尤其因为他设想，垂直射影平面应绕其与水平射影平面的交线旋转，直到它与后者叠合。这样，垂直射影就与水平射影并排位于同一张纸上；这两个图形被这两个平面的原始交线分开；任一给定点的两个射影就落在与这交线垂直的同一条直线上；任一平面由它与两个射影平面相交的两条交线唯一地确定；并且，这两条交线与两个射影平面的交线相交在同一点。蒙日研究的情形包括平面、曲面和一些较重要的立体以及它们的交的形状与大小。蒙日的画法几何很快就在建筑、工程等等领域得到了大量技术应用。在十九世纪，由于与彭色列和斯坦纳的综合几何建立了更紧密的联系，画法几何取得了进一步的理论发展。

蒙日对数学的其他贡献主要在于曲面的微分几何。他是一个鼓舞人的教师，对法国和其他地方的技术教育产生了深远的影响。

（参见　F. Cajori：*A History of Mathematics*，New York，1919；D. E. Smith：*History of Mathematics*，Boston，1923，1925 和 *A Source Book in Mathematics*，New York，1929；W. W. Rouse Ball，*A Short Account of The History of Mathematics*，London，1908。）

61 # 第三章　力学

十八世纪力学的系统化工作，起初主要是由伯努利家族、达朗贝和欧勒进行的，而拉格朗日的工作则标志着这个过程暂时告一段落。

一、一般原理

早期的力学著作家大都满足于解决分散在应用数学各个分支中的大量孤立问题。由于每一个问题都必须运用特殊手段以不同方式去解决，所以，只有那些具有最高超数学才干的人才能有希望成功地解决力学问题。然而，十八世纪里提出了一些能适用于一切种类问题的一般力学原理。这就是力守恒原理、虚速度原理、达朗贝原理、最小作用原理以及欧勒和拉格朗日的动力学方程。

力守恒原理

莱布尼茨关于宇宙中力守恒的思想，是从笛卡尔的一个主张出发的，莱布尼茨反对笛卡尔的这个主张，认为它是错误的。笛卡尔选用物质质量与速度的积作为对力的度量，他称之为动量；他断言宇宙中总动量必定保持恒定。莱布尼茨在 1686 年投交《学术学

报》(*Acta Eruditorum*)(*Brevis demonstratio*,等等)的一篇论文中
反对这个观点。笛卡尔派与莱布尼茨派的激烈论争持续了许多
年,几乎每个欧洲国家的代表人物都卷了进去。最后,达朗贝于
1743 年在他的《论动力学》(*Traité de dynamique*)里指出,整个争
端只不过是一场关于用语的无谓争论。他指出,对于量度一个力 62
来说,用它给予一个受它作用而通过一定距离的物体的**活劲**,或者
用它给予一个受它作用一定时间的物体的动量,同样都是合理的。
为了驳斥他的对手,莱布尼茨利用伽利略的落体定律把笛卡尔的
另一条规则用一种新的形式表达出来。笛卡尔假定,一个力可以
用它所升起的重量与其升起的高度的积来度量。莱布尼茨则表
明,根据落体定律,一个物体升起的高度是与初速度的平方成正比
的,因此,作用在一个物体上的一个力的效应必定是与其重量和所
给予的速度的**平方**而不是简单速度的积成正比的。两方都是正确
的,只是莱布尼茨在取力的效应的量度时,错误地用乘积 $m \cdot v^2$
代替 $\frac{1}{2}mv^2$。

势能与动能之间的关系以及自然界的力的等当性,尚属莱布尼茨知识范围以外的观念,尽管他和同时代的很多人一样,也认为热是物质的终极微粒的一种运动。他甚至还把从克分子运动向分子运动转变的过程形象地比喻为把一枚金币换成零钱。

当然,十七世纪的力守恒学说早已在古代为伊壁鸠鲁及其追随者模糊地提出过,伏尔泰也坚持认为,笛卡尔只不过是复活了一个古老的奇想。牛顿没有把这种学说引入到动力学中。莱布尼茨所抱的蕴涵着确定量力的封闭宇宙的观念,是与牛顿的观点不相

容的,牛顿把宇宙设想成一部不时需要神从外部干预的机器。由碰撞定律可知,一个碰撞物体系中的动量不可能是恒常的。与笛卡尔的主张相反,牛顿断言,整个宇宙的总动量不可能是恒常的,但是,需要两条作用原理,第一是使物体运动起来,第二是保持这运动。约翰·伯努利则表示反对说,假若牛顿弄明白了守恒原理的真正意义,他就不会提出两条不同的原理。因为,同一原理既支配运动的传递,也使该运动守恒,而运动其实不是与动量成正比,而是与活劲成正比,因而从这个意义上说,宇宙中永远不可能有运动损失。正如我们所看到的,莱布尼茨赞同这样的见解:宇宙中力的总量不会减少,因为没有物体损失力而又不把等量的力传递给别的物体;并且它也同样也不会有所增加,因为没有一部机器能够不从外部获得等效的推动而就产生力,所以,作为一个整体的世界也不可能这样。

十八世纪的数理物理学家中间,约翰和丹尼尔·伯努利特别注意研究力守恒原理。丹尼尔·伯努利 1750 年发表的著作是这一时期对于力守恒原理的最重要发展(*Mém. de l'Acad. R. des Sc.* 'Berlin,1748 或 Ostwald's Klassiker,No. 191)。惠更斯和莱
63 布尼茨考察了均匀引力场的作用所产生的活劲。然而,丹尼尔·伯努利取消了这种对均匀场的限制。他研究了引力中心处于运动之中的情形,例如,在一个按牛顿万有引力定律互相吸引的物体的系统之中。伯努利首先考察了彼此自由靠近的两个物体的系统。他表明,这系统所获得的活劲仅仅取决于这两个物体的最初和最终距离。他进而把他的研究推广到三个物体,最后是任意多个物体的情形;他表明,无论各别物体的路径怎样,这条规律总是适用

的。他断言:“自然绝不违背活动守恒这条伟大定律。”于是,伯努利把这条原理确立为普遍正确的,尽管还加上种种限制,而这些限制仅在分子过程终于得到考虑时才被撤除。他驱散了笼罩在这条原理之上的形而上学迷雾。为了避免任何含混,他宁可把这条原理表述为“实际下降与潜在上升相等”原理,从而把他的观念直接与惠更斯的观念联系起来。

约翰·伯努利在《学术学报》(1735 年)上写下如下的话来表达自己的思想:“我们断言,每个活劲都有自己确定的量,并且凡是它的看似消失的部分实际上都在由之产生的结果中重现。由此可见,活劲总是守恒的,所以,在相互作用以前,存在于一个或多个物体中的活劲在这相互作用以后存在于其中某个物体或者该系统之中。这就是我所谓的活劲守恒。”他认为,自然界的这条普遍规律甚至在表面看来有差异的地方也成立。“因为,如果物体不是完全弹性的,那么,活劲就有一部分似乎因没有完全复原所导致的压缩而损失。但是,我们必须假定,这种压缩相当于一根弹簧上的情形:有一个制子阻止它展开,使它没有还出从一个碰撞物体得到的活劲,但把这活劲保存下来,因而力并没有损失。”这在伯努利是一种思维的必然,因为他认为,任何有效的原因——全部或者部分——都不会损失,如果没有产生与这损失等价的结果的话,乃是一条公认的公理。丹尼尔·伯努利 1738 年在他的《流体动力学》(*Hydrodynamica*)中也表达了类似的想法。两人接近发现从克分子运动向分子运动的转变以及机械能与热的等当性。这个时期 64
和紧接其后的时期尚缺乏确立这种等当性的精确数据。正如狄德罗正确地指出的那样(*Pensées sur l'interpretation de la nature*,

1754，§45，p. 61)，直到物理学在实验方面取得了进一步进展之后，人们才认识到了自然力的相关性。

因为活劲守恒原理如此被局限于力学，而且最初并没有被扩展到物理学所有分支，所以，它曾几乎被人们完全忘掉了，甚至康德也未提到这条原理，虽然他论述过估计活劲的方法。在十九世纪，由于确立了较为广泛的“能量守恒”原理，物理学各个不同分支的联系才开始得到明确认识，力学才成为这一切分支的基础。令人惊讶的是，康德在思考宇宙及其形成过程的时候，丝毫没有提到力守恒原理，尽管在他的《自然科学的形而上学基本原理》(*Metaphysische Anfangsgründe der Natur wissenschaft*)中，他却讲到，物质的总量是不变的。把这条原理从早期它所适用的力学推广到所有其他自然过程，大约是在十九世纪中叶，首先由迈尔、焦耳和赫尔姆霍茨实现的，他们之和丹尼尔·伯努利的关系可以比做哥白尼之和萨莫斯的阿利斯塔克的关系。

虚速度原理

早期的力学著作家在确立他们的命题时，常常隐含地利用现在称为“虚速度原理”或(按照科里奥利斯)“虚功原理”的静力学定律。约翰·伯努利在1717年致皮埃尔·瓦里尼翁的信中实际上已提出了它的现代形式(尽管措辞现已过时)，该信于1725年发表于后者的《新的力学或静力学》(*Nouvelle Mécanique ou Statique*)(Tom II，p. 174)。伯努利写道：“在一切力的平衡中，不论它们的作用方式如何，不论它们沿什么方向相互作用，也不论直接还是间接地作用，正能量的和将总是等于按正取的负能量的和。”所谓

"能",伯努利指的是一个力与它推动作用点沿其作用线移过的距离的积,即我们所说的这力所做的**功**。因此,当考虑在任意一组力 65
作用下保持平衡的一个质点或一个广延物体时,伯努利假定该系统有一个小的位移(无论平移还是转动),从而取每个力与它的作用点沿其作用线的位移的积。他称这位移为**虚速度**,称这个积为**能量**,计算时取正或负,视作用点移动方向与力的方向相同还是相反而定。他还断言:对于这系统偏离平衡的假想的微小位移,这些正能量与负能量的总和为零。

达朗贝原理

让-勒-龙·达朗贝的教名取自巴黎的圣让-勒-龙教堂,他是在教堂台阶上被发现的弃婴;他从劳动阶级的养父母家得到达朗贝的姓。他的生身父母似乎属于上流社会,他的父亲还供他上学。他在早年就在数学和哲学上显示了杰出才能,当上了巴黎和柏林科学院的院士。但是,他谢绝了腓特烈大帝和凯瑟琳二世女皇的诱人邀请,终老在法国。

达朗贝发表他的《论动力学》(*Traité de la dynamique*)(巴黎,1743年)时年仅二十六岁。(德文译注本,可参见 Ostwald: *Klassiker*. No. 106。)这本书是力学发展史上的一个里程碑,它包含了像对于物体平衡的虚速度原理那样简单而又基本的一条对于物体运动的原理。达朗贝原理的由来可以追溯到复摆问题。像伯努利父子指出的那样,这种摆显然只不过是一根运动中的杠杆;作用于其上每个质点的力可以分为**外力**或**外加力**和质点间**内部反作用**两类。达朗贝假定,就整个物体而言,内部反作用互相抵消,因而对运动没有任何贡献，而事实上另一组力把运动传递给该系统，使得**有效力**静态地等当于**外力**或**外加力**。作为他的原理的应用的一个范例，达朗贝用一根一端固定、另一端加上各种载荷的梁，它
66 构成一个同样可看作为复摆或运动杠杆的系统。达朗贝似乎这样阐明他的原理：如果把运动传递给每一个由质点或物体相连而构成的系统，而运动由于质点或物体相互连接而有所改变，那么每个系统的合运动可按下述方法求得。把传递给各别质点的运动分解为 $a,\alpha;b,\beta;c,\gamma$……这样一对一对的其他运动，以致只要运动 a,b,c……传递给这些物体，它们就运动起来而互不影响，而只要运动 α,β,γ……外加于该系统，该系统就将保持静止。因此，a,b,c……就将是把相互反作用考虑在内的各别物体的运动。

达朗贝在该书后面部分里对他的原理作了大量应用；并且在他的《论平衡和流体运动》(*Traité de l'équilibre et du mouvement des fluides*)(巴黎，1744 年)中成功地把流体运动同这条原理关联起来。他赞同当时流行的一个见解，即力学原理是可以证明的；但是他所提出的那些所谓的证明只不过是说，所讨论的命题之所以真实，是由于没有充分的根据坚持相反命题。然而，从柏林学院约在那时提出的一个悬赏征答问题可以看出，对力学原理的地位是存有疑问的，那个问题是："〔力学〕定律是必然真的，抑或仅仅经验地是真确的呢？"达朗贝原理显然把动力学问题与关于平衡的研究以及由此得到的实用知识联系了起来；它绝没有使经验成为多余的。它可以作为简捷地解决问题的一个典范，但是，正如马赫所指出的，它不像对力学过程的真正掌握那样提供很多对它们的洞见。

最小作用原理

十八世纪首先部分地加以阐明的一条重要的动力学普遍原理是所谓“最小作用原理”，或更确切地说，“稳定作用原理”。

从十七世纪末开始，所谓**等周**问题便引起人们重视。这问题就是如何确定某些特定量取极大或极小值的条件的问题。人们发明了一种适用于研究这种问题（例子在别处给出）的技术，它最初用来求得某些包含极大与极小值的静力学问题的可采纳的解。丹尼尔·伯努利渴望把这种方法的应用从静力学推广到动力学（例如，在有心力作用下的运动问题）；他于 1741 年及翌年写信给欧勒，要欧勒关注这个问题（Fuss：*Correspondance mathématique et physique de quelques célébres géométres du* 18 *éme siécle*，vol. Ⅱ）。欧勒的回信现已无存；但他在 1743 年初显然已找到了某种答案，伯努利为此在当年 4 月 23 日曾致函祝贺。欧勒的结果最初于 1744 年秋发表在他关于变分法的一本书（*Methodus inveniendi* 67
lineas Curvas，etc.；见 *Additamentum* Ⅱ，*De motu projectorum*）之中。他考察了在无阻力媒质中，一个质点在有心力作用下运动的简单例子。他表明，对于在两个给定端点间的运动，使 $\int vds$ 取极小值的条件给出的微分方程，与动力学通常法则给出的轨道微分方程相同。欧勒的方法乃是该原理的一种正确而又精确的形式对最简单情形的应用。然而，与此同时，法国数学家和哲学家 P. L. 莫雷奥·德·莫泊丢（1698—1759）采取了一条类似的原理，作为他解释光折射定律的基础。莫泊丢是在 1744 年 4 月 15 日（这

图 20—莫泊丢

个日子在欧勒的发现与其发表之间)提交给法兰西科学院的一篇论文(*Accord de différentes loix de la Nature*)中提出他的理论的,该论文刊载于当年的《论文汇编》(*Recueil*)。莫泊丢在这篇论文中综述了关于斯涅耳折射定律的各种已有解释。他认为,根据一条普遍原理来解释这条定律,也许最好不过了。这条原理是:主宰宇宙的上帝总是选择最简单的手段来达到其目的。古代的光学家就已认识到,一条光线因直线行进而用最短可能时间到达其目标。人们还已认识到,光反射定律也包含这条原理,因为从一给定点向另一给定点行进中途被一片给定平面镜反射的一条光线,当入射角等于反射角时,走过的距离最短。十七世纪时,法国数学家费尔玛表明,关于一条光线在两种不同媒质边界处的"斯涅耳折射定律"直接得自这样的假设:光线在从第一种媒质中的一个给定点向第二种媒质中的一个给定点行进时走最短时间的路径。但是,费尔玛的推演中包含着一个推论:光线在疏媒质中比在密媒质中传播得快。这是与莫泊丢所遵循的当时盛行的折射理论相矛盾的。因此,莫泊丢拒斥费尔玛的解释。但是,他表明,一条光线从一种媒质中的 A 点向另一种媒质中的 B 点的行进仍可认为是沿最小**作用**的路径,倘若这种作用通过把光线在每种媒质中行过的距离乘以光在其中的速度来度量的话。这就是

说，莫泊丢认为，$(AC \cdot V_1 + CB \cdot V_2)$是一极小值，他由此推出

$$\frac{\sin\alpha}{\sin\beta}=\frac{V_2}{V_1}=\text{一个常数。}$$

而费尔玛则认为

$$\left(\frac{AC}{V_1}+\frac{CB}{V_2}\right)\text{是极小值，}$$ 68

并推出

$$\frac{\sin\alpha}{\sin\beta}=\frac{V_1}{V_2}=\text{一个常数，}$$

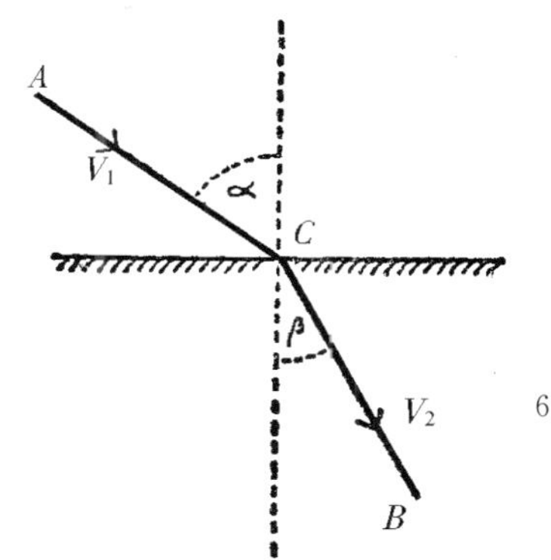

图 21—最短时间原理

如此，两个光速之光与莫泊丢得到的互为倒数。两年以后，即1746年，莫泊丢向柏林的皇家科学院（当时他是该院院长）提交了一篇论文，题为《运动规律研究》（*Recherche des Loix du Mouvement*）。他在文中这样阐明他的 Principe de la moindre quantité d'action〔最小作用量原理〕："每当自然界中发生什么变化时，为此变化所使用的作用量总是最小可能的"，同时一个物体运动中所包含的作用与质量、速度和行过的距离均成正比。这样，这条原理被推广而成为一条普遍的自然规律。莫泊丢宣称，力学的一切其他法则均可由之推出。但是，在证明中（或者确切地说在插图中）提出的进一步讨论只不过是从该原理推演出关于弹性体的与非弹性体的碰撞的一些已知定律。实际上，在莫泊丢那里，欧勒的原理所得到的普遍性是以损失严格性为代价的。不久，达尔西爵士便指出，莫泊丢在对他的原理的一些应用中使之最小化的"作用"在每种场合量上并不相等，而且可以举出一些自然过程，其中包含的作用是**极大值**（*Mém. de l'Acad.*，Paris，1749 和 1752）。对莫泊

丢的另一攻击来自塞缪尔·柯尼希，起因于他为莱布尼茨争夺发现这条原理的优先权。这导致了一场激烈论争，伏尔泰也被卷入。拉格朗日在早期的变分法研究中，已大大推广最小作用原理的力学应用，并使它解脱了同目的论的联系（*Misc. Taur.*，II，1760—1)。按照十八世纪末的定义，一个质量为 m 的质点从一给定点沿其路径向另一给定点的运动中所包含的**作用**是它的动量的空间积
69 分 $\int mvds$ ，这个空间积分等当于活劲的时间积分即 $\int mv^2 dt$ 。更一般地，一个动力学系统在从一给定位形变为另一给定位形中的作用被定义为它的各质点的作用的和 $\sum\int mvds$ 或 $\sum\int mv^2 dt$ 。“稳定作用原理”是说，一个保守系通过任意两个给定位形的自由运动；乃由它从第一位形过渡到第二位形的过程中，作用相对于假设的微小变化的一个稳定值来表征。像拉格朗日所认为的那样，这条原理仍为含混不清所累，因而他很少运用它。但是，及至十九世纪，在哈密尔顿和雅各比那里，它得到了澄清，并有了重大发展。作用在二十世纪物理学中终于起到了带根本性的重要作用。它是一种绝对的量，独立于任何特定观察者对时空连续区进行分析的方式。作用的原子性的发现则成为“量子论”的基础。

（参见　A. Mayer：*Geschichte des Princips der Kleinsten Action*，Leipzig，1877。）

欧勒方程

欧勒在动力学中引入了关于刚体绕一定点或其质心运动的一些重要的一般方程，它们至今仍以他命名（*Mém. de l'Acad. R.*

des. Sc.,Berlin,1758,XIV,p. 165)。欧勒方程导致发现并部分地解释因地球自转轴绕其图形轴运动而造成的纬度变化(上引著作,p. 194ff.)。欧勒还建立了流体运动的基本方程(上引著作,Vol. XI)。

拉格朗日方程

一直等到拉格朗日才来把理论力学形成一个系统,并通过把虚速度原理和达朗贝原理相结合,导出描述任何物体系运动的力学基本方程。这些重要结果是拉格朗日在他的杰作《分析力学》(*Mécanique analytique*)(巴黎,1788 年)中提出来的。该书为现代力学奠定了基础,它在力学史上的地位仅次于牛顿的《原理》。70
这两部著作有一个根本的不同之点,即牛顿借助于图形,纯粹几何地即综合地导出他的结果,而拉格朗日则不用图形,完全以分析方式来处理问题。他效法欧勒进行这种分析的处理,并努力求出最概括的公式,使尽可能多的特例都能用同一种方法加以解决。正是在这个意义上,马赫把拉格朗日的工作誉为对思维经济的最伟大贡献之一。

在静力学方面,拉格朗日从虚位移原理推导出了任一给定力系平衡的一般公式。设力 P_1, P_2, P_3……作用于一个相连的质点系,沿各力方向的相应虚位移为 p_1, p_2, p_3……那么,如果 $P_1p_1 + P_2p_2 + P_3p_3 + \cdots\cdots = 0$,或更简短地,$\sum Pp = 0$,则该体系处于平衡。这是静力学的基本方程。若质点以直角坐标轴为参照,且每个力和位移都分解为与这些轴平行的分量,那么,这方程变成:

$$\sum(Xdx + Ydy + Zdz) = 0,$$

式中 X,Y 和 Z 是作用在一个典型质点上的力的三个分量,dx,dy 和 dz 是这质点的虚位移的三个分量。

结合达朗贝原理,从虚位移原理推导相应的动力学公式,是按如下方式进行的。考虑一个质点系,它们的质量为 m_1,m_2,m_3……它们的坐标为 x_1,y_1,z_1;x_2,y_2,z_2,等等。设作用在各质点的力的分量为 X_1,Y_1,Z_1;X_2,Y_2,Z_2,等等。用每个质点的质量——加速度量度的有效力为

$$m_1 \cdot \frac{d^2 x_1}{dt^2}, m_1 \frac{d^2 y_1}{dt^2}, m_1 \frac{d^2 z_1}{dt^2};$$

其他质点亦复如此。根据达朗贝原理,这些有效力静态地等当于外加力,所以,按照虚位移原理,我们有

$$\sum m\left(\frac{d^2 x}{dt^2}\delta x+\frac{d^2 y}{dt^2}\delta y+\frac{d^2 z}{dt^2}\delta z\right)=\sum(X\delta x+Y\delta y+Z\delta z),$$

或 $$\sum\left\{\left(X-m\frac{d^2 x}{dt^2}\right)\delta x+\left(Y-m\frac{d^2 y}{dt^2}\right)\delta y+\left(Z-m\frac{d^2 z}{dt^2}\right)\delta z\right\}=0。$$

拉格朗日接着推导出更一般的动力学方程,它们把一个系的动能和势能同定义该系位形的"广义坐标"及其导数联系了起来。

分析力学的各个基本公式并没有给我们提供关于机械过程
71 本性的任何新信息;它们只是在人们已熟知的一些原理之上建立的。不过,它们提供了用标准方法分析地处理各种特殊情形的手段。不然的话,这些特殊情形就不得不逐个予以考查。拉格朗日在这领域的工作的完善有待于微积分的进一步发展。十九世纪,由于高斯、泊松、哈密尔顿和赫尔姆霍茨等人的努力,这

工作才得以完成。

关于拉格朗日在数理天文学方面的贡献，放在第八章里讨论。

二、特殊问题

丹·伯努利

丹尼尔·伯努利热衷于利用新的分析法解决一些困难的力学问题，这些问题用惠更斯以及牛顿在其《原理》中所采取的几何方法是无望成功地加以解决的。因此，应当把他看做是称为**数理物理学**的那个科学分支的主要奠基人之一。他把活劲守恒原理明确地引入力学（惠更斯在研究复摆时已隐约知道这条原理）。伯努利在他对流体运动的研究中始终应用这条原理，这些研究发表于他的《流体动力学》（*Hydrodynamica*）（斯特拉斯堡，1738年）。虽然他因此而认识到这条原理具有十分重要的意义，但真正确立它们普遍有效性，把整个自然科学建立在它上面，则是十九世纪的事。

图 22—丹尼尔·伯努利

伯努利在他的流体力学论著中研究了支配容器中液体流动以及由之引起的反作用和碰撞的定量定律。他还研究了管口流体的

流动和振荡问题、涡旋问题以及水力学原理等等。不过，最令人感
兴趣的是第十章，那里试图对气体的实验定律作力学的解释。伯
72 努利设想气体乃由向四面八方高速运动的微粒组成，因它们反复
碰撞而对容器产生压力。伯努利设想有一大群这种微粒被束缚在配有活动的加重活塞的汽缸中，计算出随着压降活塞以使体积按一定比例减小而必然造成的压强增加。这样，伯努利便推出了波义耳定律。他把温度升高造成的气体压强增加归因于微粒速度增加，而压强与这速度的平方成正比。这样，丹尼尔·伯努利成为气体分子运动论的奠基者。这个理论在十九世纪由焦耳、克伦尼希、克劳胥斯以及他们的后继者发展得较为完善。

罗宾斯

与落体和抛射体运动有关的力学问题也属于十八世纪里研究的力学问题。伽利略以他关于这类运动的理论在力学领域中开辟了一个新纪元。但他不得已地撇下一个基本因素即空气的阻力而未加考虑，尽管他充分认识到它的重要性。牛顿第一个提出一条描述液体和气体对运动物体的阻力的定律。他假设，一种给定媒质对一给定物体的阻力与物体速度的平方成正比。根据牛顿的提议做的一些实验对于平均速度证实了这一假设。第一个试图研究在空气阻力的影响下一个抛射体划出的路径的人是约翰·伯努利。但是，他发现，他所掌握的数学分析还不足以胜任这一任务，只有实验和计算的结合才有希望给予这个弹道学基本问题一个近似解。本杰明·罗宾斯在这方面获得了最为成功的进展。他的《新射击原理》(*New Principles of Gunnery*)（伦敦，1742 年）由欧

勒编辑出版了德文本，题为《新炮学原理》(*Neue Grundsätze der Artillerie*)(柏林，1745 年)。罗宾斯表明，牛顿定律只适用于低速度；对于较高速度，阻力的增加远比牛顿定律所考虑到的为快。为了能确定一个射弹在其轨道上任一给定点的速度，罗宾斯制造了他的“冲击摆”。一个相当大重量的物体被悬吊起来，以使它能来回摆动。如果将一个球射向这摆，那么，按照碰撞定律，根据球和摆的重量以及摆的摆度，就可推算出球的碰撞速度。因为，如设球和摆(看成一个单摆)的重量分别为 m 和 M，在碰撞后以共同速度 V 开始运动，那么，球在碰撞时刻的速度 v 就可由下列方程得到：

$$mv=(M+m)\cdot V, \text{它给出 } v=\frac{M+m}{m}\cdot V。$$

自从伯努利和罗宾斯时代，特别是自从航空学兴起以来，人们从理论上和实验上广泛研究了气体和液体对运动物体的阻力效应。但是，由于所涉及的因素十分复杂，这个问题至今尚未最后解决。

欧勒

伽利略以及后来的惠更斯和莱布尼茨都曾试图研究悬链线，即一根两端固定的均匀链由于自重而弛垂所呈的曲线，但均未成功。雅各布·伯努利大概最早正确地定义这种曲线的形状(并附有一个证明)(载

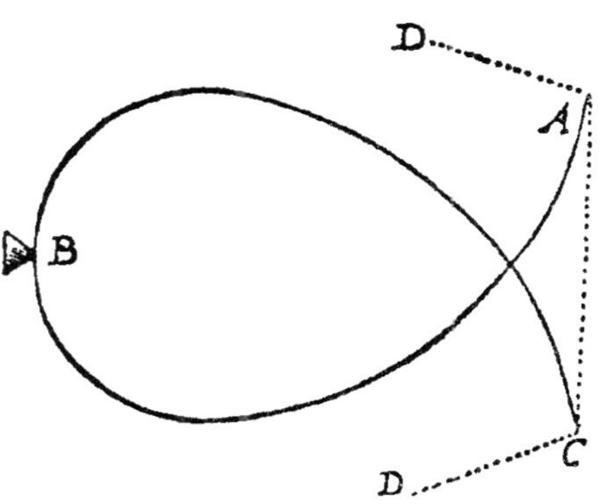

图 23——一根弹性钢带受迫而形成的曲线

Acta Erudit.,1691 和 1694,参见 Ostwald:*Klassiker*,No. 175)。欧勒在这个问题上应用了变分法。他从没有弹性起作用的简单悬链线问题开始,继而研究一根弹性带在给定力作用下所呈现的曲线。人们早就熟知这样形成的图形。图 23 所示的属于最为人们熟悉的图形。这是一根鲸骨带或钢带在 B 点固定、两端 A、C 承受沿方向 AD、CD 的力作用时所呈的图形。这类弹性曲线问题也用到极大和极小理论,并又导致有关弹性带振动的问题。丹尼尔·伯努利是第一个深入研究了这种类型问题的人。如果这种振动足够地快,那就会产生一个律音,而其本性可以通过实验进行研究。这样,数学分析的结果就可用物理学方法加以证实,由此可获得对于弹性体本性的更深刻的认识。在这个研究领域中,欧勒也起了重要作用。他区分开所研究的问题的种种特殊情形,例如区分开一条弹性带一端固定时的行为和两端都固定时的行为。这样,他就能把那些主要靠张力来维持其弹性的物体(如弹性弦)的振动与那些天然就具有弹性的物体的振动区分开来。克拉尼专门研究了这类振动产生的律音,发现这些律音与欧勒的理论结果十分吻合。

在欧勒最早的应用数学研究中,有一项涉及牛顿的潮汐理论。鉴于这个问题的重要性,十八世纪初科学院在法国港口进行了大
74 量潮汐观测。结果发现,牛顿的理论仅能部分地解释这些观测。因此,1740 年科学院悬赏征求对这个问题的研究。获奖论文中包括欧勒和丹尼尔·伯努利两人提交的应征文。由于他们是在牛顿奠定的基础上进行工作的,所以,他们借助高等分析的工具,能够考虑到共同决定潮汐的多种环境因素。因此,举例说来,他们能粗略地计算出高潮落后于月球中天时刻的时间。

欧勒对光学研究的贡献将在第七章中讨论。

1750 年，西格纳说明了他发明的水轮。这件事导致欧勒去研究应用力学中的一个重要问题。这促使他撰写了有关运动水反作用所驱动的机器的理论的论著（*Mém. de l'Acad. Roy. des Sciences*，Berlin，1754，p. 227ff.，或 Ostwald：*Klassiker*，No. 182）。西格纳和欧勒的两部著作已证明对于涡轮机的制造有着根本性的重要意义。即使在今天，欧勒的论著也没有完全过时。欧勒在这部著作中解决了计算一台水力机对应于一给定水位降落和耗水量的工作性能的问题。他又进一步以一系列实例表明了，如何计算涡轮机在给定条件下的最高可能工作性能。

克勒洛和达朗贝

克勒洛和达朗贝对数理物理学作出了一些宝贵贡献。因为，他们发明了解这个领域中和他们对一些特殊问题的研究中反复出现的一些重要类型微分方程的方法。拉格朗日则作出了具有更深远意义的类似贡献。特别是，他推进了对偏微分方程的处理以及引入了一个物体具有对邻近物体施加引力或斥力的位势的概念。后来格林首先称这个概念为位势。这个概念由拉普拉斯加以发展（*Mém. de l'Acad. Roy. des Sciences*，Paris，1787，p. 252），他证明，在自由空间中，位势（V）满足微分方程

$$\frac{\partial^2 V}{\partial x^2}+\frac{\partial^2 V}{\partial y^2}+\frac{\partial^2 V}{\partial z^2}=0。$$

拉普拉斯还以其毛细作用理论和修正牛顿的声速公式而名垂数理 75
物理学史。

傅里叶和泊松把更高发展水平的数学分析应用于物理学问题，但这属于十九世纪。

三、摆的实验

数学理论领域中的进展和实验技术进步之间的相互联系在摆的研究中得到很好说明，这些研究主要是法国物理学家在十八世纪里进行的。这些研究主要旨在测定为了打秒拍，单摆的摆长必须是多少，以及这种摆长如何随观测地点纬度而变，但是，这些研究也用于测量落体加速度(g)，而且对于测定地球形状的问题也具有重要意义。摆的运动的基本定律是在十七世纪确立的。伽利略已经认识到，任何一个给定摆的振动周期都几乎与摆动弧的幅度无关，而与悬线长度的平方根成正比。他试图把摆的这种等时性应用于时钟的调节。惠更斯在这方面获得了成功。惠更斯还得出了单摆和在重力作用下绕固定轴振动的广延物体的振动周期公式。利用惠更斯的公式，现在就可通过测量任何单摆的长度和周期来求得重力加速度。

十八世纪里，在单摆的制造和悬吊方法方面，在对温度效应和摆的运动受周围空气的影响的估计方面，以及精确地把摆的振动速率与可靠钟表指示作比较的方面，都获得了相当大的进步。在早期摆的实验中，全都把悬线上端夹在一个牢牢固定的夹钳上。但是，这样的布置使摆绕之转动的点的确切位置不确定，而且摆的有效长
76 度的估计也有了不确定性。因此，从十八世纪中期开始，便有人应用了刀口悬吊法(如布格埃，参见 *Mém. de l'Acad. des Sciences*，

1735,p. 526)。这样,运动中心就可取为位于刀口所在的平面,而摆的全部重量都由刀口承载。然而,这种悬吊方式也自有其问题,因为,正如拉普拉斯和贝塞尔后来所认识到的那样,刀口实际上是圆筒。皮卡尔 1669 年注意到摆钟速率因温度变化而被扰乱。哈里森发明的铁栅摆(1725 年,见 *Phil. Trans.*,1752,p. 517)和格雷厄姆发明的水银摆(*Phil. Trans.*,1726,p. 40),都是为了自动补偿这种不规则性。另一方面,拉孔达明让一根标准长度的金属棒像摆一样地振动,观察其周期如何随已知温度变化而变化,试图由此来测定金属的热膨胀(*Mesure des trois premiers degrés*,etc.,Paris,1751,p. 75)。十八世纪里,也有人试图估计摆的振动受周围媒质的影响,媒质以惯性阻止摆通过它,而其浮力减小摆锤的有效重力。十八世纪的研究者没有能力为前一因素找到适当的处理办法,因为这种流体动力学问题造成种种困难。然而,牛顿已通过实验研究了各种媒质对摆的振动**幅度**的这种阻力的效应(*Principia*,BK. II,Sect. 6),但忽视了对**周期**的效应。他的后继者们直到贝塞尔一直也都是这样。牛顿在《原理》第二版(1713 年)中还就空气密度修正了皮卡尔在巴黎对秒摆长度的估计,并在第三版中(1726 年,BK. Ⅲ,Prop. 20)对此作了解释。但是,这一点后来被人们忽视了,直到布格埃才在他在南美进行的摆实验中就空气浮力修正了他的结果。布格埃测定空气比重的方法是看一具气压计必须从观测地点升高多少才使水银柱下降一线[①](*Figure de la Terre*,Paris,1749,p. 340)。布格埃还把所有摆观测都下放到海

① 线(line),长度单位,等于十二分之一英寸。——译者

平面上，由此就重力随高度的变化作了修正（上引著作，p. 357），尽管他为了凑数据而不得不把观测地附近海平面之上物质的引力也考虑进来。当摆的振动幅度大出很少几度时，对摆等时性的近似定律的偏离就变得显著。所以，早期研究者，例如皮卡尔为了精确起见就限制被试验摆的振幅。但是，这也带来一个缺点，即摆的运动很快就停止。然而，丹尼尔·伯努利于 1747 年表明了，如何把观测到的振动周期变换成同无限小振幅相应的周期（*Piéces de*
77 *prix de l'Acad. en 1747*，p. I ff.）。如取一级近似，则以振幅 a（按弧度制）振动的一个摆的周期同它划出无限小的弧时的周期成由 $\left(1+\frac{1}{4}\sin^2\frac{a}{2}\right)$ 量度的比例，而如果 a 很小，则该比例可以取为 $\left(1+\frac{1}{16}\cdot a^2\right)$。

十七世纪里，默森（1644 年）、利乔里（1651 年）和皮卡尔（1669 年）等人测量了敲打秒拍的一个单摆的长度。皮卡尔的方法是调节悬线长度，直到摆与一个打秒拍的时钟同步，然后用一把尺测量这个长度（*Mesure de la Terre*，Paris，1671，p. 139）。然而，1735 年德·梅朗预言了后来的"符合法"，尽管还很粗糙（*Expériences Sur la lonueur du pendule á Secondes á Paris*，*Mém. de l'Acad.*，1735，pp. 166ff.）。他的方法是观察被试摆和紧位于其后的一个钟的摆同时到达垂线同一侧的摆动弧端点的时刻。这两次会合的间隔时间相当于整数次摆振动和整数多个秒，这样用除法便很容易求得摆的周期。1743 到 1749 年间，布莱德雷在格林威治应用了这种方法的"耳目并用"形式：把用眼对摆的观察同用耳听时钟的嘀嗒声相比较（Bradley 的 *Miscellaneous Works*，Rigaud 编，

1832,p.384)。十八世纪末,R.G.波斯科维奇在关于这个问题的一篇论文中提出了改进摆实验技术精细程度的意见(*Opera Pertinentia ad Opticam et Astronomiam*,Bassani,1785,Tome V,pp.179—269)。他建议计时钟和被试摆都通过各自垂直位置时的符合,这时观察者通过一块屏上的一个孔集中注意看摆动弧的中部。这实际上就是现代的“符合法”。它比德·梅朗的方法更精确,因为两个摆是在它们与观察者眼睛处于同一直线上时,而且当它们以最大速度运动时被观察的。波斯科维奇还确认了伯努利变换到无限小弧的方法,并表明如何把这些修正应用于一种具有实际重要意义的情形,在这种情形里,像布格埃所认为的,逐次振幅按几
何级数递减。波斯科维奇似乎并没有把这些方法应用于自己的摆 78
实验。但是,数年以后,J.C.博尔达和J.D.卡西尼·德蒂里在他们旨在在巴黎测定秒摆长度的一些精心研究中就基本上采用了波斯科维奇提出的这种方法。

博尔达和卡西尼的实验是1792年春夏期间在巴黎天文台进行的。他们的方法主要是把一个已知长度的摆的振动速率与一个其摆打秒拍的时钟的速率相比较,该时钟的误差由观测恒星中天得知。这时钟固定在一堵坚牢的扶壁(为支持墙象限仪而建)上,摆挂在一块突出石头上,在钟前面悬下(图24)。摆是一个直径约1.5英寸的铂球,由一根约12英尺长的细铁丝悬吊,这样,它将以约2秒的半周期振动。铁丝的下端用螺钉固定着一个倒置的铜杯(图25),摆锤恰好可以容纳在里面,摆锤涂了一点润滑油。这样,一次实验之后,摆锤就可以很容易地翻转过来,这可以反复进行,以消除摆锤形状或密度的任何不规则所产生的效应。摆悬置在刀

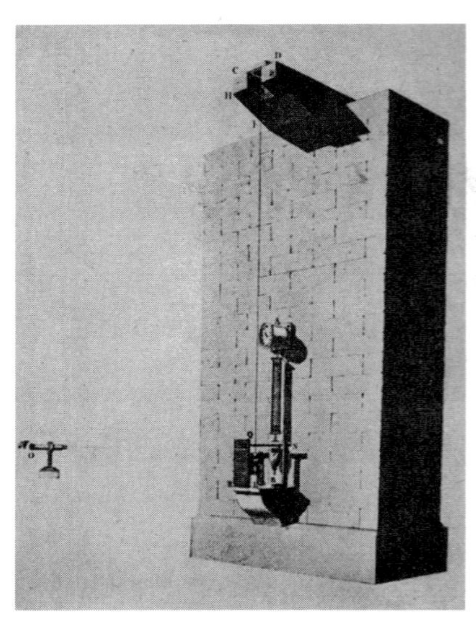

图 24—博尔达和卡西尼的摆(1)

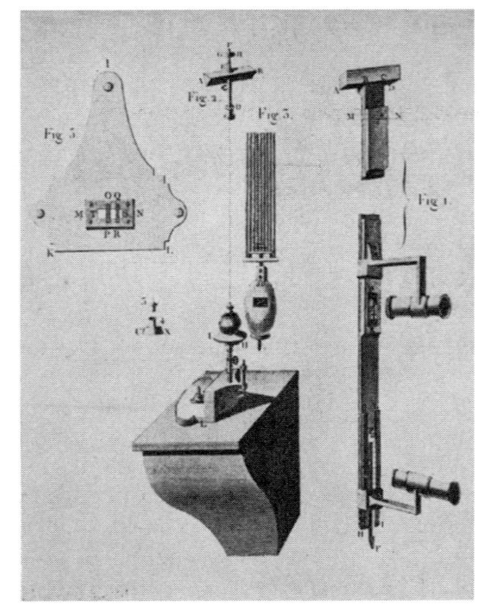

图 25—博尔达和卡西尼的摆(2)

口上，刀口则置于一个水平钢表面之上；这钢表面固定在一块铜板 *IKL* 上，铜板则用螺钉固定在那个突出石块上。摆通过狭缝 *ST* 悬下。悬线上端附着在杆上，这杆由其向上延长部平衡。这延长部带有一个活动的重物，通过对这重物的调节，可使这悬置系的固有振动周期与摆的周期相等，这样，摆的运动就不受这悬置系惯性的影响。摆和时钟都完全封闭在一个箱子里，因而避开了气流，观察者通过一块窗玻璃用望远镜观看它们的运动。摆的长度这样调节使得在时钟摆动两次的同时，摆的摆动还远远不到一次。观察者的任务是，记下两个摆都从右向左运动时，它们同时通过垂直位置的时刻。为了便于进行这种观测，在时钟摆锤上设置了一个在黑色背景上的白色十字符，并适当放置望远镜，使得当两个摆都处于静止时，一个摆的悬线在观察者看来乃通过另一个摆上的十字符的中心。此外，每个摆的摆动弧的左半部分被一个屏遮住，使观察者看不见。当让两个摆开始摆动后，观察者记下在两个摆刚刚都消失在屏后面时摆线平分十字符的时刻。观察者还要记下被试摆在每次这样重合时的振幅，这样，就可用得上伯努利的修正法。将各次观察到的重合之间的时间间隔除以经修正的这期间发生的振动次数，博尔达和卡西尼就计算出了被试摆的振动周期；这样，79
再考虑到这个悬置系的长度；就推算出在巴黎一个打秒拍的摆的长度。“符合法”的好处在于这样的事实：逐次符合的时间间隔的估计误差仅仅相当于这些间隔的一小部分，而相应的**振动周期**误差则是这周期的远小得多的一部分。用来测量摆长的是一个铂标尺，其上端有一个置于钢板上的钢横档，这样，标尺上端便与刀口齐平，而其下端是一个可以在一条槽道中上下自由滑动的刻度舌片 EF，及一个游标 X，它指舌片端部在标尺零刻度以下延伸多远。（戈丹早已使用过这种可伸长的标尺。）这铂标尺的一面覆盖一根铜标尺，用螺钉固定在标尺一端。这组合用作一种金属温度计。因为，由一个专用游标量出两个标尺的热膨胀差，这使得铂标尺的相应绝对膨胀得以计算出来，并可用作对藉这标尺作的测量的修正。在进行这些测量时，先把标尺上端的位置调整好；然后，用一个螺钉使位于摆锤之下的水平板升高，直到刚好接触摆锤的下表面，再使舌片 EF 降低到与 IH 接触。于是，标尺全长（对于其自重引起的伸长，已加以修正）**加上**舌片在游标 X 零刻度以下的伸长部分便示出了摆的总长度，测量结果精确度达到 $\frac{1}{116}$ 线以内。为了测定等效单摆的长度，博尔达和卡西尼又作了许多修正。他们根据零件的重量和大小计算出了摆的摆动中心的位置，从而

也计算出了摆的有效长度。根据实验期间温度和大气压，他们计算出了空气的密度，并因而也算出了空气浮力在抵消铂球重力方面所会产生的效应。最后，还必须把铂标尺上的任意分度表达为某种公认标准的标度。他们选用了科学院官方的 toise①。博尔达和卡西尼经过二十组观测得出的最后结果是，在巴黎打秒拍的摆的长度为 440.5593 线。

80 十九世纪，势在必然地以可倒复摆取代单摆在科学研究中的应用。G. 里什德普洛尼 1800 年提出的一些建议中已包含这种思想的萌芽。然而，这被忽视了，直到 1817 年才有凯特船长独立地发现这一原理，并付诸实践。

十七世纪末便有人发现，在赤道附近秒摆的长度要比在高纬度地区短，相应地重力也比较弱。这观测提出了关于地球形状的问题，导致牛顿和惠更斯试图估算通过地球极轴取的地球任何截面的椭圆率，地球被认为关于其极轴是对称的。十八世纪期间，积累起了世界各地秒摆长度的大量估计值；这些数据大都基于用固定长度的块体摆作的测量，这种摆可以接连在不同地点设置，并能连续摆动数小时。自从德布勒蒙首先发表了这种估计数值表（载他译的法文版 1734 年《哲学学报》，巴黎，1740 年，p. 126）以后，便不时有这种表发表。人们试图推导出一个理论公式，它应把秒摆长度和观测地纬度联系起来，并应同已有数据相符。牛顿已经得出过一条简单法则，它把纬度 ϕ 处的长度 l_ϕ 与赤道上的长度 lo 联

① 法国长度单位，约合 $6\frac{2}{5}$ 英尺。——译者

系了起来，其关系为

$$l_\phi = lo(1+m\sin^2\phi)，其中\ m=\frac{1}{229}$$

(*Principia*，Ⅲ，Prop. 20)。克勒洛从关于地球内部构成的比牛顿更为概括的假设出发，得出了同牛顿的公式形式一样的关系式，但赋予 m 以值 $\frac{5f}{2g_o}-\in$，其中

f＝赤道上因地球自转而产生的离心加速度；

g_o＝赤道上的重力加速度；

$\in$＝地球的一个子午截面的椭圆率。

人们作了许多尝试，想通过比较世界各地作的摆观测的结果，推导出 m 以及从而也推出椭圆率 $\in$。但从这种比较中推出的椭圆率的值彼此还不能很好地吻合，也不能同通过测量子午弧得到的几何椭圆率相吻合。

81

(参见 *Collection de Mémoires relatifs á la Physique*，*Publiés par la Société Française de physique*，Paris，1889，Tome Ⅳ，其中转载 *Base du Systém Métrique*，Paris，1810，Tome Ⅲ，pp. 582ff. 博尔达和卡西尼的论文，还载有关于摆的理论和应用的参考书目和论文目录，以 C. 沃尔夫撰的一篇历史性述评。)

四、实验流体动力学

继十七世纪托里拆利、马里奥特和牛顿等人的开拓性工作之后，十八世纪从理论和实验两方面对流体动力学问题予以相当的注意。所研究的主要是关于固体在流体中通过时所受到的阻力的

问题，以及液体在压力作用下从容器注孔中喷出而成的射流的问题。在这个时期中，人们试图建立一个关于流体阻力的数学理论（甚至假定流体是不可压缩的），但始终遇到了种种分析上的巨大困难，所得的结果与相应的实验数据相比，总的来说是令人失望的。十八世纪初期流行的那些流体阻力理论普遍建立在这样的流体观基础之上：流体乃由孤立粒子构成，这些粒子仅仅藉碰撞相对它们做运动的一个物体的表面而阻止其运动。这假说认为，一个平面表面沿与其自己平面垂直的方向通过流体运动时，所受到的阻力同表面的大小以及其速度平方成正比。而如果是一个三棱柱的斜面像船头一样通过流体运动，其底面与运动方向垂直，则这些斜面所受到的阻力同斜面对运动方向的倾角的正弦平方成正比。人们还曾追随牛顿进一步假设，一个物体所受到的阻力仅取决于该物体的处于其最大截面（与运动方向垂直地取的）之前的那一部分的形状，因此，物体后面部分的形状根本不影响阻力的值。

达朗贝在其《论一种新的流体阻力理论》(*Essai d'une nou-*
velle Théorie de la Résistance des Fluides)（巴黎，1752 年）中批
评了这种过分简单的理论，特别是因为这种理论忽略了媒质粒子
82 在碰撞了物体之后本身会怎么样的问题。他认为，碰撞后每层粒
子起着十分重要的作用，因为这样的粒子层在物体表面滑动，对物
体施以压力和摩擦力，干扰继起粒子层的碰撞作用。他还试图描
绘出当达致稳定运动状态时媒质粒子沿之运动的“流线”(filets)。
达朗贝试图把流体力学建立在一些坚实的基本原理之上，这些原
理与他认为固体力学业已确立的那些原理相联系。但是，他在试
图用他的理论导出能为实验证实的推论时，遇到了重大的分析上

的困难。达朗贝认为，他在写《论一种新的流体阻力理论》时所能得到的关于流体行为实验证据太粗略，不宜作为流体动力学理论的重要根据。但是大约二十年后，达朗贝本人也参与的一些研究在这一学科的实验处理上开辟了一个新纪元。他的共事者是孔多塞侯爵和修道院长博絮。1755 年，博絮发表了一篇根据自己观测讨论水在管道和隧道中的运动的流体动力学论文。同年，达朗贝、孔多塞和博絮受命于杜尔哥进行旨在改进航海的研究。他们对液体对通过其中的物体的阻力的定律进行了实验研究。他们的实验是 1775 年 7 月和 9 月间在军事学校（ÉCole Militaire）院内一个湖上进行的。博絮充当 rapporteur〔报告人〕，这次研究的过程和结果明白地记载在他的《关于流体阻力的新经验》（*Nouvelles Expériences Sur la Résistance des Fluides*）（巴黎，1777 年）之中。

这三位百科全书派采取的方法是测量由已知力牵引通过水的船所获得的速度。每次都由一个下落的重物提供动力。重物被系在一根绳索的一端，这绳索绕过位于一根约 75 英尺高的桅杆的顶端的一个滑轮和桅杆下端的另一个滑轮，然后把它的自由端系在船头，这样，当重物下落时，小船便被牵引沿水平方向前进（图 26）。绳索由于自重而稍有下垂的效应忽略不计。湖的轮廓大致呈矩形，约 100 英尺长，50 英尺宽，深度不等，最深处达 6 英尺左右。湖的两条长边部分地划成区段，每段 5 英尺长由直立标杆标示，相应于 0，5，10……45，50 英尺。连接两对岸相应分度的连线与小船的运动方向垂直，标示 50 英尺的分度接近湖的尽头，船在 83
该处停靠于木排。每条船都从零刻度线后的某处出发，以使在它进入 50 英尺的被测路程时达到一个均匀的终速度。然后，观察者

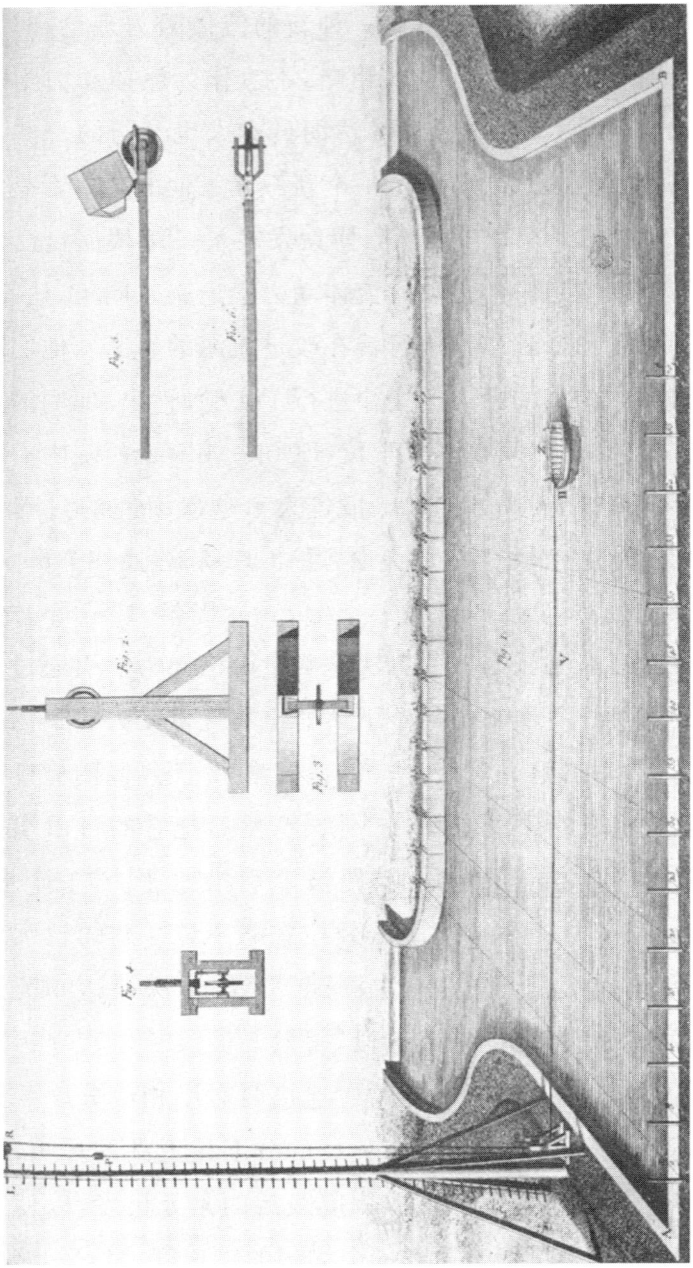

图 26 —用船做的流体动力学实验

对船在这路程中的运动计时，记下通过连接各对标杆的每条连线(0—0,5—5,等等)的时刻，其时一个戴表的计时人出声地数出半秒的时刻。在这些关于船运动的实验中，所通过的水域相对船来说实际上可以认为是无界的。除了这样的实验而外，还有另一些实验，其中同样的船被推进通过一条沟渠，沟渠的宽度和深度可以在一定限度内任意改变。构成这种沟渠的方法是，沿湖在水下建造一个平台，两边由平行的两道木栏围住，它们形成沟渠的两边，它们的间距可以任意调节。沟渠深度可通过在湖中引入或多或少的水加以改变。这类实验大都在沟渠两端开放的条件下做的，不过也有少数是在两端封闭的条件下进行的。在这些实验中，应用了二十种不同的船，船头和船尾形状各异，有的方形，有的呈不同锐度的尖顶。船幅和吃水深度也各不相同；吃水大都在一英尺左右。为了使船在开阔水中直线行进，还为船装备了舵。但在沟渠实验中，必须使用一根从船头和船尾上两对滑轮间通过的导向索，并要对滑轮的摩擦给予修正。在每一组给定条件下，观察都重复多次，取船历次驶过50英尺所需时间的平均值；为此目的所得到的各组结果的差异罕有达到一秒的。

在《新经验》中提出的各个理论结论乃基于在适当变化的条件下对船的平均速度进行的数百次测定。总的来说，阻力随速度平方而变化的定律得到了充分支持，尽管发现阻力的增大速率比理论的要求稍高一些。但是，这一点基本上可从下述认识中得到解释：船头前形成的上涨(remou)即水面升高以及在船尾形成的凹陷必定要引起有效阻力增加。为了对这种效应进行修正，当船达到稳定速度后，立即测量船头中央和两侧的上涨高度，并与实验的

其他结果一起记录下来。对速度相等但表面不等的物体所受阻力
84 进行比较时，要区别两种情况。(1)当浸没水中的表面深度相等而宽度不等时，发现阻力的增加速率稍稍大于表面的增加速率。(2)当表面宽度相等而深度不等时，阻力的增加速率略小于表面的增加速率。把上涨效应考虑进来后，各种情形里的差异便得到了解释。接着又比较了用方头船得到的结果、用船幅和吃水深度相等、速度明显相等，但船头两侧交角不同因而以不同倾斜度击水的各种船得到的结果。结果发现，随着船头变得越来越尖，“正弦平方”定律越来越站不住脚。产生动力的重量比理论所要求的要重，并且船头越尖，就重得越多。博尔达的一些关于斜向阻力的实验也得出过类似结果(*Mém. de l'Acad.*, Paris, *années* 1763 和 1767)。结果发现，船头尖角的正弦的任何其他简单幂都不能取代平方来作为对所受阻力的一种精确量度。还发现，当船尾成为尖锥形时，船受到的阻力减小。在沟渠实验中，发现阻力和速度平方之间的正比例关系完全成立。然而，在每种情形里，当其他条件相同时，阻力总是要比在开阔水域中大；留给水从船前头流到船后面的地位越小，这种阻力增加就越明显。曾尝试求得水对行进的船的绝对阻力的某种估计值。空气阻力所起的作用也考虑到了，空气阻力与水阻力的比例根据这两种媒质的相对密度以及物体表面分别暴露于它们的面积推算出来。水的韧性以及水沿船侧的摩擦被认为可以忽略不计。根据所获得的大量数值结果，得出这样的结论：一个平面表面在无界流体中以速度 V 沿与自身垂直的方向通过无界流体运动时，所受到的阻力等于该流体的这样一个柱的重量，柱的底面积等于受压表面积，柱的高等于一个落体为达到速度 V

所必须通过的距离。

1775 年，博絮关于流体动力学的论著以及他与达朗贝和孔多塞合作的实验结果的发表，激发了 P. L. G. 迪比阿爵士去进行更加精细的研究。这些研究是 1780—83 年间进行的。他的《水・力学原理》(*Principes d' Hydraulique*)(巴黎，1779 年；修订版，1786 年)的后面几版描述了这些研究。迪比阿研究的问题包括水 85
在沟渠中匀速运动的定律、液体射流喷注的碰撞、各种形式固体相对阻抗媒质运动时表面所受压力的分布以及摆在这种媒质中振动时伴生的某些效应。书中还讨论了许多其他比较专门的技术问题。迪比阿用人造木质沟渠进行实验，其宽度、梯度和水深都可以任意改变。他认为，当沿这样一条沟渠向下流动的稳定水流倾斜于水平方向时，那表示作用于水的重力加速力和因水的黏滞性而产生的反力之间达致一种均衡状态以及它对沟渠两侧壁产生了摩擦。通过改变了水流的宽度，深度和坡度，一次改变一项，并注意水达致的流速随之发生的变化，他成功地得出了关于流速与这些因素关系的一个经验公式。若设 V 为水流平均速度；r 为水流的截面除以截面周长；其梯度为 $1/b$，则这些量之间的关系由下式给出：

$$V=\frac{307(\sqrt{r}-0.1)}{\sqrt{b}-loge\sqrt{b+1.6}}-0.3(\sqrt{r}-0.1),$$

这些量采用(英国的)寸和秒度量，沟渠的截面和梯度假定是恒常的，其长度与其别的维度相比是相当大的(*Principes d' Hydaulique*，1816 年版，Vol. Ⅰ，p. 62f.)。迪比阿还研究了水流表面和底部的水速之间的关系。他发现，如果 V 是水流表面的速度，v

是水流底部的速度，那么，$v=(\sqrt{V}-1)^2$，而水流整个截面上的平均速度（由沟渠单位时间内放出的水量推知）便是 V 和 v 的算术平均值（上引著作，p. 90）。这些结果看来与沟渠床的大小、形状和梯度无关。他测量表面流速的方法是，向中流扔进一薄木片，用一块表计量它在沟渠中行过 10 英寻的时间。至于对水流最底层速度的测量，他以类似方式观察一些小球沿沟渠底的运动，小球用密度稍大于水的材料做成，而且其色彩鲜艳，易于观察——红茶藨子最适合作此用途。十九世纪初，G. 里什德普洛尼得到了关于沟渠中
86 流动的水的更加概括的公式。但是，他的法则基本上以经过挑选的前人实验为基础。迪比阿用一根玻璃管来研究射流喷注的冲击力。玻璃管的两端开放，并弯成直角，安装时让管的一只呈水平，另一只竖直朝上。水平肢的开口插入一块金属板（使用各种形状的金属板）上的一个孔中，恰使管口与金属板表面齐平。然后把管端推入水喷注中，后者直径大于管的直径。这个实验旨在测定喷注压力将在竖立肢中维持多高的水柱。迪比阿表明，这高度近似等于维持喷注的压头高度。在压头和喷注直径的某个值域中，这个结论都很好成立，如果冲击发生地点离注孔不太远，且不让冲出的水通过一个管嘴的话。迪比阿还研究了一个浸没于水流中的固体的表面所受压力的分布问题。他借助一个金属盒子来进行这一研究，盒子壁上各处钻有孔，这些孔可随意打开或关闭。一个连通盒子内部的流体压力计伸出水面。它显示出内部压力与外部压力的关系，以及当这个或那个孔打开时这种关系如何变化。一个这种方盒子附装于一个方棱柱的末端，整个地把它们浸没于水中，盒子的开孔面指向逆流方向。于是发现，这障碍物的正面即逆流面

的中央压力最大，位置向边缘靠近时压力随之减弱，而在边缘处**压力**实际上让位于向外的**空吸**。迪比阿把这个盒子附装于各种长度的棱柱，由此表明，障碍物越长，正面的压力就越小。为了研究这样一个障碍物后面的压力状况（在此之前这一问题一直被忽视），迪比阿把他的设备掉个头（使开孔面指顺流方向），再同前述一样进行实验。他确定，在障碍物后面的空吸随着从圆周向中心而渐减，而且障碍物越长，减弱越甚。以前研究这个问题的人采取这样一条公理：阻止媒质和浸没于媒质中并与其做相对运动的物体之间的反作用力，当其他条件不变时，不管是物体通过静止媒质运动，还是媒质流过静止物体，都是一样的。迪比阿通过一些实验使他怀疑这条公理。在那些实验中，他在蒙斯附近的埃恩河上把他的钻孔盒子放在两条平底船之间的水下牵引前进，其水闸关闭，水流停止。他把在这里对于从一个适当的速度范围得到的结果与以 87
前水在他的人造沟渠中流经仪器的实验中得到的结果进行比较。他觉得看到了一些差异，在静止河水中所受到的阻力有规律地小于沟渠中的相应反作用力。他提出，水静止时可能比运动时易于分开；还提出，运动液体的各层沿流动方向形成一个向下的斜坡，而一个浸没物体将趋向沿这斜坡下滑。迪比阿认识到，在流体中运动的物体势必要带走一部分流体，物体的有效质量因而便增加。他试图通过研究摆在水中的运动来估算出在某些特例中这种虚质量增益。他假设这种摆的振动周期受阻力影响不大。两个具有相似摆锤而周期相等的单摆，一个在空气中，另一个在水中时，它们的长度应当与两个摆锤在各自媒质中的重量成正比。但是，如果摆锤的有效质量因携带了流体而增加，则这关系就会被扰乱。迪

比阿根据所观察到的这种差异而推算出，在水中的一个球形摆锤的有效质量的增加量是其体积约相当于摆锤一半的水的质量，而且摆锤直径或密度或者悬置系长度的差别对这个关系影响不大。他还试图为其他简单形状的摆找出类似关系，并想通过摆实验来比较不同密度媒质的阻力。贝塞尔在十九世纪对摆的这些问题进行了更带根本性的研究。

五、弹性

梁的理论

十八世纪初以前，只发表过三种关于梁的理论的重要著作。(1)伽利略在其《两种新科学》(*Two New Sciences*)(1638年)中勾勒出了一种数学理论，它认为，一根胘梁上的载荷和在其“断裂底”上引起的抗力是作用于一根转向杆的两个力，以使它们各自关于一根轴的矩相平衡，这根轴就是拱腹平面与断裂底平面的交线。伽利略没有考虑弹性形变，而且认为抗力在断裂底上是均匀分布
88 的。(2)埃德梅·马里奥特在其《论水的运动》(*Traité du Mouvement des eaux*)(1686年)中论证说，情况不可能如此，因为构成梁的物质的纤维的伸长是不等的。他仍然采用伽利略的轴，计算出他的材料的“绝对抗力”即直接抗张强度的矩为伽利略的估值的三分之二。当他注意到在一个简单对称截面上，一半纤维伸长，一半被压缩的情况后，便提出了一个更为精确的理论(这个理论使他的矩只有伽利略的三分之一)。但是，这理论更不令人满意，而他做了一些粗糙的实验后，却墨守着这个理论。由于得到了莱布尼茨

的支持，这个理论在十八世纪里始终是一个同伽利略理论相抗衡的理论。(3)罗伯特·胡克在他的卡特勒讲义《势的恢复》(*De potentia restitutiva*)(1678年)中表明，施加的载荷与因而产生的畸变是成简单比例关系的。他由此为用伽利略所忽视的弹性形变来研究这个问题奠定了基础。马特里奥也没有认识到这种形变的重要意义。在解决这个问题的进程中，胡克定律即 *Ut tensio sic vis*（应变与应力成正比）是最重要的一步。但是，它曾被忽视了一个多世纪。

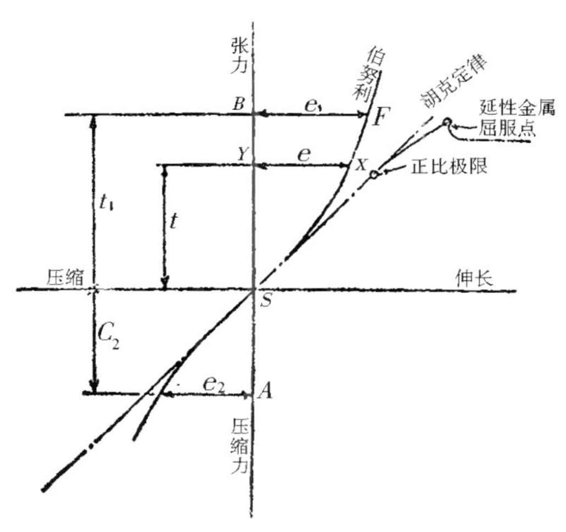

图 27—载荷—伸长曲线

十八世纪发表的对于弹性理论的贡献中，最重要的是雅各布·伯努利、欧勒和库仑三人的贡献。

伯努利对问题的实质进行了实验研究。但是，实质恰恰表现反常。因此，这导致伯努利误以为应变的增大率比产生它们的应力的增大率要小。如图27所示。图中，e_1 与 e 的比小于 t_1 与 t 的比。由于忽视了物理的比例极限的存在，伯努利想象一个张力足可使一件材料的长度增长一倍，而压缩力无论多大也不能使其长度减小到零。伯努利进而又错误地漠视了梁的**中性**层（即无应力层），在那里压缩终止而伸长开始。于是，他又回到了马里奥特那不能令人满意的假说上去了。然而，伯努利对挠曲理论作出了一项极其重要的贡献，这就是他表明，一个挠曲构件的曲率与其纤维的应变成正比（见图 28 和 29）。作为一种能作数学处理的情形，他假设，这些应变与纤维中所受的力成正比——这也就是胡克

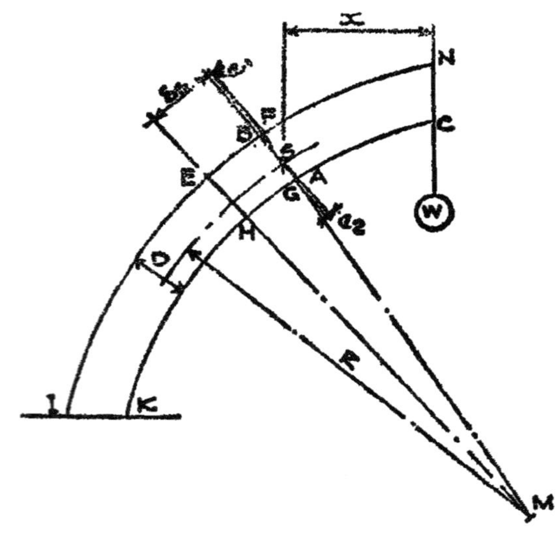

图 28—伯努利的弹性曲线

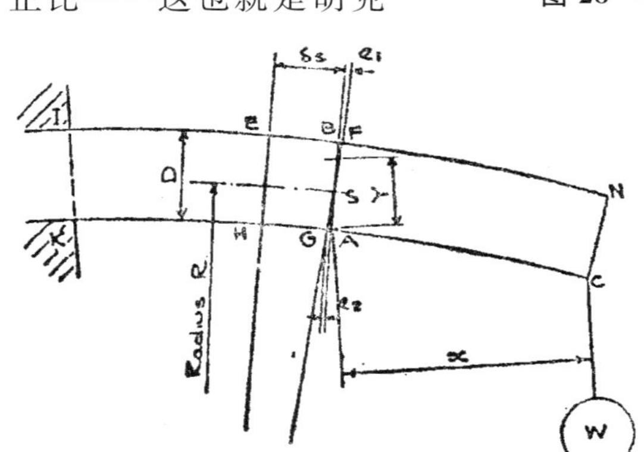

图 29—伯努利理论应用于梁

定律。于是，他得到了一个连结一个挠曲板条的曲率与挠曲力的矩的方程。这是一种理论上的确实进步。后来经欧勒简化了的伯努利理论，以一根弹性梁为例就是说（见图 29）：如果

90 R 为中性轴在点 S 处的曲率半径，S 是取决于材料弹性性质和过 AB 的截面的大小的一个常数，那么，曲率 $=\frac{1}{R}=\frac{W\cdot x}{S}$。$W\cdot x$ 是图示例子中截面 AB 的**挠矩**。S 可以称为截面的倔强矩。

欧勒不仅把伯努利理论应用于梁，而且还应用于支柱，并由此

作出了一项具有根本意义的发现，其后一切关于支柱性能的理论皆由之引出。在他于1757年递交柏林学院（*Mém.*，XIII，pp. 252—82）的题为《论支柱的力》（*Sur la force des Colonnes*）的论文中，他

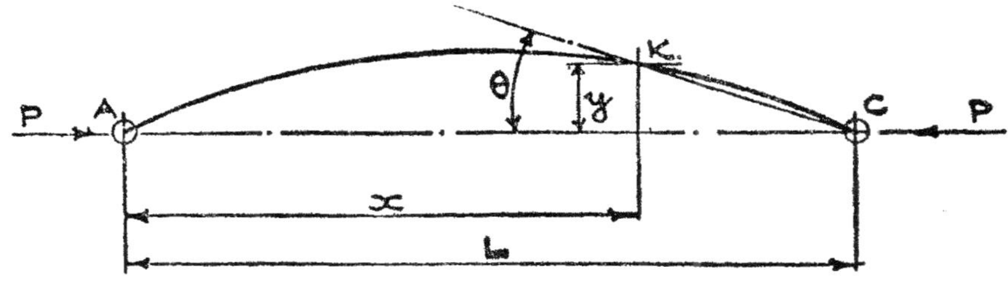

图 30—欧勒的支柱理论

分析了一根由各向同性的匀质材料构成的细长弹性直支柱在负有完全集中的载荷时开始发生挠曲的条件。他发现，如果不考虑支柱长度与连结其两端的**弦**的差异，则有

（1）在达到某临界载荷之前，不会发生任何挠曲；

（2）处于临界载荷时，支柱的轴呈正弦曲线的形状；

（3）在支柱开始挠曲后，不管程度多么轻微，作用于杆臂的载荷都造成挠曲 y（图 30），从而使支柱因弯折而完全断裂。

如果 P 为临界载荷，L 为支柱从加载点到支承点的长度，那么，致断载荷便由方程 $P=\frac{\pi^2 \cdot S}{L^2}$ 给出。倔强矩 S 可以分为两个部分，即一个力和长度平方，从而使之类似于**转动惯量**。一根梁或支柱的**截面的转动惯量**这一术语现在仍在使用，用来冠称梁或支柱的横截面关于一根中央轴的第二矩。这与欧勒所引入的术语意义不太一样，也没有那么恰当。

支柱性能表现出来的不连续性使欧勒颇感困惑，特别是与图

31 所示的那样一根梁的性能相比较的时候。他表明，在图 31 中，
91 由力 Q 在 A 点产生的挠曲可以表示为 $\delta=\frac{Q\cdot l^3}{3\cdot S}$。$Q$ 值的任何增加，不管多么小，都会引起 δ 值相应增加，而未出现临界值。

库仑在其论文《建筑静力学问题》(*Statical Problems applied to Architecture*)(*Mém. par divers savants étrangers*, 1773)中率先对作用于一根肱梁的一个典型横截面的力(参见图 32)作了合理的全面讨论。AD 是典型截面，距载荷 W 的作用线的距离为 x。作用于

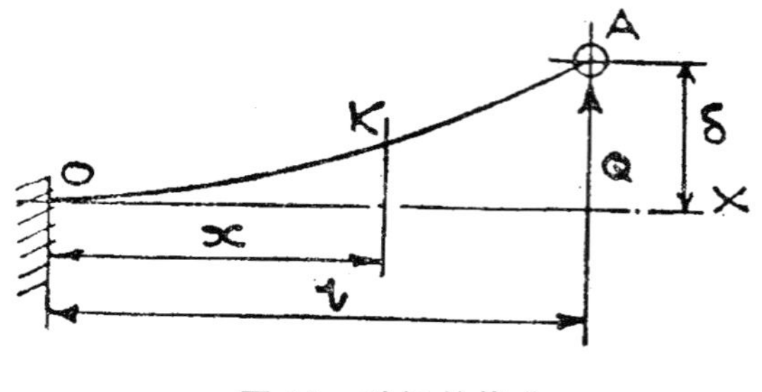

图 31—肱梁的挠曲

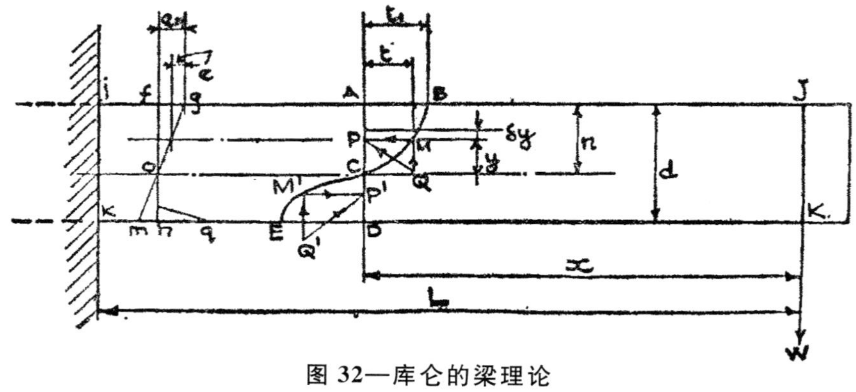

图 32—库仑的梁理论

这个截面的全部内力联合抵抗 W 要在截面处将梁折断的倾向。截面上部的材料将提供抗张力，例如 QP，而截面下部的材料将提供抗压力，例如 $Q'P'$。把作用于梁的 $ADKJ$ 部分的力沿水平和垂直两个方向分解，我们便知道，为了达到平衡，

(1) 张力的和 MP 必须与压力的和 $M'P'$ 平衡，即面积 $ABMC$ 必须等于面积 $DEM'C$；

(2) 诸如 QM、$Q'M'$ 等等垂直分量之和必须等于 W；

(3) 力 MP、$M'P'$ 关于 C 的矩之和必须等于矩 $W\cdot x$，

即 $\int t\cdot y dy = W\cdot x$。

不论各构元的畸变和其内聚性的关系怎样，上述三个条件都必须 92
得到满足。

过去从未有人对这个问题作出过如此明了的概述。

如果这根梁是由完全弹性的木材制成的，就是说，材料的伸长和压缩与造成它们的力成正比，那么，材料在肱梁固定端的那个构元 $jfhk$ 将呈楔形 $jgmk$，三角形 ofg 将与三角形 ohm 相等；这样(由于库仑考虑的是长方形截面)，of 必定等于 oh。

三角形 ofg(代表张力)关于 o 的矩为 $\left(\frac{1}{2}e_1\cdot n\right)\times\left(\frac{2}{3}\cdot n\right)=\frac{e_1\cdot n^2}{3}$；既然 $n=\frac{1}{2}d$，所以该截面上的所有张力和压力的矩的总和 $=\frac{e_1\cdot d^2}{6}=W\cdot L$.

内力的垂直方向分量如 QM 被忽略不计，因为在库仑看来，如果 L 与 d 的比很大，则这些分量的效应很小。认识到切力对一根中空长梁的挠曲没有显著作用，这是一个重要而又新颖的见解。

然而，库仑也犯了一个当时常见的错误：他认为，有些物质例如石头是不可伸长的，因而伽利略理论适用于这些物质。

图 33—库仑

库仑的扭转理论

库仑在他一篇论磁罗盘的论文中首次概述他的扭转理论，并描述了丝绸和发丝的扭转实验，该文发表于 1777 年的《外国学者报告集》(*Mémoires Par Divers Savants Étrangers*)。他对金属抗扭转力的研究的描述见于他在 1784 年递交科学院的一篇论文，该文发表于当年那卷《备忘录》。在那篇论文中，他考察了一根金属线所承受的扭转的角度和其长度、直径与弹性性质之间的关系；描绘了扭秤和扭秤对测量微小力的应用；并就弹性和内聚性分别在金属因受应力而发生的塑性屈服中所起作用提出了一个格外新颖的理论。1884 年法国物理学会编印出版的《论文集》(*Collection de mémoires*)的第一卷转载了这两篇论文。

库仑所采用的实验方法是竖直地悬吊一根金属丝，其下端同轴地系一个重的金属筒。筒带有一根在一个水平环形标度上移动
93 的指针，记录金属丝下端相对于固定的上端扭转了多少角度。重物被旋转某一加以量度的角度，以使金属丝扭转，然后放松。金属丝的弹性提供了推动力，使这系统回复到其正常位置。但是，由于筒的惯性，指针通过了零位，金属丝被沿相反方向扭转，这样便建立起可精确加以计时的振荡运动。

库仑提出了“扭力”与扭转角成正比的假说。如果事情果真这样，则由金属丝悬吊的圆筒的行为便处于一种简谐运动。设 θ＝偏离中性位置的角度，α＝圆筒的角加速度。设圆柱体质量为 M，半径为 a，那么，圆筒的极转动惯量就是 $\frac{Ma^2}{2}$。按照库仑的假说，转矩或扭矩可以表达为 $n\cdot\theta$，其中 n 是常数，取决于被扭转金属丝的材料的某种物理性质、它的长度 L 和直径 D，由实验按某种方式确定。于是，我们就可以写下转矩 $n\cdot\theta=$

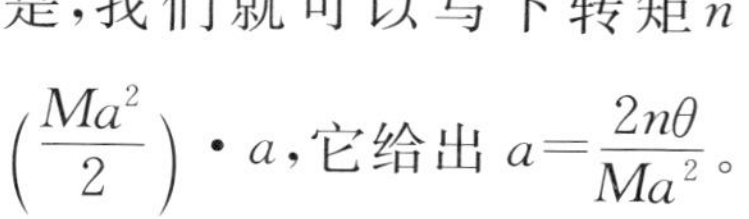

$\left(\frac{Ma^2}{2}\right)\cdot a$，它给出 $a=\frac{2n\theta}{Ma^2}$。

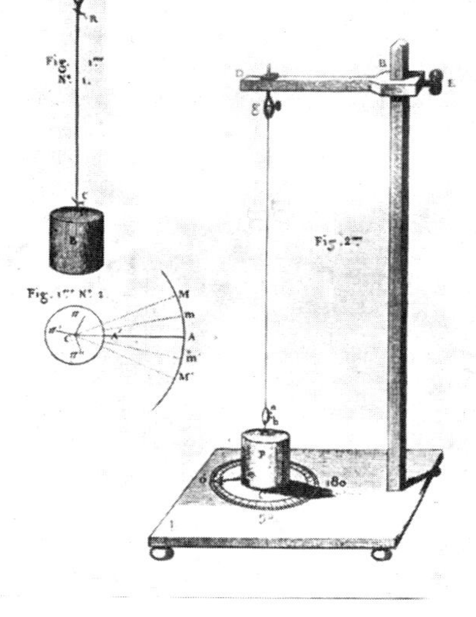

图 34—库仑的扭转装置

在任何简谐运动中，周期时间都等于位移除以加速度所得的一个量的平方根的 2π 倍。因此，振荡完全一周的周期时间可由方程式 $T=2\pi\cdot\sqrt{\frac{M\cdot a^2}{2\cdot n}}$ 给出。库仑没有用过“简谐运动”和“极转动惯量”这样的术语；但是，他以最基本的原理来处理问题，却得到了同样的结果，只是他给出的是朝一个方向摆动一次的时间，而不是往复摆动完整一周的时间。

他对阻尼效应的研究导致一个没有实用价值的复杂公式。因此，我们避开这种研究，进而讨论他用以计算 n 的值的实验。

应当注意，T 与摆动角无关。库仑发现，当角度很小时，情形的确如此，这样便证明，他关于抗扭力与扭转角成正比的假说是合理的。他做实验时所应用的是翼琴铁丝和黄铜丝。他用重量和半

94 径各异的若干圆筒证实了 T^2 与 Ma^2 的比例性。这样，在用同一圆筒进行的任何实验系列中，他都能把 T 和 n 看作是仅有的变量。利用材料和直径相同但长度不等的金属丝进行实验后，他发现，T 与长度 L 的平方根成正比。因此，$n\propto\frac{1}{T^2}\propto\frac{1}{L}$。当使用材料和长度相同但直径不等的金属丝时，他发现，周期时间与所用的金属丝的重量成反比，误差不超过百分之三到四。一根给定长度的金属丝的重量与直径的平方成正比，但要加以精确测量则容易得多。

因此，对于一根重量为 W 而长度恒定的金属丝，这实验系列给出 $T\propto\frac{1}{W}\propto\frac{1}{D^2}$。所以，$n\propto\frac{1}{T^2}\propto D^4$。

如果我们用 μ 标示仅由金属的自然刚性所决定的一个系数，则该金属丝被扭转 θ 角后所产生的转矩可以表示为

$$\text{转矩}=\frac{\mu\cdot D^4\cdot\theta}{L}。$$

铁丝和黄铜丝的 μ 值之比求得为 10∶3，而米欣布罗克测定的这两种材料的抗张强度之比为 5∶3。我们不知道为什么库仑期望这两个比相同；但显然他抱有这种期望，因为他提出，这种差异可能是由于材料经受的冷加工和退火处理的程度不同而造成的。一根丝线的扭转刚度仅是一根铁丝的二十分之一，而它在同样大张力载荷作用下却断裂了。

对经受大角度扭转的金属丝进行的实验，使库仑注意到，当载荷移去以后，弹性仍有所恢复，甚至在金属丝受到相当程度永久变定之后也是如此。铁和黄铜这类金属可以认为是完全弹性的，因

此,压缩或展延它们的构分所必需的力与它们所受到的压缩或展
延成正比。令人感兴趣的是,库仑在持有这种观点的同时,却还无
保留地认为胡克阐明的定律是真实的。胡克定律受到雅各布·伯
努利的诘难,而且实际上受到胡克工作和库仑工作相隔的那一个
世纪里的每个著作家的轻视。然而,一个应变的物体的各个部分
是靠与弹性完全不同的内聚性连接起来的。在扭转的最初阶段,
构分发生变形,伸长和缩短,但不改变构分藉之黏附的点,因为产
生最初扭转程度所必需的力小于内聚力。但是,当扭转角大到用 95
以压缩或展延各构分的力等于使各构分连在一起的内聚力的时
候,构分就会屈服,分离或者相互滑移。在一切延性物体中,都会
发生这种各部分滑移的现象。但是,如果在这个过程中物体受到
压缩,那么接触就会增加,而弹性的范围也会增大。不过,由于各
构分都有固定的形状,所以这个过程就存在一个界限,超出这个界
限,物体就不可能产生应变而又不破裂。材料的内聚性可以藉退
火程度不同而故意改变,同时不改变其弹性。这一事实进一步说
明了弹性和内聚性存在根本区别。当用铜丝进行试验时,库仑发
现,甚至当抗扭强度降低一半时,弹性系数仍维持不变。同样,钢
棒在不同程度回火条件下经受弯曲试验时,极限强度呈现宽广范
围,而它们的弹性却实际上没有发生什么变化。把断裂主要归因
于滑移的认识为库仑的后继者所忽视,直到二十世纪才又复活。

(参见　E. Mach, *The Science of Mechanics*, T. J. McCormack 英译, 5th edn., 1942; S. B. Hamilton, "Coulomb", 载 *Trans. Newcomen Soc.*, Vol. XVII, 1936—7。)

第四章 天文学

牛顿开创的力学天文学的工作，在十八世纪由法国和德国的一批卓越数学家继续进行。当时，英国人在天文学研究上主要致力于观测。然而，这两个运动都获得了一些重要的甚至惊人的成果。

一、法国和德国的力学天文学

欧勒

利昂纳德·欧勒（1707—83），亚力克西·克洛德·克勒洛（1713—65）和让·勒隆德·达朗贝（1717—83）都特别关心确定三颗互相吸引的天体的运动问题。这一问题比二体问题（已被牛顿圆满解决）远为复杂，用已知的解析函数不可能解决最一般形式的三体问题。然而，这些数学家对太阳、地球和月球以及太阳和两颗行星这些特殊情形得出了一些近似的解析解，从而导致改善月球理论和行星理论以及基于这些理论的星表。例如，托拜厄斯·迈尔（1723—62）利用欧勒的理论，再辅以大量观测资料，得以编制出足可供海上测定经度之用的精确月球表（1755年）。经度委员会为此授予他一笔奖金，后由他的遗孀领取。欧勒还引入了一些研究行星摄动的新方法。他的方法是，假设一颗被研究行星一刻不停地沿一条椭圆轨道运动，而这轨道的诸要素在摄动行星作用下缓慢地连续变化。然后，他试图根据已知在起作用的摄动力计算出这些轨道要素的变化速率。“欧勒方程”在动力学中有着带根本性的重要意义。这些方程使他得以预言，地球的自转轴绕其图形轴画一个圆锥形。十九世纪揭示了，在地极也存在相应的运动，它使地球表面一切点上的纬度产生微小周期变化，虽然气象因素引起的另一效应致使这一效应变得复杂化。

克勒洛 97

克勒洛除了对三颗相互吸引天体问题的近似解作出了贡献之外，还对地球的形状进行了数学研究（*Théorie de la Figure de la Terre*，Paris，1743）。他是在随莫泊丢赴拉普兰进行大地测量归来以后，不久就投入这一研究的。在拉普兰获得的测量结果同布格埃到秘鲁勘测所得的结果结合起来看，证实了惠更斯和牛顿的见解即地球在两极呈扁平状。然而，这些勘测结果所表明的扁平度约两倍于惠更斯根据地球自转速率所预言的值。按照流体力学原理测定地球形状的问题，早已导致流体平衡理论取得长足进展。惠更斯提出的原理是，一流体仅当它的表面在其每一点处都垂直于作用于各该点的合力时，才处于静止状态。而牛顿则认为平衡状态同作用于从表面到吸引中心的流体柱的压力有关。如果把地球的赤道起的自吸引考虑进去的话，那么惠更斯和牛顿所制定的原理就会得出同样的地球扁平度。马克劳林和克勒洛在他们的著作中应用等价的流体静力学原理，解释了这种自吸引。马克劳林发展了牛顿的理论，于1740年证明了，如果一匀质旋转流体呈扁球状，那么，在离心力与重力的作用下，它将处于平衡状态。克勒洛于1743年提出了一条普适的定律：一流体只有当作用于其中任何形状隧道中每一点的合力为零时，才能处于平衡状态。这种隧道可以认为由流体凝成固体的残留物所造成；它可以形成闭路，可以是向流体表面开口，也可以完全在流体内部(图35)。如果在每一条这种隧道中流体都处于平衡状态，则整个流体物质也必然处于平衡状态。克勒洛根据这条原理推导出流体平衡的偏微分方程。他去除了旋转流体应当完全匀质的条
98 件，而仅仅假设流体各等密度层是与流体表面同心和同轴的椭球。他得出了一个重要关系式，即所谓“克勒洛定理”：

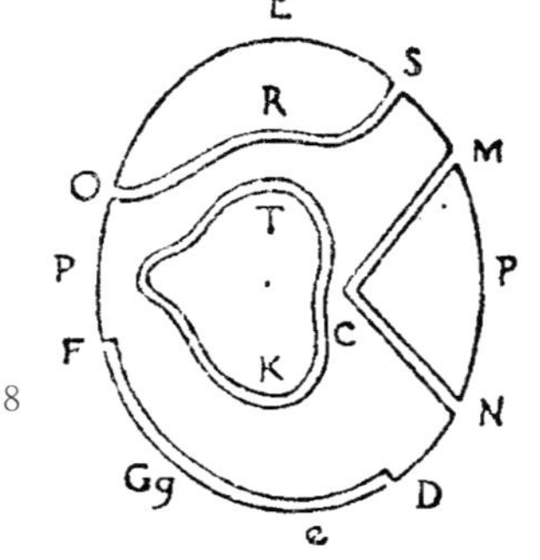

图35—隧道的类型

$$g_{\phi}=g_{\circ}\left\{I+\left(\frac{5}{2}\frac{f}{g_{\circ}}-\in\right)\sin^{2}\phi\right\},$$

它把纬度 ϕ 处的重力加速度 g_{ϕ}、赤道处重力加速度 $g_{\circ}$、赤道处离心力 f 和地球椭率 $\in$ 四者联系起来。利用这一结果，并假设它所要求的条件都成立，就可以根据在不同纬度上测得的重力强度，推算出地球的椭率。然而，后来在地球上不同地点进行的摆实验的结果表明，同克勒洛公式给出的值有很多偏差。

此外，克勒洛还相当准确地预言了哈雷彗星在1759年返回的日期，其间考虑到了木星和土星吸引对哈雷彗星运动的摄动。他还考虑了月球和金星对地球运动的摄动，据此进一步推算出二者

质量的良好估值(按照地球质量)。

达朗贝

达朗贝把牛顿的岁差理论以及布莱德雷的地极章动假说,建立在严谨的分析基础之上(*Recherches sur la précession des équinoxes*, *etc*., Paris, 1749)。

拉格朗日

约瑟夫·路易·拉格朗日(1736—1813)对纯粹数学和应用数学的几乎每一分支都作出了重要贡献。在一篇关于月球天平动的获奖论文(1764 年)中,他假设,地球对自己尚处于液态的卫星月球的吸引使其产生了潮汐隆起(除了引起物理天平动的微小振动,这隆起现在一直是指向地球的),并根据这一假说解释了月球绕轴自转周期和轨道运行周期的相等性。拉格朗日还奠定了木星卫星力学理论的基础。然而,他对天文学的最大贡献在于他促进并补充了他同时代人拉普拉斯的工作,而且向他提供了一些普遍适用的数学方法,使拉普拉斯能把这些方法应用于太阳系各个具体问题。

拉普拉斯和布丰 99

拉普拉斯侯爵皮埃尔·西蒙是一个农民的儿子。他于 1749 年生于诺曼底的奥热河畔博芒特,卒于 1827 年。他早年曾在巴黎 *École Militaire*〔军事学校〕任数学教授,后来在他经历的历届政权下担任过一系列要职。他毕生从未间断过数学研究,这些研究

图 36—拉普拉斯

为他赢得了国际声誉。

拉普拉斯最重要的著作《天体力学》(*Mécanique Céleste*)于 1799 和 1825 年间出齐五大卷,他整理编集了前辈在力学天文学方面的成果。书中首先阐述力学和万有引力的一般定律,然后把它们应用于下列诸问题的研究:互相吸引作用下球体的运动;行星的轨道、不均衡性、形状和绕轴自转;海洋的振动和稳定性;月球理论;彗星;天文折射以及(由这理论推演出的)毛细吸引。在第五卷中,拉普拉斯阐述了他晚年的研究成果,使这部著作反映时代最新成就。

拉普拉斯关于太阳系稳定性的研究,是他在 1773 至 1784 年这一时期中最重要研究之一。在这方面的研究中,他从欧勒和拉格朗日为研究行星轨道要素缓慢变化所提出的那些一般方法中获益匪浅。拉普拉斯发现,木星和土星因相互吸引而产生的平均运动,其不均衡是周期性的,并非无限地增大。他猜想,这现象可能一般地为一切行星所具有;他还证实,影响行星平均运动和平均距离的长期摄动,在实际上微乎其微。拉普拉斯和拉格朗日密切合作,继续这项研究,证明了行星轨道面相互之间的倾角必定总是在很小范围内波动,并且轨道的偏心率也受到类似限制。拉普拉斯和拉格朗日的这些研究,确定了太阳系总图式至少在极其漫长的时期内具有**耐久性**;但是,它们只是近似的,只考虑到无穷级数的前几项，所以，它们尚不足以证明太阳系的绝对**稳定性**，甚至没有考虑外部的干扰因素。

拉普拉斯在《天体力学》中用了一整篇专门详细讨论月球的不均衡性，他是从单一的定律导出这不均衡性。他解释了哈雷所发现的月球长期加速度，为此他把这种现象同地球轨道偏心率的缓 100
慢减小联系起来。他设想，既然这后一变化是周期性的，那么这月球加速度最终必定要被制止并反转方向。但是，他错了，因为月球长期加速度很大程度上是潮汐摩擦引起的，这种摩擦使我们周日长度缓慢增加。拉普拉斯根据太阳对月球轨道的摄动，推算出了一个相当准确的太阳视差数值，并推知其大小取决于太阳距离。他还进一步根据地球扁球形状对月球产生的摄动，推算出地球的（动态）椭率。他发展了一种关于潮汐的解析理论，并且根据在法国一些港湾，特别是布雷斯特对这些现象作的长期连续观测，推算出了月球的质量。他由此得以证明当时公认的下述见解是错误的：地球大气中用气压计可测知的潮汐是月球引起的。

拉普拉斯对力学天文学的其他贡献还包括：改进了彗星轨道的测定方法；发现了木星诸卫星因相互吸引而产生的运动之间存在显著的数值关系；以及预言了土星光环处于旋转之中。

1796 年，拉普拉斯提出了一个关于太阳系起源于原始星云的思辨假说。该假说载于他比较通俗的著作《宇宙体系论》(*Exposition du Systéme du Monde*)(1796 年)之中。他试图解释这样的令人瞩目的事实：所有行星全都沿同一方向而且几乎在同一平面上围绕太阳旋转；（大部分）卫星也沿相同方向和几乎在同一平面上围绕其主星旋转；行星和卫星同太阳一起都沿着它们公转的方向绕各自的轴自转。他论证说，这些相似性不可能纯属偶然的巧合；它们表明所有的这些天体都有一个共同的起源。

布丰曾试图这样来解释这种奇异的规则性：设想有一颗彗星同太阳相撞，致使彗星表面喷发出物质射流，这物质在离太阳不同距离的各处凝聚成一些球体（*Histoire Naturelle*，Supplement Vol. Ⅴ：*Époques de la Nature*）。拉普拉斯认为，这假说不能解释行星轨道的小偏心率。然而，事实上，布丰的观点比拉普拉斯更接近于现代关于太阳系起源的潮汐理论，而且，"碰撞"说因主张轨道初始大偏心率而引起的困难，现在也得到了令人满意的解释。

拉普拉斯自己的假说假定，太阳系天体起源于一团巨大的炽
101 热星云，它自西向东自转，而太阳则是它的一个残块。随着这星云冷却，它必然收缩，其自转速率则将按照力学定律增加。如此下去，便到达一个阶段，这时星云赤道处的离心力恰好抵消星云核的引力吸引，然后便形成一个物质环状星云，这个环将被收缩着的星云抛在后面。这样的过程反复发生，如此形成的环全都处于同一（赤道）平面，并各以自己特有的速度旋转。然而，这些环都是不稳定的，所以每一个都将分裂成旋转质块，而这些质块最终又结合起来形成一单独行星。每颗行星都将像原始星云那样收缩；于是，卫星的形成以及作为形成之中的卫星的土星光环根据这一假说得到了解释。拉普拉斯认为，黄道光是原始星云的又一残块。彗星轨道的偏心率很大，并且与黄道成一切倾角，因此，拉普拉斯得出结论：这些天体的起源独立于行星，而且从来就不是星云的一部分。

拉普拉斯的星云假说风行了近一个世纪。现在知道，它在太阳系规模的尺度上是不能接受的。但是，它大致体现了今天关于

一团星云冷凝成恒星的过程的见解。

康德

在拉普拉斯的星云假说发表之前约四十年的时候，哲学家伊曼努尔·康德就已试图演绎地推出关于宇宙，特别是太阳系生成的表示。康德在他的《自然通史和天体论》[①](*Allgemeine Naturgeschichte und Theorie des Himmels*)(1755年)中假设，物质最初以细微分割的状态弥漫全部空间。由于万有引力的作用，形成了一些中心天体和周围物质围绕其凝结的核。这些核受到这些中心天体的吸引，但是在物质似乎固有的一种斥力的作用下，它们改变了方向，使它们向中心的坠落运动变成了绕中心的涡旋运动。康德认为，这样就能解释一切行星都沿同一方向并且几乎在同一个平面上绕太阳运转的事实。康德的假说没有说明太阳系自转的起源。为了克服这一困难，拉普拉斯从假设最初就自转的气态物质出发，最后如我们所知，他得出了实质上与康德相同的结果。

康德本人在这个领域中的思辨，曾受到托马斯·赖特的《宇宙论》(*Theory of the Universe*)(1750年)的启发。《宇宙论》中指出，恒星并非杂乱无章地散布于宇宙中，而是向着银河的平面聚集。康德从自己假说引出的某些推论被后来的观测所证实，这一事实给予康德假说以相当大支持。最好的例子是他对土星光环周期的计算，他设想土星光环是从土星赤道分离出去的。他根据基 102

① 原文意为《关于诸天体的一般发展史和一般理论》，中译名亦作《宇宙发展史概论》。——译者

本的力学原理估计这个周期为“十个小时左右”。赫舍尔于三十四年后所作的观测表明，这周期事实上约为十个半小时。康德关于土星光环由密集的独立颗粒构成的见解，后来也为数学、光度学和光谱学研究所证实。根据同土星光环的类比，康德创立了黄道光乃因宇宙尘埃环包围太阳并被阳光照射而成的理论。这一理论今天仍部分地为人们接受。他还讨论了，天体的绕轴自转是否在任何条件下都会衰减或消灭的问题。他问道，会不会月球以往自转较快，后来由于地球对它产生的潮浪的延缓作用，它的自转减慢到了目前的速率（同它绕地球公转的速率完全一致）。他表明，地球的自转速率必定也受到太阳和月球起潮力的作用而衰减。康德的这些推测后来得到了乔治·达尔文爵士更为严格的研究的有力证实。

二、英国和法国的观测天文学

布莱德雷，庞德，莫利纽克斯

我们不知道布莱德雷出生的确切日期，不过很可能是1693年。他在牛津大学就学，并从那里毕业。但是，他的青年时代大部分是同在埃塞克斯的旺斯特德当教长的舅父詹姆斯·庞德牧师一起度过的。庞德拥有一座小小的观测台，而且实际上他是当时英国最有经验的实践天文学家之一。他是牛顿和哈雷的朋友，有时还给他们提供资料。布莱德雷由于他舅父而热爱天文学，并从他那里学会了后来在自己全部工作中出色表现出来的应用仪器的技能。布莱德雷同舅父协作进行的研究很快为他赢得了声誉；1718

图 37—布莱德雷

年，他当选为皇家学会会员，1721 年，当选为牛津大学的天文学萨维尔教授。1725 年，他开始与塞缪尔·莫利纽克斯进行卓有成效的合作，后者去世后，他于 1728 年便心挂两头，一方面在牛津大学授课（包括实验物理学），另一方面在旺斯特德进行观测，1724 年庞德去世后他就一直继续那里的观测。除此之外，他后来还兼任"皇家天文学家"的工作，从 1742 年起他一直担任着这一职位，直到 1762 年他逝世为止。

布莱德雷和庞德的合作主要致力于修正卡西尼的木星卫星运动的表，考虑到了光速有限。布莱德雷独立为《哲学学报》(*Philosophical Transactions*)撰写的第一篇稿件是解释 1723 年的彗星(No. 282，1724)。他是应用牛顿计算彗星轨道方法的先驱人之一，他对这一颗及以后几颗彗星成功地运用了牛顿方法。然而，他对天文学的最重要贡献是，在探索因地球轨道运动引起的恒星周年视差时得到了一些副产品，尽管这探索本身没有成功。

长期以来人们就已认识到，如果检测到这样的视差，那将是对哥白尼假说的一个强有力的佐证。然而，在布莱德雷以前，尚未有人能够证实这一效应，尽管其间有过一些虚假的征候。1669 年，胡克曾决心观测天龙座 γ 星的视差。一个伦敦观测者看来，这颗恒星几乎从天顶通过中天，因此它的子午高度实际上不受折射影响。但是，胡克从他的观测推算出数值很大的视差，令人难以置信。五十年后，一个住在丘的富有的业余天文学家塞缪尔·莫利纽克斯(1689—1728)决心再来研究一下这颗恒星，并为此请当时第一流仪器制造家乔治·格雷瓦姆专为他制造了一架望远镜。这架望远镜主要适用于观测经过中天的天龙座 γ 星，并可精确地测量其子午高度因视差可能产生的微小变化。布莱德雷是莫利纽克斯的朋友，与他一起进行从 1725 年 12 月开始的观测。

周年视差对天龙座 γ 星视在位置的影响，应引起其子午高度在一年期中在一平均值的上下浮动，其中在十二月和六月对平均值偏离最大。布莱德雷和莫利纽克斯发现，实际上，这颗恒星的位置表现出周年变动。但是，他们不能将这归因于视差，因为他们发现，这恒星在三月处于最南位置，九月处于最北位置，而十二月和六月则处于其平均位置。布莱德雷和莫利纽克斯在试图解释这颗
104 恒星的这种出乎意外的行为时，起先怀疑他们的仪器。但是检查结果证明仪器是令人满意的。于是，他们想到，这可能是地轴的一种章动的结果：章动应使与天龙座 γ 星相对的天极那一侧的一颗恒星发生大小相等、方向相反的振动。于是，他们从莫利纽克斯的望远镜所能观测到的少数几颗这样的恒星中选择了一颗进行观测，以验证这一假说。结果发现，这颗恒星表现出周年振动，其相位与假说是一致的，但其振幅却太小。

布莱德雷现在认识到，必须扩大他的观测范围，包括尽可能多的恒星。因此，他让格雷厄姆为他在旺斯特德建造一架同莫利纽

克斯相似的望远镜，但扫视范围较广，能使弗拉姆斯提德的新星表中有大约二百颗可在经过中天中被观测到。他希望用这架仪器（它在1727年八月制成）同莫利纽克斯进行对比观测；但是，由于那位丘天文学家不久便去世了，因此这种观测从未做过。

布莱德雷通过扩大观测，得以推出一条一般规律：恒星在上午或下午六时通过中天时，表现出最大的位移；它们在白昼通过中天的整个期间缓慢地向南移动，而夜间通过时则向北移动。及至1728年末，他已成功地用光速与地球轨道运行速度成一有限比的事实解释了这现象。他写道："因为我发觉，假如光的传播需要时间，那么，当眼睛静止时，同眼睛朝眼睛与一个固定目标之连线以外的任何方向转动时相比，这目标的视在位置是不一样的；当眼睛在不同方向上转动时，目标的视在位置也将不同。"

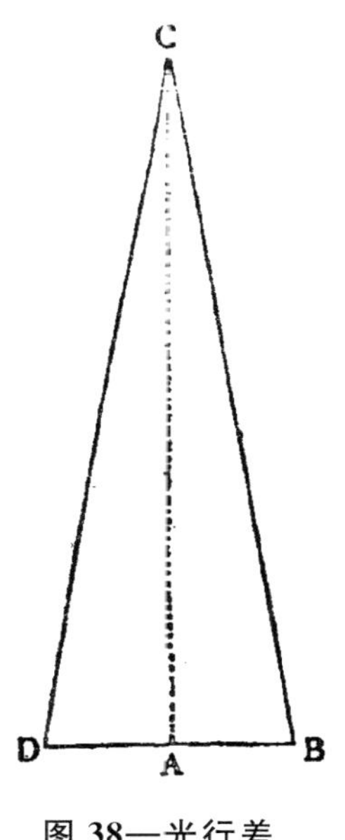

图38—光行差

"我以下述方式来考虑这个问题。设想 CA 是垂直地落到直线 BD 之上的一条光线；于是，若眼睛静止在 A 点，则不论光线的传播是费时的还是即时的，目标都必定出现在 AC 方向上。但如果眼睛从 B 移向 A，并且光线的传播是费时的，其速度与眼睛速度之比等于 CA 与 BA 的比；那么，当眼睛从 B 移动到 A 时，光就从 C 运动到 A，眼睛在 B 时，借以识别目标的光微粒在 C，当眼睛运动时，这微粒便到达 A。连结 B、C 两点，我设想，线 CB 是一根其直径只允许通过一个光微粒的管子（与线 BD 成倾角 DBC）。于是，不难明白，如果 C 处的那个光微粒（当眼睛

运动而到达 A 时，借助这微粒一定能看到目标）与 BD 成倾角
105 DBC，则它将通过管子 BC，并伴随眼睛从 B 运动到 A；如果这微粒与 BD 成任何其他倾角，则它就不能到达眼睛，而处于这根管子后面。……虽然一个目标的真实或实际位置因此与眼睛运动的路线垂直，但其可见位置却不如此，因为这位置无疑必定处在这管子的方向上；然而，真实位置和视在位置之间的差别（其他条件相同之下）或大或小，取决于光速与眼睛运动速度之比的大小。……如果光的传播是费时的（我想，这一点是当代大多数哲学家容易接受的），则由前述考虑显见，一个目标的真实位置与可见位置之间将总是存在差别，除非眼睛直接朝向或背向这目标运动。在任何情况下，这目标的真实位置和视在位置夹角的正弦，同这目标和眼睛运动路线所成可见倾角的正弦之比，都将等于眼睛速度与光速之比。”（S. P. Rigaud 编：*Miscellaneous Works and Corrspondence of the Rev. James Bradley*，Oxford，1832，pp. 6—8。）

布莱德雷对今天所称的“光行差”的发现，载于他在 1729 年呈交皇家学会的一篇论文，这篇论文发表在《哲学学报》第三十五卷上，而刊物标的时间挪前到 1728 年。论文未叙述他如何作出这假说。汤姆森在他的《皇家学会史》（*History of the Royal Society*）（第 346 页）中讲了一则故事，从而填补了这一空白。这个故事应当认为是真实的，可以录引在这里作为说明类比提示假说的价值的一个有趣例子。故事说，布莱德雷“一次与人结伴在泰晤士河上乘船游乐。他们所乘的帆船上有一根桅杆，桅杆顶端有一个风向标。当时刮着和风，他们沿河来回航行了很长时间。布莱德雷博士注意到，船每次掉转头时，桅杆顶上的风向标都要移动一点点，

好像风向改变了一些似的。他默默地观察了三，四次；最后，他同船员谈起了这件事，表示对船每次掉转头时风向都这么规则地改变感到惊奇。船员告诉他，并不是风向变了，风向看上去好像改变，是由于船改变了方向，并告诉他，任何情况下都是这样。这次 106
偶然的观察使他得出结论：那个使他如此大惑不解的现象，是由于光和地球运动合成的结果。”

光行差对任何恒星的视在位置的影响，可以根据光速、地球轨道速度和恒星显现方向与地球运动方向之间夹角等的知识计算出来。反过来，布莱德雷在测出了光行差的效应之后，然后得以推算出光速的值。根据他的假说，他证明，每颗恒星都必定看来年年在天球上画一个小椭圆，椭圆长轴与黄道平行，长约四十秒，其离心率则视恒星的纬度高低而定。

虽然一般恒星光行差现象的发现和解释应当归功于布莱德雷，

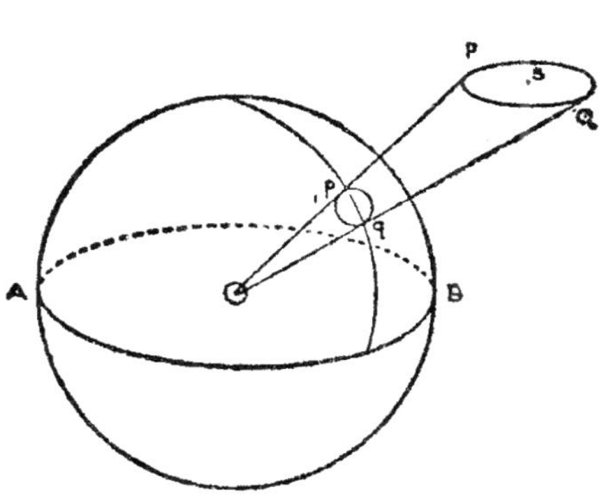

图 39—光行差椭圆

由于因地球轨道运动而产生的恒星光行差，每颗恒星的视在位置 S 每年在一与黄道平行的平面 AB 内，绕其平均位置画出一个圆 PQ。这个圆在天球上的射影就是**光行差椭圆** PQ，而它在观测者 O 看来，是这恒星在一年过程中描绘出来的。

但指出下述一点是很有意思的：在此之前这种效应的存在在一定程度上早已为勒麦所注意，据认为可能是由于光行差造成的北极星位置的周期性变动，也早已被皮卡尔和弗拉姆斯提德检测到。胡克误认为是视差的天龙座 γ 星的视在位移可能也是光行差的效应。

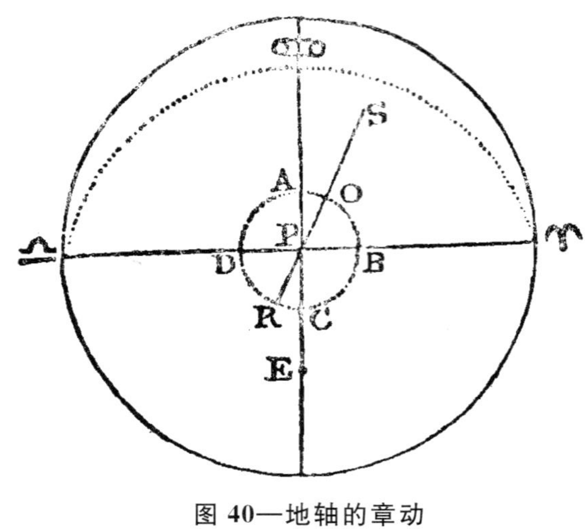

图 40—地轴的章动

布莱德雷的第二项重要发现是地轴的章动。这是他长期研究恒星**平均**赤纬周年变化的结果。光行差解释了恒星**视在**赤纬的变动，而没能解释恒星**平均**赤纬的变化。这种变化在某种程度上可认为是岁差造成的，但并不完全是这个缘故，于是，他便寻求其他解释。

107 布莱德雷观测到，恒星赤纬的这些微小变化因它们的经度而异，也因月球在黄道上的升交点的位置而异。有鉴于此，他"猜想，月球对地球赤道部分的作用可能引起这些效应：因为，如果按照伊萨克·牛顿爵士的原理，岁差是太阳和月球对地球赤道部分作用的结果，月球轨道平面对地球赤道平面的倾斜在某一时间比另一时间高十度以上，那么，就有理由得出结论：整个周年岁差中那由月球作用而产生的部分在不同年份中数量也不同；然而，太阳所在的黄道面对地球赤道几乎总是保持同样的倾角，所以，太阳的作用所产生的那部分岁差可能每年都一样。由此可知，虽然太阳和月球共同作用产生的平均周年岁差为 50″，但是视在周年岁差可能有时大于有时小于这个平均值，视月球轨道交点所处境况而定”（上引著作，p. 23）。然而，布莱德雷经过进一步的研究后确信，为要解释所观测到的全部事实，“除了单纯岁差数量变化之外，还需要别的东西”（上引著作，p. 24）。布莱德雷提议这样来说明这些现象：“设 P 代表赤极的平均位置，而真极以 P 点为圆心沿圆 $ABCD$ 运动，此圆的直径为 18 秒。设 E 为黄极，EP 等于赤极和黄极间平均距离。……假设 P 点绕 E 做匀速后退运动，以说明太阳和月球共同作用而产生的平均岁差，而真赤极绕 P 沿圆周 $ABCD$ 也做后退运动，以月球交点周期即十八年七个月为周期。……设 S 为一颗恒星的位置，PS 为通过它的赤纬圈，代表这恒星离平均极的 108
距离，角 γPS 代表它的平均赤经。于是，假如赤纬圈截切小圆 $ABCD$ 于 O 和 R 点，则真极在 O 点时将距这恒星最近，在 R 点时距这恒星最远；整个差距为 18 秒，即等于小圆的直径”（同上著作，p. 26f.）。布莱德雷后来发现，“假设真赤极绕 P 点运动的轨道不是圆，而是椭圆……如果位于 AC 方向上的横截轴为 18 秒，其共轭轴 BD 长约为 16 秒”（同上著作，p. 36），这个假说就更能与观测结果相符。布莱德雷在对有关事实研究了大约二十一年之后，于 1748 年初告诉皇家学会，说他得出了一个结论：这极在天球上绕它的平均位置画一个小椭圆（*Phil. Trans.*, Vol. XLV）。

布莱德雷没有考虑太阳的章动，它周期很短（六个月）而且很小，他也未试图对月球章动作深入的力学研究。然而，这一问题其后不久便主要由达朗贝尔、辛普森和欧勒进行研究，他们的理论研究进一步表明地球极轴的运动尚有一些未被注意到的复杂性。

布莱德雷在他的全部研究中都没有发现视差的迹象，而这是他进行探索的主要目标，他断言，一般说来，视差不会超过二弧秒。然而，光行差从它自己的角度为哥白尼体系提供了具有同样大价值的论据，因为它证实了地球在运动的假说。

当布莱德雷在格林威治天文台任职时，发现这座天文台已年久失修。他对仪器重新进行了调整，但仍觉得它们不能令人满意。1748年，他从政府获得了1000英镑，用以建造新的精密仪器。除了更新天文台的设备外，他还改进了观察凌日的方法以确定和计入所用仪器误差的方法。他同侄儿和少数几个其他助手一起辛勤工作，在1750和1762年间记录了约60000次观测，观测结果后来由贝塞尔作了整理。布莱德雷对月球的观测使他得以改善当时最好的月表，从而改良了当时海上测定经度所用的方法。他的其他

109 较次要的研究还包括：抛光反射望远镜镜面的试验；同其他纬度处的观测者合作研究秒摆的长度；编制比较准确的折射表。他的影响还在相当程度上促进了英国于1752年采纳新历法。

英国以外，布莱德雷时代对观测天文学作出极其重要贡献的是法国天文学家拉卡伊。

拉卡伊

尼古拉-路易·德·拉卡伊(1713—62)最初是神学院的学生，但他后来对天文学着了迷，到巴黎天文台的雅克·卡西尼那里当一名助手。在这里以及后来在马札兰学院当数学教授时，他都使用以自己有限的财力所能置办的仪器进行天象观测，并撰写了许多著作和论文。拉卡伊工作的精确度超过了当时的水准；德朗布

尔曾说他是“*un savant qui sera à jamais l'honneur de l'Astronomie française*”〔**“法国天文学将永远引为骄傲的一位学者”**〕。但是，他生性谦虚而又正直，因而得不到提升的机会；过度的劳累使他在四十九岁时便死去了。拉卡伊起初主要致力于广泛旳勘测作业和子午弧的测量。这是那一时期法国正在进行的两项工作。后来他率领科学院派遣的一支科学考察队于1750年赴好望角，远离法国约四年时间。（参见他的 *Journal historique du Voyage fait au Cap de Bonne-Espérance*，Paris，1763.）在好望角期间，拉卡伊继续了哈雷所开创的探索南部天空的工作。大约观测了10000颗星，但实际其中只有1942颗星的位置被整理收入他的《南方星表》（*Stellarum australium Catalogus*）（*Coelum australe Stelliferum*，Paris，1763）。拉卡伊还观测了许多新的星云和星团。他测量了好望角和毛里求斯的重力加速度。他还同欧洲其他观测者联合对火星和金星进行观测。对比这两组观测资料，推算出了这两颗行星以及太阳的视差，不过这些结果没有超过里歇于1672年作的观测。拉卡伊编制的大气折射修正表是十八世纪最好的表之一，它把所有天体的视在高度都增加了一些，越接近地平线的天体，增加越多。这个表系根据在巴黎和好望角对一些选定的恒星共同进行观测的结果制定（*Mém. de l'Acad. des Sc.*，1755）。他把在适当的压强和温度的范围内，应当加于任一给定高度上的平均折射的相应修正值列成表。拉卡伊在他生涯的末期，发表了一份包括两半球大约四百颗最明亮恒星的星表（*Astronomiae Fundamenta*，Paris，1757），这是在布莱德雷星表之前最精细的星表。事实上，拉卡伊后来用他的中星仪所测定的伴星位的精确度，要高于 110

同时代其他观测者测定的基本星位。在彗星轨道的计算方面,他花费了相当精力。他还积累了大量太阳观测资料,包括在南半球得到的一系列宝贵资料,那里在冬季太阳位置最适合于观测。这些资料成为他的《太阳表》(*Tabulae Solares*)(1757—58 年)的基础。

在此我们还必须提到他的一位同胞和合作者,这就是拉朗德。

拉朗德

约瑟夫-热罗姆·勒弗朗塞·德·拉朗德(1732—1807)从当律师开始他的生涯,但在 P. C. 勒莫尼埃引导下走上研究天文学的道路。他被巴黎科学院派到柏林,用一架五英尺象限仪同当时正在好望角的拉卡伊联合进行观测。所以选择柏林,是因为它比当时欧洲任何其他天文台更接近好望角的子午圈。拉朗德在柏林结识了欧勒和莫泊丢。他的观测结果后来发表在科学院的《备忘录》(*Memoires*)上,他旋即当选为它的院士。

拉朗德对天文学的贡献包括:用一架焦距 18 英尺的量日仪测量了月球的角直径;(用克勒洛的方法)研究了因行星间互相吸引而产生的行皇运动不均衡性;1759 年发表了哈雷的行星和彗星表,并附带说明那年返回近日点的哈雷彗星的来历。然而,他最著声望的,是作为到那时为止一本内容最广泛而又最通俗的天文学著作的作者。他的《天文学》(*Astronomie*)一书初版于 1764 年,后来再版了多次,及至 1781 年,已成为四大卷的巨著,最后一卷几乎全部论述潮汐问题。前三卷对到当时为止天文学研究的几乎每一方面都作了高度概括,包括对天文仪器和技术、天文测量和计算、行星理论和宇宙论等方面的论述。

马斯基林

1762 年布莱德雷去世后，纳塔尼尔·布利斯当选为“皇家天文学家”。由于布利斯夭折，又由内维尔·马斯基林(1732—1811)于 1765 年接任。他是布莱德雷的朋友，曾于 1761 年参加了一次赴圣赫勒拿岛的科学考察，去观测哈雷所预言的金星凌日。几年之后，为了试验哈里森的新式时计，他旅行去巴巴多斯。在格林威治，他主要从事对太阳、月球和行星的观测，借助经他以极高精确度测定过的有限几个恒星位置，定期记录它们的位置。他对创刊《天文年鉴》(*Nautical Almanac*)(1767 年)作出了贡献，并且是它的最早督修人。

马斯基林曾作过一次测定地球质量或平均密度的有趣尝试。为此，他测量在一座山附近的一条铅垂线的偏转，这山对铅锤的水平拉力可与地球的向下拉力进行比较。布格埃 1740 年前后在秘鲁测量一条子午弧时发现，他的铅垂线由于受钦博拉索山吸引而偏转约 8 秒。他得到了对地球和这山的相对密度的估计数值。这种估值已证明是根本不对的：但是，这一尝试激励马斯基林三十年后在珀思郡的希哈莱昂山附近作类似的研究。这是一座花岗岩山峰，高 3547 英尺。马斯基林之所以选中它，是因为它山势陡峭，形体规则。1774 年作观测而进行的这项研究的原理示于图 41。A 和 B 是所选定的两个观测站，一个在山的南边，一个在山的北边。从每个观测站仔细测量一些选定的恒星的子午天顶距，得出 A、B 两地的视在纬度差约为 55 秒。这个差值中，约为 43 秒的部分可

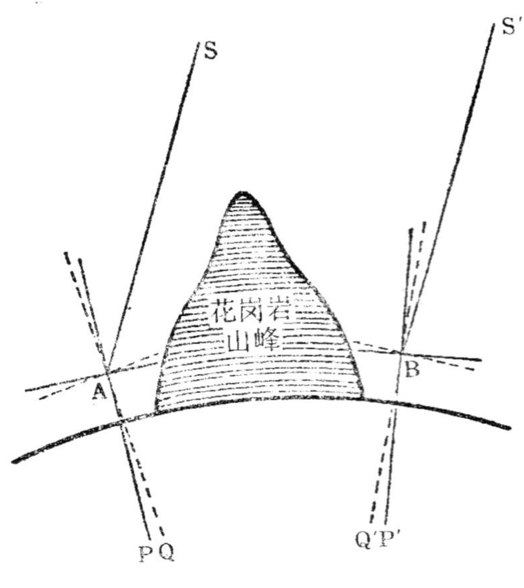

图 41—通过在珀思郡的希哈莱昂山附近作观测来测定地球密度

归因于 A、B 两地的地理纬度差，因为从勘测中知道，取决于地球的曲率和 A、B 两地的间距（如由勘测作业可知）。剩下的约 12 秒的差值则起因于铅垂线受山吸引而从 AP、BP′方向（假设那里无山时，铅垂线本来应取的方向）偏向 AQ、BQ′方向。偏转程度即量度了地球和山的相对质量，这样便可粗略计算出地球的平均密

112 度。为此目的，马斯基林和数学家查尔斯·赫顿合作，在计算中把山的体积、山的构成物的密度以及山各部分和两个站的距离都考虑到，所得到的最后结果是：地球的平均密度约为水的 $4\frac{1}{2}$ 倍（*Phil. Trans.*，1775 和 1778）。

卡文迪什

亨利·卡文迪什于 1797—98 年间对地球密度进行了比较精确的测定。他采用了约翰·米歇尔早先提出的方法，后者还设计了所必需的装置。这方法应用一种扭力天平，而这种天平似乎是米歇尔独立发明的。

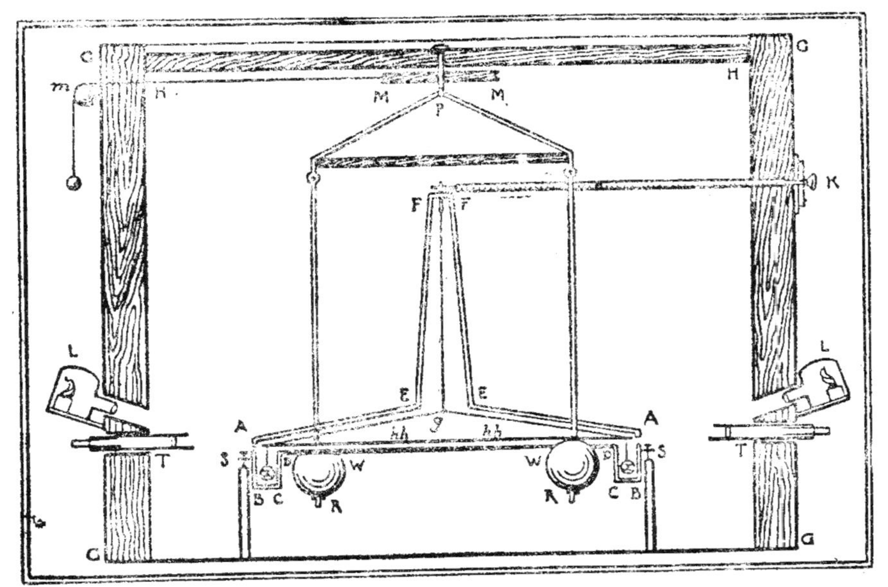

图 42—卡文迪什的地球密度测定装置

这种装置主要包括两只小铅球，它们由两根短金属线悬挂在一根木梁的两端，木梁在其中点处由一铜纽丝悬吊起来，整个装置放在一个密闭的盒子里，以免受气流影响。这木杆的方向可用一 113
根固定标尺和游标确定，通过望远镜在木梁两端观察读数。在密闭盒子外面再放两只大铅球，使它们分别在木梁两侧靠近小铅球，以便藉它们的吸引而使木杆转动一个可加以测定的角度。然后，把每个大铅球都移到梁的另一侧，以使梁按相反方向转动，再读出转动角度。这两组读数之差的一半，便给出这些球体相互吸引而产生的平均偏转。在每种场合，这系统均在因球体吸引而产生的一个力偶，和因铜丝的扭转而产生的、且与铜丝扭转角度成正比的一个回复力偶的结合作用下，处于平衡状态。列出这两个力偶的表达式，使它们相等，便可用实验中很易得出的数据来表达地球的

平均密度。这些数据中，包括悬吊金属丝的扭转常数，它可以用这系统的转动惯量及其扭转振动周期来表达，而后者可以通过一个辅助实验测得。于是，代换这几个量，便得出地球平均密度，它为水的密度的 5.488 倍(*Phil. Trans.*,1798)。

对地球平均密度的精密测定应归功于 C. V. 博伊斯教授(记叙载于 *Phil. Trans.*,1895)，这实验乃以卡文迪什实验的原理为基础，他所给出这个量的值为 5.5270。

威廉·赫舍尔

弗里德里希·威廉·赫舍尔(在加入英国国籍后，他更以威廉·赫舍尔的名字著称于世)于 1738 年 11 月 15 日生于汉诺威。他出身一个旧式德国家庭，乃父伊萨克·赫舍尔是汉诺威军队的一名双簧管吹奏手。威廉有许多兄弟姊妹，其中妹妹卡罗琳(1750—

图 43—威廉·赫舍尔

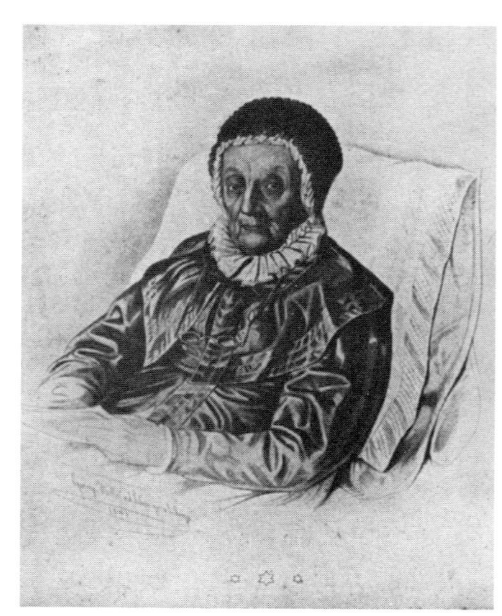

图 44—卡罗琳·赫舍尔

1848)对他后来的生涯起过重要作用。这个家庭很穷,但孩子们都受到良好教育,特别是在音乐方面。所以,赫舍尔刚满14岁便随父亲参加了父亲的那个汉诺威禁卫军的乐团。十七岁时,他曾在驻英国的团里短期供职,他在那里结识了很多人,他们后来都帮助过他。这个团返回汉诺威后,参加了“七年战争”中的一些重大战役。这时,赫舍尔已到服兵役年龄,但他不愿当正规士兵,遂退出军乐团,与他弟弟雅各布一起于1757年来到英国,以音乐家身份谋生。起初,他艰苦奋斗,谋得了一系列当乐队指挥或音乐会主持人的职位,这样一直到1766年。这年,他就任巴斯的八角小教堂的风琴手。几年以后,他把妹妹卡罗琳接到英国来一起生活。

大约就在这个时候,赫舍尔开始对天文学产生了兴趣。孩提时代他曾在家里跟父亲学会辨认一些主要星座,但现在他从罗伯特·史密斯的《光学大全》(*Compleat System of Opticks*)(1738年)中获得了比较系统的知识,并决心自己动手做一架望远镜。他最初的仪器是折射望远镜,其透镜是他买来装入镜筒的。其中最大一架有30英尺长;但是,这些望远镜显得太笨重了,于是他便转向制作比较小巧的反射望远镜。所需的镜片是很昂贵的,于是赫舍尔便按照史密斯书中的说明,自己动手磨镜片。在他妹妹帮助下,到1774年,他终于制成了一架焦距$5\frac{1}{2}$英尺的牛顿式反射望远镜。在漫长乏味的磨镜工作过程中,他妹妹给他读书,有时甚至喂他饭吃。赫舍尔利用这一架反射望远镜和后来制作的几架焦距更大的望远镜,着手观测月球和行星。后来,他对整个可见天空都进行了勘测。伽利略曾提出,为了检测恒星视差,可观测彼此靠近的两对恒星相对位置的周期性变化，其中一对比另一对明亮，因而更接近观测者。他对伽利略的这个建议留下了深刻印象。为此，他开始寻找适宜的星对，并发表了一系列这样的星表。在这个勘测过程中，他曾作出一项给他带来声誉的重要发现，这使他脱离了自己的职业。1781 年 3 月 13 日，他注意到金牛座中一颗“星云状恒星或者彗星”显现出一个明显的圆盘。几天以后，他发现，它相
115 对周围恒星显著移动。这时他仍认为，这是一颗彗星；但是，在格林威治也观测到它的“皇家天文学家”马斯基林认为，它可能是土星的一颗外行星。在积累了充分的观测资料，足以测定它的轨道以后证明它的确是这样一颗行星。这是这颗行星即天王星在历史上首次被发现。它的发现为赫舍尔赢得了皇家学会会员的身份和皇家学会的科普利勋章，而更荣幸的是，他的工作引起了国王乔治三世注意，国王接见了他，并于 1782 年封他为“御前天文学家”，年俸 200 镑，条件是他迁居到温泽附近的地方，专门从事天文学。他先定居在达奇特，但不久就迁到斯劳。他在那里居住了四十年，过着一种表面看来很平凡的生活，直到 1822 年 8 月 25 日将近 84 岁时去世。卡罗琳·赫舍尔主要因为在与兄长威廉近五十年的合作中，帮助做文书工作这种献身精神而为人们怀念，但是，她自己还作为一个观测者，因发现了八颗彗星和许多前人不知道的星云而享有盛名。

赫舍尔迁居斯劳以后不久，便开始建造他那最大的望远镜——焦距 40 英尺的巨型反射望远镜（图 45）。他耗资 4000 镑，在十个助手协助下，花了四年时间制成它。1795 年的《哲学学报》(pp. 347—409)上载有关于它的详尽说明。按照他的说法，它是

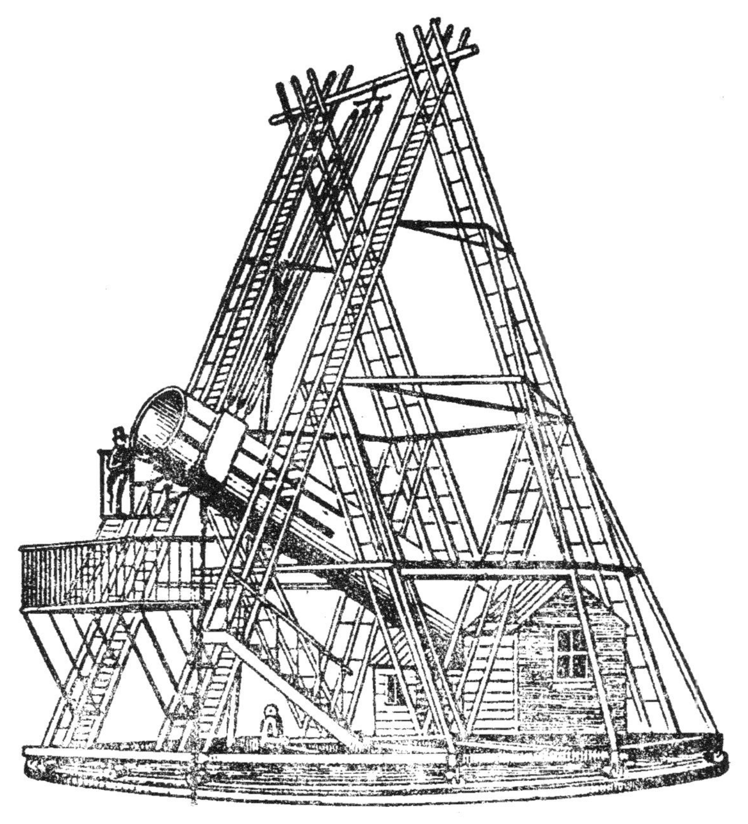

图 45—赫舍尔的 40 英尺反射望远镜

“前视式”,而现在称之为“赫舍尔式”。他写道:“它的观察目镜的 116
位置稍微偏离轴,但直接在前面,中间不插入一面小反射镜;同过去制造的望远镜相比,它的主要优点是给出几乎强一倍的光”(*Catalogue of One Thousand new Nebulae and Clusters of Stars*, *Phil. Trans.*, 1786, p. 457ff., note)。由于观测者的头部要挡住一部分光线,所以,这种结构只适合于大型仪器,现在已很少见。望远镜的镜筒长 39 英尺 4 英寸,直径 4 英尺 10 英寸。镜筒

由铁板焊接而成,不用铆钉。镜筒下端加以特别加固,以支承反射镜,并提供一个可让整个镜筒在其上面沿一垂直平面转动的支枢。仪器的复杂构架用来支承镜筒,使能借助适当的滑轮把镜筒抬高到直至天顶的任何高度,并使观测者便于接近目镜。整个构架安装在两组可在圆形砖墙轨道上滚动的滚轴上,这样,望远镜就可指向任何地平经度。观察台(望远镜正面可以看到)可容纳很多人;可从一道阶梯到达这观察台,并可停在任何所希望的位置上。还有一个平台,任何实际使用这望远镜进行观测的人都可使用。棚屋供记录观测(通过一根通话管告诉他)的助手和需要时移动望远镜的工人使用;参考书、钟表和辅助仪器也可存放在那里。总的来说,这架 40 英尺望远镜的工作是令人失望的,因为镜在将近一吨自重的作用下发生变形,而且很快便失去了光泽。整个装置移动起来也嫌笨重。

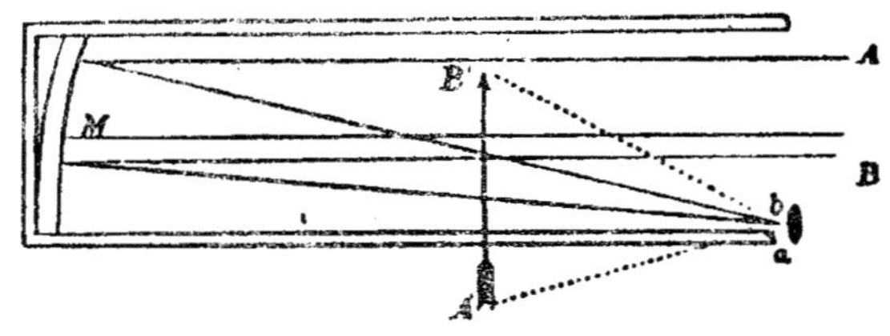

图 46—赫舍尔反射望远镜的剖视图

镜稍微倾斜,使入射光束经反射后形成的像能通过固定于镜筒上缘的一个目镜看见,所以,观测者背向观测目标

117 赫舍尔最出色的工作是用一架 20 英尺反射望远镜做出的。他在制作这种望远镜所用反射镜的技术上取得显著进步,并且做了几百面,自己用或者出售。经验使他逐渐知道,哪些金属化合物、哪些研磨铸件方法能给出最佳效果。

赫舍尔最早的科学论文是在短命的巴思哲学学会宣读的,论及了各种各样的问题,除了天文学和偶尔谈及的形而上学问题而外，还涉及了电、光、重力和“鲁伯特滴剂”，等等。他对天文学比较成熟的贡献主要记叙在 1780 到 1821 年的《哲学学报》刊载的论文里，大多是关于各种恒星问题。

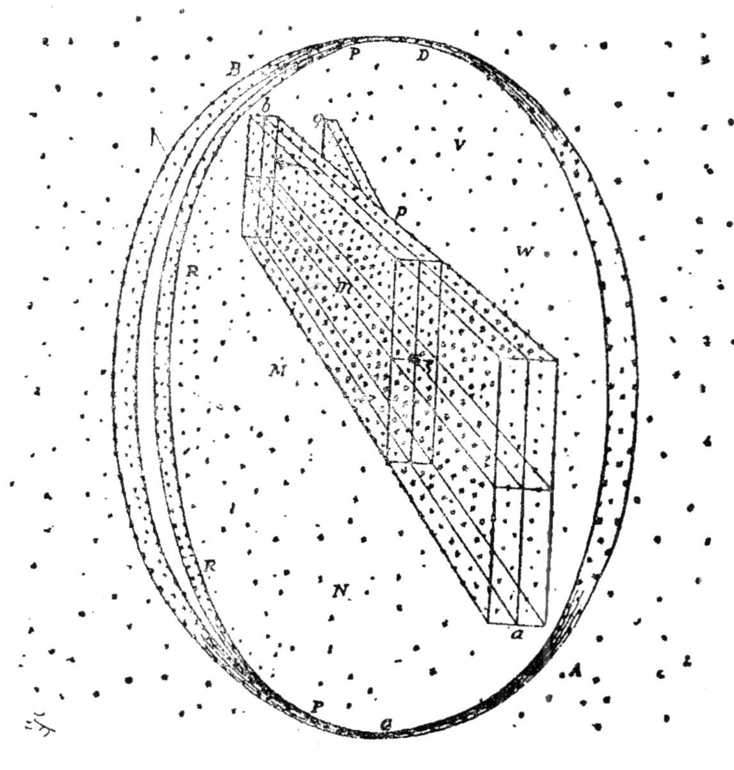

图 47—赫舍尔设想的银河

十七世纪，抛弃了古代关于恒星不动地固定在一个水晶球表面的教条，随之便产生了一个问题：那么，恒星在空间中是如何分布的呢？赫舍尔致力于解答这个问题。显然，恒星在天空的某些部分（例如在银河中）要比在其他部分更密集地聚拢在一起。从
1783 年起，赫舍尔开始用他所说的“恒星计量”对天空每一部分中 118

恒星的分布密度进行定量测量。他有计划地把他的望远镜对准天空的一个又一个部分，计算望远镜每一位置上视野里他能看到多少颗恒星，这种计量总共做了上千次。在有些方向，他所使用的放大率平均每次只能看到一颗恒星；而另一些方向上，他能数到五百颗以上。赫舍尔尝试地假设，在每一方向上，恒星的视在聚集可以认为表明了这星系在那个方向上的广延。他还假设，恒星大都固有地具有同等亮度，因而一颗恒星的视在昏暗程度是对它与我们距离的量度。根据这些假设，以及作为他的恒星计量的结果，他得出结论：银河是一端开裂的恒星层，太阳处于稍微偏离其中心的位置。（参见 *Phil. Trans.*，1784，1785。）所以，银河系恒星看去像一个部分开裂的大圆投影在天球上。后来，他进而认为银河系形似一面凸透镜或一个小圆面包；他还设想，太阳处在把银河分成两半的平面上；这一结论得到了现代更精密的研究的支持。然而，赫舍尔认识到，有些区域中的恒星比其他区域中的更密集，因此，随着时间的推移他逐渐感到必须认识**星团**。起初，他把这些天体归类于他在计量作业过程中用望远镜看到的大量各种形状的**星云**；他认为，如有足够强大的望远镜，所有星云均可分辨为恒星。但是，后来他又得出结论，断言其中包括本质上不同的若干类型的天体，并试图找出从弥漫的不规则星云到盘状体、历经各种类型的演化序列，他认为盘状体可能生成恒星（图 48）。关于我们现在称为**“环状星云”**的天体（我们从各个不同方面观察，它们看起来像透镜的样子），赫舍尔认为，它们是一些可与银河所包围的星系相比的**“宇宙岛”**。这个观点近年来又重新得到支持，尽管如赫舍尔似乎曾设想的那样，现在已认识到，环状星云大都不是已形成的恒星集

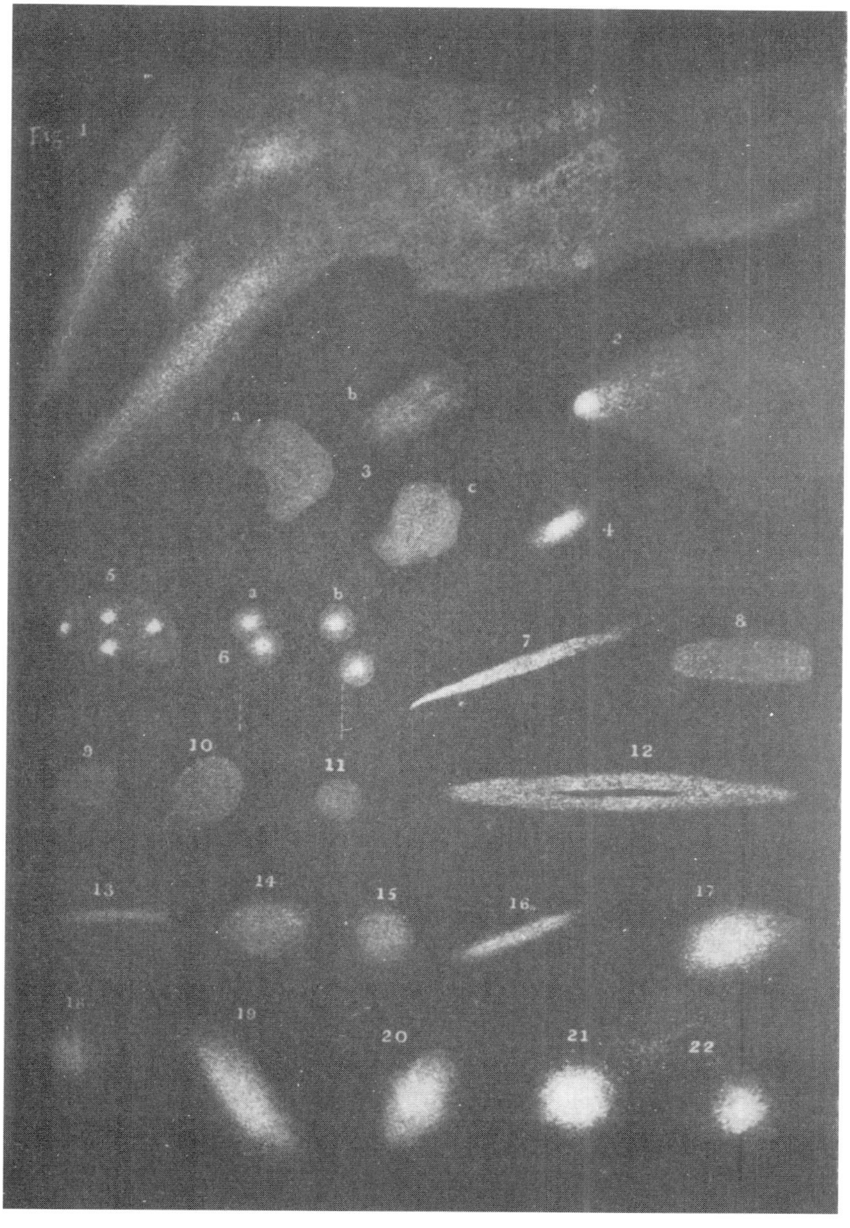

图 **48**—赫舍尔描述的几种类型星云

合，而基本上是现仍在凝聚而生成恒星的气体团，在这个过程中其中有一些比另一些处于更高阶段。

由于认识到太阳属于恒星，而恒星又是具有固有运动的独立天体，赫舍尔便推断，太阳可能具有朝向天空某一点的固有运动。
119 如果只有太阳具有这种固有运动，其他恒星全都相对于它们的平均位置静止不动，那么，随着太阳所趋向的那些星群逐渐疏散和太阳所退离的那些星群相应地聚拢，太阳的这种运动就将被揭示。实际上，恒星各自的固有运动使这个问题变得复杂。但是，如果这些运动是杂乱无章的，那么，可以期望，足够多的恒星最终会达到均衡，而因太阳运动而产生的视在位移便突现出来。

1783 年，赫舍尔考察了仅十四颗恒星的固有运动，大致形成了关于“太阳奔赴点”的思想，1805 年，他利用其固有运动已精确测量过的三十六颗恒星，得到了一个确定的结果。他得出的奔赴点位置在武仙座。借助赫舍尔所不具备的光谱数据，现代远为精密的测定，与他的结果大致相符，不过，奔赴点的精确方向是无法准确地测定的。（参见 *Phil. Trans.*，1783，1805—6。）

赫舍尔观测到大量双星，并把它们编成星表。由此可见，这么多相当明亮的恒星紧密重合，不可能纯属偶然。在许多情况下，双星的两颗星之间必定存在着某种物理联系。这就意味着，尽管每一星对的两颗星亮度不同，但距离却几乎相等，因而不适合于作视差测量。但是，赫舍尔生前已成功地表明，至少在若干星对的情况下，两颗分星互相绕转；在他去世之后，则证明了，两颗星这种绕一公共质心的运动符合于牛顿的万有引力定律，因而也就证明，这在地球和太阳系之外也是成立的。这就彻底推翻了亚里士多德学说：适用于地球的是一套规律，而适用于天空的则是另一套规律。当然，只有彼此离开较远的星对才能用望远镜分辨开来；这些星对的运行周期往往达数千年。但是，自从赫舍尔时代以来，在这方面分光镜又起到很大作用，利用它揭示出了许多周期仅数天的接近双星。

当然，赫舍尔根本不知道什么分光镜。然而，他却是星体光谱研究的先驱之一，因为他于 1798 年就曾透过装在他望远镜的目镜上的一个棱镜，观察了几颗一等星。他获得了这些恒星的光谱，注 120
意到不同的恒星有不同的颜色占优势，但却忽视了吸收谱线。他在这方面的另一成就是，在太阳光谱的红外区发现了热射线(*Phil. Trans.*,1800)。赫舍尔通过对太阳黑子的观测，得出了一个错误的结论：这些目标是围绕太阳的炽热大气中的裂隙，使我们得以看到一个中央黑暗球体(他想象那里可以居住)，或者这球体的黑云保护层。赫舍尔进行的其他一些次要研究包括：月球上的山(他力图估计它们的高度)；行星绕轴自转的周期；发现了天王星和土星的一些卫星以及一些变星、彗星，等等。他还根据自己的观测，编制一些星表，它们给出了约 3000 颗恒星的相对亮度，这为后来对恒星亮度长期变化的研究作出了宝贵贡献。(参见威·赫舍尔：*Collected Papers*,2 Vols,1912；以及 Lady Lubbock 编：*The Herschel Chronicle*,Cambridge,1933。)

古德里克

十九世纪天体物理学的一个重要分支的十八世纪先驱者之一是聋哑人约翰·古德里克(1764—86)，他在二十二岁便去世了。

古德里克注意到大陵五(英仙座β)星的光起伏的规则周期性,这星的变化性可能早为阿拉伯人所知道。在讨论这种现象的本质时,他写道:“关于这种变化的原因,如果现在就冒昧地作出哪怕一种猜测,或许不算为时太早,那么,我想,除非引入一颗围绕大陵五转动的大天体,或者它自身的某种运动,使它那带有斑点之类东西的部分周期地转向地球,否则,这种现象就很难解释”(*Phil. Trans.*,1783)。这两种解释的前一个,H. C. 沃格尔于 1889 年在波茨坦用光谱证据加以证实。

古德里克接着研究了天琴座β星的变化。它是现在明确规定的“食变星”类的又一个成员。他还研究了仙王座δ星的脉动,它是变星的另一重要类别——造父变星的典型星。

古德里克因这些研究而获得了皇家学会的科普利勋章。他在当选为皇家学会会员后仅两星期便夭折了。

(参见 A. Berry:*A Short History of Astronomy*,1898;R. Wolf:*Geschichte der Astronomie*,Munich,1877;E. Zinner:*Die Geschichte der Sternkunde*,Berlin,1931,H. Shapley 和 H. E. Howarth:*A Source Book in Astronomy*,New York 和 London,1929。)

第五章　天文仪器

121

一、主要类型

当望远镜于十七世纪初刚开始应用于天文学时，它仅被看作是用来放大令人感兴趣的天体图像的一种工具。至于这种仪器的架设方式则是次要的，取决于观测者方便与否。最早的望远镜都是手提式的，或由置于便携式三脚架上的球窝轴承支承，以便望远镜可方便地瞄向天空的任何部分。将近十七世纪中叶时，所用物镜的焦距日益加长，因而对镜筒长度的要求达到了不切实际的地步。于是，一些观测者把木板条一根根连接起来形成槽道透镜固定在槽道的棱角中，槽道悬吊在一根高高的柱子上，并用绳索和滑轮进行操纵。另有一些天文学家则干脆不用镜筒，而通过孤立的透镜进行观测。但是，及至十七世纪末，对望远镜的安装方式产生了新的要求，要望远镜能迅速瞄向任何其位置由适当坐标规定的可见天体，而且在这样定位时，还能跟踪在天球视周日运动中渡越天空的目标。其时人们也已经认识到，望远镜除了履行有价值的探索任务外，还可用作为老的精密天文仪器的有用附件，那些仪器上一世纪在第谷·布拉赫那里已基本上定型。就特征而言，它们大都是带刻度的扇形体，一根可绕扇心转动的径向指针横在刻度

上摆动；扇形体能借助固定在其两端的两个简易瞄准器准确地瞄向任何远方目标。这样的仪器可用来测量天球上两点间的角间距（这是天文测量的基本型式），方法是使仪器的平面与由这两点及观测者眼睛所决定的平面相重合，将指针依次指向每个点，读出每
122 个位置上指针在刻度弧上的读数，这两个读数之差便是所欲求的这两点在天球上的角间距。及至十七世纪末，这种仪器里的径向指针的作用已为一个望远镜取代，望远镜用来藉其物镜焦平面上的十字准线准确地定向。**测微计**的发明又提供了测量望远镜视野内同时可见的各目标的角间距的手段。

按照望远镜在十七世纪所已起的这种双重功能，十八世纪的天文仪器可以分为两大类：(1)主要用于大规模的角度精确测量和时间测量的仪器；(2)主要用来对天体目标的形象作持续考察以及作微测的仪器。但是，对这两种类型的仪器不可能画出一道严格的界线。在十八世纪中，针对为进行这两类工作而安装望远镜的方法以及给望远镜装配各种辅助设备的方法，进行了大量有意义的实验。这一时期中，大多数重要的天文仪器都是在伦敦或巴黎制造的。以往几世纪里，这种仪器大都由打算使用它们的天文学家自行制造的，而在十八世纪一般都委托职业工匠制造。事实上，这一时期在这方面的技术进步主要应归功于英国的几位天才机械师，其中最为突出的是格雷厄姆、伯德、多朗德父子和拉姆斯登。

二、几位仪器制造名家

乔治·格雷厄姆(1675—1751)是坎伯兰的一个贵格会教徒，

钟表学徒出身，后来继承了他的朋友、他妻子的叔父托马斯·托姆皮翁创办的事业。无论在设计还是实际制作天文仪器和其他仪器方面，他都是当时公认的首屈一指的机械师。他总是乐意让别人利用他的经验。我们将要谈到的他制作的仪器中，包括哈雷的墙象限仪和中星仪，以及布莱德雷的天顶仪。在钟表制造技术方面，他发明了不摆式节摆体和水银摆（在这种装置中，一根钢杆的膨胀由悬吊于其上的一个容器中所盛的水银的膨胀来补偿，导致水银重心上升，因此在温度变化时，摆的摆动周期不受影响）。约翰·伯德（1709—76）本是达勒姆地方的一个织工，爱好雕刻标度板。123
后来他师从格雷厄姆学习仪器制造。他在这方面的技艺达到了第一流的水平，尤以制造墙象限仪著称。1750 年他在格林威治为布莱德雷建造的那架墙象限仪直到十九世纪还在使用，它是为欧洲各天文台制造的许多类似象限仪中的第一架。伯德还是布莱德雷 1750 年的新中星仪的制造者，它取代了哈雷的仪器。他写过两本书，分别出版于 1767 年和 1768 年。它们说明了他制造仪器和刻度仪器的方法。约翰·多朗德（1706—61）出身于信奉胡格诺派的家庭，年纪很小便投身丝织业，但后来他为天文学和光学所吸引，最后同他儿子彼得一起转入光学行业。他对消色差透镜的发明及其实用价值的确立（他的儿子在这方面出色地继承了他）所作的贡献放在别处讨论。在天文学这个专门领域中，他主要作为一种最有效用的量日仪的发明者而名垂青史。多朗德的女婿杰西·拉姆斯登（1735—1800）从哈利法克斯来到伦敦原准备投身织布业，但却跟一个数学仪器制造匠当了学徒，不久便作为一个雕刻匠和天文仪器制造家出了名。他进行过许多改良，特别在标尺分度方法

和天文学的光学方面。他以把望远镜图像缺陷减到最低限度的“拉姆斯登目镜”而流芳百世(*Phil. Trans.*,1783,p. 94)。把这几个人所开创的传统出色地延续到十九世纪的是爱德华·特劳顿(1753—1835)。

在回顾由于这些人的技艺才可能取得的技术进步时,我们只能选择一些典型的和有重要历史意义的仪器加以详述,它们能用来说明设计和制造方面的总趋势。我们可以从这样一类仪器开始论述,它们在望远镜部件方面很像十七世纪的那些作为前望远镜仪器的结构设计。它们的代表是大型天文台用的**墙象限仪**和各种形式**活动象限仪**。

三、象限仪

墙象限仪是一种固装于墙壁并使其处于子午面的带刻度的象限弧,其边沿半径分处于水平和竖直位置。1580 年前后第谷·布拉赫在乌拉尼堡天文台所建造的墙象限仪是这类仪器的一个经典范例。十八世纪的墙象限仪在其几何中心装有一架望远镜,可绕支枢在弧面上转动。它使用时要配合一台时钟。它的主要功用是
124 测定星位。一颗星的赤经由它穿越子午圈(仪器平面)的恒星时给出,而根据捕捉通过的星体,望远镜所必须指向的高度,就可推算出这颗星的赤纬,这时应计及天文台纬度的影响。另一方面只要记下一颗已知其赤经的恒星通过的时刻,就可以用这种仪器来获得准确的恒星钟时,而太阳时可通过观测太阳通过的时刻来确定再加上“时差”,便可求得平均太阳时。

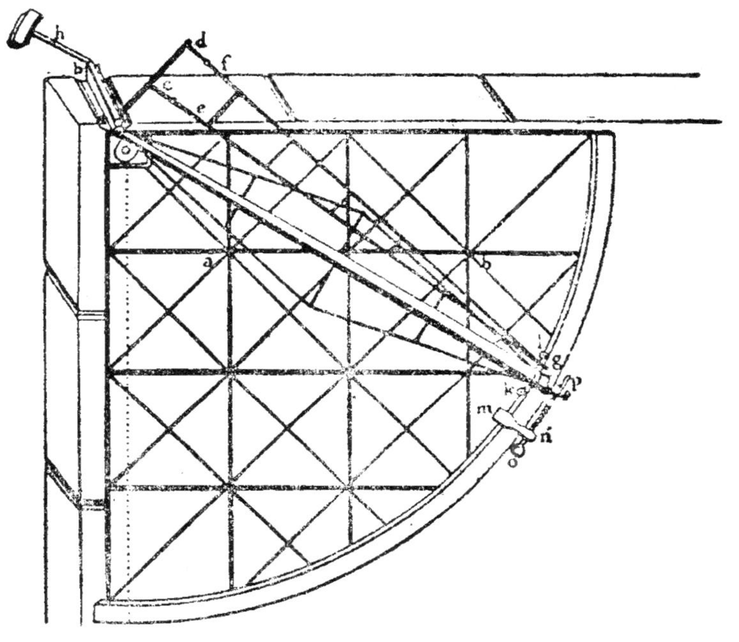

图 49—格林威治天文台的墙象限仪(1725 年)

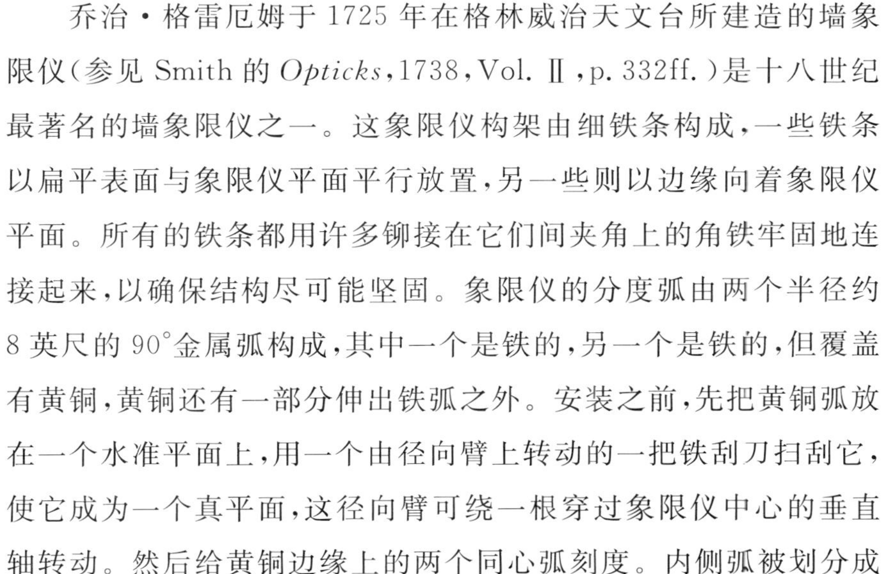

乔治·格雷厄姆于 1725 年在格林威治天文台所建造的墙象限仪(参见 Smith 的 *Opticks*,1738,Vol. Ⅱ,p. 332ff.)是十八世纪最著名的墙象限仪之一。这象限仪构架由细铁条构成,一些铁条以扁平表面与象限仪平面平行放置,另一些则以边缘向着象限仪平面。所有的铁条都用许多铆接在它们间夹角上的角铁牢固地连接起来,以确保结构尽可能坚固。象限仪的分度弧由两个半径约 8 英尺的 90°金属弧构成,其中一个是铁的,另一个是铁的,但覆盖 125
有黄铜,黄铜还有一部分伸出铁弧之外。安装之前,先把黄铜弧放在一个水准平面上,用一个由径向臂上转动的一把铁刮刀扫刮它,使它成为一个真平面,这径向臂可绕一根穿过象限仪中心的垂直轴转动。然后给黄铜边缘上的两个同心弧刻度。内侧弧被划分成

度和十二分之一度，外侧弧被分成一条 60°的弧和一条 30°的弧，两者再通过逐次分半而分别分成 64 份和 32 份，即总计 96 份，每一份又被细分成 16 份。这两个独立标尺构成一种相互检验。当定位在这两个标尺上读出，并化为相同单位时，其结果之差很少发现超出几秒。象限仪固定于一堵用易切石专门建在子午面上的墙的东侧，以覆盖子午圈南面的四分之一。哈雷曾计划建造一架相似的象限仪以覆盖北面的四分之一。这项工作开始后，因资金不足而中止。仪器的全部重量由墙壁上伸出的两根铁销来支持，铁销在 a 和 b 处穿过铆接在象限仪上的铁板上的两个孔。a 处的销子是不可动的，而 b 处的销子可以升降，以便能调定两个边沿半径的位置，使一个沿水平方向，另一个沿垂直方向。用这架象限仪和近傍的哈雷中星仪同时进行中天观测，就可调节象限仪平面，或者至少望远镜轴所扫过的平面，使其与子午圈相重合。象限仪经调整后，用砖石建筑上的夹具固定位置，并用一根铅垂线检测其位置的累进变化。然而，哈雷在格林威治天文台工作的后期，这架象限仪已严重失修。

在观测中天时，望远镜被置于接近所需高度，并旋紧一颗螺钉，使板 mn 被夹紧在分度弧上。当星进入视野时，用长螺杆 op 进行微调，使目镜缓慢地沿分度弧上下移动。可借助一个小游标读出这象限仪的精确定位。

伯德于 1750 年在格林威治为布莱德雷建造了第二架墙象限仪，半径为 8 英尺。他的工场还为大陆的观测者建造了几架墙象限仪。P. C. 勒莫尼埃曾尝试把墙象限仪和活动象限仪的优点结合起来，但结果颇不令人满意。1753 年，他曾把由伯德制作的一

架半径 $7\frac{1}{2}$ 英尺的墙象限仪安装在一个可转动 180°的砖石块体上，这块体装有几个脚轮，它们绕一个中心滚珠轴承转动。

及至十八世纪末，墙象限仪已普遍不受欢迎，为子午仪所取代。人们发现，整圆比较容易精确分度，虽也存在因定圆心不正确 126
等等造成的误差，但是，通过取沿圆周匀称分布的若干显微镜的读数的平均值，就可基本上消除它们。

墙象限仪可以看作是可转动到任何垂直平面的普通活动望远象限仪的一种特例。这种类型的许多精密仪器都是十八世纪英国和法国的制造家制作的。我们可以选择大概由卡尼韦在 1770 年前后制作的一架（La Lande：*Astronomie*，1771—81ed.，Vol. Ⅱ，p. 743ff.）作为一个范型。这架仪器是一个铁制象限仪 ABC，半径为 3 英尺，带铜质分度弧 ADB，整个结构在正常情况下可在一个垂直平面上绕一根水平轴自由转动，这轴装在象限仪构架上重心 X 附近的地方。这根轴插在一个中空圆筒 EE 之中（参见图 50 左下角）；圆筒 EE 被成直角地焊接在另一个圆筒 e 上，后者可套到销子 n 上。这根销子就是仪器底座的顶杆，象限仪可正常地绕其转到任何垂直平面。仪器在地平经度上的定位由一指针在一水平圆上指示。象限仪可被夹持在任何地平纬度或地平经度的位置上。B 处所示的是用于地平纬度微调的缓动螺钉。用螺钉把望远镜 MG 固定在仪器平面上，并使其瞄准线通过分度弧上 90°这个分度平行于半径。望远镜上配有一个测微计。从穿过象限仪几何中心 C 的一根针上悬吊一根铅垂线，后者与分度弧交叉的那个刻度即量度了望远镜的仰角。为避风起见，铅垂线被置于一个长长的铜

图 50—活动望远象限仪(1770 年)

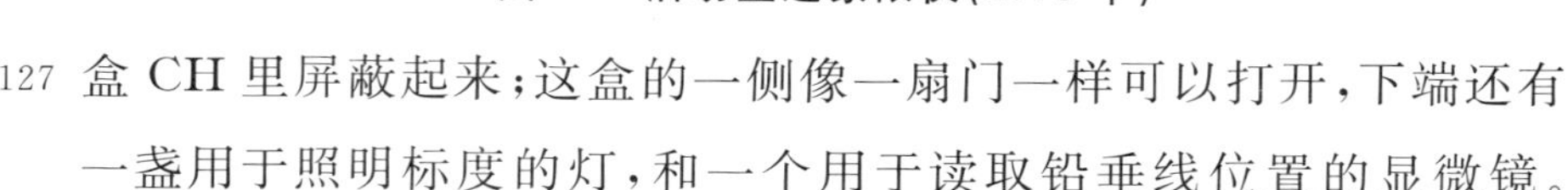

127 盒 CH 里屏蔽起来;这盒的一侧像一扇门一样可以打开,下端还有一盏用于照明标度的灯,和一个用于读取铅垂线位置的显微镜。

调定象限仪在**水平**面上位置的手段也置备；轴 V 插在中空圆筒 S 之中（见图中左下角），而轴 T 插在圆筒 EE 之中，EE 如前所述安装在仪器支架上。

这一时期用于一切地平经度的其他活动象限仪（特别是英国制作的）都让望远镜绕一个固定扇形的中心活动，用望远镜所转动的一个游标取代铅垂线。J. E. 卢维尔曾设法提高了他的望远象限仪的精确度：当望远镜瞄准器定位于仪器分度弧上最近的一个整分度时，用目镜上的一个测微计度量从视野中心到一颗星的距离（*Mém. de l'Acad. Roy. des Sc.*，1714）。博南贝格尔晚至 1795 年还做了一架全木的象限仪，而特劳顿直到十九世纪初还在制作金属象限仪。

四、中星仪

然而，随着 1690 年前后奥劳斯·勒麦发明了中星仪，十七世纪末年开始出现一种要抛弃这些基本上属于前望远镜设计的笨重仪器的倾向。勒麦的仪器主要是一个可自由地仅在子午圈中绕一根正东西向的水平轴转动的望远镜（今天这类仪器仍是这样）。它主要用来测定星的赤经。为此，当被测星越过望远镜焦平面上照明的准线时，测定其时间。1704 年，勒麦接着又建造了最早的**子午仪**——附加了一个完全分度的圆环的中星仪。圆环与转动轴成直角，并跟望远镜一起转动。中天星的中天高度可通过两个固定显微镜从分度环读出，这样并可得出它们的赤纬。天文学家迟迟没有注意勒麦有价值的发明。英国人似乎最早认识它们。1721

年，哈雷在格林威治天文台装置了一架中星仪（但没带分度环）供自己使用。

罗伯特·史密斯在他的《光学》（*Opticks*，1738，Vol. Ⅱ，p. 321ff.）一书中描述了一种（他所称的）“中天望远镜”，它和哈雷在格林威治所用的属于同类，不过按他的描述，好像包含了后来的一些改良。似乎有理由相信十八世纪一些著作家的说法，他们说，哈雷的仪器实际上是胡克（他死于1703年）建造的。望远镜ab的长度约为$5\frac{1}{2}$英尺，孔径为$1\frac{3}{4}$英寸；它被成直角地固定于一根由坚固黄铜板制成的轴cd，轴长$3\frac{1}{2}$英尺，沿其背部侧向焊接着另一条黄铜板来加固。这两条黄铜板的两端焊接着两个被车削成了真
129 圆柱体的实心黄铜块，作为轴的支枢。接着用螺钉把一块十字形黄铜板牢牢固定于轴cd上。十字板的上下两端均向上弯曲，与其平面成直角，并锉出半圆形开口，以容纳望远镜的黄铜圆柱形镜筒，镜筒位置由两个半圆的黄铜箍环牢牢固定。支承轴的支枢的轴承是V形槽口efg、hik，在厚黄铜板上锉成。为了使轴能精确地与子午圈垂直，两个轴承中，一个可通过调节螺钉而略有升降，另一块则可前后移动。（其中一个轴承的升降装置示于图52。）这些黄铜板被调整后，便用螺钉牢牢固定在砖石柱上。哈雷的仪器与上述仪器的不同之处，在于他的望远镜离一个支枢较近，离另一个较远。借助一个气泡水准器（图53）来调整望远镜的转动轴，使之处于水平位置。盛酒精的管st安装在一根长的金属直尺上，有两个钩子oq、pr，借助这两个钩子，水准器悬挂在支枢上。水准器

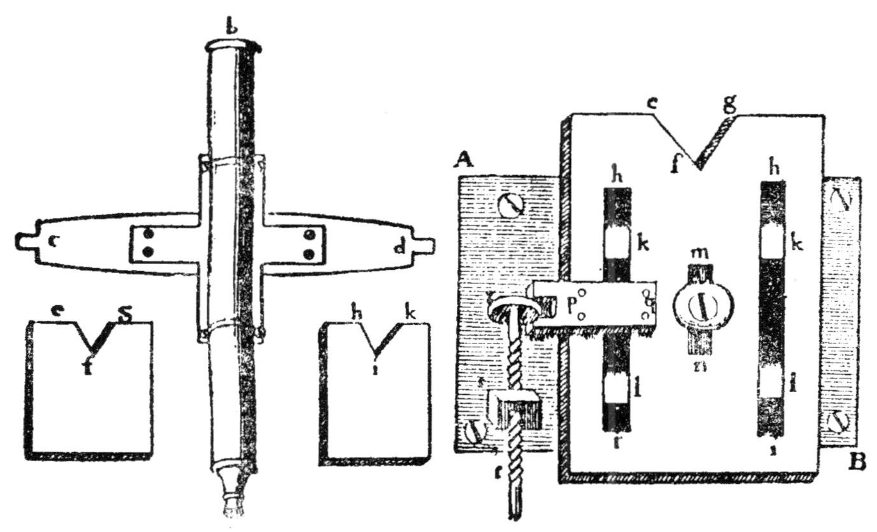

图 51—哈雷的中星仪

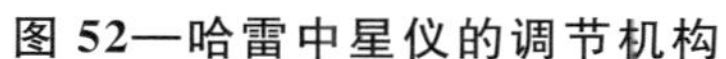

图 52—哈雷中星仪的调节机构

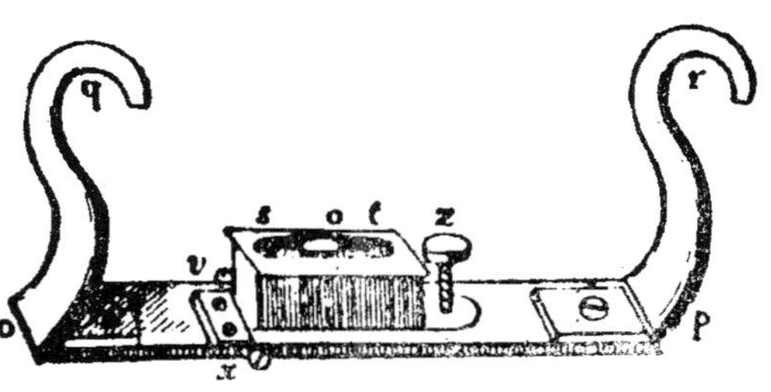

图 53—悬挂式气泡水准器

挂好以后，旋动可使酒精管一端升降的螺钉 z，使气泡处于酒精管 st 中心附近的一标记处。然后，把两个钩子交换位置悬挂，使水准器在支枢上翻转位置。如果气泡不在原来的位置上，就升高或降低一个轴承，使气泡返回至离原来位置一半的距离。记下气泡的新位置后，再把水准器翻转过来，并像前面一样，使气泡移动一半距离而加以校正。如此以往，直到水准器的位置翻转不改变气泡位置。这种悬挂式水准器比原来各种型式有很大革新。为了使连接目镜光心和十字准线交点的直线垂直于望远 130
镜转动轴，可调节十字准线，直到交点总是吻合于同一个远距离标

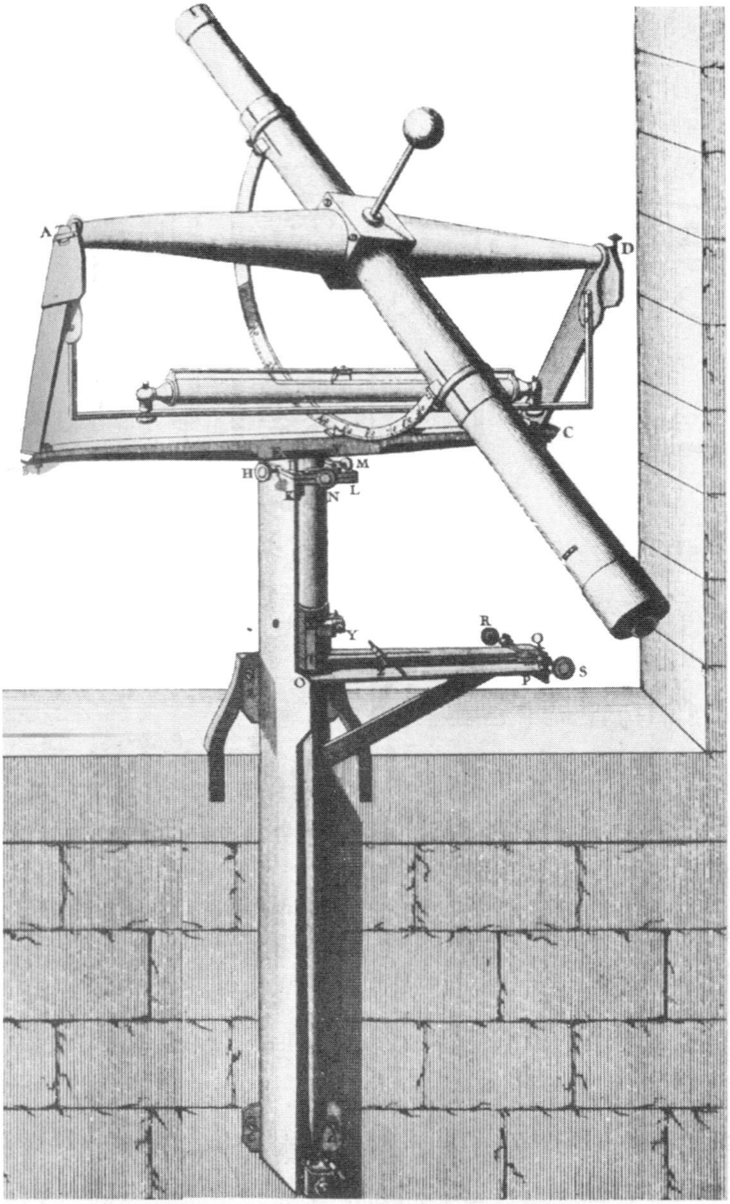

图 54—勒莫尼埃的中星仪

记，即便望远镜在支座上翻转过来，也是如此。完成这些校正工作后，还可能存在望远镜的转动轴不在正东西方向的问题。检测这种偏离的方法是记下一颗周极星在天极上下方越过子午圈的时间，改变转动轴的方向，直到每隔相等的十二小时间隔发生一次中天。望远镜的调整工作完成以后，仪器被转向某一遥远目标，在十字准线刚好覆盖住的那点上作一标记。这一标记可用作为一个比较点，使以后能检测出瞄准误差和地平经度误差。哈雷的子午线标记（由于他的望远镜不在轴的中央，所以严格说来，他本应有两个这样的标记）“在霍西尔将军宅附近公园的围墙上”（S. P. 里高德所引布莱德雷的话，见 *Memoirs of the R. Astron. Soc.*，1836，*IX*，p. 209）。当用望远镜进行夜间观测时，必须让烛光从固定于镜筒侧边一个小洞中的一个角射进来，以照亮中心线（显然布莱德雷时代之前一直只用一根线）。日间观测时，用一个与转动轴成直角的垂立分度圆和指针来得方便，这样就便于把仪器定位于待测中天的星的中天高度（图 55）。

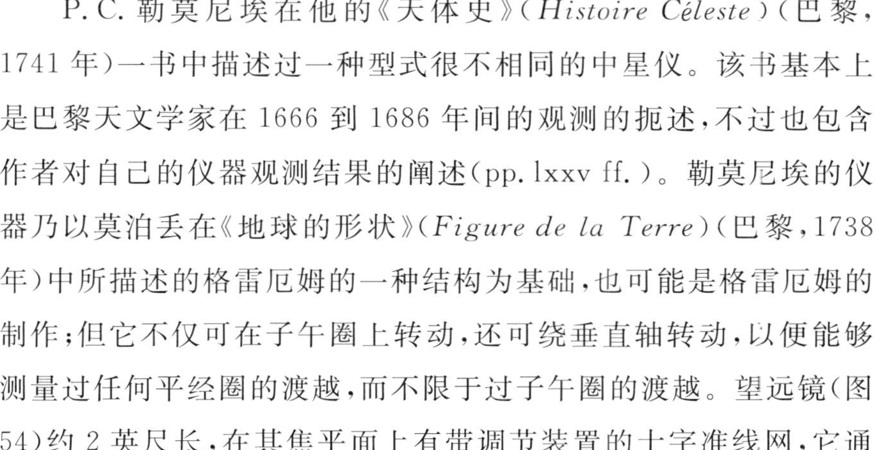

P. C. 勒莫尼埃在他的《天体史》（*Histoire Céleste*）（巴黎，1741 年）一书中描述过一种型式很不相同的中星仪。该书基本上是巴黎天文学家在 1666 到 1686 年间的观测的扼述，不过也包含作者对自己的仪器观测结果的阐述（pp. lxxv ff.）。勒莫尼埃的仪器乃以莫泊丢在《地球的形状》（*Figure de la Terre*）（巴黎，1738 年）中所描述的格雷厄姆的一种结构为基础，也可能是格雷厄姆的制作；但它不仅可在子午圈上转动，还可绕垂直轴转动，以便能够测量过任何平经圈的渡越，而不限于过子午圈的渡越。望远镜（图 131
54）约 2 英尺长，在其焦平面上有带调节装置的十字准线网，它通

图 55—拉朗德的中星仪

过镜筒侧面上的一个缝隙引入镜筒，如目镜近傍所示。镜筒上端另一个缝隙中置有一个光亮的金属环，它用作为照明准线的反光镜。望远镜筒插进一个外筒即套壳之中，当不用套壳两端的夹紧环夹紧时，镜筒刚好能在套壳中转动；这样，十字准线就可置于水平和垂直位置。望远镜成直角地绕之转动的轴 AD 由两个中空的截锥组成，它们两端是由 A、D 处轴承支承的支枢。除了支枢用较坚硬材料制成外，镜筒和轴都是铜的。支架 BA、CD 同观测者成约 30°的倾角，这样，望远镜就可置于直至 90°的任何仰角。支架安装在水平黄铜十字横臂 BC 上，BC 的中心固定于一根垂直铁轴，后者绕其下端一点转动。这一点嵌入其中的基座和包围着铁轴的轴环都与支承砖石建筑牢固地相连。利用一个藉钩悬挂在两个支枢上的气泡水准器来使铁轴处于水平位置，水准器在支枢上翻转位置的程序和哈雷仪器中一样，图中水准器处于正常位置。铁轴水平位置的实际调节乃借助图中所示的螺钉升降低支架 D 进行。为了使望远镜的瞄准线与铁轴相垂直，调节十字准线的竖直线，直到仪器在其支座上翻转位置前后，这竖直线覆盖住同一个远处子午线标记。竖立轴向东或向西偏离垂直位置时，可调节 H 和 M 处的螺钉加以校正，它们控制这竖立轴的轴套。如向南或向北倾斜，则可调节底端的一颗螺钉进行校正，它控制支承竖立轴尖端的基座。每一次都要不断进行这些调节，直到整个仪器绕其竖轴转动时，水准器处于正常位置而气泡保持不动。仪器可藉螺钉 Y 夹持于某一地平经度，而用螺钉 R、S 则可对该坐标的定位进行微调。分度半圆用来使望远镜定位于任何所希望的地平纬度。对这标尺的一个衡重体如图所示乃从仪器的中央部伸出。勒莫尼埃的中星仪主要用来观测子午圈东西方相同地平纬度的星，由此来测定时钟时间。然而，后来证明他的仪器工作不稳定，没有成为基本仪器的标准设计，尽管它可能被认为是地平经纬仪或经纬仪的一种早期形式。

132 十八世纪中星仪还有一些令人感兴趣的地方，表现在可能是格雷厄姆大约于1730年制造的一架仪器上，它后来为拉卡伊和拉朗德使用（见 La Lande 的 *Astronomie*，Vol. Ⅱ，p. 786ff.）。这仪器的支枢乃由特别坚硬的铜锡合金制成，各支枢在其上转动的轴承则由稍软些的锡锑合金制成。支枢的水平误差由图示的一个跨骑水准器来检验，它从上方施于支枢。其中有一个轴承可以通过调节螺钉来升降或者水平地南北移动。图中右上角所示为用于部分地打开天文台屋顶的装置。

卡里曾为沃拉斯顿制造了一架精巧的子午仪，1793年的《哲学学报》中载有关于这架仪器的描述。这架直径2英尺的子午仪通过动丝测微计获得读数，整个仪器可借助一个绞盘在其基座上转动180°。

卢维尔所发明的一种便携式中星仪（*Mém. de l'Acad. Roy. des Sciences*，1719），可以代表中星仪设计方面有些偏离主流的一种很有意思的实验。在这种仪器中，子午望远镜绕其转动的轴本身也是一个正东西向的望远镜。通过这个望远镜可以看到由隔开一段距离的一面镜所反射的它自身的十字准线，以便提供可在最初通过铅垂线和对已知恒星的中天观测调整轴之后，再来检验轴的轻微扰动的手段。整个装置由五条腿支持；可以肯定，它在工作上是不稳定的，也没有被广泛接受。

五、天顶仪

天顶仪可被看作是子午仪的一种特殊形式，用来精密测量在天顶附近中天的恒星的中天高度上的微小差异。十八世纪造出了许多这样的仪器。它主要包括一个绕一根正东西向的水平轴转动的长望远镜，此轴位于镜筒的包含物镜的那一端附近，而在近目镜那一端装有一个分度弧形式的标尺。悬挂于分度弧几何中心（它 133
通常位于转动轴上）并与标尺垂直相交的一条铅垂线用来指示望远镜瞄准线所指向的子午圈上那一点的天顶距（地平纬度的补余）。这种仪器特别适用于测量一条子午弧两端间的纬度差和检测一颗恒星的周年视差。对于这些目的来说，在天顶附近进行观测有着受折射影响最小的优点。胡克在探寻恒星视差时曾使用过一架以某种方式根据天顶仪原理工作的仪器（*An Attempt to Prove the Motion of the Earth from Observation*，1674）。皮卡尔约在同一时期在他的大地测量工作中也曾运用过这种仪器。

最早的高质量天顶仪是格雷厄姆为莫利纽克斯（1725 年）和布莱德雷（1727 年）制造的那两架。布莱德雷藉之发现了光行差和章动。在布莱德雷的仪器上，$12\frac{1}{2}$英尺长的望远镜由从镜筒物镜端处两对侧伸出的两个钢销悬挂起来；安放钢销的轴承固定在砖石建筑上。仪器的定位由悬挂在一根钢销上并与标尺垂直相交的一条铅垂线指示。标尺全长共 $12\frac{1}{2}°$，由于应用了测微计，读数的精确性得到了提高。望远镜在悬吊于一根绳子上的重锤的张力的作用下而压住测微计的螺钉。

这一时期另一种值得注意的天顶仪是拉孔达明在南美进行大地测量时所使用的仪器；在他的《子午圈三个基本度的测量》（*Mesure des trois premiers degrés du méridien*）（巴黎，1751 年）

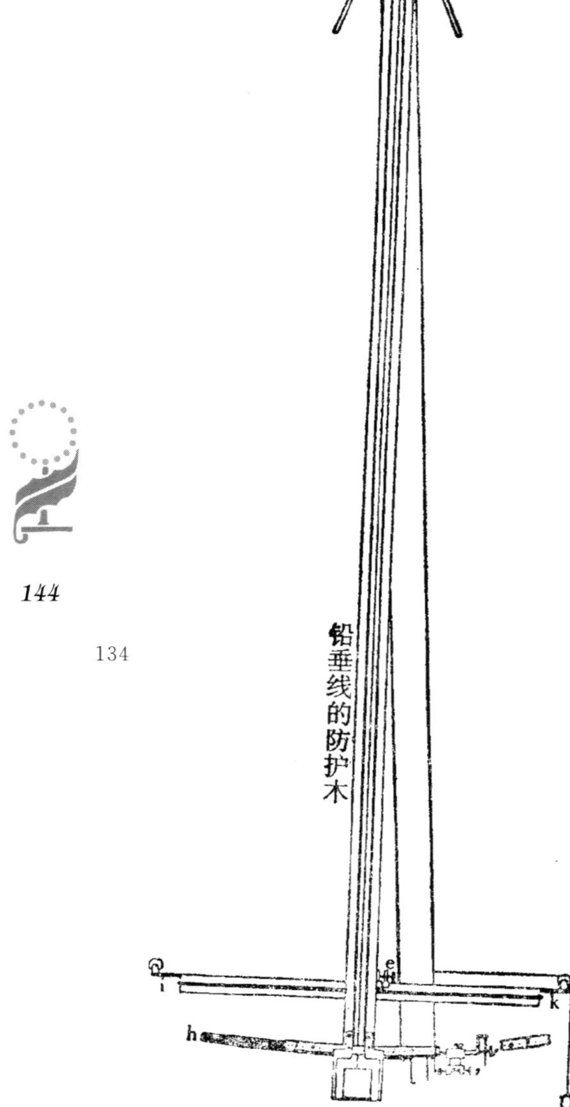

图 56—格雷厄姆的天顶仪

中载有关于这种仪器的描述，拉朗德也对之作过说明。这里从拉朗德的《天文学》(*Astronomie*)中引出如下说明和图解(1771—81ed.，Vol. Ⅱ p. 781ff.)。望远镜 *VT* 牢固地安装在半径 *CDG* 上，后者可绕 *G* 在子午面上自由地做偏离垂直位置的小角度转动。半径下端有一根横档 *AB*，上面有一条刻在一个铜分度弧上的约 8°的刻度弧，从弧的几何中心 *E* 处的一根销钉悬下的一根铅垂线 *EP* 横在这刻度弧上。半径从 *C* 到 *D* 长 12 英尺；它由彼此成直角地固定起来的扁平铁条构成，保证其坚固。它顶上覆盖着一个带有悬吊着铅垂线的销钉 E 的铜件 *EFG*，其端末为一个球状头 *G*，其颈部可在固定于有牢固支持的横梁的一个项圈中活动。这样，半径就得到了带一定程度自由的支持，观测者就可以清楚地看到天顶。

横档 AB 长 2 英尺；两个舌 M、M 向下伸出，嵌入金属枕块 m、m 的沟槽中。两个枕块固定在一根坚固的梁 OO 上，梁 OO 则安放在稳固的基座 QQ 上，并可沿其长度方向（南北向）移动，从而使望远镜可偏离天顶向两边略微倾斜几度。当望远镜近似地置于所需的天顶距时，用螺钉 r，r 把梁 OO 夹紧，并可用螺钉 m、m 进行微调。望远镜的实际位置由铅垂线与刻度弧的交点的刻度示出，并且借助测微计 V 可得到更高的精确度。 135

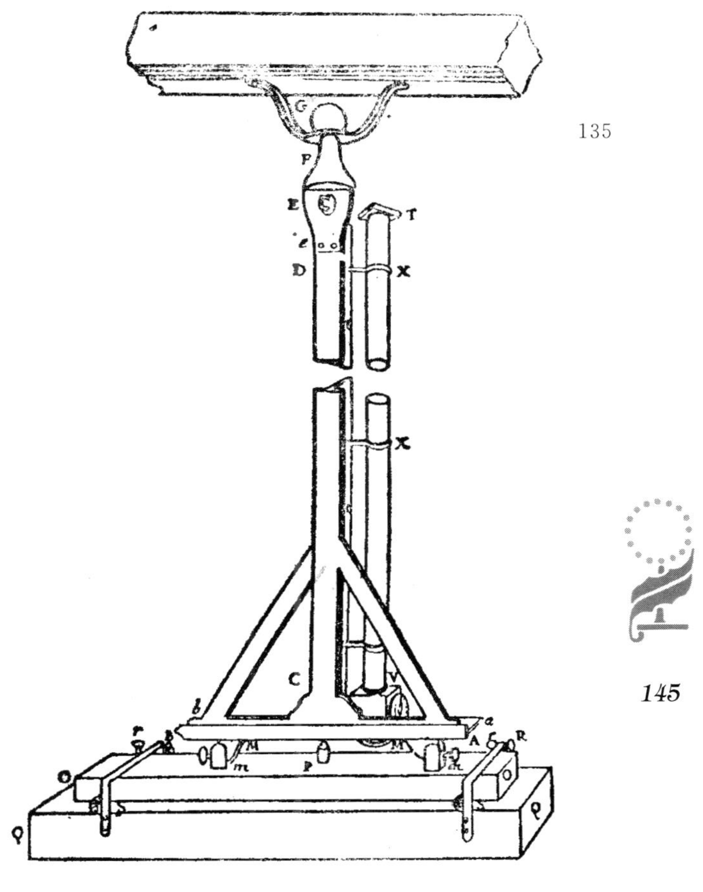

图 57—拉孔达明的天顶仪

观测相同地平纬度用的望远镜

十八世纪有几种望远镜专门用于测定太阳或一颗恒星在越过子午圈之前和之后处于相同地平纬度的时间，这些时间的平均值就是实际的中天时间。前面谈到的 P. C. 勒莫尼埃的**中星仪**就常常这样使用。罗伯特·史密斯（*Opticks*，Vol. Ⅱ，p. 329）描述的另一种这样的仪器主要由一个30英寸长的望远镜MN构成。支持望远镜的是一根同样长度的钢轴 ab；这根轴直立于一个可以说是长方形盒子之中，盒子牢牢地固定于一根柱子，轴绕其尖底端 b 自由转动，b 置于 i 处的一个轴承之上，而轴的圆柱体部分 e 在 h 处的轴环中转动。这根轴上装着一个60°的小金属弧 cd（如 E 处所示），弧的中心 a 位于轴 ab 的顶端。望远镜固定于一个金属半圆的直径之上，半圆有着与金属弧相同的半径和圆心。这个半圆正常时可在金属弧上自由滑动，由两个螺钉 c、d 夹住在这弧上，弧穿过半圆上一个狭缝而

136

进入弧上的孔中；只要旋紧这些螺钉，望远镜就可夹持在地平线上任何所需的仰角上。为使轴 ab 处于垂直位置，可通过旋动螺钉而移动基座 i，直到在轴慢慢转动时气泡水准器 1m 仍保持水平状态为止。当望远镜被夹持于某一位置时，就成了一个高度方位仪，扫出一个等地平纬度的圆。在子午圈东侧选择一颗星，用地平纬度固定的望远镜跟踪这颗星，使这颗星保持在视野中两根垂直线之

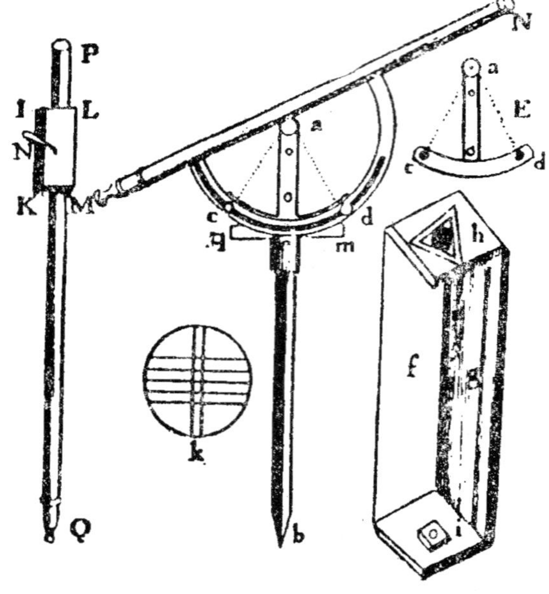

图 58—观测相同地平纬度用的望远镜

间(k),记录下它越过五根水平线的每一根的时间。当这颗星越过子午线后又进入仍处于相同定位的望远镜的视野之中时,再把它越过五根水平线的时间记录下来,而这十个时间的平均值便取为这颗星的中天时间。

六、赤道仪

我们接下来论述望远镜用于下述目的的装置方法。这种用途在于希望仪器能容易地瞄向某个天体目标,使这个目标在视野中保持一段短时间,以便进行观察或测微。这通过如此装置的望远镜来实现,即使之能绕一根与镜长垂直的轴转动,而这根装着这望远镜的轴又可绕第二根轴转动,第二根轴与第一根轴垂直。望远镜有了这样的自由度,就能指向天球上任何一点(实际上还要除去其运动受部分支承结构阻碍的地方,这是早期各种型式装置中常

常出现的现象)。这一般说明包括种种特殊情形,这里我们主要关 137
心其中一种,即望远镜在与赤道垂直的平面上绕一根位于赤道的轴转动,这根轴又绕第二根与地球周日自转轴平行的轴转动。望远镜藉之定位的分度圆上的读数在这里就表示被测星的赤纬和时角。

十七世纪天文学已有这种**赤道**形式装置的先例。克里斯托弗·沙伊纳在他的《奥尔西尼的玫瑰花》(*Rosa Ursina*,1630,p. 347ff.)中就描述过这样一种装置(他认为这是克里斯托弗·格林贝格尔的发明)。一架用来把太阳的像映射在一个屏上的望远镜绕一根极轴转动,并可在一条分度弧上自由移动赤纬47°,以便能

在整个太阳赤纬的周年循环中始终跟踪它。此外,罗伯特·胡克在他的《天文机器主要部件的诘难》(*Animadversions on the First Part of the Machina Coelestis*)(伦敦,1674 年,p. 67ff.;转载于 Gunther,*Early Science in Oxford*,Vol. Ⅷ)中不但描述了象限仪的赤道装置,而且描述了他自己发明的一种装置,“借助它,一旦象限仪调整好,并瞄准目标,就可以在观测者所要求的任何长时间内保持这种状态,而根本无需观测者操劳。”弗拉姆斯提德在格林威治的赤道装置六分仪可能就是受胡克思想影响而制造的。十七世纪末年,勒麦在哥本哈根圆塔的天文台就可能有过一架配有分度圆和读数显微镜的赤道装置望远镜(P. Horrebow:*Basis Astronomiae*,Havniae,1735,Ch. VI)。卡西尼家族也使用过这种赤道装置(*Mém. de l'Acad. Roy. des Sciences*,1721)。

十八世纪的赤道仪大都是便携式的仪器。詹姆斯·肖特在《哲学学报》(1749,p. 241)中描述过一架用于反射望远镜的这种装置。首先用装在刻度圆 AA 上的两个气泡水准器和四个螺钉 B、B、B、B,把刻度圆调节到水平位置。然后,旋动螺钉 C,使圆 DD 处于子午面;旋动螺钉 E,使圆 FF 处于赤道面。在把望远镜定位于瞄准一颗给定恒星时,旋动螺钉 G,使圆 HH 和望远镜本身(一种格雷戈里式反射望远镜)处于由 FF 所指示的这颗星的时圈平面;然后,通过调节螺钉 K 使 HH 转动,直到它位于这颗星的赤纬,至此便完成了全部定位操作。在圆 AA 之下可以看到一根磁针;它可用来给望远镜粗略定向,也可用来测量磁偏角。后来爱德华·奈恩描述过一种与肖特仪器相似但更为稳定的仪器(*Phil. Trans.*,1771,p. 107)。(参见图 59、60。)

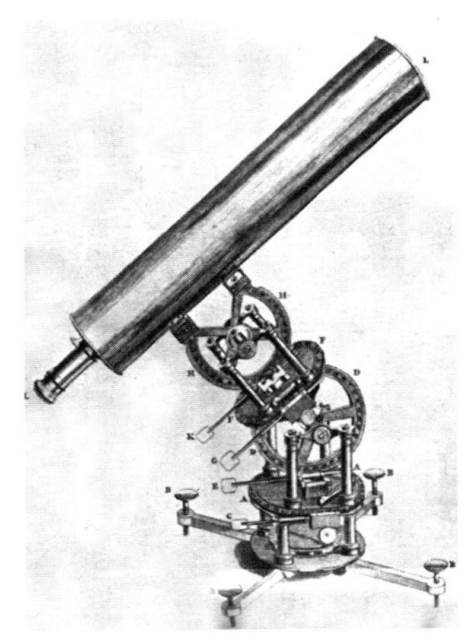

图 59—肖特的赤道仪

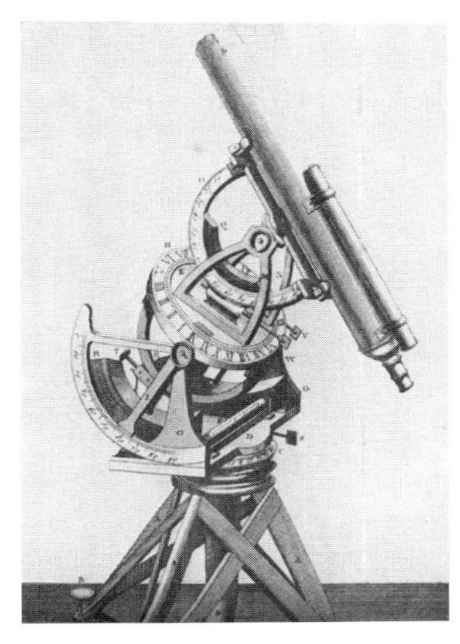

图 60—奈恩的赤道仪

拉朗德在其《天文学》中描述过一种当时型式的赤道仪(1771ed.,Vol. Ⅱ;见图 61)。仪器的轴 CY 由一个木支架支持,后 138
者借助一对相互垂直的气泡水准器和三颗水准螺钉而保持水平位置。底座的 BKN 部分处于子午圈上,轴 CY 与之成等于纬度的倾角。这根轴在一个位于 Y 处的黄铜轴环中转动时有轻度摩擦;轴的下端 C 装在一个半球形轴承中,顶端在 Y 之上成两个颚,两个颚合抱一个金属半圆 VZ。这轴绕一根通过其中心 S 的销轴转动,并可在需要时夹固在一定位置上。在半圆的直径上用螺钉固定着一个带槽的木支架,以接装望远镜。半圆带分度弧,一个游标使望远镜的赤纬定位读数可读到 5 秒。有些仪器上装有缓动螺杆 I。望远镜的时角定位由装于轴的一根指针示出,指针横在与赤道面平行的半圆 OC。在制造仪器时,极轴对水平面的倾角被弄得等于它使用地点的纬度,但也可通过下述调节而应用于纬度略有差异的地方：把仪器在子午面上转动相应的倾斜角度，这个角度由铅垂线在分度弧 R 上的位移来指示，铅垂线乃由弧 R 的圆心 r 上悬吊下来。

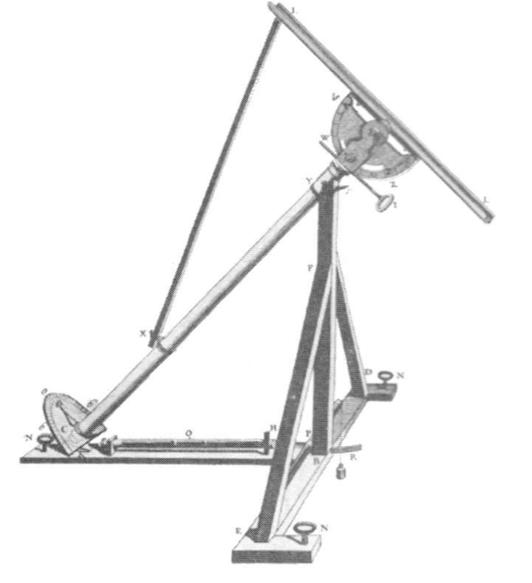

图 61—1770 年的一种赤道仪

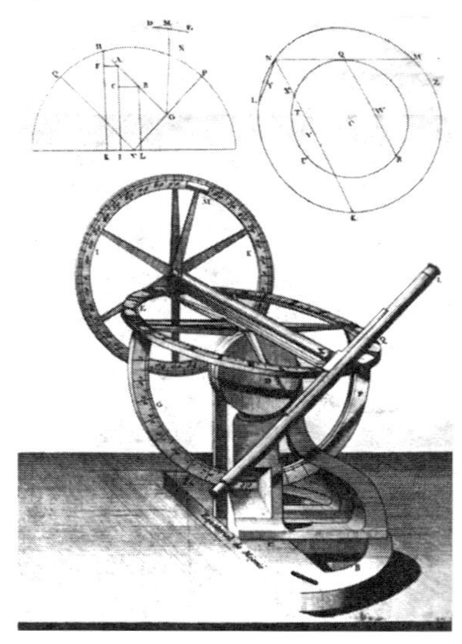

图 62—梅尼的赤道仪

这个时期的赤道仪大都有这样一个制造造成的缺点：它们不能转到指向北极星，有时实际上不能指向北极星周围 30°范围内的任何星。梅尼 1774 年制造的赤道仪就没有这种缺陷（拉朗德的上引著作，Vol. Ⅳ，p. 666 和 p. 669f.）。望远镜 *VL* 和赤纬圈 *IK* 处于赤纬轴 *HX* 的两对端；仪器很快就可调节到适用于任何纬度，为此，将可活动的半圆 *FG* 转动必需的角度，使 *EQ* 定位于赤道平面。但是，在观测高的目标时，观测者的头部就没有多少活动余地了（见图 62）。

赤道装置望远镜设计上的另一项进步，可以拿拉姆斯登 1791 年为乔治·沙克布勒爵士制作的一台仪器为代表（*Phil. Trans.*，

1793，p. 67）。望远镜及其赤纬轴由六根黄铜管构成的支架支撑，各黄铜管的上端都连接到一个圆形构架，从后者升出一根上支枢；黄铜管下端安放在支持着整个仪器重量的一个锥形支枢上。望远镜可绕其赤纬轴自动转动一整周（图 63）。 139

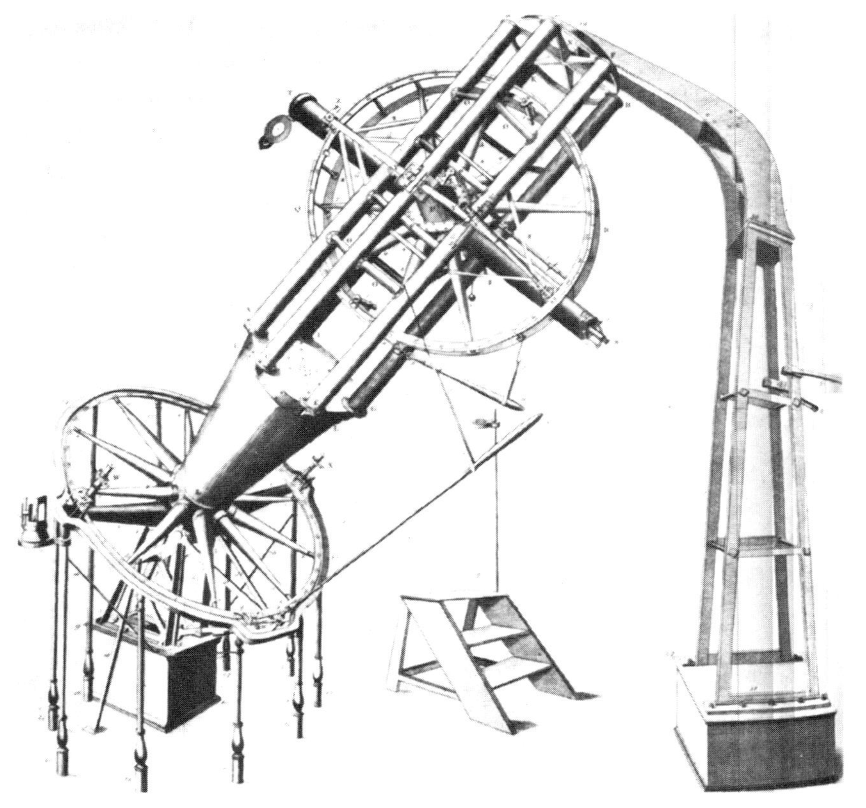

图 63—拉姆斯登的赤道仪

反射望远镜的赤道装置提出了一些特殊问题。约翰·哈德利（见 Smith，*Opticks*，Vol. Ⅱ，pp. 305ff.，366ff.，和 *Phil. Trans.*，1723，Vol. XXXII，p. 303）和帕塞芒（*Description et usage des Télescopes*，1763）在制造和装置这类仪器的方法上取得了进步。

但是，十八世纪在这个领域中的一切进展都因威廉·赫舍尔爵士的成就（见第四章）而黯然失色。

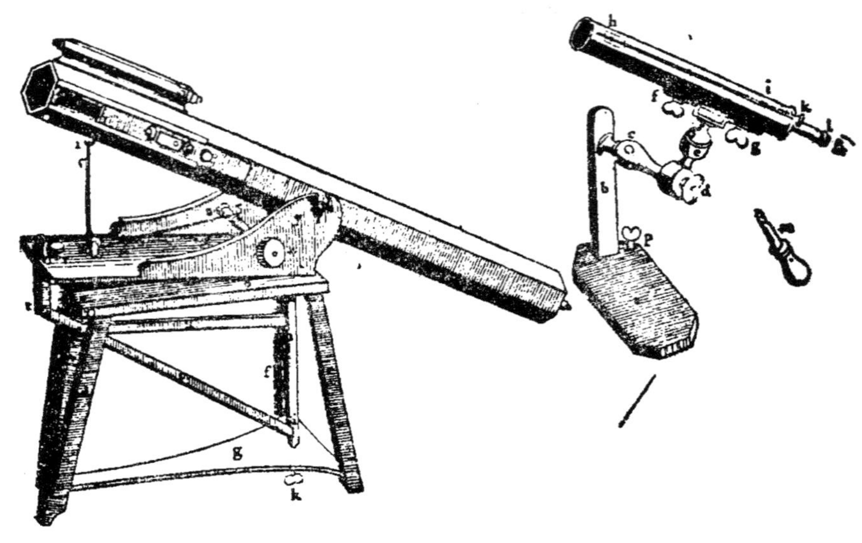

图 64—哈德利的反射望远镜装置

七、天文两脚规

在考察十八世纪用于测量最小可见天体角的设备以前，我们可以先来讨论一下格雷厄姆发明的一种仪器，它用于测量成对天体目标在赤经和赤纬上的差异，这些成对天体靠得还不够近，因此它们的间隔尚不能用测微计来测量（Smith，*Opticks*，Vol. Ⅱ；图 65）。这种被称为“天文两脚规”的仪器安装在一根与地球极轴平行的方轴 HIF 上，方轴通常绕一根插入锥形孔 H 中的销轴自由转动，而这轴的圆柱体部分I置于一个金属叉的两叉股之间。黄

140

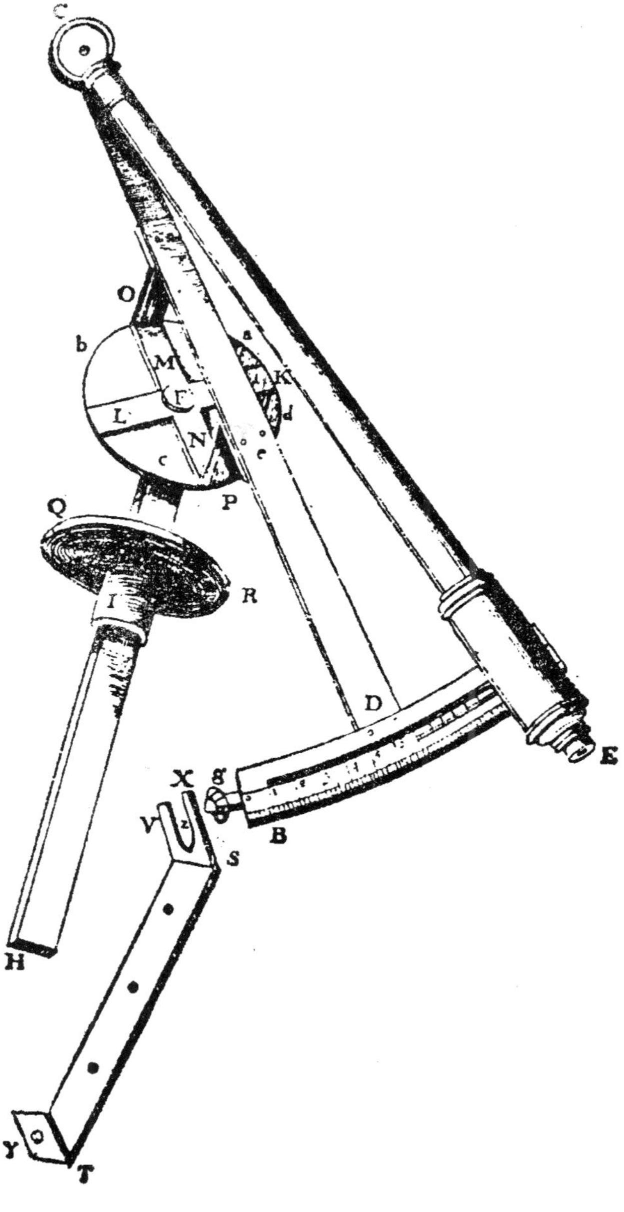

图 65—格雷厄姆的天文两脚规

铜圆盘(adcd)被固定在与轴 HF 平行的位置上;黄铜十字件 KLMN 绕这黄铜圆盘中心处的接头 F 转动,十字架的两个臂在 O 和 P 处弯成直角,以支持分度弧 AB(包括 10 或 12 度)的半径 CD。轴 HF 在赤经上的转动和两脚规绕 F 在赤纬上的转动都可在需要时用作用于圆盘 Q 和十字件 MN 的夹具制动。望远镜 EC 在缓动螺钉 g 的作用下绕弧 AB 的圆心 C 转动(同时带动附装于其上的游标沿两脚规分度弧移动)。当用这两脚规测定两颗星的坐标差时,半径 CD 被夹持的位置对极轴成这样的倾角,以致这两
141 颗星都能用望远镜在弧 AB 范围内的某处观察到,而又不必在赤纬上解脱夹紧;因此,大于角 ACB 的赤纬差就不能用这种仪器测量。然后,把两脚规平面的赤经位置加以夹持,应在这两颗星以西一点点的地方,这样,便可观测它们在该平面上的中天。两者中天时间之差便给出它们的赤经之差,而为使这两颗相继的星处于望远镜视野中心所要求的望远镜定位差(用弧 AB 度量)便给出它们的赤纬差。

八、测微计

十七世纪在**测微计**的制造上已有相当大的进步。关于在皮卡尔、奥祖和勒麦等人那里,这种重要的望远镜附件的一般形式,以及按设计要求它们所完成的功能,罗伯特·史密斯作了如下扼述:“测微计是一种小型机械装置,用来使一根纤细的金属丝在一个目标于望远镜焦点上所成图像的平面上平行于自身移动,从而以极高精度测量它距同一平面上的一根固定丝的垂直距离。这种仪器

的用途是测量遥远目标对肉眼形成的微小角度(*Opticks*,Vol. Ⅱ,p. 342)。

按传统方式工作的十八世纪最成功的测微计之一示于图 66。(参见 *Opticks*,Vol. Ⅱ,p. 345ff.;和 La Lande:*Astronomie*,Vol. Ⅱ,p. 768ff.)这种仪器可能是格雷厄姆设计的。一块长方形黄铜板 AB 上挖出一个洞 abcdef,一根水平金属丝 be 横跨这个洞。两根竖立的细杆 gh 和 ik 也横过这洞,其中 gh 是固定的,而 ik 则可通过旋动测微螺杆 CED 而侧向地向两个方向运动。测微螺杆上装有指标,在刻度盘 EF 上示出螺杆转动的整周转数和不满一整周的分数,这相应于细杆 gh 和 ik 的间距。整个仪器原来准备插入望远镜的焦平面,但其原始设计经布莱德雷改进。布莱德雷不把仪器直接装到望远镜上,而是把它装在一个黄铜底板上(图 66 下图中的 LN 所示)。当旋动与装在底板 LN 上的一个扇形齿轮啮合的蜗杆 στ 时,仪器就可在其本身平面上绕丝 be 与固定杆 gh 的交点 δ 转动。借助沿这底板两边的凸出部而固装于望远镜镜筒的就是这个底板。利用这种装置,测微计的定向就可无需把望远镜作为一个整体绕其轴转动而加以改变了。1771 年,拉朗德还在使用着这样的测微计,他认为这是当时最佳的通用测微计。

为了始终能把螺杆的整转数和分转数所表达的两个星象的间 142
距换算成天球上分隔星的弧的角测度,必须给这种测微计定标。定标的常用方法(十七世纪便已使用此法,而且至今仍在使用)是使测微计金属丝垂直于赤道,使两者的间隔等当于测微螺杆的已知转数(这数最好相当大),观察赤道附近某颗已知星的像从一根丝过渡到另一根丝所需的时间,随后把这时间间隔换算成角测度,

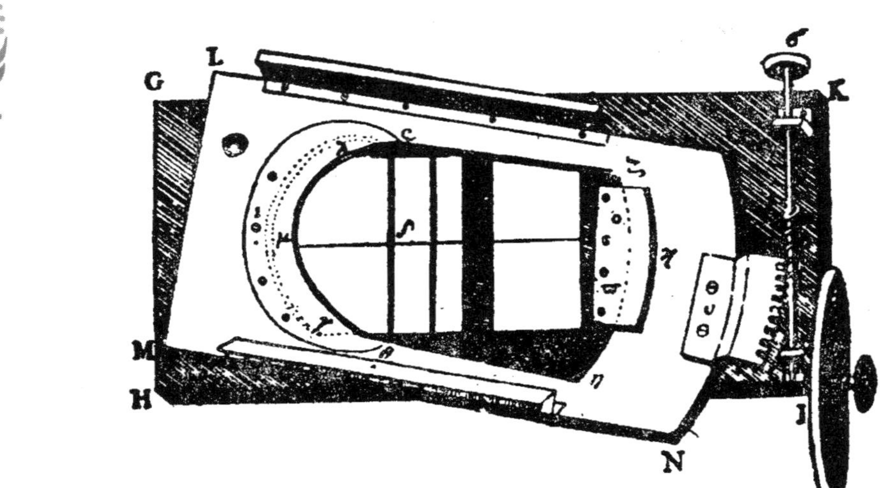

图 66—格雷厄姆的测微计(正面和背面)

并计及星的赤纬越高,视运动越慢的效应。测微计也可按下述方法定标。用这仪器测量远处一堵墙上的两个标记的间距;根据这两个标记的间距和它们距观察地点的距离计算出它们实际对观察

者眼睛所形成的角度。于是，定标就在于比这间距和这角度。 143

在应用这样的测微计时，经常需要调节相交的金属丝在视野中的定向，从而使其中某一根通过两个所选取的星象，或与星漂越视野的方向平行。在詹姆斯·布莱德雷的几种测微计（见史密斯的描述，*Opticks*, Vol. Ⅱ, pp. 344—45）中，这种调节颇为简便。他把金属丝装在环 abc 上，后者可在一个较大的同心环 ABC 上刻出的一条圆沟槽中在其自身的平面上转动，而大环固定在望远镜的焦平面上。gh、ik 和 ln 分别表示几根金属丝。螺杆 DEF 与由螺钉固定在内环上的扇形齿轮 de 啮合。旋动 DEF，就可将内环转动到任何所需的位置，由 A、B 和 C 处的凸出部把内环置于沟槽之中。黄铜杆 go 和 gp 固定于内环上，用于测定两颗靠近的星的赤纬差。这两根杆成这样的倾角，使两颗星越过视野的路径 ln、ik 之间的垂直距离 mf 等于这两条路径被两根杆所截部分之差（ln－ik）。因此，根据两颗星从两杆之间通过所花**时间**之差，就可容易地推算出它们的**赤纬**之差。

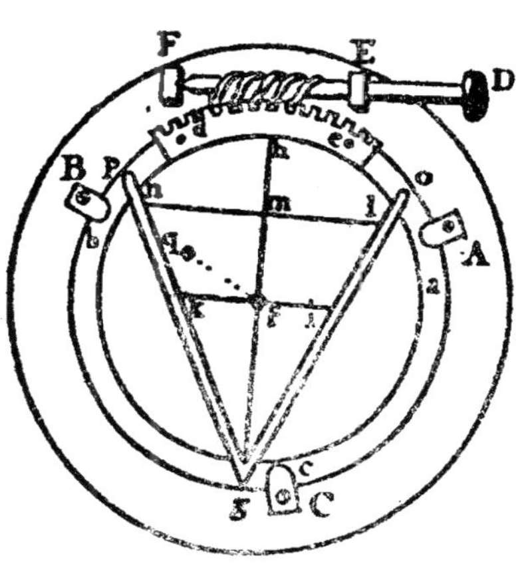

图 67—布莱德雷的测微计

九、量日仪

十八世纪中叶，发明了按照完全不同原理工作的一种测微计，

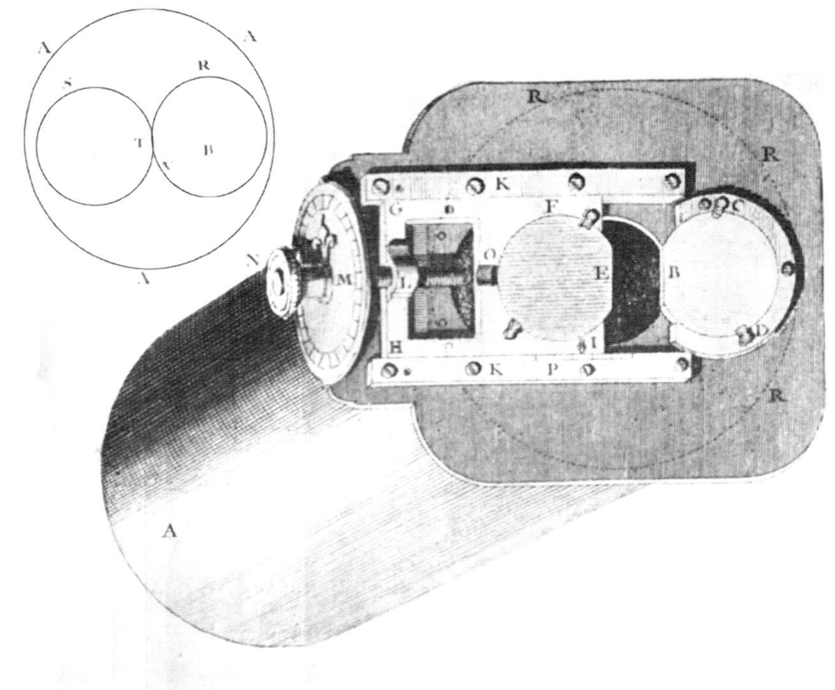

图 68—布格埃的量日仪

称为**量日仪**,因为它最初用来测定太阳的角直径。这种仪器的实际发明被归功于皮埃尔·布格埃,尽管后来发现,它的原理早已为塞文顿·萨弗里提出过;甚至勒麦似乎也曾有过给望远镜装两片
144 活动物镜的想法(J. B. Du Hamel:*Histoire*,1701,p. 148)。布格埃在《皇家科学院备忘录》(*Mém. de l'Acad. Roy. des Sciences*,1748,p. 11)上描述过他的发明。图 68 示出早期的这种仪器(见 La Lande:*Astronomie*,Vol. Ⅱ,pp. 811ff.)。图中所示量日仪被装在其截面由虚线 RRR 给出的望远镜镜筒 A 的物镜一端。量日仪主要由两块口径和焦距均相等的透镜(或透镜片段)B 和 E 组

成；其中B是固定的，E装在底板FGHI上，旋动测微螺杆NMLO就可使这底板接近或离开B。活动指标I和固定标尺P使能够计算螺杆的整转数；测微标尺M示出不满一周的分转数，这样就可给出两片物镜之间距的准确数值。这种仪器的工作方式如同共用一片目镜的两个望远镜；在测量太阳的直径时，可在共同焦平面AAA上形成该天体的两个像ST和RV。然后，调节两片物镜，直至两个像在T处相接触。这时，把这两片透镜中心的间距除以用同一单位表示的它们的共同焦距，就可求得所求的角度。拉朗德发明了调节物镜而观测者又无需离开目镜的方法（*Mém, de l'Acad.*，1754，p. 597）。

詹姆斯·肖特获悉布格埃的发明后，便想起数年前塞文顿·萨弗里向皇家学会提的一条建议。他从布莱德雷那里得到了萨弗里研究报告的原文，把它发表于《哲学学报》上（1753，p. 165）。1743年10月27日，布莱德雷向皇家学会宣读了这个研究报告。萨弗里在文中建议，测量太阳分别处于近地点和远地点时的视直径之差，方法是当太阳处于其视轨道的两个拱点时，形成太阳的两个并排的象，中间有很小的间隙，用测微计测量这个间隙。为了提高精确度，可把日轮大大放大，只让两个象的边缘部分的基本部分进入视野。萨弗里建议，为了得到他的双象，可把一片透镜沿平行弦分成片段，把对应的片段用纸以各种方式黏结起来（他还提出过一种用镜的类似方法）；也可将两片相同焦距的透镜并排装在一起，用一片目镜观看它们所形成的太阳的两个象。但是，萨弗里在制造这种仪器上似乎尚停留于实验阶段。

后来这个思想为约翰·多朗德所汲取。他的量日仪标志着对

萨弗里和布格埃的改良,成为这种仪器的标准形式。在他的量日仪中,一片物镜沿其一个直径一分为二;两者能沿这直径线等量反向地移动可度量的距离。每个半透镜都在共同焦平面上形成自己
145 的全象(*Phil. Trans.*,1753,p. 178;和 1754,p. 551)。图 69 所示的是多朗德仪器的早期形式(La Lande:*Astronomie*,Vol. Ⅱ,p. 814 ff.)。虚线 LaBGf 代表望远镜的孔径,ABC、DEF 是两个物镜的两半,它们与 AF 平行地移动。(物镜落入望远镜孔径中的部分被遮暗。)片段 ABC 固定于铜构架 AGHI,片段 DEF 固定于构架 KLMN。这两个构架的末端是齿条 HI 和 MN。用一个带有万向节头的手柄转动 P 附近的小齿轮。这小齿轮与齿条啮合,使它们等量反向地移动,而两透镜的间距可以借助标尺 Y 和游标 X 读出,可读到五百分之一英寸。多朗德的仪器可应用于反射望远镜。图 70 示出这样的应用。手柄 PQ 用来把透镜的分裂直径转到过视野的任何所需方向,并备有读取这直径的方位角的装置。

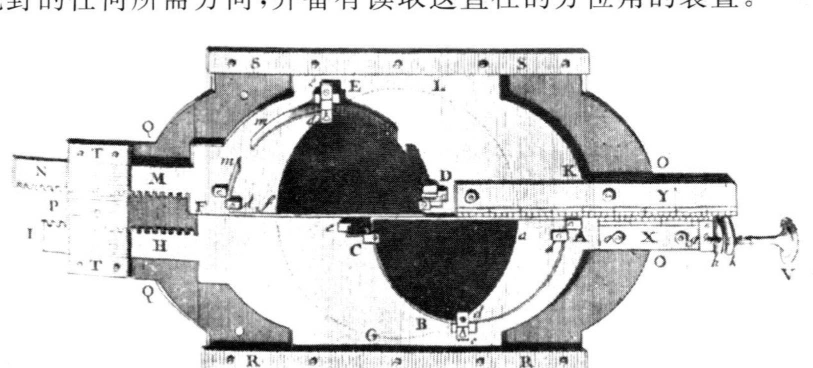

图 69—约翰·多朗德的量日仪

除了测量太阳直径这一原始功能外,量日仪还可用来测定行星直径的角直径、双星的间距以及行星相对背景恒星的位置。量

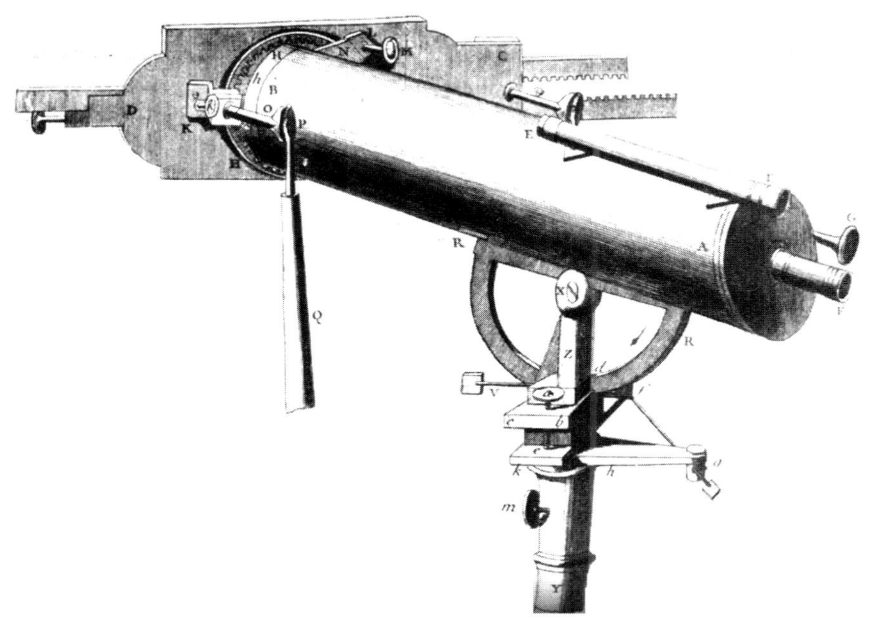

图 70—附装于反射望远镜的量日仪

日仪对十九世纪初恒星视差的发现起了重要作用(特别在贝塞尔手中)。与普通的测微计相比,量日仪有这样几个优点:不管望远镜导向怎样不规则,都可用它准确地定位;甚至当太阳或月球因放大很大而仅有小部分像出现在视野中时,仍可用它来测量出它们的轮;两个像的接触部分恰好处在视野中心,而该处的观察条件最佳,而且无需配备十字准线的照明。然而,在上一世纪里,量日仪基本上废弃不用。它造价昂贵,操作繁复,要求观测者具有高超技能。它的大部分功用现在已用照相术替代。

(参见 J. A. Repsold: *Zur Geschichte der astronomischen Messwerkzeuge*,1908。)

146

第六章 航海仪器

一、航海六分仪

海上测定位置的基本方法，是利用能在船上有效运用的仪器测量地平线之上已知天体的地平纬度或它们相对邻近恒星的位置。自从十五世纪远洋航行兴起以后，水手们便依靠各种这类仪器进行航行，其中有些仪器的来历可追溯到中世纪或古代，不过人们不断根据经验对它们加以修改和改进。直角器罗盘、航海象限仪以及后视杆是这些仪器的主要代表。它们的一般功能是通过对准成对的瞄准器来确定，在通过一个选定的天体目标和观测地点的垂直平面上，地平线的方向和该天体目标的方向，从而能由该仪器的定位推出这两个方向之间的夹角。然而，所有以前的这类设备都早已在十八世纪被一种新发明的仪器取代了，这种仪器不久便成为我们所熟悉的现代**航海六分仪**的样子。

阿瑟·舒斯特称这种仪器是“从来发明的仪器中最完美的一种”。这种仪器的实际发明应当归功于两个人。一个是后来成了皇家学会副会长的天才机械师约翰·哈德利（1682—1744），另一个是费城的自学成材的玻璃工托马斯·戈弗雷（卒于 1749），他是本杰明·富兰克林的知识分子圈中的一员。但是后来有人透露，就一切基本方面而言，牛顿早几年就已发明了这种仪器。此外，罗伯特·胡克甚至还要早就描述和制造过一种类似的仪器，尽管他的仪器较为粗陋一些。

胡克

胡克看来在 1666 年 8 月 22 日向皇家学会提出过一种“新式的通过反射测量距离的天文仪器”。他遵照皇家学会的吩咐进行 147
制造，翌年 9 月 12 日交出（Birch：*History of the Royal Society of London*，1756—7，Vol. Ⅱ，pp. 111—4）。这可能就是沃勒在《胡克遗著》（*Posthumous Works of Robert Hooke*）（1705，p. 503）中提到过的那种仪器。该书中有这样一段话：“我在此还要描述一

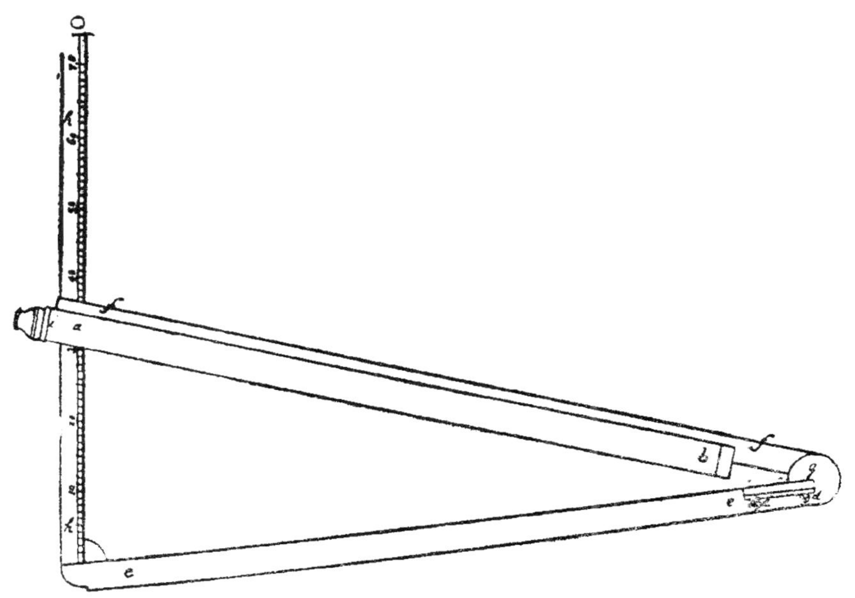

图 71—胡克的反射仪

种仪器，它用来测量在一个方向上的角度。我是在一张散页上发现它的说明的。ee、ff 为两把长直尺或长臂，在一个接合点或中心点 g 处张开；hh 为一根分为一千份的直尺，借助一张弦表测量 g 处的角度；ab 是固定于直尺 ff 上的望远镜，这样，望远镜的中间就可垂直于直尺的内侧。a 为瞄准器的部位，b 为物镜，i 为目镜；cc 为反射镜，它的边缘刚好与中心点 g 相触，镜面 cc 与直尺 ee 的内侧在同一平地〔原文如此〕上，镜的背面是一块黄铜片，带有两个垂直的耳状物 dd，藉之用螺钉把铜片固定于直尺 ee 上。”可见胡克的仪器仅用一面反射镜，而没有用两面反射镜，这样，光的损失可减少一些，尽管当入射光线非常斜时，反射像会有些漫散。但是，这种仪器也有缺点。譬如，当在海上用它测量地平线上的一颗星的地平纬度时，按要求把仪器调整固定好以后，海面就完全被掩藏在反射镜后面，而这颗星便处于视野之外。

牛顿

最早提出增加一面反射镜的似乎是牛顿，而这第二面反射镜乃是哈德利仪器的一个基本特点。现在尚不清楚牛顿提出这项建
148 议的具体日期。牛顿的特点是对自己的发现漠然置之的脾气。因此，只是在他去世十五年之后，他对这个问题的贡献才几乎偶然地透露出来，而这时哈德利的发明业已得到公认。实际上，哈德利关于他的发明的叙述立即使哈雷回想起牛顿提出过的建议。应哈雷要求进行的档案调查表明，牛顿于 1699 年报告过对传统型式航海象限仪进行改进的意见。但是，当时认为，牛顿的意见与哈德利现在的建议毫不相干。哈雷承认，他一定把牛顿建议的性质搞错了。

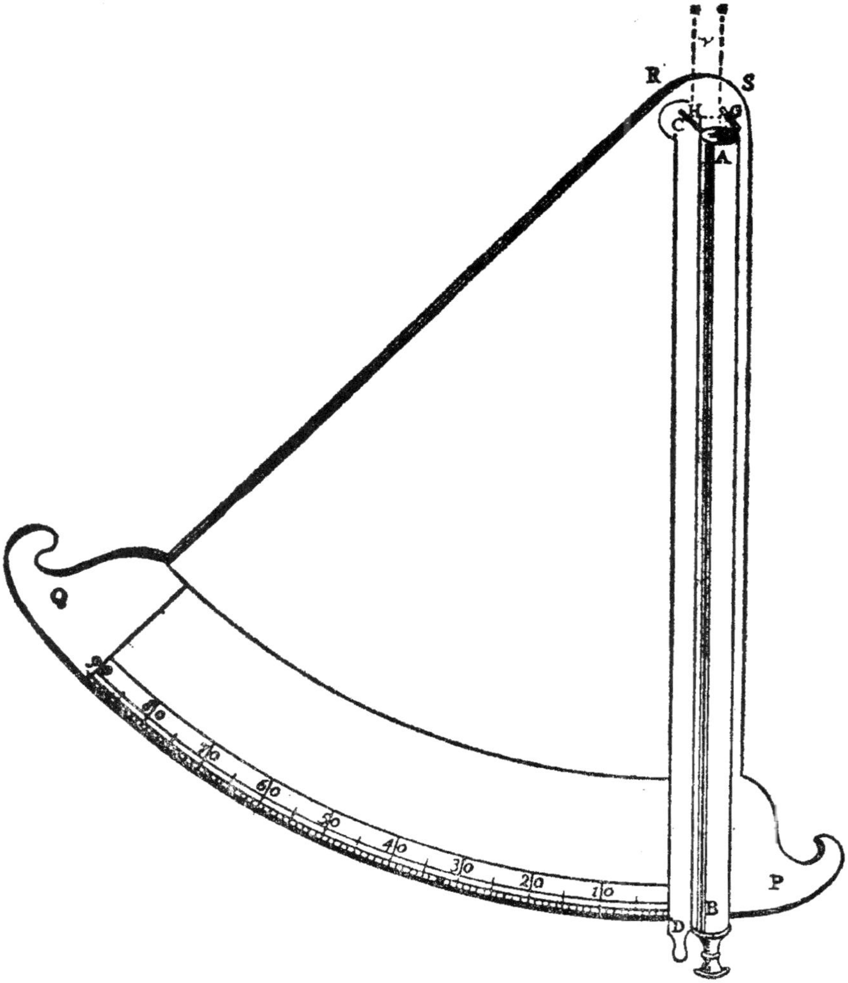

图 72—牛顿的六分仪

然而，哈雷还是对的，因为在哈雷 1742 年去世后，人们发现，牛顿手稿中有一份关于牛顿设计的一种仪器的说明，而这份说明显然被错放到他的论文之中了。从措辞来看，牛顿并没有实际制造过这种仪器。这份记录刊于《哲学学报》(1742，p. 155)，其关键部分 149

如下。“*PQRS* 表示一块黄铜板，在 *PQ* 是精确的分度弧……*AB* 为一架长 3 至 4 英尺的望远镜，固定于黄铜板的边缘。*G* 是垂直固定于上述黄铜板的一面反射镜，它尽可能靠近物镜，以便对望远镜的轴成 45°角，并截住一半否则将通过望远镜达到人眼的光线。*CD* 是一根可绕中心 *C* 转动的活动指标，以其基准边在黄铜板分度弧 *PQ* 上示出度、分和 1/6 分。中心 *C* 必须正对着反射镜 *G* 的中央。*H* 是另一面反射镜，当指标的基准边处于 00°00′00″时，*H* 与 *G* 平行。这样，无论通过直射还是反射，通过这望远镜看去，同一颗星都出现在同一位置上。”

166

哈德利

约翰·哈德利的“新的测量角度仪器”的最早说明是在 1731 年 5 月 13 日在皇家学会宣读的，后来发表于《哲学学报》(Vol. XXXVII，p. 147)。它提出了这种仪器的两种可供选择的结构形式。对第一种结构，文中描述如下：“这仪器乃是一个八分仪 *ABC*，分度弧 *BC* 为包括 45 度的半圆，分为 90 等分即半度，每一等分在观测中相当于一个整度。指标 *ML* 可绕中心转动，而标示出分度。在中心附近，一面平面反射镜 *EF* 与仪器平面垂直地固定在这指标上，并与指标的中线成这样的角度，即使得这

图 73—哈德利

仪器便于适合其预定的种种特定用途……$IKGH$ 是另一面较小的平面反射镜，它在八分仪上固定的位置同样取决于特定用途。这反射镜的表面处于这样的方向：当指标指示分度的起点（即 0°）时，它能精确地平行于另一面反射镜的表面，此时，这反射镜转向观测者，而另一面反射镜则背离观测者。PR 为固定于八分仪一边的望远镜，其轴与该边平行，并从反射镜 $IKGH$ 的两边 IK 或 IH 之一的中线附近通过，以便其物镜的一半能接收由这反射镜反射的光线，而物镜的另一半仍直接接收一个遥远目标射来的光线……ST 是一片固定在一个框架上的黑玻璃，框架可在一个销 V 上转动；当目标中有一个光线过强时，便可把这黑玻璃置于反射镜 EF 之前。"图 75 示出哈德利仪器的第二种结构，其特点是把望远镜**横跨**八分仪的半径地放置；这就是这种仪器至今一直采用的形式。我们今天所称的标镜的表面与其基准线重合。起初所使用的是金属镜，但后来发现其失去光泽，因而使用涂银玻璃板取代之。水平镜 $IKGH$ 的涂银的一半极其接近仪器的平面。（第三面镜 NO 用于测量 90°以上的角度的场合，W、Q 为敞口瞄准器，可与望远镜交替使用，或互换使用。）哈德利的仪器在实 151

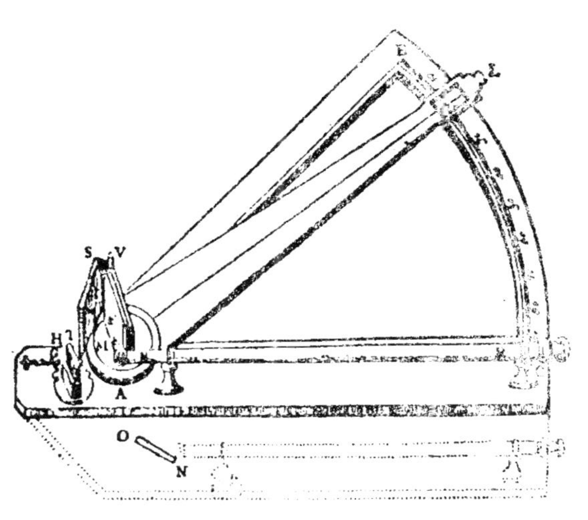

图 74—哈德利的第一种航海八分仪

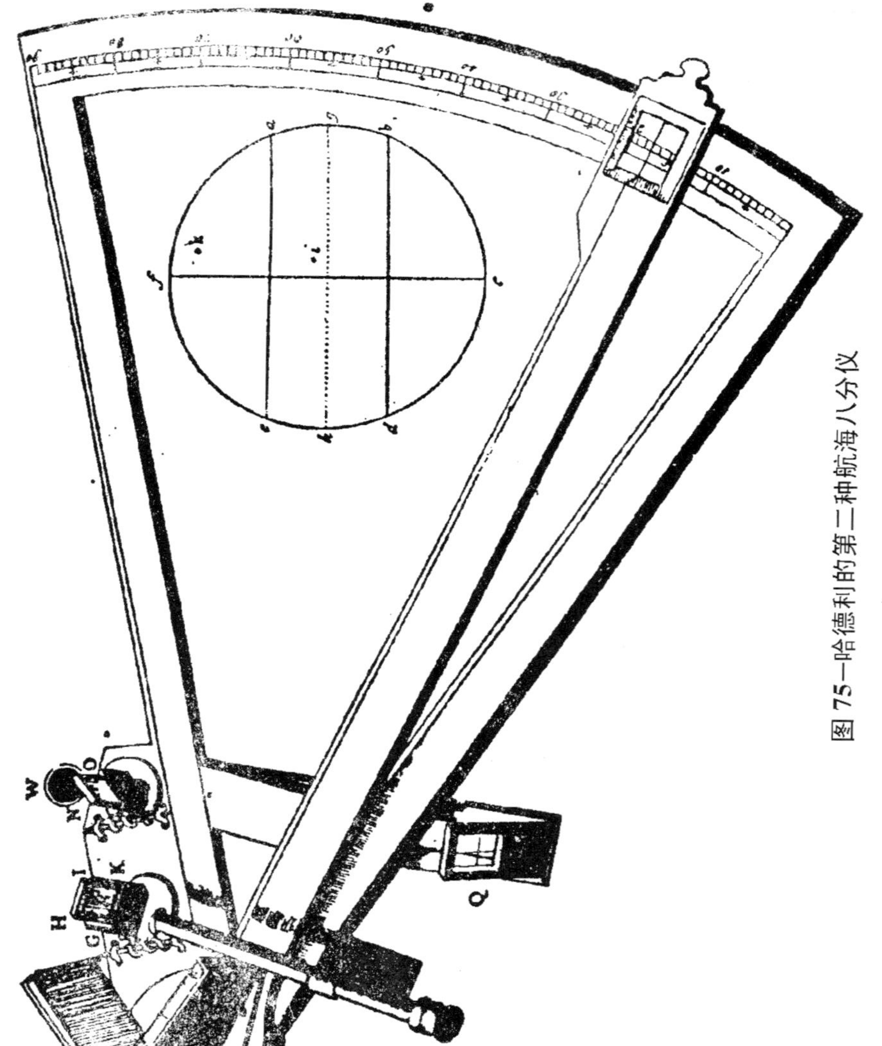

图 75—哈德利的第二种航海八分仪

用上有着比胡克和牛顿的仪器优越的地方，即其间距被测的两个点的像可以被弄得沿水平镜 *IKGH* 的一个边相切，该边与仪器平面平行，这样两个像便在仍被完全看到的情况下又相重合。

当应用这仪器测量远处两个目标的角距时，譬如测量两颗星的角间距时，先让望远镜瞄准其中一颗星，仪器的平面被置于大致通过这两颗星的位置，同时使镜 *EF* 和另一颗星位于 *IK* 的同一侧。然后，转动指标，直到第二颗星的像（光经 *EF* 和 *IK* 逐次反射而形成）与第一颗星（直达光形成）的像一起出现在视野中，并最后与之重合为止。由光学考虑可知，这两颗星的角距（以**度**为单位）这时由分度弧上的读数（以**半度**为单位）给出。测量太阳下边缘在视地平线上的地平纬度的方法，与此相似。即使在仪器支持不稳的条件下，这种仪器也能达到正确的定位。因此，它特别适合于海上应用。此外，在旧式仪器上，观测者必须同时使两根不同的瞄准线对准两个不同目标，而用这种八分仪时，观测者只要按同一条瞄准线判断两个像是否重合。

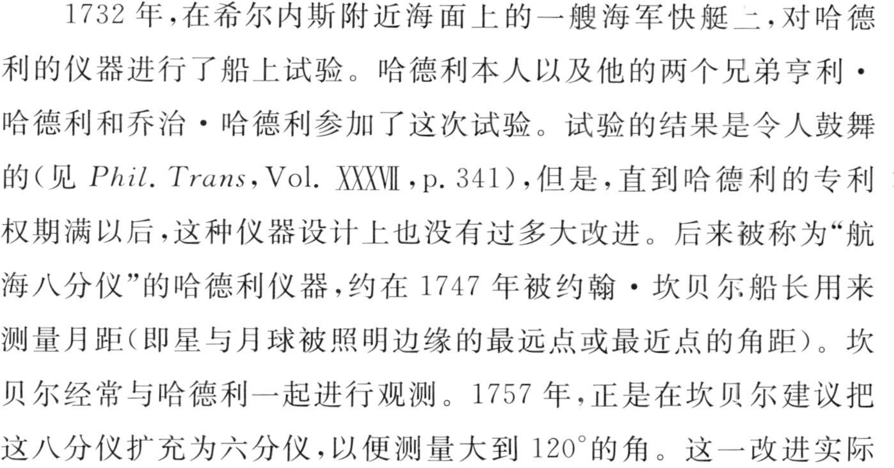

1732 年，在希尔内斯附近海面上的一艘海军快艇上，对哈德利的仪器进行了船上试验。哈德利本人以及他的两个兄弟亨利·哈德利和乔治·哈德利参加了这次试验。试验的结果是令人鼓舞的（见 *Phil. Trans*, Vol. XXXVII, p. 341），但是，直到哈德利的专利 152
权期满以后，这种仪器设计上也没有过多大改进。后来被称为“航海八分仪”的哈德利仪器，约在 1747 年被约翰·坎贝尔船长用来测量月距（即星与月球被照明边缘的最远点或最近点的角距）。坎贝尔经常与哈德利一起进行观测。1757 年，正是在坎贝尔建议把这八分仪扩充为六分仪，以便测量大到 120°的角。这一改进实际

上使这种仪器成为今天的样子。

戈弗雷

1734 年 1 月，皇家学会收到了一封信，宣称托马斯・戈弗雷发明了一种用双反射测量地平纬度的仪器，发信人就是这位美国机械师本人。戈弗雷在信中援引了另一封信的内容，后一封信是他的朋友詹姆斯・洛根以前以他名义写给哈雷的。（那封信录引在 Miller 的 *Retrospect of the Nineteenth Century*，Vol. Ⅰ，p. 468.）洛根那封 1732 年 5 月 25 日寄自费城的信，是写给皇家学会的。这信后来得到戈弗雷的一位水手朋友的证词的支持，他证明戈弗雷在 1730 年 10 月底时曾向他描述过自己的发明。然而，哈德利不光在**发表**他的发明方面占先（把他的论文的日期与洛根的信的日期相比较，就表明了这一点），而且在**制造**仪器方面也占先，因为皇家学会的学报上记载着，1734 年 2 月 7 日，乔治・哈德利演示了一具仪器样品，他说，那是他约在 1730 年仲夏在他的兄弟约翰的指导下制造出来的。戈弗雷的反射仪在一切基本方面都与上述哈德利的**第一种**设计相似，水平镜上有一个长方形的、未涂银的点，通过这个点可以直接观察远处的目标。戈弗雷已经认识到，
153 需要用阴影来减轻太阳光线的刺眼；他甚至还想到了哈德利的计算角距方法：分度弧上的角分度代表着其真值的两倍，这种方法今天仍在应用。

但是，似乎没有理由猜疑，哈德利或戈弗雷从对方的发明得到过什么帮助。皇家学会似乎当时就得出了这样的结论，尽管后来有一种广为流传的传说认为，哈德利在西印度群岛当海军军官时

曾看到过戈弗雷的仪器。S. P. 里高德证明，在 1719 和 1743 年间英国海军中根本就没有过名叫哈德利的军官，并且说，在那决定性的几个月中，约翰·哈德利始终定期参加皇家学会的会议。

（参见 S. P. Rigaud 关于"哈德利象限仪"历史的一系列文章，载 *Nautical Magazine*，1832—34，Vols. Ⅰ—Ⅲ。）

二、航海时计

为了在海上测定船只的位置，必须借助独立的天文观测来确定船只所处的经度和纬度。测出一个当时已知其赤纬的天体的中天高度，即可由之推算出纬度。但要测定该地以某本初子午线为基准的经度，就必须测定在某时刻的地方时，再拿它与对应于该本初子午线的标准时间比较。于是，地方时与标准时间之差便量度了对于该本初子午线的所求之经度。地方时用六分仪进行适当观测便可相当容易地加以确定；但是，确定相应标准时间的问题则直到十八世纪中叶一直是个很大的难题。尽管提出了几种理论上合理的方法，但没能为它们的付诸实施找到足够精确的数据。

惠更斯

惠更斯建议，在航海时应带上几台摆钟，用以指示标准时间。但是，这个方案行不通，因为即使这些时钟在陆地上能够走时非常准确（它们实际上并非如此），船只的运动也会马上使它们不准。1659 年前后，惠更斯设计了一种专门用于航海的时钟，并确实获得了相当大的成功。但是，除非风平浪静，否则，即使这种仪器也很难工作得令人满意。

于是，十七和十八世纪各主要沿海国家政府都悬赏吸引发明家发明解决经度测量问题的工具。1714 年，英国政府便出资20000英镑，征求能够以优于半度的精确度求得经度的实用方法，而对于精确度较低的方法，则给予较低的赏金。于是，专门设立了一个经度委员会来管理这笔奖金。至该委员会于 1828 年被撤销为止，褒奖和资助发明者的支出超过 100000 英镑。申请奖金的人很多，但其中大多数人提出作为申请依据的方案都没有什么价值。

哈里森

154 制造具有所要求的精确度的航海时计的问题，首先是由约翰·哈里森（1693—1776）解决的。哈里森是约克郡人，早年便在时钟的制造和改进方面显示出天才。在他的发明中，有以他命名的著名的“铁栅”摆，以及在他的航海时计机构中起重要作用的补偿勒索，两者都是利用了两种金属的热膨胀不相等这一原理。

图 76—哈里森

在由一根自由端带有摆锤的金属杆构成的最简单型式钟摆中，温度变化使摆的长度产生变化，从而又使摆的振动周期改变，这样便导致时钟在夏季比冬季走得慢。哈里森想消除这效应,为此他利用由两种或更多种具有不同膨胀系数的金属杆做成的摆,这些金属杆加以适当配置,使摆的有效长度(悬置轴和回摆中心间的距离)在相当大的温度范围内总是保持不变。我们可以把这种装置与乔治·格雷厄姆约在同一时期发明的水银摆相比较。水银摆的摆锤是一个盛有水银的容器,这种金属的膨胀及由之引起的重心上升恰好补偿了支持它的钢摆杆的向下膨胀,从而使振动速率保持在一定温度变化范围内不受影响。这种装置现在一般都已代之以利用"殷钢"杆,殷钢是一种热膨胀可忽略不计的镍钢合金。

哈里森早就下决心争夺经度委员会的赏金。他怀着这个抱负,于1728 年把制造航海时钟的计划呈交给仪器制造家乔治·格雷厄姆,后者以私人名义借给了他制造这仪器所需的经费。这台航海时钟于 1735 年制成,其工作原理是自动补偿船舶运动的效应。

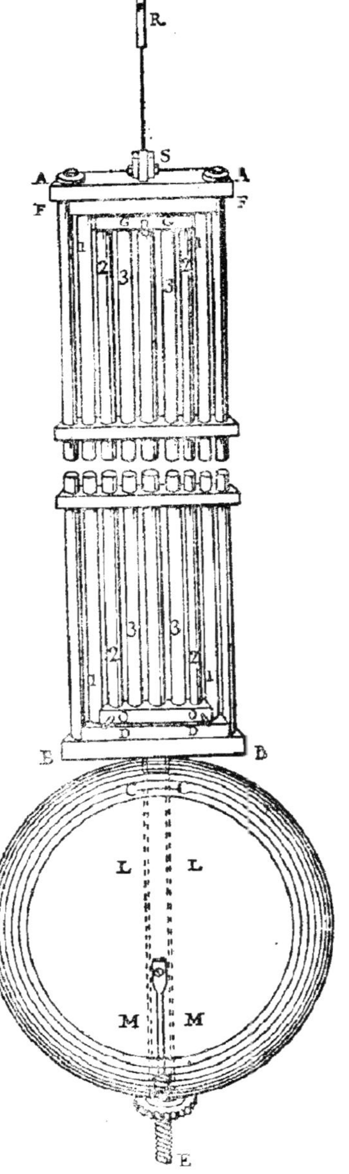

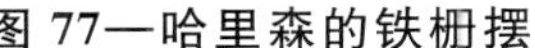
图 77—哈里森的铁栅摆

哈里森的第一台航海时计现在还保存在格林威治天文台里，它的工作颇像一台时钟，但是两个大摆轮（在机器的背部可以看到）取代了钟摆。这两个摆轮由四根平衡簧控制，并且总是沿相反方向运动，因而所受船舶颠簸的影响大小相等而方向相反。这机器重72磅，示出日、时、分和秒（见图78）。动力由两根
155 主发条供给；并备有一种专门装置，保证在上发条时仪器也仍然不停地工作，因为过去甚至在天文用的时钟上也会发生上发条时停机的情况。哈里森为了发明减小机器工作时的摩擦的方法，费了不少心机。他还首次对随温度变化而产生的平衡簧阻力变化提供了补偿。他的办法是把各弹簧的固定端连接于由几根黄铜杆和钢杆构成的一个复式接头上，这些杆件的膨胀和收缩（它们在这里是**累积的**）使这些固定端移动，从而自动地调节了弹簧的张力。

哈里森奉派带着他的仪器航行到里斯本，返回时带来了令人鼓舞的结果。在经度委员会的协助下，他着手制造第二台时计（由于同西班牙的战事，这台时计未能在海上试验），后来又制造了第三台。

哈里森的第二台航海时计（1739年）与第一台没有什么根本的区别，只有几处微小的改进。他的第三台时计（1757年）有圆形摆轮，对温度变化的补偿设施是，用一条黄铜带和一条钢带铆接构成的“勒索”的自由端上的销来固定各平衡簧的有效端。当温度变化时，这两种金属不相等的热膨胀致使那复合条不等量地蹺曲，这样便使勒索销沿平衡簧移动，结果使平衡簧的有效长度按预定量变化。这几台机器都很笨重，其中第二台有一百多磅重。但是，第

四台仪器要小得多，就像一块大些的表。它于1759年制成，已证明是这整个时计系列中最精巧的一台（见图79）。

156

图78—哈里森的第1台航海时计　　**图79—哈里森的第4台航海时计**

哈里森的第四台时计宽约5英寸，有一根时针、一根分针和一根秒针，三根指针均横在同一个搪瓷度盘上。仪器由一个圆形钢摆轮控制，摆轮上有三根臂和一个前述型式的补偿勒索。节摆件以当时钟表应用的心轴节摆件为基础，但作了许多改进，旨在使摆轮的运动有大得多的自由。像哈里森的其他仪器一样，这台时计中照例也有一种“维持力”，以使时计在上发条时仍保持走时。在航行中，这第四台时计不是安放在常平架上，而是放在一个盒子里的一个垫子上，这一点与哈里森过去的仪器不同。在哈里森的儿子威廉的照管之下，这台时计在一次开往西印度群岛的航行中进行了试验。在整个航程中，它只慢了五秒（这五秒的误差是在仪器原定的每日慢$2\frac{2}{3}$秒的误差之外的）。1764年，在一次开往巴巴多斯的航行中又对该时计进行了试验，结果证明有荣获最高奖赏的资格。但是，经度委员会要在哈里森解释了它的结构，并证明其他钟表制造师也能造出具有同等可靠程度的仪器以后，才肯全数发给赏金。于是，哈里森和经度委员会之间展开了一场难解的争吵。在这场论战中，国王乔治三世支持哈里森向议会上诉。不过，哈里森生前还是得到了所欠他的 20000 英镑余额。哈里森的时计现在在格林威治天文台珍藏着。

拉坎姆·肯德尔(1721—95)和托马斯·马奇(1715—94)在哈里森去世后，又发展了他的方法。马奇是杠杆节摆件的发明者，这种装置现在几乎普遍运用于钟表和作特别粗糙应用的航海时计之中。但是，航海时计后来的进步主要归功于十八世纪大陆的两位相互竞争的钟表学家勒鲁瓦和贝尔图的工作，而大量生产可以广泛应用于航海的廉价仪器的问题则被英国的钟表制造家约翰·阿诺德(1736—99)和托马斯·厄恩肖(1749—1829)解决了。

勒鲁瓦

皮埃尔·勒鲁瓦(1717—85)是法国人，从他父亲那里继承了“勒鲁瓦钟表师”事务所。1748 年，他描述了他发明的一种改良节摆件，其设计旨在尽可能消除司行轮与藉以调节时针的摆轮自由
157 运动对节摆轮的干扰，并限制必要的相互作用，即限制于摆轮振动的其自然运动最不易受影响的部分，因为这种相互作用使摆轮产生周期性脉动。1754 年，勒鲁瓦描述了他那有些粗糙的第一个航海时计设计。摆轮是一个大金属球，绕其直径轴顶着一根直弹簧的扭阻力而转动，直径轴悬吊在该弹簧上。这种仪器实际上不可

能对温度变化给予令人满意的补偿。经过若干进一步的尝试之后,勒鲁瓦于1766年成功地制成了可认为是现代仪器原型的一种航海时计,它注定将取代哈里森的时计。勒鲁瓦的时计作为一项杰出的发明,在于它富于独创性,不依傍流行观念。勒鲁瓦在他的《论海上测时的最佳方法》(*Mémoire sur la meilleure maniére de mesurer le temps en mer*)(它作为附录载于Cassini的*Voyage fait par ordre du Roi en* 1768, *pour éprouver les montres marines inventées par M. le Roy*, Paris, 1770)中描述了他的仪器以及他构思这发明的逻辑过程。这种仪器配备了勒鲁瓦所发明时补偿摆(他发明了水银式和双金属式两种补偿摆)和独立式航海时计节摆件。运动由一个圆形摆轮调节,温度变化对摆簧的影响这样补偿:在摆轮系中配备两个部分充水银、部分充酒精的温度计。水银的任何热膨胀都会使其重心移向摆轮轴,从而引起摆轮系的转动惯量减小。这减小可加以调节,使得中和因摆轮膨胀而引起的转动惯量增加,以及摆簧随温度上升而变弱的效应。管的曲率理论上可以调节到使给出完善补偿。勒鲁瓦还发明了较习见的双金属摆轮,作为一种选择。这种摆轮的轮缘乃由两种具有不同热膨胀的金属的条片,与热膨胀较小的内条片铆接在一起而构成。轮周分割成若干片段,每个片段的一端固定在摆轮的一根辐条上;另一端加载,当温度上升时,在差膨胀的作用下朝向摆轮中心自由蹺曲。这样可以补偿摆簧的变弱,以及因辐条膨胀而引起的转动惯量增大。航海试验证实,勒鲁瓦的航海时计以及他后来制造的另一种类似结构的时计性能卓越。这原始仪器和描述它的论文获得了科学院的加倍奖金。

158 贝尔图

费迪南德·贝尔图(1729—1807)是瑞士钟表学家,一生大部分时间在巴黎度过。他在专业上表现出一个发明家的机智过人和一个作家的超常勤勉。勒鲁瓦处理问题依赖精辟而有创造性的分析。相反,以他为强劲对手的贝尔图则是向自己以及别人的经验学习。贝尔图制造的航海时计,无论在动力还是调整方面的设计上都表现出了丰富的多样性。1763 年贝尔图涉足这个领域时只拿出了一台带有早期航海时计大部分缺陷的粗糙航海时钟。他渐次进步,从哈里森和勒鲁瓦的发明中获取教益,终于制成了其设计已接近现代型式的时计。贝尔图是今天被誉为所谓"簧爪"节摆件发明者的少数钟表学家之一。

图 80—贝尔图

阿诺德和厄恩肖

哈里森、肯德尔和马奇这些先驱者甚至在把他们的航海时计标准化之后,仍需花二、三年时间才能制成一台仪器。即使贝尔图一年也只能制造二、三台。但是,阿诺德和厄恩肖却因采取明智的劳动分工而提高了生产速度。他们在制成了一台满意的样机以后,就把一些部件的制造分派给专门的工匠,而他们自己只是到最后阶段才插手。阿诺德擅长制造袖珍航海时计。尽管他喜欢吹嘘自己的成就，但如果说他作出过一些颇有价值的革新，那他肯定是当之无愧的。这些革新包括“支爪”和“簧爪”节摆件以及几种新式的补偿摆轮。他获得了平衡螺簧的专利权，尽管哈里森和其他人早先已发明了这种装置。现代航海时计上所使用的节摆件和补偿摆轮是由厄恩肖首创的。他于1783年获得专利权的节摆件属于“簧爪”式（尽管只是对阿诺德装置的一种改进）。这种节摆件中，装置上的锁紧宝石在两次推动之间借助一根弹簧回复原位。当节摆轮不推进摆轮时，是这锁紧宝石使节摆轮保持静止。他的补偿摆轮由两个黄铜的和钢的条构成；每个金属条都近乎成半圆形，其一端加载，另一端与构成整圆之直径的一根横臂连接，另一端负担着这根横臂的压力。与前人不同，厄恩肖从一个周围浇注熔化黄铜的钢圆盘上切出整个摆轮，因而无需焊接、弯曲或用螺钉固定零件。当经度委员会对厄恩肖的航海时计进行试验以及他申请奖金时，他与他的对手阿诺德的支持者们就厄恩肖提出的这些发明的独创性和优先权发生了激烈争论，显然是厄恩肖有理。

图81—厄恩肖

159

后来的发展

航海时计的应用在十九世纪迅速推广，起初特别是在那些到鲜为人知的地区进行科学探险的场合。海军战舰大约从 1825 年起也配备了航海时计。在过去的 150 年中，人们作出了很大努力来改良时计。在技术细节问题上以及所用材料的选择和精加工方面都取得了进步。例如，精密时计的平衡簧现在普遍采用钯为材料；甚至玻璃也在作此用途上显示出种种**优点**。还有许多人主张采用一种镍钢合金即“镍铬恒弹性钢”，这种合金的弹性受温度变化影响很小。这类仪器的性能现已大大改良。但是，尽管在节摆件、摆轮和平衡簧等的设计上做了大量实验，厄恩肖的那种仪器从一切基本方面来说仍证明是迄今最好的。

一台好的航海时计的根本特点，与其说是快慢率应当**小**，还不如说是要它应在长时期里保持**均匀**，这样，在航行中，用已知的一定修正量去修正累积误差，就可从时计获得准确时间。时计的**估计**（即时计在二十四小时中的快慢量的确定）自 1766 年以来一直是格林威治天文台的一项重要工作。时计的应用取代了作为测定经度手段的月距方法；而且，自 1907 年起，应用这种方法所必需的表也从《航海天文历》（*Nautical Almanac*）中删除了。现在由于无线电广播报时信号，在经度测定问题中又有了一个新的因素，藉之，对应于一条本初子午线的标准时间定时地发送给海上的船只，供船上将之与观测所得的地方时相比较。但是，这地方时一般不
160 能直接拿来与报时信号比较，而必须在观测条件许可时才能得到。所以，报时信号的引入绝不能取代航海时计的应用。事实上，报时

信号只是提供了一种定期校准航海时计指示，因而不必完全依赖时计走时的持续均匀性的手段。

（关于航海时计历史的详细讨论，可参见海军少校 R. T. Gould 的 *The Marine Chronometer, its history and development*, 1923。上文大部分资料和部分插图都采自该书。）

第七章　物理学

161

(一)光学　(二)声学

(一)光学

一、光的微粒说和波动说

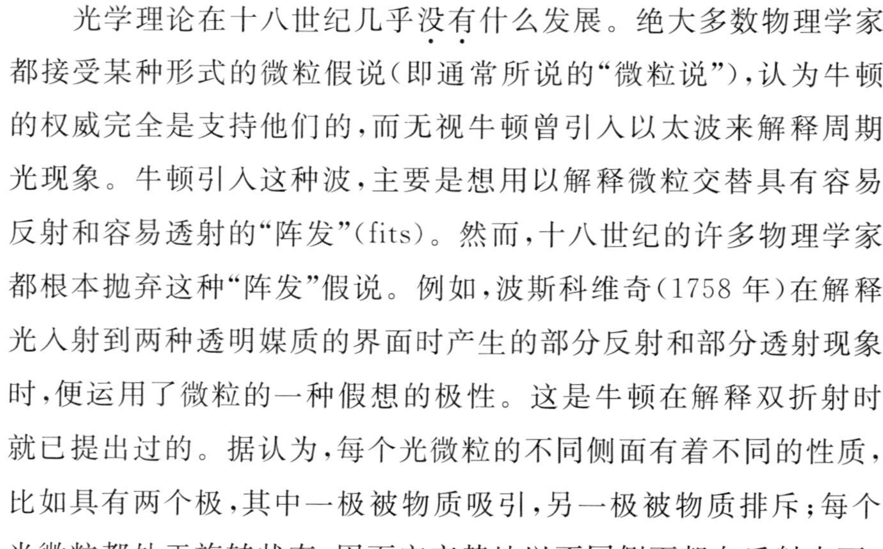

光学理论在十八世纪几乎没有什么发展。绝大多数物理学家都接受某种形式的微粒假说(即通常所说的“微粒说”),认为牛顿的权威完全是支持他们的,而无视牛顿曾引入以太波来解释周期光现象。牛顿引入这种波,主要是想用以解释微粒交替具有容易反射和容易透射的“阵发”(fits)。然而,十八世纪的许多物理学家都根本抛弃这种“阵发”假说。例如,波斯科维奇(1758 年)在解释光入射到两种透明媒质的界面时产生的部分反射和部分透射现象时,便运用了微粒的一种假想的极性。这是牛顿在解释双折射时就已提出过的。据认为,每个光微粒的不同侧面有着不同的性质,比如具有两个极,其中一极被物质吸引,另一极被物质排斥;每个光微粒都处于旋转状态,因而它交替地以不同侧面朝向反射表面。

维护微粒假说的那些人切望能有直接的实验证据使微粒说牢固确立,并为此进行了许多尝试(参见 J. Priestley: *The History and Present State of Discoveries relating to Vision, Light, and Colours*, 1772, pp. 385—90.)

有人认为,如果光是由高速运动的物质粒子构成的,那么,光就应当具有可观察到和测量到的一定**动量**。1708 年,霍姆贝格向法兰西科学院报告说,他检测到了正的光压。但梅朗对他的结果表示怀疑,认为他所观察到的结果是对流气流引起的。梅朗自己用一面大透镜把光聚焦于极小冲量就可使其转动的一根罗盘指针或一个叶轮,即使这样,他也没有得到什么肯定的结果。有时叶轮 162
的确有所转动,但梅朗断定,这是由于空气被加热的结果。约翰·米歇尔曾告诉普利斯特列,为了寻找这种光压效应,他采用了一种由一根细金属丝构成的仪器,细丝的一端系着一个非常薄的铜片,另一端系有一个衡重体,中间是一个玛瑙杯和一根水平的短磁化针。这套装置安装在一个针尖上,放在一个带有玻璃盖板和面板的盒子里。用外部的一个磁铁控制,使细丝与太阳的方向垂直,然后用一个两英尺凹镜把光射到铜片上。在光的照射下,铜片向后退,直到它撞到盒子的后壁。当把金属丝在支承上反个方向时,也发生同样的情形。这种效应被归因为真正的光压。普利斯特列根据大量实验数据计算出,每秒钟以光的形式入射到 1 平方英尺面积上的物质的量。他表明,以这样的速率,太阳每天仅损失 2 格令多一点的重量。按照他的计算,若假设太阳的密度同水一样,那么,自“创世”以来太阳的半径仅缩短了约 10 英尺。

我们现在知道,光照射到任何物质表面上都确实对之施加一定压力。这是列别捷夫于 1900 年通过实验检测到的效应。不过,十八世纪的实验者大概都不会检测到,因为光压非常微小,如果不采取特别谨慎的措施，它就会被对流和辐射作用所掩盖。不过，无论光的微粒说还是电磁说都预期这种压强，所以，它作为鉴别这两个互相竞争的理论孰是孰非的手段，就没有什么意义可言了。

十七世纪的折射和色散理论提出了一个问题，即不同颜色的光线是否即使在空虚空间里也可能以各异的速度行进。按照这一假说，当木星的一颗卫星发生“月食”时，在初亏和复圆时应可观察到色效应。若假设光谱色中红色光线行进速度最快，紫色光线速度最慢，则这颗卫星在完全被木星掩蔽之前的半分钟之内，应先后表现出各种色，从白色开始到紫色为止。当这颗卫星再次露现时，则应最先现出红色。牛顿曾要求弗拉姆斯提德寻找这样的色效应，但它们并未出现。然而，这个问题在十八世纪中叶又有人重新提起。一位是年轻的苏格兰物理学家托马斯·梅尔维尔(1726—53)——光谱分析的先驱之一，另一位是法国光学家德库蒂弗隆。天文学家詹姆斯·肖特曾试图探测他们所预言的木星卫星的色效应，但得到的结果是否定的。(参见 *Phil. Trans.*，1753，1754 上的论文。)

163 后来阿拉果改进了探测方法。他观测木星卫星投射到木星表面上的阴影，看看这些阴影的边缘部分是否如这假说所要求的那样是彩色的。他还对正发生食的变星大陵五进行了观测，并用这种远为精确的方法检验，看看它的周期性食是否对一切颜色同时发生。这两种情形里，结果全都是否定的，证明了不同颜色光线在真空中的传播速度没有可察觉到的差异。

欧勒

在十八世纪中，光的波动说的最突出的倡导者是数学家利昂纳德·欧勒。他领导了同微粒说进行的论战。他在那通俗的《致一位德国公主的信札》(*Lettres á une Princesse d'Allemagne*)(写于1760和1762年间)中阐述了自己的观点。他向柏林学院呈交的学术论文对这一问题作出了一些较为切实的贡献。

欧勒论证说,如果太阳一直在向四周发射着高速运动的粒子流,那么,它的物质很快就会被消耗掉,至少逐渐显现出大小有明显缩减。再者,自太阳射出的光微粒会与自恒星和其他发光天体射出的光微粒遭遇而相互干涉,这样,它们的轮廓看上去就会模糊不清。但是,我们并未观察到这种干涉的任何迹象。如果空间充满了光微粒,那么,它们就会像以太一样起阻碍行星运动的作用,这样,微粒说的特殊优越之处就不复存在了。此外,按照微粒说,必须把透明物体看成是蜂窝结构的,每一点上都有直孔通向四面八方。然而,这类物体通常看来都是非常坚实的。

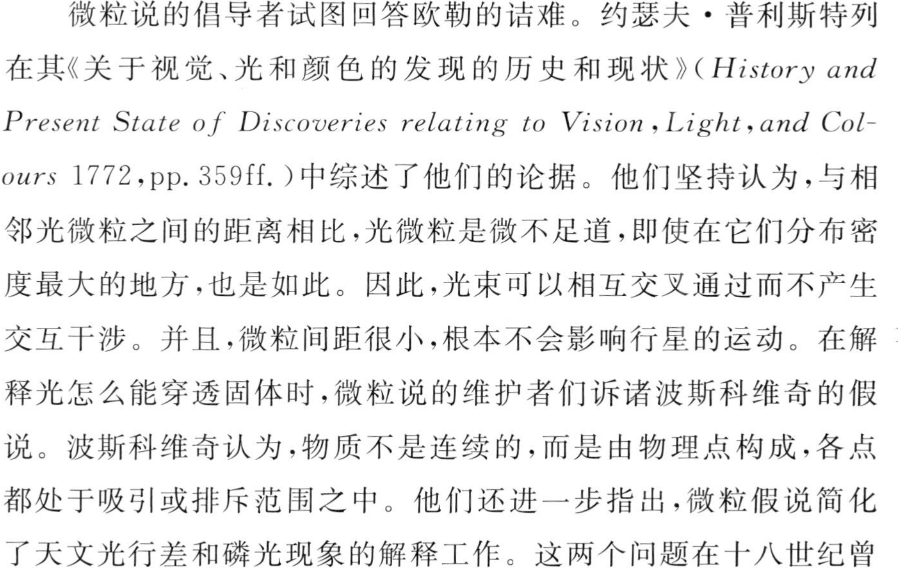

微粒说的倡导者试图回答欧勒的诘难。约瑟夫·普利斯特列在其《关于视觉、光和颜色的发现的历史和现状》(*History and Present State of Discoveries relating to Vision, Light, and Colours* 1772, pp. 359ff.)中综述了他们的论据。他们坚持认为,与相邻光微粒之间的距离相比,光微粒是微不足道,即使在它们分布密度最大的地方,也是如此。因此,光束可以相互交叉通过而不产生交互干涉。并且,微粒间距很小,根本不会影响行星的运动。在解 164
释光怎么能穿透固体时,微粒说的维护者们诉诸波斯科维奇的假说。波斯科维奇认为,物质不是连续的,而是由物理点构成,各点都处于吸引或排斥范围之中。他们还进一步指出,微粒假说简化了天文光行差和磷光现象的解释工作。这两个问题在十八世纪曾

引起人们很大兴趣。一些人认为，磷光现象支持微粒假说。他们假设，磷这种物质吸收了光微粒，并把它们保留一些时间，间或放射出去，特别在被加热时。他们认为，按这种假设，似乎就很容易解释磷，即"波洛尼亚石"的性质。（参见例如普利斯特列的上引著作，p. 360f.）

像惠更斯一样，欧勒对光学理论所作出的积极贡献也是以天体间空间充满着极精细物质以太这一假设为前提的。在欧勒对重力、磁和电的解释中，这个假设也起了重要作用。不过，照欧勒的说法，以太是一种像空气那样的流体，但弹性千倍于空气，而且无比精微地分割，因为天体在以太中通过时未遇到任何可觉察到的阻力。此外，以太还有向四周播散并充填所有空虚空间的性质。因此，它必定不仅存在于天空，而且还穿透大气，渗入一切地球上物体的孔隙之中。空气具有类似性质，因而能够吸收发声体的振动并将之向四周传播，从而产生了**声音**。所以，这令人自然地设想，在类似的条件下以太也将吸收规则的脉冲，并将之像波那样向四周传播，而且传送到比声音远得多的距离。以太如此骚动便形成了**光**，光的极高速度得之于以太的低密度和高弹性。这样，实际上从太阳那里根本就没有任何物质会达到我们，正像从传声到我们耳中的铃那里不会有什么东西来我们这里一样。因此，我们没有理由担心，太阳在放射出光时会有什么物质损失。诚然，地球上物体在发光的过程中要有所损耗，但欧勒正确地解释说，这是由于它们同时还放出烟雾和蒸气。他认为，仅仅产生光是不会消耗物质的。晃动装在一根抽空的管子中的水银，在这样产生磷光的同时并不伴有重量损失，这就可以证明这一点。

欧勒认为，颜色是由相应以太振动的频率决定的，因而类似于声音的音调。欧勒以这一学说补充了惠更斯的光学理论。不过，165
他怀疑，以太振动的频率是否能够估算出来。阳光所以呈白色，是因为它是由一切频率的振动所构成的缘故。阳光在被折射时便被分解成各种波长的波；分离开来以后，它们便成为各种单色。欧勒把光谱的颜色和八度音相比，据此类比推想，在紫色之外，再经过一种紫红色，便有另一种红色，其频率是普通红色的二倍。在一片厚度逐渐增加的薄膜中，会有同样的颜色序列周期性重现。他以此作为他的见解的证据。

关于不发光物体的可见性，欧勒像牛顿一样并非把它归因于光的反射，而认为这起因于一种共振效应。他推测，构成这种物体的表面的微粒是静止的，或者在振动着，但不像发光物体的微粒那么剧烈，因而它们自己不能发射出光。然而，当光照射到这样的物体时，它表面的微粒便被激起剧烈的振动，足可使它们发出光来，从而给予我们这物体的像。欧勒由此联想到这些微粒如同各自具有其特征振动周期的紧张弦。这种弦可由相应于它们各自基波的律音引发和应振动，同样，也可以设想，物体微粒关于以太振动的行为亦复如此。当一个物体的微粒与相应于红光的一定频率和应振动时，它便呈现红色。当它的微粒按它们的各种紧张状态而与日光包含的一切振动和应时，它便呈现白色。如果一物体的微粒因太重而不能进行任何振动时，该物体便呈现黑色。当照明被切断时，和应振动便停止，而除了欧勒熟悉的某些磷光物质之外，不发光物体便变成看不见的了。

在解释透明薄膜的赋色作用时，他设想可把它与风琴管之用

空气振动产生律音相类比。薄膜中以太能按仅仅取决于薄膜厚度的一定周期进行振动。其色相应于这种周期的入射光使这以太振动，于是这种色的光便又发射出来，也即可观察到这种色的反射。然而，如果周期不一致，则入射光便穿过薄片而不引起其中包含的以太发生振动，反射的光线中也就没有相应颜色。这种类比使欧勒正确地赋予蓝光以最短振动周期，而把最长周期赋予红光；但是，后来另一种类比又使他把这个关系颠倒了过来。

从以上关于欧勒观点的说明可以清楚地看到，他已经非常接
166 近后来由波动说发展起来的颜色现象概念。尽管他把关于光的本性的观点阐释得很清楚，但他没有提供什么新鲜的实验证据，因此当时微粒说毫不动摇。不过，他开创的一条探索路线导致纠正牛顿所提出的一条不精确定律，从而使牛顿的权威在光学领域中开始动摇。

牛顿根据一些实验而推想，不论在何种媒质中，由一面透镜所产生的色散同光线偏向总是成恒定的比，因此，如果不使折射效应得到中和，就不可能消除由透镜系统造成的色差。由于牛顿的影响，许多天文学家把折射望远镜改造成反射望远镜。然而，欧勒于1747年（错误地）写道（*Sur la perfection des verves objectifs des lunettes*，*Hist. de l'Acad. Roy. des Sciences*，Berlin）：至少人眼就构造得不受色差影响——戴维·格雷戈里（1695年）早已阐明过这一点。欧勒断言：在一个人工透镜系统中，把几种不同透明媒质恰当地组合起来，就可以消除这种缺陷。他探究了通过五种相继媒质的折射的一般情形，由此制定出他自己的色散定律，他认为这定律和牛顿的定律在实验上无从区别。后来他把这结果应用于这

样的情形:两片玻璃凹凸镜中间封装着水而构成的透镜组(图 82),两片透镜在边缘处粘牢。他发现了为使紫色和红色光线聚焦于同一点,各曲面的曲率半径所必须遵从的关系。然而,当试图把欧勒的建议付诸实施时,又出现了实际困难。原来,虽然色差效应基本上消除了,但由于透镜曲率很大,因而产生了很大的球面像差。

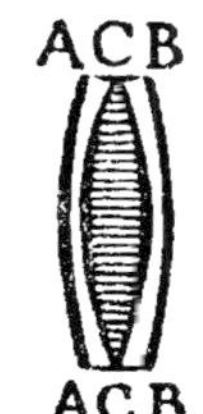

图 82—欧勒的消色差透镜组
AA,BB 为玻璃透镜,CC 为水。

多朗德

约翰·多朗德(1706—61)是伦敦的一位光学家。他批评了欧勒的论文。瑞典人塞缪尔·克林根斯特耶纳对牛顿色散定律作了批判考察。这促使多朗德重做作为这条定律的根据的那些实验,实验的结果使他否弃了这条定律。他发现,只要让光线依次通过水和玻璃的棱镜,就能中和折射,而又不完全中和色散,反之亦然(*Phil. Trans.*, 1758)。他先用玻璃—水透镜组进行实验,但最后用燧石玻璃—冕牌玻璃透镜组而得到了最佳结果,藉之尽管从理论上说尚不能完全消除色差,但已将之减小到可以忽略不计的程度;因此,折射望远镜又重新受到天文学家垂青。

图 83—约翰·多朗德

多朗德去世以后，人们发现，早在1733年，埃塞克斯就有一个名叫切斯特·莫尔·哈尔的乡绅制作了一架消色差望远镜，他把按自己设计制成的透镜组合起来，但没有把发明公诸世人。

二、光度术

布格埃

十八世纪中确立了一些测定光强度的精确方法。刻卜勒曾直觉地得出光强度与离光源的距离的平方成反比这条基本定律。惠更斯最早通过实验对比了各种发光体的发光强度，布丰在这方面也做了一些开拓性的工作。然而，第一架比较有效的光度计是法国物理学家皮埃尔·布格埃(1698—1758)制作的，他曾与孔达明合作赴秘鲁进行大地测量。

这架仪器上有两个不透明的屏 EC 和 CD，其上有开孔 O 和 O'，每个开孔上都放有透明的屏(图84)。每个孔都用被比较的两个光源中的一个照明。在两个光源之间放了一块隔板 F，以使每个光源都产生其独自的效应。调节 AO、BO' 这两个距离，直到眼睛从前面看去，两开孔处的屏呈现出同样亮度。这样就可知道，每个光源的光强与其离开被照明屏的距离的平方成正比。布格埃根据这条一般原理还设计了几种其他类型的光度计。他用

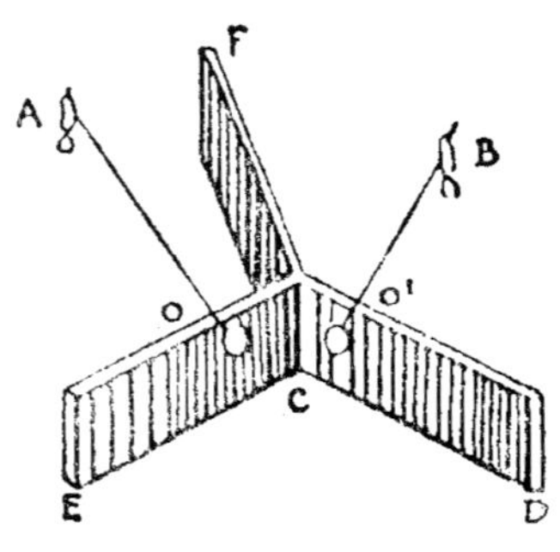

图84—布格埃的光度计

这些仪器表明了,光反射时所伴有的光的吸收如何因入射角和反射面的性质的不同而异,以及光在通过一层透明物质时,光的吸收如何因这层物质厚度的不同而异。他还表明,星光的吸收如何随着星在地平线上的高度而变化;他还比较了太阳和月球的视亮度。

兰伯特

布格埃的《论光的分度的光学》(*Traite d'Optique sur la gradation de La Lumiére*)初版于 1729 年。1760 年,又有一本关于这论题的基本著作问世。这就是杰出德国物理学家和哲学家约翰·海因里希·兰伯特(1728—77)的题为《光度术,或论发光度、颜色和阴影的测量和分等》(*Photometria, sive de mensura et gradibus luminis, colorum et umbrae*)(奥格斯堡,1760 年)的论著。(一种注释德译本收入 Ostwald 的 *Klassiker*, Vols. XXXI—XXXIII。)

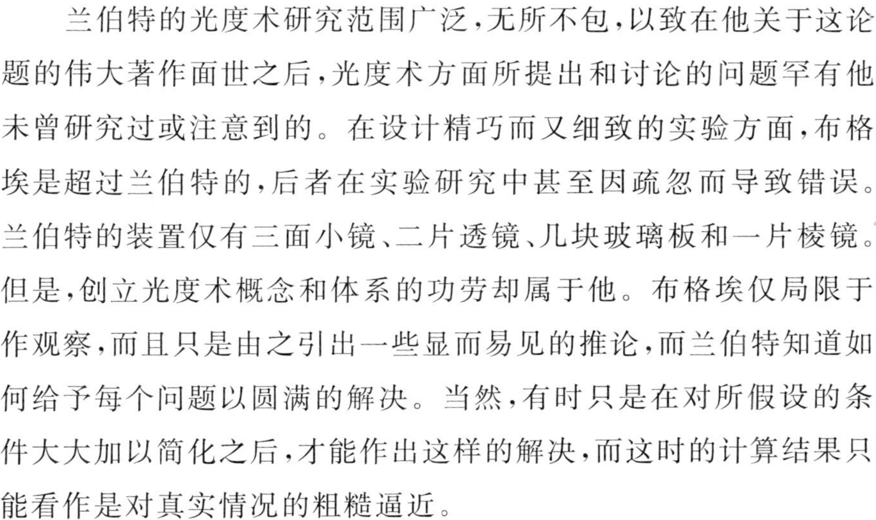

兰伯特的光度术研究范围广泛,无所不包,以致在他关于这论题的伟大著作面世之后,光度术方面所提出和讨论的问题罕有他未曾研究过或注意到的。在设计精巧而又细致的实验方面,布格埃是超过兰伯特的,后者在实验研究中甚至因疏忽而导致错误。兰伯特的装置仅有三面小镜、二片透镜、几块玻璃板和一片棱镜。但是,创立光度术概念和体系的功劳却属于他。布格埃仅局限于作观察,而且只是由之引出一些显而易见的推论,而兰伯特知道如何给予每个问题以圆满的解决。当然,有时只是在对所假设的条件大大加以简化之后,才能作出这样的解决,而这时的计算结果只能看作是对真实情况的粗糙逼近。

兰伯特的《光度术》分为七个部分，分别讨论(1)基本原理和直达光的性质；(2)穿过透明媒质的光，透镜像的强度，焦散线，等等；(3)从磨光的或粗糙的不透明体表面反射的光；(4)生理光学，如物的视亮度和人眼瞳孔孔径的关系；(5)通过透明媒质(例如大气)的光的散射，曙暮光，等等；(6)天体相应于它们的不同距离和相位的相对发光度；(7)色光和阴影的相对强度。

169 兰伯特首先考察光度术的一些基本思想。他认为，往往正是我们感官不断碰到的东西最令我们迷惑不解。光学理论就是一个极好例证。牛顿和欧勒(更确切地说是惠更斯)的那样两种不同假说竟用来解释同一种现象。这事实说明了关于光学理论的不足。牛顿的假说比较容易理解，但欧勒的学说则更符合事情的本质。兰伯特进而提到了关于判断假说的那老生常谈的准则："在利用一个假设的理论能预言新现象的出现，以及当能由之推导出一些与专门设计的实验相一致的命题时，当可认为这假说接近于真理。这是最重要、最可靠的准则之一。"这种标准注定后来支持惠更斯和欧勒的波动说。

光度术研究中没有像热学研究中所具有的温度计那样的绝对量度，所以，就不得不总是计入一个主观性很强的因素——人眼的判断。兰伯特作出了这样的假设：一个光刺激总是"保持不变，只要同一只眼睛以同样方式受其作用"。他想，在不同亮度的情况下，人眼没有能力判定一者比另一者究竟亮多少；但又不得不假设，人眼有能力判定两个光源是否具有相同的亮度。只有把这样的假设和业已由几何考虑推导出来的光度学原理结合起来，光学的这一分支才能有所发展。

在这些光度术原理中，除了光强的平方反比定律之外，兰伯特特别强调其中的两条。第一条是说："如果同一表面一次由 m 个光源照明，另一次由 n 个光源照明，而每个光源都强度相同，并且发送光到该表面的环境条件也完全相同，那么，各次的亮度彼此成 m 对 n 之比。"另一条基本定律的大意是：一个表面的照明亮度随入射光束对该表面的倾角的正弦成比例地减弱。兰伯特对这条定律作的几何证明现在在大多数物理学教科书中都可见到。然而，他并不满足于这些命题的理论证明。他还寻求用适当实验来证明它们的相互依从性，从而赋予它们更大的可靠性。

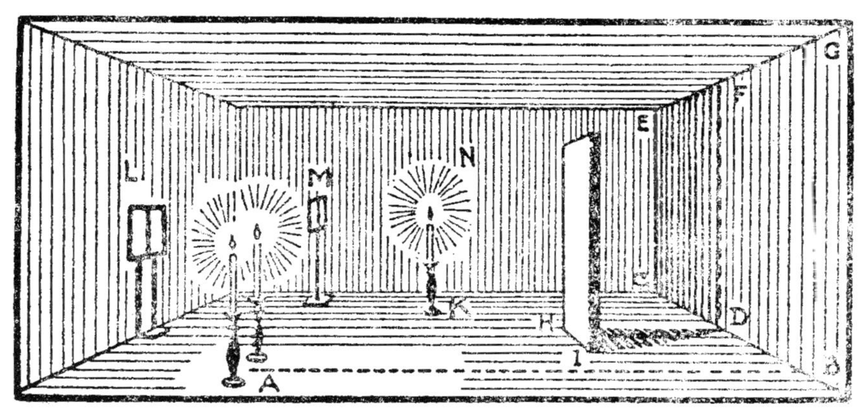

图 85—兰伯特的光度计

《光度术》第一部分第二章研讨了各种形状表面发出的光的数 170
量的问题。兰伯特所使用的光度计与后来以朗福尔德命名的仪器非常相似。他比较了两个表面的照明度，一个由已知光强的光源照明，另一个由光强有待确定的光源照明。他的设备示于图 85。K 和 A 处为两个要被比较的光源；$BDCEFG$ 是一堵光滑的白色墙壁，其前方 HI 处放置一个不透明的屏。光源 A 投下这屏的阴影，后者覆

盖墙壁上的 *DCEF* 部分，而由 *K* 投下的阴影落在 *BDFG* 部分。这样，*BDFG* 部分就仅被光源 *A* 照明，而 *DCEF* 则仅由 *K* 照明。然后，把其中一个光源前后移动，直到墙上直线 *DF* 两侧显得亮度相同，这时通过简单测量就可测定两个光源的相对光强。

在兰伯特所获得的数值结果中，下面几个值得注意。垂直射到地球表面的光的强度因大气吸收而按 59∶100 的比例减小；满月的平均亮度与太阳的平均亮度之比为 1∶277000，而满月的平均亮度与满月的平均**中央**亮度之比为 2∶3。

三、光和热，光谱分析

苏格兰物理学家托马斯·梅尔维尔对光与热的关系和光谱分析的研究作出了一些贡献。本章前面已提到过他的名字。普利斯特列指出（上引著作，p. 373），热促使先前已暴露于光照之下的磷光物质发光。梅尔维尔认为，入射光在一个物体中产生的热表示
171 光微粒对该物体的**反作用**，这相应于该物体对反射或折射光时涉及的光微粒的**作用**。他还试图依此方式去解释为什么日光在通过大气时没有把大气明显加热，即这是因为在日光通过大气的过程中没有发生显著的反射或折射。（参见 Melvill：*Edinburgh Essays and Observations*，*Physical and Literary*，Vol. Ⅱ，p. 4.）

可以用梅尔维尔自己的话来简述一下他在光谱分析方面所做的开拓性实验。他把各种盐和燃烧的酒精相混合，并“在我的眼和酒精火焰之间放置一块开有一个圆孔的胶纸板，以便缩小和限定我的目标。然后，我用一片棱镜（让折射角向上）来检查这些不同

光的构成……”。他注意每种情形里是哪种色占优势;他观察到,在用海盐时,一种明亮黄光(现在知道这是钠的特征光)显著地占优势,而且在这棱镜中形成了用来观察火焰的那个圆孔的一个清晰的像。“因为通过棱镜这圆孔显得相当圆而颜色均匀;这鲜黄色……必定具有确定的可折射度;而且,从鲜黄色到相邻的较暗淡颜色的过渡不是逐渐的,而是直接的”(上引著作)。

史密斯的《光学》

在结束本章以前,我们还必须提到十八世纪最著名的教科书之一,即罗伯特·史密斯写的一本光学综合教科书。罗伯特·史密斯(1689—1768)是剑桥大学三一学院院长,是至今仍很著名的数学“史密斯奖金”的创设人。他写的《四卷本光学大全》(*Compleat System of Opticks in Four Books*)(剑桥,1738 年)颇有影响,被译成法文和德文。全书分为四卷。第一卷以非技术性方式讨论了光学上的一些基本实验;第二卷对光学的几何理论作了比较正规的阐述。史密斯比他的前人巴罗和惠更斯更一般地研究了球面像差问题。第三卷描述了研磨和抛光透镜和金属镜的设备,并对主要光学仪器的制作、调节和应用作了详尽说明。第四卷叙述了用望远镜作的天文发现的历史。史密斯还是另一本重要的教科书《调和函数》(*Harmonics*)(1748 年)的作者。

(关于物理学,一般地可参见 F. Cajori, *History of Physics*, 172
2nd. ed., N. Y., 1929; J. C. Poggendorff, *Geschichte der Physik*, Leipzig, 1879; F. Rosenberger, *Geschichte der Physik*, Braunschweig, 1882—90; E. Gerland 和 F. Traumüller, *Geschichte der*

physikalischen Experimentierkunst, Leipzig, 1899; W. F. Magie, *A Source Book in Physics*, New York and London, 1935. 关于光学,参见 E. Mach, *The Principles of Physical Optics*, Anderson 和 Young 译, 1926; E. T. Whittaker, *A History of the Theories of Aether and Electricity*, 1910; N. V. E. Nordenmark 和 J. Nordstrom, "Invention of Achromatic Lenses", *Lychnos*, 1938, 1939。)

(二)声学

十八世纪里,在朝向建立作为一门精密科学的声学上取得了相当大的进展。这方面最重要的实验工作是索维尔和克拉尼做的。这一时期的第一流数学家们在这方面也作出了他们的贡献。所研究的声学问题范围很广,包括"拍"的本质以及测定音调的新方法、声音藉助膜、杆和各种气体的传播以及可闻限等问题。

拍和音调

十八世纪初人们就知道,当把两个频率稍有差别的深沉的管风琴音一起发出时,可以听到合成乐音在强度上有周期性的变化,此即现在所谓的"拍"。约瑟夫·索维尔(1653—1716)认识到,这种效应是由于产生两个律音的振动周期性地符合,即我们现在所说的相位一致所造成的。这种拍的频率等于两个构分律音的频率之差。索维尔就是根据这一原理提出他的测定任意给定律音的频率的方法的。他的方法是让这律音与一个邻近律音产生拍,然后计算每秒钟拍的次数,而这邻近律音的频率同给定律音的频率成一已知比。例如,他让两个相差半音的管风琴音一起发出,两者的频率之比为 15∶16,他算得每秒钟有 6 次拍。既然知道了两个频率的比和差,他就能推算出两者的值为每秒振动 90 次和 96 次。索维尔得出了一个标准律音的频率后,就可算出音阶中其余律音的频率。他求得,一个长约 5 英尺的开键管风琴管可发出频率为 100 的律音。他提议把这个律音作为标准音调。他得到这个结果 173
的方法是,对于一根风琴管再取另一根风琴管,后者长度被调节到与第一根风琴管的长度之比为 99∶100,当两根管同时发音时,每秒钟产生一次拍,求得这时第一根管发的律音。1739 年,欧勒根据布鲁克·泰勒公式(*Phil. Trans.*,1713)提出了一种更为精确的绝对确定音调的方法。现代形式的泰勒公式表明了一根弦的振动频率(n)与其长度(l)、张力(T)和单位长度质量(m)之间的关系:

$$n=\frac{1}{2l}\sqrt{\frac{T}{m}}$$

(*Tentamen novae theoriae musicae*,1739)。

十八世纪里,人们提出了各种见解,试图解释振动物体如何产生出它们的特征律音和泛音。例如,有些物理学家推测,声音来源于发声物体的基本粒子的振动。为了支持这一观点,德拉伊尔于 1716 年指出,一把夹钳被轻敲时产生一个律音,而当其两臂能作为一个整体振动时则不产生这律音(*Mém. de l'Acad. Paris*,1716)。C. B. 芬克在 1779 年(*Dissertatio de sono et tono*,1779)也维护这种观点。十八世纪末,托马斯·杨提出,一根振动弦的各部分之间的相互作用是产生律音和泛音的原因(*Phil. Trans.*,1800)。

及至十八世纪中叶，现在所谓的“**结合音**”已被部分地发现。索维尔研究的周期性拍只有在频率几乎相同的两个律音同时发出时才能听到。但是，若把两个律音间的音程逐渐加大，则拍频（即两个律音的频率之差）就会变得太高，以致无法分辨各别的拍。不过，这时乐音却可以听闻到了，它像拍一样，也以原始律音的频率之差作为它的频率。G. A. 佐尔格于 1740 年（*Vorgemach der musikalischen Kompositon*）以及 F. 罗米厄于 1753 年（*Mém. de la Société Royale des Sciences*，Montpellier）都描述过这种后来称为**钝谐音**的乐音。但是，它们常常同意大利音乐家 G. 塔提尼的名字联系在一起（它们因之被称为 sons tartiniques［塔提尼音］）。塔提尼直到 1754 年（*Trattato di musica* …）才描述了这种他所谓的 terzo suono［第三音］，但他声称他早在 1714 年就已注意到了这种音。他当时未能解释这种音的存在，而且他所给出的音要比这种音的实际音调高八度。1759 年，拉格朗日在一篇论文中指出，塔提尼的钝谐音是由于两个律音的拍的频率很高，足足相当于一个
174 可闻音调的律音而产生的。于是，（构成拍的）两个律音的共同强度的周期性变化本身就被认为等于一个具有这振动周期的律音。关于这个问题的这种观点现在也还没有得到公认。它已为赫尔姆霍茨的结合音理论所取代。赫尔姆霍茨的理论解释了由两个基本音产生的其他附加乐音的存在，尽管在进行这种解释时还不无困难。这些结合音调的频率是两个基本律音的频率的倍数之和与差。有时它们是由发音的条件产生的，有时则是由耳朵接受声音的条件产生的。

关于一根横振动的弦的形状和运动问题的研究，主要有布鲁

克·泰勒、达朗贝、丹尼尔·伯努利和欧勒等人运用了微积分方法。拉格朗日的早期工作又使他们的研究臻于完善。欧勒还考察了由几个独立线性振动合成而得到的比较复杂的振动。里卡提研究了膜的振动,并于1786年发表了研究结果。所述及的都是固体因其自身弹力而发生振动所提出的问题。丹尼尔·伯努利、里卡提和欧勒对杆的横振动进行了研究。音叉和其他一些乐器,例如手风琴和八音匣,就是以这种振动为基础的。他们考察了因杆的一端或两端处于自由或固定状态而发生的各种情况。恩斯特·洛伦兹·弗里德里希·克拉尼(1756—1827)是杆的纵振动和扭转振动的发现者,并对它们进行了专门研究。他在《论弦和杆的纵振动》(*Über die Longitudinalschwingungen der Saiten und Stäbe*)(埃尔富特1796年)这本书中阐述了他的研究结果。

克拉尼关于板的振动的研究具有特别重要的意义。他在《声学理论的新发现》(*Neue Entdeckungen über die Theorie des klanges*)(莱比锡,1787年)和《声学》(*Akustik*)(1802年)中阐述了他的研究。约在1785年,他进而研究玻璃或金属的圆盘、方形板等等的 175
振动。这些东西通常在中心被夹持,用一把提琴弓从边缘激发振动。他注意一块板在这些条件下所发出的各种律音的频率之间的关系。后来他想到把砂撒在水平地夹持的板上。在用弓垂

图86—克拉尼

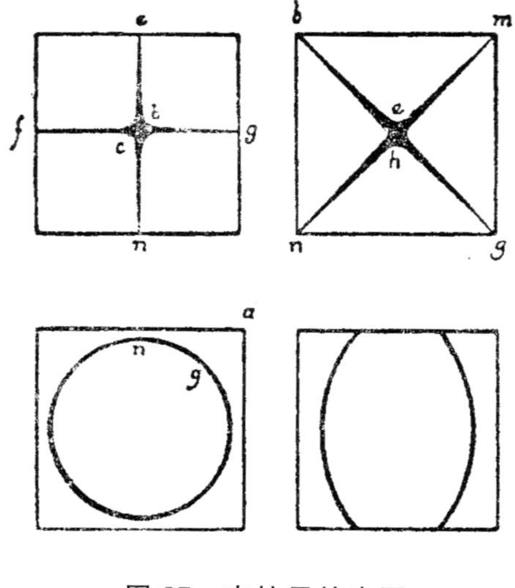

图 87—克拉尼的声图

直拉奏板的边缘时，砂从板的振动部分移动到了不振动的部分，从而形成图形，即现在仍然以他命名的声图。砂的位置表明了节线，从而揭示了板振动的模式。拿破仑看了这些实验后说："克拉尼使声音变得可以看见了。"产生了种类极其多样的这种图形，克拉尼在他的著作中试图描绘它们并加以分类。这里（图 87）示出了一些克拉尼声图。第一幅图示出方形板在中心被水平地夹持，在其一角垂直地拉弓时，砂的图形；第二幅图中，琴弓在一边的中央拉奏。第三幅图示出板在 n 或 g 处被夹持，琴弓作用于 a 处时，砂的图形。第四幅图示出的图形很容易由第三图变化而来。

声的强度

盖里克、豪克斯贝、玻义耳和帕潘在十七世纪所做的实验已表明，一个声音的强度或响度（区别于它的音调即音高）随发声处空气的密度而变化。这一发现似乎表明，一个声音在不同的气体中响度可能不一样，可能与它们的几种密度成正比地变化。第一个做实验去确证这一点的是约瑟夫·普利斯特列。他把一个铃先后放在充有不同气体的一些玻璃球里面，测量在这几种场合里仍可听到铃声的距离。他发现，在氢气中，铃声几乎像在真空中一样听不见;在氧气中,铃声比在空气中强;碳酸气中,铃声大约比空气中强百分之五十。于是,他得出结论:声在各种气体中传播的强度与气体的密度或比重成正比(*Experiments and Observations*,1779)。佩罗尔重复了普利斯特列的实验,但却得到了大不相同的结果。他以声在空气中的传播强度作为单位,对他所实验的几种气体给出了下列数值:氢气:0.234;碳酸气:0.82;亚硝气(即“笑气”):1.23;氧气:1.135(*Mém. de l'Acad. de Toulouse*,1781)。

威廉·德勒姆(1657—1735)曾试图测定温度变化、风向以及大气湿度等对声强的影响。但他的结果相当含混。总起来说,他 176
发现,声在夏天比在冬天弱;刮东风或北风时比刮西风时更强、更刺耳;枪声在潮湿天气并不减弱,倒是有时在晴朗干燥天气仅仅勉强能听见(*Phil. Trans.*,1708)。

媒质和声速

克拉尼从对各种物质制成的杆的纵振动的研究而被引向也对声在不同媒质中的各种速度进行了研究。他未能(像后来毕奥那样)直接测量这种速度,而仅仅间接地,即由所产生的律音的音调推算出振动速率,由振动速率推算出速度。他以声在空气中的速度为单位,对他所实验的各种材料得出了下列相对速度:锡:$7\frac{1}{2}$;铁:17;银:9;铜:12;玻璃:17;木材:11—17。他还注意到声在不同气体中的速度。同固体媒质情形一样,这里,他的声速测量也是间接的(后来雷尼奥作了直接测量)。克拉尼让管风琴管在各种气体中发声,从这些实验得出结论:声速在氢气中最高,在碳酸气中最低(*Uber die Töne einer Pfeife in verschiedenen Gasarten*，载 *Voigt's Magazin der Naturkunde*，1798)。

可闻限

在十八世纪人们就已试图确定，为了在人类耳朵中产生律音，声波系列的频率必须处于多大界限之内。律音的这种可闻限部分地取决于声的性质和强度，部分地取决于各别个人的听力。因此，它们的估计值总是有很大差异。索维尔从他用管风琴管所做的实验得出结论：下限为每秒 $12\frac{1}{2}$ 次振动，上限为每秒 6400 次。欧勒得到的可闻极限分别为每秒 20 次和 4000 次。现代研究者把下限定为约每秒 30 次；对上限的估计值则差别很大，但平均值约为每秒 30000 次振动。

(参见第 81—82 页上关于物理学的书。)

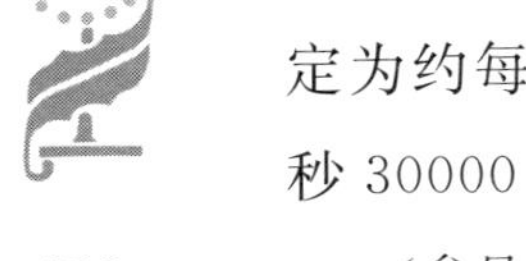

第八章　物理学

（三）热学

十八世纪对热进行的科学研究最显著的特点体现在量热术的实验工作中。约瑟夫·布莱克在这类研究中处于领先地位，不过由于他没有发表自己的著作，因此一些历史学家把这分荣誉归诸瑞典物理学家约翰·卡尔·维尔克（1732—96），后者在这研究领域的工作要迟些时候。布莱克的实验工作后来由拉瓦锡和拉普拉斯加以发展，他们两人从布莱克的发现中所获甚多，尽管他们似乎不愿意承认曾受惠于他。十八世纪中，还开始对热膨胀进行精密测量。此外，朗福尔德伯爵在热与功的关系的研究上作出了贡献，不过，直到焦耳在十九世纪进行研究，他的努力才最终结出硕果。

一、热质说

十八世纪的热学实验工作基本上独立于关于热的本性的终极理论。这领域的一些第一流的实验人员对十七世纪时曾为人所深感兴趣的这种理论持冷漠态度。例如，拉瓦锡和拉普拉斯就是这样。然而，这种理论乃是所做工作的基础所在。有些研究者，特别是布莱克完全明白这一点。这理论可以称为热质说。

热质[1]被认为是一种无所不在的无重量的具有高度弹性的流体，其微粒为物质吸引，彼此之间却相互排斥。该理论认为，当两个不同温度的物体相互接触时，热质从较热物体流向较冷物体，直至在物质微粒和热质微粒两个系统中达致平衡。当因受热而产生膨胀
178 时，这膨胀被归因于加热时进入膨胀物体的热质微粒的相互排斥。物体被压缩时（因摩擦）产生热，被解释为或是由于被摩擦损伤的物体的微粒失去了容纳热质的部分能力，从而释放出热质，使物体呈现为热的；或是因为摩擦和压迫把被压物体中潜在热质挤压出一部分，从而使物体变得令人感觉是热的。在燃素为化学家们接受的时代（参见第十三章），物理学中出现热质说也许是很自然的事。但是，它比燃素说存在到更晚的时期，十九世纪中叶以前一直支配着关于热的科学。这主要归因于布莱克的很有价值的实验工作。正像科学史上屡见不鲜的事例那样，对于一个机灵的科学家来说，任何可实行的假说，即使是虚妄的假说，也总比一无所有要好。

二、热容量

在布莱克之前，人们普遍认为，为使任何物体的温度升高所需的热量与该物体的密度成正比，或用现代的术语来说，等重量的一切物体的热容量总是相等的。大约在 1760 年，布莱克开始仔细考

① 德莫尔沃、拉瓦锡、贝尔托莱和富尔克罗在《化学命名法》(*Methóde de Nomenclature Chimique*)（巴黎，1787 年，p. 30f.）中用“热质”(caloric)这个术语代替了“热的物质”(matter of heat)的旧用语。

虑这种见解。他知道,华伦海特曾在各种温度下把水和水银混合起来,发现水银的加热和冷却效应仅为同体积水的三分之二,而水银的密度却是水的十三倍。伯尔哈韦曾报告了这一结果。布莱克考虑了这一结果,得出结论:“不同物质为了达到彼此平衡而降温或同等程度地升温时所必须接受的热量并非与每种物质的量成正比,而是广泛地与其他多种因素成正比。”华伦海特的实验当时启发布莱克把其他物质的加热和冷却效应与一定量水的加热或冷却效应进行比较。这种方法导致现代的**比热**制。布莱克把如此对于各种物质得到的值称为“对于热的容量”。鲁宾逊这样描述布莱克的方法:“布莱克博士通过混合两个温度不同但质量相等的物体,估算了这种容量;然后指出,它们的容量与每个物体因混合而发生的温度变化成反比。例如,1 磅温度为 150°的金被突然与一磅温度为 50°的水相混合,水温升高到接近 55°。于是,金的容量与等量水的容量之比就是 5 ∶ 95,即 1 ∶ 19;因为金失去了 95°而水得到 179
了 5°。”(*Lecturse*, I, p. 506)

今天所用的混合法即是由这种方法发展而来的,只是现在质量是不同的,并且引入了许多技术上的改良。从本质上说,作为一种精密的科学程序的量热术是由布莱克创始的。名为“对于热的容量”的“比热”观念实质上也是他提出的。

三、潜热

布莱克

布莱克最著名的发现是“潜热”。这发现是他通过关于流动性

图 88—布莱克

问题的研究而作出的。他说，在他那个时代，“人们普遍认为，流动性的产生是由于当一个物体被加热到了其熔点时，它原有的热量又增加了少许的缘故。当通过减少很少量的热，使它冷却到原来的温度后，它就又回复到固态；当一个固体变为流体时，它原有的热所得到的增加并不多于熔解后温度计指示的温升所量度的热；当这熔化物体由于热的减少而又冻凝时，热的损失也不会多于简单地用这温度计量它所指示的热。

“这就是我所知道的，1757 年我在格拉斯哥大学开始演讲时关于这个问题的公认见解。然而，经过仔细考虑，鉴于同许多明显的事实相悖，我很快发现有理由拒斥这种见解；我力图表明，这些事实令人信服地证明，流动性是热按一种完全不同的方式所产生的。……

“如果我们留心观察在露置于温暖房间空气里的冰雪融化或者融霜继而结冻的方式，那么我们很容易发现，不论它们起先可能多么冷，它们也都会很快被加热到熔点，即其表面很快开始变成水。如果这公认见解根据充分，如果它们之完全变成水只需要再加很小量的热，那么，即使块体很大，也应在不多几分钟甚或几秒钟之内全部熔化掉，因为热在继续不断地从周围空气中传来。若果真如此，那其后果在许多场合将是非常可怕的。因为，即如目前的情形,大量冰雪的融化将在寒冷国家或发源于这些国家的江河中引起洪水泛滥。可是,如果冰雪融化果真必定骤然突发,如果前述关于热的熔化作用的见解果真确有根据,那么,洪水泛滥将更势不可挡,令人可怖。它们将势如破竹,席卷一切,人类在劫难逃。然而,这样突发的液化实际上并未发生。冰块和积雪的融化是一个缓慢的过程,需要很长时间。如果它们体积庞大,例如某些地方冬季形成的连绵冰山雪原,那就更其如此。从开始融化起,须有数星期温暖天气,它们才能完全融化成水。冰的融化如此缓慢,使我们能够在夏季很容易地把冰保藏在一种叫做冰窖的结构中。冰一放入冰窖,便开始融化;但是,由于这建筑仅有很小的表面暴露于空气,顶上还有厚厚的草覆盖,外界空气进入内部的通路也被尽可能地堵塞,所以,热以一种缓慢的过程穿透冰窖。同时,冰本身又倾向缓慢融化。这样,冰的全部液化过程就变得很长,以致在夏末仍有一部分冰被保存下来。许多高山上的积雪在整个夏季中情形也是这样。雪一直处于融化状态,但融化得很慢,以致整个夏季也不足以使积雪全部融化。

"冰雪融化得如此缓慢,令我感到,这与关于物体液化时热的变态的公认见解大相径庭。"

布莱克还观察到,如果人把手放在一块冰上,那冷的感觉表明,冰受热的速度是很快的。但是,如果用一支温度计去测量从融化冰块上滴下的水,则它显示,这水和冰的温度相同。他说:"因此,融化着的冰中所进入的大量的热或热物质仅仅产生使它得到液化而没有使它增加明显的热量;看来这热被吸收和隐藏在水之中,所以,用温度计也发现不了。"

可见，在布莱克时代之前，人们一直认为，当热施加于冰时，热全部体现为温度的上升。而布莱克现在表明，在这样的或类似的
181 变化中，大量的热被吸收而同时未发生温度变化，或者用布莱克的话来说，“被变成为潜在的”。他根据下述假设解释这些（以及类似的）事实：热物质与冰结合而形成水——水是由冰和热物质结合形成的一种化合物，似乎

冰＋热物质＝水，以及

水＋热物质＝水蒸气。

在他的实验中，他用了两个玻璃球，里面分别装有等重量（5盎司）的（1）温度 33°F 的水和（2）温度 32°F 的冰，把它们置于一个具已知均匀温度的房间里。然后观察，冰的融化和水从 33°F 上升到室温各需多少时间。冰的融化共用了 $10\frac{1}{2}$ 小时；水从 33°F 上升到 40°F，用了半个小时。这样，前者花了 21 个小时，后者花了 1 个小时。布莱克论证说，因此，冰吸收了 21×(40－33)，也就是 21×7，亦即 147“热度”；但是，其中 8“热度”用来把生成的水升温到最终温度 40°F。所以，冰的融化本身共需 139“热度”。换算成摄氏温标，这相当于值 $\frac{5}{9}\times 139$，即 77，很接近于现在公认的值 80。

布莱克还用已知质量的冰和已知温度的热水做了些实验，观察它们混合后的温度。这些实验给出了相似的结果。后来，他又研究了水转变成水蒸气时发生的类似变化。他把温度为 50°F 的水盛于扁平罐头中，放在红热的金属板上。4 分钟后水开始沸腾，20 分钟后水全部煮干。因此，水变成水蒸气所需的热为（212－

50)×20/4=162×5=810“热度”。其他实验得到的结果是 830 和 750。布莱克又让蒸汽流经一个冷凝器,得到了 739 的值,考虑到实验误差,他把这个值提高到“不低于 774 度”。按布莱克的单位制,正确的值应当是 967“热度”。如果用现代单位来表示这些数字,他得到的值是 450,而正确的数字是 538。但是,用此法进行这样的测定时,其准确度不如冰融实验。除了让蒸汽流经冷凝器的实验是(与欧文一道)在 1764 年做的之外,上述其他实验全都是 1762 年做的。布莱克把他用这种方式测到的热称为“潜热”。(参见布莱克的 *Lectures on the Elements of Chemistry*, J. Robison 编, Edinburgh, 1803, Vol. I, pp. 116ff., 157ff., 171ff.)

1764 年,在布莱克和欧文对水汽化的潜热进行实验测定后过了几个星期,瓦特用一个较小但更合宜的设备进行了类似实验,
“这些实验得到的包含于蒸汽中的热的平均值为 825°”(布莱克: 182
Lectures, I, p. 173)。布莱克写道,后来“瓦特先生告诉我,他已观察到变成在蒸汽中潜在的热与从蒸汽出现的热恰如所希望的那样严格一致;从能耐受寻常大气压的蒸汽所获得的热不低于华氏 900°,但不超过 950°”(同上, p. 174)。瓦特的实验是在他研究蒸汽机的过程中做的。

布莱克还解释了水的过冷现象,即水冷却到其凝固点(32°F)以下而又不发生凝固的现象。当水在不与外界完全接触并且不受任何机械扰动的条件下被小心冷却时,水可冷却到凝固点之下 7、8 度,甚至 10 度,而又不凝固。“如果现在用一根结晶形成的纤细的冰针或一个干雪片轻轻地与水接触,则它立即就会变成一根根美丽的冰刺,迅速成形而向四面八方飞散开来,而留在其中的温度计慢慢地上升到 32°”(*Lectures*,I,p. 130)。布莱克说,水在如此被小心翼翼地冷却而不受机械扰动的情况下,保持了它的潜热,但扰动——增加一片冰晶——“使部分潜热游离出来而变成了可感知的热,同时失去其潜热的那部分水就变成了冰。但是,这样一下子游离的热在数量上比普通冻凝过程中任何时刻所游离的热都要多,因此,前一种情形就更明显地表现出:突然非常显著地增加材料的可感知的热,限制了这样突然形成的冰的数量”(同上,p. 130)。

欧文思考了布莱克的研究结果后认为,区分潜热和可感知热,是不必要的。每当物态发生变化,就会有热容量的突变,并且就会有相应数量的热进入或离开物质,而又对温度计读数不产生任何影响(Black:*Lectures*,I,p. 194)。欧文进而又推想,物体的比热随温度升高而增加。他由此推论,水的比热应当比冰的比热高,并且若果真如此,则在融化过程中冰的温度为何不能升高的原因就得到了解释(*Essays*,pp. 51—2)。欧文从实验中发现,冰的热容量仅是水的热容量的 0. 8,于是认为,这个实验结果是这一理论的有力证据。

克莱格霍恩应用他的热理论解释了不同的物质之间和同种物质的不同物态之间的热容量差异。他认为,不同物质以不同强度
183 吸引热微粒,因而它们对热微粒的吸收也各不相同。一给定物体吸引热微粒,直到其吸引和热微粒间的相互排斥达致平衡,这时该物体就不再吸引更多热微粒了。然而,如果该物体——譬如水——突然转变成了蒸汽,那么,热微粒就被扩散到大大增加的空间之中,而它们之间的相互排斥也就大大削弱了。因此,既然水的

每个微粒对热微粒的吸引并未减小,那么每个水微粒在热微粒彼此间的相互排斥与水微粒自己对它们的吸引相平衡之前,就可在这个较大空间中在自己周围聚集更多的热微粒(克莱格霍恩的 *Disputatio*,etc.,1779,以及布莱克的 *Lectures*,I,pp. 195—6)。在布莱克看来,欧文和克莱格霍恩的理论都不能令人满意,因为他们没有把熔解和蒸发中的热变化看作原因,而是把它们当作熔解和蒸发的结果(布莱克的上述著作)。

四、量热术的发展

拉瓦锡和拉普拉斯

在布莱克之后,接着有拉瓦锡和拉普拉斯做了重要的工作。他们合著的《论热》(*Mémoire sur la Chaleur*)于 1783 年宣读,1784 年发表于(提前的)1780 年《皇家科学院备忘录》。两位作者开头便指出,物理学家们对热的本性的理解尚不一致。有些人认为,热是一种流体,无所不在,按物体包容它或与它结合的不同性质而被包容在物体之中或与其结合。另一些人则认为,它是物质微小组分做振荡运动的结果。他们自己也不对这些观点的哪一个进行辩护,因为有些事实同一种观点相一致,而另一些事实同另一种观点相一致。但是,物体作简单混合时 *chaleur libre*(即“自由热”,同潜热相对)的守恒却是独立于任何这类假说,为所有物理学家公认。

拉瓦锡和拉普拉斯把使 1 磅水升温 1 度的热量取为热的单

位。因此，各种物质"对于热的容量"或"比热"[①]就表达为使相等质量物质上升相等温度数所需的热量。他们认识到，"比热"不一
184 定在温标的一切点上都是恒常的。但是，他们提议，可以认为比热在列奥弥尔温度计上从零度到八十度之间基本上是恒常的。他们以下面例子说明他们的方法。取 0°的水银 1 磅，34°的水 1 磅。将两者混合。于是，产生了 33°的均匀温度。水失去的热使水银温度上升 33°。因此，使水银上升到某一给定温度，仅需为使同样质量的水上升到同样温度所需热量的$\frac{1}{33}$；于是，水银的比热是水的比热的$\frac{1}{33}$。这可推广为：设 m 代表两个物体中较热一个的质量（以磅计），a 代表其温度，q 代表使 1 磅该物体上升 1 度所需的热量。设另一物体的这些值分别为 m'、a'、q'。设 b 为两物体混合并有一均匀温度时的温度。物体 m 所失去的热量为 $m \cdot q \cdot (a-b)$。物体 m' 所得到的热量 $= m' \cdot q' \cdot (b-a')$。这两个热量是相等的。所以，$mq(a-b)=m' \cdot q'(b-a')$。由此可以得到 $q/q'=m'(b-a')/m(a-b)$，这样，就无需知道 q 和 q' 了。

然而，在许多情况下，这种混合法是不切实际的，而且精确度也不高。例如，当两种物质的密度差异很大时，就很难保证每一部分都达到同样温度。此外，如果这两种物质产生了化学相互作用，那就必需应用一种中间参照物，有时还需要几种这样的中间物；这

---

① "比热"（*Chaleur specifique*）这一术语最早出现在马热朗的《略论关于火素和物体的热的新理论》（*Essai sur la Nouvelle Théorie du Feu Élémentaire et de la Chaleur des Corps*，1780）中，文中用它表示单位质量某物质在给定温度下的总热量。

就增加了测定的次数,从而增加了误差。这种方法还不适用于测定化学反应以及燃烧和呼吸的热,而这些对于制定一个正确的热理论来说是最为重要的。

于是,他们宣称,他们发明了一种通过观察融化了多少冰而来测量热的新设备,即量热器(见图 89)。

为了测定一个固体的比热,把它升温到一已知温度,然后迅速放进量热器,留在那里,直到它的温度降到零度。把所产生的水收集起来加以称量。用这水的质量除以该物体质量与该物体原先在零度以上的温度数的乘积,所得到的商与该物体的比热成正比。
实际上,如此得到的值是单位质量该物体冷却 1 度时所融化的冰 185
的数量。但是,如该论文后面所解释的那样,为得出所求的比热,还必须把这个值乘以 60,所以乘以 60 是因为 1 磅水从 60°冷却到零度时可以融化 1 磅冰。换言之,60 是列奥弥尔温标上冰熔解的潜热的值。令人惊讶的是,拉瓦锡和拉普拉斯从未提到过"潜热";他们借以证明这个乘数之合理的论证是在大兜圈子,令人感到,他们在竭力避免承认,他们的方法乃建基于布莱克的潜热发现。

拉瓦锡和拉普拉斯同样也表明了,如何测定液体的比热、化合热、某些盐溶液产生的冷却度、熔解热、呼吸和燃烧产生的热以及气体的比热。对流体的处理方式大致和对固体的相同,只是流体必须封闭在容器里,还必须考虑到在冷却过程中容器所失去的热量而加以修正。在测定几种物质的化合热时,这些物质和盛着它们的容器全都要冷却到零度。然后,把它们混合,放到量热器中保存,直到混合物冷却降到零度。所产生水便量度了热的增量。盐在溶解时所吸收的热量这样确定:把每种物质都提高到同一温度,

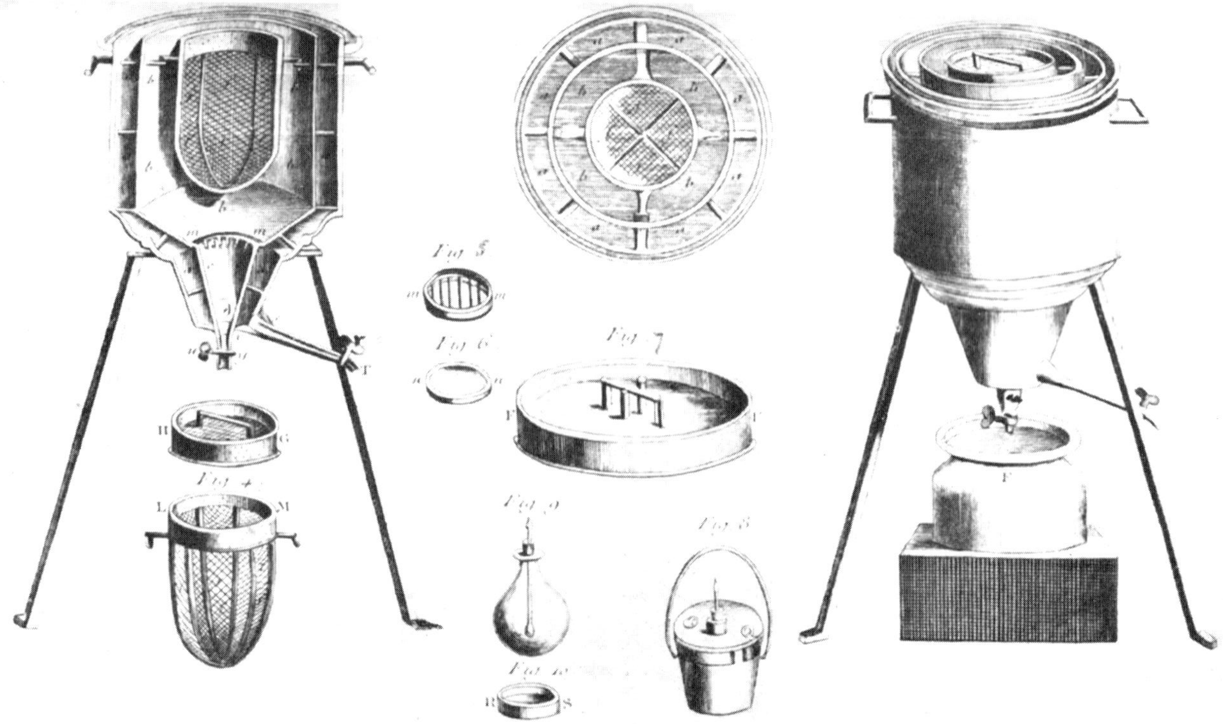

图 **89**— 拉瓦锡和拉普拉斯的量热器

把它们与量热器中的水混合，测量所融化的冰的量，然后，把混合物加热到一已知温度，再放进量热器中，使混合物冷却到零度，并再观察融化了多少冰。根据后者可以确定温度范围与融冰质量之间的比例，从而就可确定与实验第一部分中融冰质量所对应的温度。这一温度与各物体被提高到的温度之差就给出了这一过程中所吸收的热量。

测定熔解热的方法如下所述。设 m 为被研究物体的熔点。把这物体加热到 $m-n$ 度，然后把它放进量热器中。设该物体在冷却到零度的过程中所融化的冰的数量为 a。把该物体加热到 $m+n'$ 度，重复上述过程，设这时所融化的冰的数量为 a'。把物体加热到 $m+n''$ 度，再重复一遍。设这一次所融化的冰的数量为 a''。因此，$a''-a'$ 就是当液体冷却了 $n''-n'$ 度时该物体所融化的冰的量。由此可知，当物体从 n' 度开始冷却时，它融化的冰的量为 $n'(a''-a')/(n''-n')$。于是，物体在固态从 m 度冷却时，将融化数量为 $ma/(m-n)$ 的冰。设 x 为物体从液态过渡到固态过程中放出的热所融化的冰的数量。那么，当物体被加热到 $m+n'$ 度后所融化的冰的总量将为 $n'(a''-a')/(n''-n')+x+ma/(m-n)$，而此式 $=a'$。所以，

$$x=(n''a'-n'a'')/(n''-n')-ma/(m-n)。$$

为准确起见，n 和 n' 的均切不可大。两位作者指出，这种方法不仅 186
给出 x 的值，而且给出这种物质在固态和液态时的比热的值。

测定燃烧热和呼吸热的方法是，在量热器中燃烧物质或让动物在其中呼吸，同时由一个适当装置从外部供给新鲜空气。这种实验要求的条件，是必须尽可能把可燃物或动物的温度降到零度。

他们提出，为要测定气体比热，可让一股气流通过量热器内的一根螺旋管，在管道入口和出口处分别放一支温度计观测气体在这两处的温度。温度计指示气体温度的下降；量热器给出融化的冰的质量；所通过的气体的质量很容易加以测定；由这些数据就可计算出比热。

如此说明了量热的主要方法和结果以后，拉瓦锡和拉普拉斯注意到：这些结果并未给出关于物质中时热的**绝对**数量的信息，而只是给出为把一些种类物质升温同样度数所需热的相对数量。换言之，比热仅仅是绝对热的微分之比；认为这些微分与绝对热成正比，那是没有根据的。显然，温度计的零度并不排除相当数量绝对热的存在。还差得远哩。拉瓦锡和拉普拉斯试图至少测定一种物质在零度时的绝对热和它温度上升1度时所增加的热两者之间的关系。这种尝试乃根据对两种物质化合时放出的热的研究。但是，所得到的各个结果是相互矛盾的，不能令人满意。

论文的最后一部分讨论了关于燃烧和呼吸中放出的热的实验。作者把一些数量已称量过的木炭和体积已测定的“纯粹空气”（氧气）放在一个倒置于水银上的钟罩中燃烧。他们测定了所产生的“固定空气”的数量（方法是用强碱吸收它，观察其体积的缩小）以及剩余“纯粹空气”的数量。他们事先已在量热器中燃烧了已知重量的木炭，并测定融化的冰的质量。他们把这些结果加以综合而表明，燃烧1盎司木炭消耗3.3167盎司“纯粹空气”，形成3.6715盎司“固定空气”；在这样的燃烧中，1盎司“纯粹空气”的变化可融化29.547盎司冰；而1盎司“固定空气”形成要融化26.692盎司冰。
187 他们在提出这一结果时还告诫说：这种实验只做了一次，他们主要意在把他们的方法告诉物理学家,而实验的结果则是次要的。值得注意的是,他们在谈到这实验结果时说,这是“1 盎司纯粹空气在木炭燃烧过程中发生的变化所释放的热的量”。另一次让磷在“纯粹空气”中燃烧的类似实验表明,1 盎司“纯粹空气”被磷吸收时融化 68.634 盎司冰。“纯粹空气被磷吸收时所放出的热几乎是它转变成固定空气时放出的热的 $2\frac{1}{3}$ 倍。”这事实使他们颇感惊讶。用以表达这结果和讨论其结论的语言乃基于拉瓦锡的理论:空气和蒸气的气态乃起因于它们结合了大量热,他认为,“纯粹空气”即氧气包含巨量的热。当它转变为固结态时,例如在金属煅烧以及磷、硫等等物质燃烧时,就几乎失去了全部的热,——但在“固定空气”中还保留相当一部分热。在“纯粹空气”与“亚硝空气”燃烧的场合,则是明显的例外——只释放极小量的热。因此,在硝酸(产品)和硝石中肯定含有大量的这种热——,这些热后来在爆炸时便显现了出来。这样,在拉瓦锡看来,这些变化中所放出的热乃被包含在“纯粹空气”之中,并由在化合中呈固态的这种空气释放出来。现在我们知道,如此放出的热的量只是这些化学反应的热的一部分——拉瓦锡还根本不知道化学能。

两位作者还对呼吸进行了类似实验。他们把豚鼠放在置于水银之上的钟罩中,里面容有“普通空气”和“纯粹空气”,用苛性碱收集所产生的“固定空气”,苛性碱的重量在实验前和实验后均加以称量。经过数次实验,他们得到了 10 小时里平均产生 224 谷[①]

① 谷(grain),重量单位,等于 64.8 毫克。——译者

“固定空气”的结果。根据以前做的燃烧木炭的实验，他们计算出，224 谷“固定空气”的形成可融化 10.38 盎司冰。“因此，这个融冰量就代表了一只豚鼠 10 小时呼吸所产生的热。”此外，这种动物一直保持几乎恒定的体温，所以，它们在实验开始和结束时都有着相同的热。因此，所融化的冰就代表了这动物所失去的热，而这热在这期间由动物的生命机能所补充。“我们可以认为，呼吸引起的‘纯粹空气’变为‘固定空气’这变化所放出的热乃是动物热守恒的主要原因；如还有其他也有助于维持这热的原因，那它们的效果也
188 是很小的。”“因此，呼吸就是一种燃烧，尽管速度非常缓慢，但在其他方面都与木炭的燃烧完全相似。这种燃烧发生在肺里，不发出可看见的光，因为火的物质一释出就立即被器官的潮湿吸收掉了。这种燃烧所产生的热被传送到流经肺的血液之中，然后播散到动物全身。这样，我们所呼吸的空气起着对于我们生存来说同等必需的两个作用；把固定空气的碱从血液中清除出去，因为过量的碱有很大危害；这种化合在肺中放出的热则补偿我们因向大气和邻近物体供热而不断损失的热。”

五、绝对零度

欧文从测定冰的比热中产生了一个独创性的想法，即尝试计算温度的绝对零度。下面是他对这方法的描述：“如果一个物体的固态和液态的热量 x 完全相等，即在发生物态变化时〔在测温液体中〕产生同样的膨胀，或者说，它们的凝固点处于同样可感热度〔温度〕上，那么，该物体在物态变化时变热或变冷〔绝对热函变化〕

的度数即为固液两态的热容量之比。现设两物态的热量为 100。如果固态的热容量与液态的热容量之比……为 1∶2,则该物体在液态时的热必定两倍于冷〔固态〕时的热,即必定有 100 度的热变成了潜热。如果热容量之比为 1∶3,则该物体在液态时的全部热必定为 300,其中潜热为 200。……一般地说,如果固态时的全部热为 100,那么,在液态时的潜热将等于固液两态热容量之差除以表示固态热容量的数,再乘以固态时的全部热。”(*Essays*, pp. 117—118)欧文的儿子把这一命题用数学式表达了出来:若 a 和 b 分别为水和冰的比热,l 为冰熔解的潜热,x 为“用度数表示的固体的绝对热”,则有

$$l=\left(\frac{b-a}{b}\right)\times x \qquad (Essays,\text{p. }122)。$$

用欧文自己采用的冰的比热的值(0.8)代入,我们有

$$140=\frac{0.8-1}{0.8}\times x,$$

由此可得 $x=-140\times4=-560$,它给出绝对零度为 $-528°\text{F}$,—— 189
欧文没有提到过这个结果,他只给出他父亲所得到的数字 $-900°$ (*Essays*, pp. 127 和 137)。很可能他是从对冰的比热的其他测定结果中得出这个数字的。欧文还把这一方法应用于溶解和化学反应中的热,他认为这样的热也是潜热。他还根据向水中加入硫酸时所放出的热以及这两种物质的比热得出了和冰与水的情形里相同的绝对零度值 $-900°\text{F}$(*Essays*, p. 127)。

克劳福德还把这种方法应用于获得“脱燃素空气”和“可燃空气”燃烧时的热数据,得到了绝对零度的值为 $-1500°\text{F}$(*Experiments and Observations on Animal Heat*, 2nd ed., 1788, p. 267)。

小欧文所引用的冰的比热值为 0.9(*Essays*,p. 55),他存疑地把这个数值归之于克劳福德,并用这个数据计算出冰在 32°F 时的绝对热为 1260°(同上书,p. 122)。

加多林也研究了这个问题。他根据布莱克对冰溶解的潜热的估值 147°F 和维尔克对融雪吸收的潜热的估值 $72\frac{1}{6}$℃进行计算,并取$\frac{9}{10}$为冰的比热,结果发现,按照这些数据,温度的零度应当是 −817℃或 −722℃,而他的实验则表明 −800.6℃。但是,后来他估计雪的比热是 0.52,这样,温度的零度似乎是 −170.6℃,而用蜡进行的类似测定显示温度的零度值为 −480℃(*Nova Acta Reg. Soc. Sci. Upsala*,1792,Vol. V,I)。加多林从这些结果的不一致得出结论:这种方法是不能令人满意的,物质的比热可能随其温度而变化,但不与它们的总热量成比例。

六、热膨胀的测量

固体和液体的热膨胀的精确测量提出了一些问题,它们吸引了十八世纪的许多研究者。

布鲁克·泰勒表明(*Phil. Trans.*,1723),测温液体的膨胀与环境浴中热的增加成正比。他使用一种亚麻子油温度计,管茎上精心标上了分度标志,使各分度给出相等的容积;他在这实验中还用了两个薄的锡容器,它们的大小和形状都相同,每个容器的容量
190 都是 1 加仑。"然后(每次试验时均注意,在向容器中注水之前,各容器应当是冷却的,而那个测量热水用的容器应已被充分加热)我

相继向各容器注入1、2、3等份热沸水,余下那个注入冷水;最后完全注入热沸水。每次都把温度计浸入水中,观察水上升到哪个标志,并为准确起见,每次试验都在两个容器中进行。在首先观察了温度计在冷水中处于哪个刻度以后,我发现,温度计从该标志开始的上升,即亚麻子油的膨胀,与这混合物中热水的数量,即热度精确地成正比。"

约翰·埃利科特研究了固体的线膨胀(*Phil. Trans.*,1736)。他发明了"一种测量金属受热膨胀程度的仪器"。在这种仪器中,一根金属杆的膨胀相对一根同样热度的标准铁杆的膨胀来测量,这被测杆就放在标准铁杆上面。借助适当连接的杠杆和滑轮,这两根杆的差膨胀操纵一根指针在刻度盘上移动,这有点像人们熟悉的课堂演示实验。1/7200英寸的膨胀使指针移动一个分度。

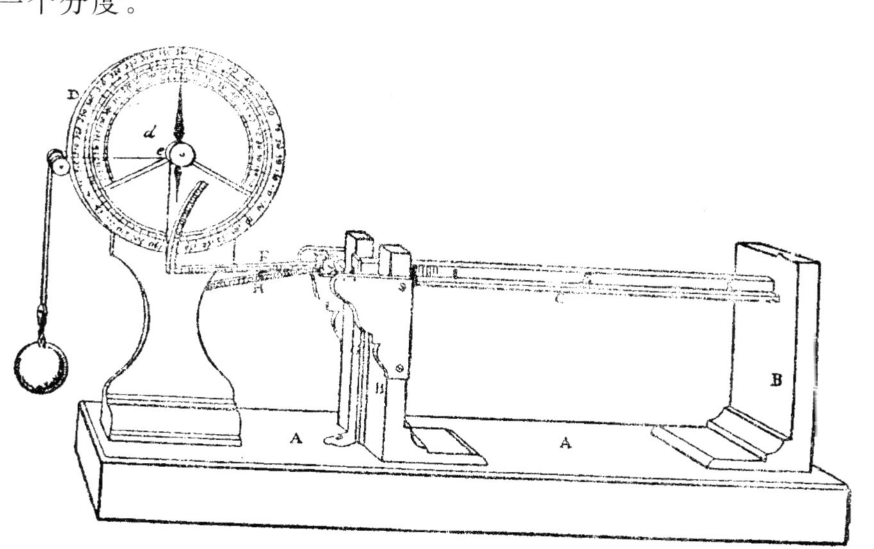

图90—埃利科特测量热膨胀的仪器

斯米顿发明了一种型式与埃利科特的仪器相似的“新式高温计”(*Phil. Trans.*,1754,p. 608f.)。在这种仪器中,把任意给定金属制的杆的膨胀与一根标准黄铜杆或“基准”相比较,这根标准杆
191 在某一给定温度范围里的膨胀又通过同一根标准木杆(松木或杉木制)加以一次性检定。所用的杆长 2 英尺 4 英寸(图 91)。黄铜杆构成仪器的永久性基座,两端点是支持被测杆用的两个竖立支柱。两根杆都可被浸入一个**水浴**中,这水浴被许多灯加热到所需的温度,由一支温度计读出。木杆两端包覆了黄铜,以免受潮湿和蒸汽的影响。整个木杆都涂上清漆,并完全用“粗亚麻”包裹起来。用一个灵敏的测微螺旋来测量基座和杆在一个给定温度范围里的膨胀差;基座在该范围里的膨胀加上或减去这个差,便得到相对标准木杆测得的杆的总膨胀。这木杆只是在需要时才放到仪器旁边,并且总是放在水浴的外面。与金属杆的膨胀相比,木杆的膨胀是很小的。不过,这一点已经考虑到了:从木杆被置于工作位置到取得读数之间的时间间隔用一个秒表或用其他方法记录下来;经过一段相等的时间间隔之后,进行第二次测量度,如此对第三个和第四个时间间隔进行测量。这四次测量结果的三个差被发现几乎就是一个几何级数的三个项,由这级数可以知道其前项,并可以之作为校正值;当把这级数应用于第一次测量时,则可把这次测量结果还原为假如在这次测量期间木杆没有膨胀而本来会有的值。斯米顿声称,他的结果可以重复,误差不到二万分之一英寸。他从实验得到了铁、钢、锑、铋、铜、黄铜、铅、锡、锌、各种合金和玻璃的膨胀系数值。

拉姆斯登发明了一种测量一根金属杆相对于一些维持一定温

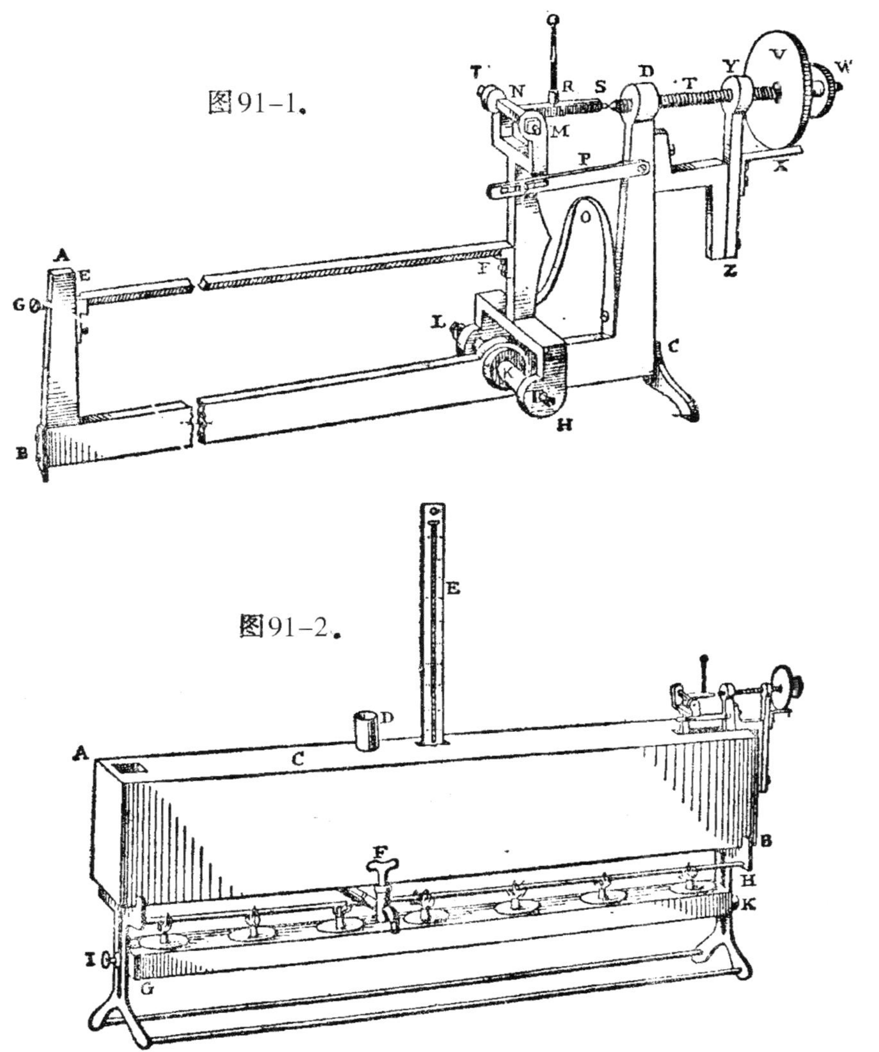

图 91—斯米顿的高温计

度的标准杆的膨胀的方法。他的装置曾被罗伊用于测定一些标杆 192
的膨胀,它们用来量度豪恩斯洛石南丛林的一条基准线(*Phil. Trans.*,1785)。这种装置有三个平行的槽(图 92),每个 5 英尺多

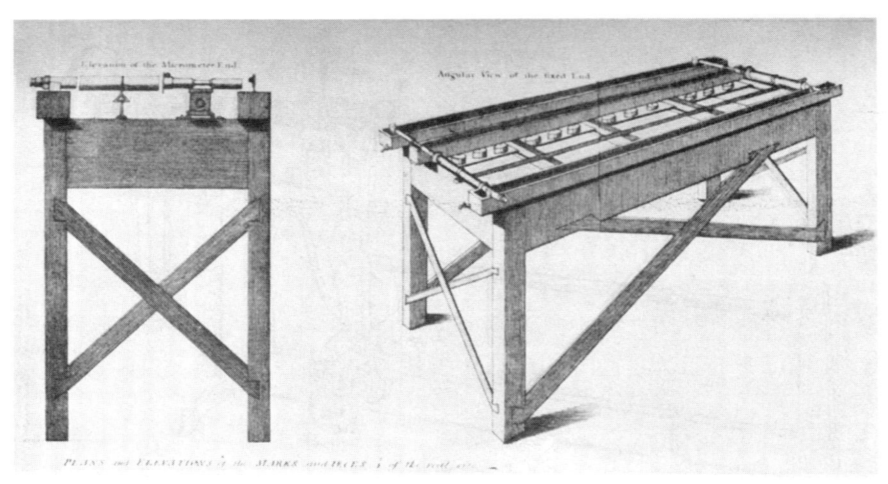

图 92—拉姆斯登的高温计

长。两个在外侧的槽中各有一根铁杆,借助于充填捣碎的冰,使它们保持恒温;中间那个槽必要时可从下面加热,它包含被测杆,后者一端被固定。中间这根杆的长度变化用下述光学系统测定:外侧杆 A 的两端各固定着一个带有十字准线的目镜;中间杆的两端则各固定着透镜,它们用作 A 上目镜的物镜。外侧杆 B 的两端均有十字准线,由镜从后面照明。当三个放着金属杆的槽中都充填上冰时,由 A 上的两个目镜和中间杆上的两个物镜所形成的两个
193 望远镜系统就加以调节,以使 B 两端的十字准线的像与 A 上目镜的十字准线重合。然后,用热水替换中间槽中的冰,并用槽下的灯使水保持恒温。于是,这根杆就膨胀,其自由端向外移动,同时带动附加的物镜。当条件稳定时,将杆 A 端头上的目镜移动,直至像和十字准线再度重合,所移过的距离由附装的精密测微螺旋测得。然后,借助单比例就可计算出中间杆的长度在两个温度之间的增加量。

七、热和重量

热质说之所以能盛行，主要是因为观察到了物体受热时膨胀和金属煅烧时重量增加这类现象。在这种情况下，认为热是某种物质实体，那是很自然的。因此，十八世纪中，人们作了种种努力，试图测定物体的温度和重量之间的相伴变化如果有的话。所得到的实验结果看来是相互矛盾的。有些实验者发现，一种物质在温度增加时，继之有重量上的少许增加；有些人则观察到重量有少许减少；另一些人则看不出在温度变化时重量有什么变化。朗福尔德所做的实验是这类实验中最为精致的。他的结果是否定的，这正是伯尔哈韦、布莱克和其他一些人所预料的。有关这类工作的几个最重要的阶段可按照年代顺序扼述如下。

伯尔哈韦用一块重 5 磅 8 盎司的铁进行实验(*Elementa Chemiae*, Leiden, 1732, I, pp. 259—60；以及 *New Method of Chemistry*, P. Shaw 译, 2nd ed., London, 1741, I, p. 285f.)。他先称量了冷时的铁块，当它赤热时重新称量，然后待其冷却后再进行称量。重量一直保持未变。在同样条件下，对一块铜进行试验，得到了相同结果。

布丰发现(*Histoire Naturelle*, Supplement, Paris, 1775, II, pp. 11—13)，一块“白热”的铁重 49 磅 9 盎司；但当它冷却到大气温度(当时接近凝固点)时，重量只有 49 磅 7 盎司。用其他铁块进行的实验，得到了类似结果。

罗巴克用较小的铁块和灵敏的天平重复了布丰的实验

(*Phil. Trans.*,1776,p. 509)。他发现,1 磅白热的铁在冷却时重量要减轻将近 1 谷;但是一块 5 英钱重的铁在冷却后要比烧热时稍重一些;一块热铜重约 1 磅,冷却时要减轻 4 谷,不过这被解释
194 为因金属锈皮损失所致;一块重 55 磅的熟铁从白热状态冷却经过 22 小时,重量增加了 6 英钱多;这种铁的锈皮在冷时要比热时重,每 2 盎司 8 英钱增加 5 谷;而纯银块(热时约重 2 磅 10 盎司)冷却时重量增加 5 谷。

怀特赫斯特也未能证实布丰的结果(同上书,p. 575)。当金或铁被加热到赤热时,会有数英钱的微量损失;但被冷却后,金又回复到原来的重量,而铁则有少许增加。他的结论是:在天平一侧的这些热金属使空气变得稀薄,而这可能引起一种向上的气流,从而导致所观察到的效应。而在布丰的实验中,大的热金属块可能致使天平的两个相对臂产生不均等的膨胀,这就引起了所观察到的差异。福代斯发现,冰块在融化为水时重量有所减轻(同上书,1785,p. 361)。他从新河取 1700 谷水,盛在一个重 451 谷的玻璃容器中。密封起来后,设备和内盛物在 32°F 下总重 $2150\frac{31}{32}$谷。在内盛物渐次部分凝固的过程中,总重量不断增加,直到全部凝固,重量总增加量略微超过$\frac{3}{16}$谷,温度下降到 12°F。当温度上升到 32°F,冰又全部融化后,这设备又回复到原来的重量。

布莱克的关于热没有重量的观点(*Lectures*, Vol. Ⅰ, pp. 48f.)主要建基于他对怀特赫斯特和福代斯获得的实验结果所作的解释。

朗福尔德又注意起这个问题(*Phil. Trans.*,1799,p. 179)。他

选用了两个尽可能相似的细小玻璃烧瓶，一个里面装着蒸馏水，另一个里面装着等重量的淡酒精。两个烧瓶密封起来，在一个温度为 61°F 的房间里把它们悬挂在一架天平的两臂上。然后，把这套装置移到一个 29°F 的比较冷的房间里。48 小时后，水冻结了，这时要添上 0.134 谷方可恢复天平平衡。然后，再把这套装置移回温度为 61°F 的房间里。当冰融化后，朗福尔德发现，原始重量又恢复了。实验后重新测试表明，那架天平仍然相当准确。

他所能想到的唯一解释是，水在凝固时失去了大量潜热。于是，“如果潜热损失，增加一个物体的重量，那它一定对另一物体也 195
会产生同样效应。因此，潜热数量的增加一定——在一切物体中和在任何情况下——使它们的视重量减轻。”然而，当他把酒精换成水银，在 61°F 和 34°F 温度上复做前述实验时，却发现重量没有什么变化，尽管水失去的热比水银多得多，因为它们的比热之比为 1000 比 33。这时，朗福尔德怀疑，可能是某种偶然因素(例如大气湿气在烧瓶上淀积，或者因微小温差而引起的局部微弱气流)造成了第一次实验中的表观重量增加。因此，他又取了三个烧瓶，瓶里分别盛有等重量的水、酒精和水银。密封后，把它们放在一个温度 61°F 的温暖房间中，放置 24 小时。由固定在烧瓶中的小温度计测得，水和酒精的温度相同。然后，把烧瓶表面的湿气仔细地全部擦去。接着，对它们进行称量，给较轻的烧瓶的瓶颈上缚上几根银丝，以达至平衡。然后，把它们全都移到一个温度 30°F 的冷房间中。放置 48 小时后发现，它们全都达到了同样温度(29°F)，而重量并没有任何变化。并且，当它们又被移回温暖房间后，重量仍然相同。这个实验被重复了多次，得到的结果都一样。朗福尔德现

在满意地看到，他最初的结果肯定是由于他所猜想的那些偶然因素造成的。

朗福尔德说："既然已确定，当水从**流动性**状态变为**冰**或者反过来时，水并未获得或损失重量，所以我现在就可以与一个长期纠缠着我，给我带来许多痛苦和烦恼的课题最后告别了；既然（由于上述实验结果）已经完全相信，如果热实际上是一种**实体**或物质——如所假想的那样，是一种自成一类的流体——这种从一个物体转入另一物体并被累积起来的流体就是我们在加热物体中所观察到的诸现象的直接原因（然而，关于这一点，我还不能不抱有怀疑），那么，它肯定是一种无限稀疏的东西，以致我们想发现它的重量的一切努力，都将是徒劳的，即使在其最凝聚的状态下也是如此。再者，如果我们许多最有才干的哲学家们所采取的见解，即热无非是受热物体各构分的内部振动的观点确有充分根据，那么，显然，物体重量当绝不可能受这种运动影响。"

如果热是一种实体，并且具有重量，那么朗福尔德的实验应比其他任何实验都更易于检测出这种重量。因为，水在凝固时失去的 140°F 将把同质量的金从凝固点升温至 140×20 即 2800°（一种炽热），这是由于金的比热是水的二十一分之一。朗福尔德下结论说："因此，我的实验清楚地证明，相当于把 4214 谷（即约 $9\frac{3}{4}$ 盎司）金从水的凝固点升温到赤热状态所需的热量，对一架可示出该
196 物体重量的百万分之一这样小的变化的天平没有产生什么明显的影响。如果金在从水的凝固点被加热到炽热状态时，其重量尚未增加或减少百万分之一，那么，我认为，我们就可以有把握

地得出结论:任何试图发现物体视重量会受热影响的努力都将是徒劳的。”

八、热的动力说

朗福尔德

继布莱克、拉瓦锡和拉普拉斯关于热的实验工作之后,本杰明·汤普森爵士,即朗福尔德伯爵(1753—1814)又对之作出了重要贡献。

汤普森出生在马萨诸塞州,从在塞勒姆的一个商人那里做学徒开始了他的生涯。后来,他在哈佛大学听过课,此后当了教员。他曾任职于朗福尔德(现在叫康科德)的一所学校,与当地的一个治安官的遗孀结婚。于是,他定居该地经营如此归属于他的田产。他一直对机械发明深感兴趣,这时他进入了一个研究火药性质的时期。独立战争期间,他曾因同情英国政府而遭监禁。最后,他横渡大西洋去到英国,任职于殖民部。在伦敦,他对科学的兴趣使他赢得了约瑟夫·班克斯爵士的友谊。1779 年,他被选为皇家学会会员。1784 年,在美国担任了为时不长的军职后,汤普森(这时已是爵士)便开

图 93—朗福尔德

始服务于巴伐利亚选帝侯。其后在慕尼黑度过的十一年中，他积极致力于改组巴伐利亚军队，并热心于解决贫民问题，试图采取一种激进但又人道的解决措施——设立国家济贫院。1791 年，汤普森被封为这个帝国的伯爵，他是凭他在美国的田产取得爵位的。1795 年他曾离开慕尼黑，一度特别关注爱尔兰的社会问题。但不久他又被召回巴伐利亚。当时由于法国和奥国两军对峙，巴伐利亚的中立受到威胁。汤普森在这场危机中始终统率着慕尼黑守军。组建皇家研究院是朗福尔德的又一项事业。但
197 是，1805 年他与化学家拉瓦锡的遗孀结了婚，因而他在法国的奥特伊尔度过最后几年，直到 1814 年去世。在慕尼黑监督镗削炮筒期间所进行的一些观察促使他从事热的研究。他经过研究而相信，热是一种“运动模式”(mode of motion)。朗福尔德创设了皇家学会的“朗福尔德勋章”，授予在热和光的应用方面作出卓越贡献的人，他本人因在燃料节约烟囱设计等等方面的贡献而第一个获得了这种荣誉。

他在慕尼黑从事镗削炮筒工作期间，惊讶地观察到，镗削刀具对炮筒的作用产生了大量的热。按照热质说的解释，这是因为在镗削过程中，金属碎屑的热质被挤压出来，致使碎屑的热容量减小，这时这热质表现为可感知的热。然而，量热测验表明，与杆金属的热容量相比，金属碎屑的热容量并未发生什么变化。在 1798 年进行的一次镗削生热的实验中，让一个黄铜圆筒顶住钢镗刀转动(图 94)。这圆筒放在一个木箱里面，木箱中盛有 $18\frac{3}{4}$ 磅水。这构成了一个量热器，因为可以通过观察水温的上升来测量所产

图 94— 朗福尔德的装置

生的热量。水温从 60°F 开始经过 $2\frac{3}{4}$ 小时上升到沸点(212°F)。用朗福尔德的话来说:“当在场的人目睹没有用火便把这么多水实际上加热到了沸腾时,他们脸上现出了无法形容的惊异神色。”这热显然是仅仅由机械手段本身产生的。但是,朗福尔德却对热的由来感到疑惑。他说:“鉴于这个实验所用的机械用一匹马的力量就可以容易地使之转动……所以,这些计算进一步表明了,不用火、光、燃烧或化学分解,仅仅用这匹马的力量,就可借助适当的机械装置产生多大的热量。这个装置浸没在水中,所以,热显然不是来自空气。”量热测量表明,碎屑的热容量并未发生变化。所以,如果热质说是正确的话,那么,给定质量的金属可产生的热量就应当
198 有一个限度。然而,这里并没有看到什么限度。于是朗福尔德写道:“在就这个问题进行的推理中,我们切莫忘记考虑那个最值得注意的条件,即这些实验中摩擦生热的源泉显然是用之不竭的。毋庸赘言,任何绝缘的物体或物体系如能无限地不断提供某种东西,那么,这种东西就不可能是物质实体。关于能像这些实验中热被激发和传送的方式一样地被激发和传送的东西,除了是运动之外,我认为,根本不可能或者至少极难形成任何别的明确观念。我根本没想妄称知道,这种据认为构成热的特定种类运动是如何以及通过何种手段或机械装置而在物体中被激发、延续和传播的”(*Phil. Trans.*,1798,p.80)。

戴维

朗福尔德的实验显然否定了热质说而支持热的动力解释。然

而,他同时代科学家的理智却有很大惰性,足以抵制这种新观念。因此,热质说一直延续到了十九世纪中叶。不过,朗福尔德至少成功地使一位年轻的同时代人接受了他的热观念。这个青年注定后来要成为一个杰出人物。汉弗莱·戴维于1797—99年间,用冰块和别的物质进行了一些摩擦实验。实验结果使他确信,“热不能看做是物质”,而必须看作是一种“特殊的运动,也许是物体微粒的一种振动”(*Works*,ed. 1839,Vol. Ⅱ,pp. 11—14;原载 *Contributions to Physical and Medical Knowledge*, T. Beddoes 编, Bristol, 1799,pp. 16—22)。年轻戴维所进行的摩擦实验在设计和操作方面尚不能令人满意(参见 Andrade,*Nature*,1935,p. 359 ff.)。有些历史学家对青年戴维在这方面的功绩估价过高。

九、关于混合热的其他研究

正当布莱克在苏格兰进行他的物理研究时,约翰·卡尔·维尔克在瑞典也在对热现象进行类似研究。维尔克的方法和所得到的结果不如布莱克的那样有价值。但是,维尔克是完全独立于布莱克进行工作的,而且他的工作具有一定的历史意义。为了明白维尔克研究热现象的方式,有必要先考察一下其他几个大陆物理学家在这个特定研究领域中做过的工作。因为,他实际上是始自莫林而终于加多林的一系列研究者中的主要人物。

莫林

巴黎皇家学院的数学和天文学教授让·巴蒂斯特·莫林

(1583—1656)曾试图发现关于同种液体的冷的和热的样品的混合物的最终温度的规律。当时,热和冷仍然被认为是确实的实体,尽管是相对立的;冷尚没有被认为只不过是低度的热。例如,笛卡尔认为,热乃由精细的类火微粒构成;伽桑狄则认为冷由"制冷"微粒构成。现在,莫林却深信,热和冷总是连带的,冷热两者在没有对方时哪一者也根本不存在,尽管它们能以各种比例共存。在混合的过程中,热和冷相互交换,而不是被消灭;作用和反作用仅仅发生在两种以较大程度对立的相反性质之间,而当以较小程度对立时,则它们变为被加强;一定数目"热度"的总"效力"等于同等数目"冷度"的"效力"。莫林认为,冷和热这两个性质都有某个不可超越的最高度,以及某个不可再降的最低度。他设想热的单位与冷的单位相加之和总是等于 8。于是,当在一种物质中热和冷相等时,则冷和热各有 4 个单位存在。如果热超过冷,则可能有 5 个单位热和 3 个单位冷,或者,6 个单位热和 2 个单位冷,或者,7 个单位热和 1 个单位冷。如果冷超过了热,则可能有 5 个单位冷和 3 个单位热,或者,6 个单位冷和 2 个单位热,或者,7 个单位冷和 1 个单位热。当然,中间的分数比例也是可能的。但是,在莫林看来,不可能有例如 6 个单位热和 3 个单位冷等任何总数不等于 8 的比例。莫林自己从来没有说过这些话,但他的论证蕴涵着这一切意思。(参见 D. Mckie 和 N. H. de V. Heathcote: *The Discovery of Specific and latent Heats*, London, 1935, pp. 55—59, 149—51。)

现在设想,含有 2 个单位热和 6 个单位冷的给定量的水,与含有 4 个单位热和 4 个单位冷的同体积的水相混合。这混合物将有怎样的热度呢？它不可能只有 2° 的热，因为在这种情况下，较热的水中所含的 4 个单位热中有 2 个单位将未对较冷的水起任何作用就消失了。这混合物也不可能含有 4° 的热，因为在这种情况下，较冷的水中所含的 6 个单位冷中有 2 个单位将未对较热的水起任何作用就消失了。但是，在莫林看来，热和冷的单位都不会被消灭；它们只能改变比例。因此，这混合物一定含有多于 2° 而少 200
于 4° 的热。可是，莫林并不认为，它将含有 3° 热。他解释说，如果这混合物含有 3° 热，因而含有 5° 冷，那么，较冷的水所含的 6° 冷将仅仅把较热的水中的 4° 热减少 1°，而较热的水中所含的 4° 热将把较冷的水中的 6° 冷减少 1°，而他认为这种不均衡是不可能的。因此，这混合物一定含有少于 3° 的热，以对较冷的水中的 6° 冷和较热的水中的 4° 热产生成比例的效应。由于两者的比例是 3 比 2，所以，莫林最后得出结论：这混合物将含有 $2\frac{4^{\circ}}{5}$ 热和 $5\frac{1^{\circ}}{5}$ 冷，结果，较冷的水所含有的超出较热的水中的 4° 冷的 2° 冷就将把较热的水的热减少了 $\frac{6}{5}$ 度，而较热的水所含有的超出较冷的水中的 2° 热的 2° 热则将把较冷的水的冷减少 $\frac{4}{5}$ 度。这样，这两个效应就将成 3∶2 的比例。(参见他的 *Astrologia Gallica*，Lib. Ⅷ，Cap. ⅩⅤ，pp. 158f.)如果莫林一以贯之地遵照他关于热和冷的单位仅仅相互混合而不相互消灭的假设，则他就会把两份水样品中的冷和热单位相加，即 2＋4 的热和 6＋4 的冷，这样他也就会得出 3 单位热对 5 单位冷的混合比例。这本来是正确的，至少就热度来说是这样。由于离奇地发挥才智，他错过了真理。然而，他还是有功绩

的，使克拉夫特注意起这个问题。

克拉夫特

格奥尔格·沃尔夫冈·克拉夫特(1701—54)当时在圣彼得堡当数学教授，后来当物理学教授，以后又到蒂宾根当教授。他做了各种热学实验，试图推广莫林关于不同温度的水的混合物的最终温度的公式。他完全只字不提冷的单位，局限于以华氏温度计量得的热度。他提出的一般公式如变换为现代记号，则可表示如下：

$$\theta=\frac{\alpha t_1+\beta t_2}{\gamma m_1+\delta m_2} \quad \cdots\cdots\cdots\cdots\cdots\cdots\cdots \quad (\mathrm{A})$$

式中 θ 是混合物的温度，m_1 和 m_2 是水的两个数量，t_1 和 t_2 为它们各自的温度，α、β、γ、δ 是待定系数。于是，当 $t_2=t_1$ 时，则 $\theta=t_1$；上式便成为 $t_1=\frac{\alpha t_1+\beta t_1}{\gamma m_1+\delta m_2}$，因而 $\beta=\gamma m_1+\delta m_2-\alpha$，及 $\alpha=\gamma m_1+\delta m_2-\beta$。将 β 的值代入原式，我们得到

201

$$\theta=\frac{(\gamma m_1+\delta m_2)t_2-(t_2-t_1)\alpha}{\gamma m_1+\delta m_2} \quad \cdots\cdots\cdots\cdots \quad (\mathrm{B})$$

同样，把 α 的值代入原式，我们得到

$$\theta=\frac{(\gamma m_1+\delta m_2)t_1+(t_2-t_1)\beta}{\gamma m_1+\delta m_2} \quad \cdots\cdots\cdots\cdots \quad (\mathrm{B}')$$

再者，当热水(在 t_2 上)的数量与冷水(在 t_1 上)相比可以忽略地小的时候，则 $\theta=t_1$，及 $\gamma m_1=\alpha$；如果反过来，则分别按(B)和(B′)式，有 $\theta=t_2$ 和 $\delta m_2=\beta$。用这些值代替(A)式中的 α 和 β，我们得到方程：

$$\theta=\frac{\gamma m_1 t_1+\delta m_2 t_2}{\gamma m_1+\delta m_2} \quad \cdots\cdots\cdots\cdots\cdots\cdots\cdots \quad (\mathrm{C})$$

为了确定系数 γ 和 δ 的值,克拉夫特把温度分别为 44°F 和 120°F 的等量的水相混合。这混合物的温度为 76°F。在这种情况下,$m_1=m_2$;$t_1=44$;$t_2=120$;$\theta=76$。因此,根据(C)式,$\gamma=11$,$\delta=8$ 及 $\theta=\frac{11m_1t_1+8m_2t_2}{11m_1+8m_2}$。他用不同温度的各种数量的水相混合,观察混合物的温度,由此反复证实了这个公式。(参见他的 *De Calore e Frigore Experimenta Varia*,载 *Comment. Acad. Sci. Imp. Petrop.*,1744—6,Vol. XIV,p. 218。)

里希曼

在克拉夫特的结果发表之前,里希曼曾做过类似的工作,但其记录丢失了。读过克拉夫特的论文后,里希曼继续研究这个问题。格奥尔格·威廉·里希曼(1711—53)是圣彼得堡的实验哲学教授。就在那里,一场大雷雨中,因他自己的测量大气电的仪器放电,他被击身亡。

里希曼从一个明确的假设出发:一种物质的热,或至少一种液体的热,是在这物质中到处均匀扩散的。因此,一给定热量的强度将与它弥漫于其中的那物质的质量成反比。这样,如果质量为 m_1 的某液体的热具有强度 t_1,并且还使它弥漫质量为 m_2 的附加液体,那么,这混合物的温度必定为$\frac{m_1t_1}{m_1+m_2}$,若假定这附加液体自己 202
没有热。然后,设想相反的情形,即附加质量(m_2)具有自己的温度,比如说 t_2,而 m_1 自己没有热,那么,最后的温度将是$\frac{m_2t_2}{m_1+m_2}$。但是,如果 m_1 具有温度 t_1,m_2 具有温度 t_2,那么,根据类比,混合

物的最后温度 θ 应为$\frac{m_1t_1+m_2t_2}{m_1+m_2}$。里希曼由此得到了他的公式(这里对这个公式用较新的记号复述):

$$\theta=\frac{m_1t_1+m_2t_2}{m_1+m_2}。$$

正如里希曼所深信的那样,这个公式形式上是可以扩张的,这样就可覆盖包括任何多种不同质量和温度的液体样品的混合物。它的最概括形式可表达为:

$$\theta=\frac{m_1t_1+m_2t_2+m_3t_3+\cdots+m_nt_n}{m_1+m_2+m_3+\cdots+m_n}。$$

大家一定已经注意到,里希曼的公式是抽象先验思考的结果,而不是经验观察或实验的成果。它充其量是一种有待证实的尝试性假说。里希曼多少意识到了这一点,于是便寻求实验证实。起先,他为此援用关于克拉夫特实验的已发表的记录。他表明,若适当考虑到容器、温度计和空气所吸收(或者可能是给出)的热,克拉夫特的公式就不如他本人的公式符合观察结果。不过,他后来做了一系列实验,并将结果报告给圣彼得堡的帝国科学院。他仍然坚持认为,如果适当考虑到混合水样品的容器以及用来测量最终温度的温度计所吸收的热,与克拉夫特的公式相比,他自己的公式更密切地与实验结果吻合。然而,在作这些考虑时,里希曼并未试图独立地评估这些容差,而是把所观察到的实际温度与在假设容器和温度计不影响结果的情况下,按照他自己的公式混合物所应有的温度相比较,由此推出这些容差。他根本没有想到,这样的方法实际上是用未加证明的假定来作为论据。(参见里希曼关于"Formulae"等等的研究报告,载 *Nov. Comment. Acad. Sci. Imp. Petrop.*,1747—48,

Vol. Ⅰ, p. 168ff.)

维尔克 203

约翰·卡尔·维尔克(1732—96)是斯德哥尔摩军事学院的实验物理学教授。在一生的最后十年里,他任了瑞典科学院的秘书。他对里希曼的工作很熟悉,并接受后者关于确定混合液温度的公式。由于一个幸运的机遇,他致力于热的实验研究。1772 年初,斯德哥尔摩发生了一场暴风雪。维尔克想融化他庭院中的积雪。他原以为热水可以融化数量比热水自身重量多得多的雪。令他惊讶的是,事情并非如此。于是,他推测,里希曼关于液体混合物的定律并不适用于水和雪的混合物。他通过实验研究发现了一些问题。例如,温度在冰冷的水与温度为 68℃ 的等量的水混合后,混合物的温度为 34℃;而当把温度 68℃ 的水灌注于等量的雪时,水温降到 0℃,而且尚有一些雪仍未融化。于是,维尔克便开始进行了一系列漫长而又系统的实验,以发现关于水和雪的混合物的温度的规律。(参见 *K. Svenska Vet. Akad. Handl.*, 1772, Vol. XXXIII, p. 97ff.)

他首先发现,给定重量的雪与等重量的各种温度的水相混合时,混合物的温度要比不用雪而用 0℃ 的水时平均约低 36℃。接着他观察到,当与雪混合的水重量加倍时,混合物的温度要比不用雪而用 0℃ 的水时平均约低 24℃。同样,当水的重量三倍于雪时,这平均损失约为 18°;当水的重量四倍于雪时,这平均损失约为 $14\frac{3}{10}$℃;当水重五倍于雪时,平均损失约为 $12\frac{1}{8}$℃;当水重六倍于雪时，平均损失约为 $10\frac{3}{8}$℃；如此等等。维尔克立即看出，上述混合物温度的损失的数值都是 72 的分数；他就得出结论：把雪融化掉恰好需要 72°的热，只有超出这 72°的热才能帮助雪所化成的冰冷水升高温度。这样，维尔克独立于布莱克地发现了雪熔解的潜热，尽管他对潜热的估计值不如布莱克的精确，而且时间上也晚
204 了 10 年左右。这里还应提到，维尔克还发现了下面这个包含给定重量的雪(n)与给定重量(m)和给定温度(t)的水的混合物的温度(θ)的一般公式：

$$\theta=\frac{mt-72n}{m+n}。$$

发现了雪在融化时吸收 72℃的热而同时并不发生升温的现象之后，维尔克很自然地就联想到：水冻结时，要放出 72℃的热；如果认为冰冷水仅仅部分地冻结，则这水便把 72℃的热给予其余的水，而所形成的冰与原来作为冰冷水的状态相比并不发生降低温度。但是，他未能成功地用实验来证实这一思想。同时，他也没有意识到他的失败的含义所在，即较冷物体并不把热传给较热物体。只要再敏锐一些，维尔克就有可能看到热力学第二定律的线索。

维尔克发现，雪在转化成冰冷水时吸收了温度计所不能直接测出的热。他觉得，既然这样，就可以着手解决困扰他同代人的那个问题，这就是**比热**问题。当时已经观察到，如果把体积和温度都相同的两种物质(例如金和锡)浸入具有同样较低温度的等量的水之中，则水温的增加与被浸物质的密度成正比地变化。因此，看来较密的物质比较疏的物质含有更多的热，尽管这是一

种用温度计不能直接检测到的热。经过对多种物质进行了大量实验，维尔克得出结论：不同物质的热一般不与它们的体积或密度本身成正比，不过，每种物质都吸收、保留和放出一定量的热，而这热与水或某种其他标准物质的热的比就可称为它的**比热**。他又进一步解释说，任何一种物质的比热可看作是，与同温度的水(或某种其他用作比较标准的物质)的一个微粒所含有的热量相比，该物质的一个微粒所含有的热量。维尔克的比热概念多少有些类似于潜热的概念，所以，他很自然地力图利用他在水和雪的混合物的温度研究中所获得的知识，以确定各种物质的比热。他尝试过各种方法。最简单的乃基于下述发现：要测定一个物体含有的热量，可先确定把该物体从某给定温度冷却到凝固点所需要的雪量，而为此所需之雪量可以间接地测定。这种方法可简述如下。其比热待确定的物质(譬如一块金)先被加热 205
到一定温度，继之被浸入等重量的0℃的水中，再记下最后温度。然后，用里希曼的公式(见第221页)计算，为给出当加上等质量的0℃的水时所观察到的温度之上的混合物，需要多少处于被测物质温度的水。最后，应用维尔克自己的公式(见第223页)来计算为把上述混合物的温度降低到0℃必需多少雪。这样，维尔克以水的比热为单位，确定了下列物质的比热：金(0.050)、铅(0.042)、银(0.082)、铋(0.043)、铜(0.114)、铁(0.126)、锡(0.060)、锌(0.102)、锑(0.063)、玻璃(0.187)。(参见 *K. Svenska Vet. Akad. Nya Handl.*，1781，Vol. Ⅱ，pp. 49ff.)布莱克在比热方面的工作要先于维尔克二十年左右，维尔克通过第二手材料对之略有所闻。在结束这一部分之前，还可以再就加多

林对这一科学分支的贡献说几句。

加多林

约翰·加多林(1760—1852)出生于芬兰,是柏格曼的门生,舍勒的朋友。他是一位杰出的化学家,发现了一种稀土物质——氧化钇,稀有金属钆(gadolinium)即是为纪念他而命名的。这里,我们只谈他在热学方面的工作。他看来是最早引入适当考虑到比热的混合物温度公式的人之一,如果不是第一个人的话。从里希曼的公式 $\theta=\frac{m_1t_1+m_2t_2}{m_1+m_2}$ 出发,加多林指出,当相混合的物质属不同种类时,用这公式就不能正确计算出混合物的最后温度;必须考虑到它们在比热上的差异。于是,加多林给出了下列公式:

$$s_1 : s_2 :: m_2(\theta-t_2) : m_1(t_1-\theta),$$

式中 s_1 和 s_2 表示两种被混合物质的比热,其余符号的意义与里希曼公式中的符号相同。当然,加多林的公式可以扩充,以便适合于
206 两种以上不同物质的混合物。此外,与里希曼不同,加多林认真尝试得出研究混合物温度时所必须考虑的混合物传给容器的热的正确的独立估计值,取得了相当的成功。他得出了一个公式,用以估算对混合物温度产生相当于容器影响的液体的质量。他的公式为 $\frac{m(t-\theta)}{\theta-t_v}$,式中 m 代表混合液的质量,t 代表混合液的温度,θ 为液体和盛此液体的容器的温度,t_v 为空容器的温度。(参见 J. Gadolin 和 N. Maconi:*Dissertatio chemicophysica de Theoria Caloris Corporum Specifici*,Äbo,1784。)

十、不可见的辐射热

始于十七世纪的关于不可见辐射热的研究在1682年后的大约八十年中一直没有什么进展。然而，这段时期却为这个问题的进一步研究间接地作了准备。因为，在这几十年中，取火镜和透镜大大改进，温度计在结构和分度方面也大有进步。这些改良的仪器是这个领域里的重要工具。因此，在十八世纪后半期关于这些问题的工作恢复以后，就取得了进展。

沃尔夫描述过一些抛物取火镜以及霍夫曼用这些镜所做的某些实验(*Phil. Trans.*,1769,p. 4)。有一个实验中，把火的热聚集于一面凹镜的焦点上。在另一个实验中，把燃烧着的煤放在一面凹镜的焦点上，再利用两面反射镜，把位于另一面镜焦点上的燃料点燃。用一个强加热的火炉重复这个实验，并且仍把燃料点着。托马斯·扬在他的《自然哲学讲演录》(*Lectures on Natural Philosophy*)(1807年)(I,p. 637)中说，霍夫曼第一个以这种方式即利 207
用一面或几面镜的反射，把炉火发出的不可见热收集起来。布丰给出了比霍夫曼更加令人满意的证明(*Histoire Naturelle*, *Supplément*,1774,I,p. 146)。"我用一面取火镜接收了相当强烈的热**而没有任何光**，方法是在明亮的火和镜之间放上一块铁板。一部分热被射到镜的焦点，而其余的热则全都穿透这镜。"(霍夫曼似乎没有注意将他用的热源——火炉的光的踪迹完全消除。)在同一本书中，布丰还写道："似乎……应当认识到有两种热，一种是发光的……另一种是隐蔽的。"他的实验证明，具有不可见热的物体

发射出能够像光线那样反射的不可见射线。

第一个在这领域进行系统实验的是舍勒。他力图调和理论和实验。他提出了一种关于辐射热和光的理论，它既符合既有事实，又不与流行的燃素说相悖。他在《关于空气和火的化学论文》(*Chemical Treatise on Air and Fire*)(乌普萨拉，1777年；英译本：L. Dobbin，伦敦，1931年，p. 120)中提到一个实验。放在一面金属凹镜焦点上的"明亮的赤热木炭"的热可以在另一面类似的镜的焦点上加以收集，在那里这时可把燃料点燃起来。他问道：这效应究竟应归因于热还是光，还是这两者。在为解答这问题的实验中，他仔细区分了辐射热和对流热，对前者进行研究。舍勒所用的热源是一个开口炉。炉子辐射出的热不受炉口上方强烈对流的影响。然后，他在自己面孔和炉子之间放上一块大玻璃板，这样，他就感觉不到任何热了。接着，他研究涂银玻璃的和金属的平面的和凹面的镜对射线的反射。用涂银玻璃实验时，他发现，光被玻璃反射，而热被吸收。用金属镜实验时，光和热都遵循同太阳光线一样的反射定律。在火炉的射线穿过一块玻璃板后，即使用透镜或镜聚集，这些光线也不产生热。

舍勒用放在火炉前2厄尔[①]处的一面金属凹镜造成一个点燃磷的焦点。他还注意到，镜并未变热，但如果把镜放在燃烧的蜡烛上方被烟灰熏黑，然后再放到炉子前面的这个位置上，没过几分钟，它就灼烫手了。金属镜和金属板与热物体接触时就变热——但不是来自火炉的热。当把火炉顶端的烟道堵住，热空气就要从

① 厄尔(ell)，古尺名，英国=4.5英寸。——译者注

火炉打开的门向上逸出，而若把金属凹镜或金属板放在这上升的热之中，则这热并不反射，但金属变热了。

因此，舍勒推论出辐射热的某些性质。他写道：“由这些实验可知，同炉中空气一起上升而通过烟道的热实际上是与通过炉门 208
进入房间的热不同的；热从其发源处出发直线地行进，又被抛光金属以等于入射角的反射角反射；它不与空气相结合，因而，除了在生成开始时接受的方向外，它不可能再从气流得到任何其他方向。”(上引书，p. 123)他还说：“这些都是属于光的性质。”但他不认为光是这些现象的原因，因为(1)火光与太阳光相比实在太弱；(2)当燃用木材并烧成“明亮的赤热木炭”时，用引燃磷来检验的一个焦点的热比较强，因而发出的光较弱；(3)用玻璃镜可以把火的热和光分开，玻璃镜反射光而保留热。

因此，舍勒得出结论：辐射热具有光的某些性质，但它尚未成为光，因为它受玻璃表面的反射不同于受金属表面的反射——“一个值得注意的事实！”他写道(上引书，p. 123)。于是，他把这种热称为“辐射热”，并以此回答他最初提出的问题，即为什么从赤热木炭反射的射线能引燃燃料，指出这要归因于“这种不同于火的不可见辐射热”(上引书，p. 125)。

在进一步对光进行的实验中，舍勒宣称，他业已证明，辐射热的点火力不是由于辐射热中的光；但是，只有火的辐射热才是这样，太阳光线的辐射热则并不如此，而如马里奥特所已表明的那样，太阳的光和热同样好地穿过玻璃。他的结论是：辐射热是一种物质实体，火、空气和燃素的一种化合物，而光则是一种含较多燃素的类似化合物。

于是，舍勒引入了“辐射热”这个术语，并描述了这种热的一些主要性质，还把它与光区分开来。他的实验要比他的理论思辨更有价值得多，而这些思辨往往是错误的。例如，他认为，紫色和紫红色含有的燃素较少，因为它们较易被棱镜吸引(即它们被较厉害地折射)；因此，既然辐射热含有的燃素更少，它就应当更易被吸引。所以，不可见的热射线似乎就处于光谱紫端之外。他大概没有用实验检验这一点。

J. H. 兰伯特提出了两个证据(参见 *Pyrometrie*，1779，§378)，证明火的热不是以光的形式，而是以隐蔽热的形式存在：(1)因为透明玻璃保护了面孔，使其不受极强火的热的影响，直到玻璃本身变热，和(2)因为由一面取火透镜聚焦在手上的极强火的像也丝毫不令人感觉到热。这样，玻璃和其他透明物体就把火的光和热分离了开来——让光透射，而将热吸收。火的热不能为透镜所聚集，但却可由镜来聚集。(有人说，早在1685年察恩就已在维也纳表明了这一点，但似乎查无实据。)兰伯特成功地重复了这些实验。放在一面凹镜(焦距18英寸)焦点上的木炭火发出的射线，被放在对面的、相距20到24英尺的一面较小凹镜(焦距9英
209 寸)收集了起来；把放在焦点上的火绒等物点燃。这些镜显然是金属的。兰伯特说，这个结果完全是由隐蔽热所致，尽管光也被聚集在焦点上。兰伯特的实验支持舍勒的结论。

克里斯提到(*Annales de Chimie et de physique*，1809，71，158)一部著作，题为《关于安德列·格特纳新发明的木质抛物镜及其惊人作用的说明》(*An account of parabolic wooden mirrors and their surprising action, newly invented by André Gaertner*)

(1785 年),其中描述了一个实验,该实验演示了从一个被烧热了的铁火炉发出的隐蔽热的反射。当在 10 到 12 步之外用抛物镜把它的热聚集起来时,其热等于在两倍于此距离之外明火的热。格特纳还描述了,如何在他的镜的焦点上放上冰,结果在 10 到 12 步之外产生十分明显的冷。

德索絮尔认为(*Voyages dans les Alpes*,1786,II,pp. 353f.),兰伯特的实验还不是决定性的——热源应当是不发光的。所以,他就用一只很热的但并非赤热的铁丸同皮克泰一起在后者的仪器上重复做了那些实验。两面大小和焦距相同的凹锡镜相对地放置,隔开 12 英尺 2 英寸。铁丸先被加热到赤热,然后待其冷却到在黑暗中已不可见时,把它放在第一面镜的焦点上。另一面镜的焦点上放上一支温度计的泡,这样这温度计所指示的温度比仅仅直达射线产生的温度高 8°,后者用一支恰在焦点外面的温度计指示。做实验的房间里此外便没有别的热源;而且,用不同的温度计在不同的日子都得到了同样的结果。只要把温度计稍稍移开焦 210
点,就会使温度显著下降,几乎降到室温。所以,对于隐蔽热的反射来说,这些实验是令人满意的。至于这种隐蔽热的本性,德索絮尔认为,它是物体中热流骚动引起的热振动的反射,这种振动能像声波那样被反射。他提出了一种测量其速度的实验。这实验后来由皮克泰进行,如这里将要说明的。

德吕克认为(*Idées sur la Météorologie*,1786—87),热的反射为下述事实证明:盛有水的金属锅在外侧磨光时比外侧带有灰垢时要花费更长的时间才能烧沸水,因为火微粒是按照适用于一切回跳物体的反射定律(入射角=反射角)而从抛光表面反射的。他

还认为，太阳光线本身并不是热的，而是由于跟存在于大气中的一种物质相结合才变热的，这种物质使太阳光线失去发光的性质。因此，德吕克反对迪卡拉的见解。后者在其《完全的火》(*Feu Complet*)中把太阳光线的发光能力和发热能力归因于一种共同的动因。

1788年，爱德华·金描述了一些实验(*Morsels of Criticism*，Ⅰ，99)，其中沸水发出的不可见热被凹镜反射并由一面凸透镜折射到一个焦点上。但是，值得怀疑的是，根据他的实验中可观察到的微小效应，他是否有理由得出热流体具有同光线一样的可反射性和可折射性的结论。在后来利用金属凹镜的实验中，他让火的热被反射，并注意到"金属在作此用途时要比玻璃灵验得多"。

M. A. 皮克泰于1790年指出(*Essais de Physique*，英译本：*An Essay on Fire*，W. B. 译，1791)，"释出的火"(即辐射热)"是一种遵循某些定律并以某速度运动的不可见射气"(英译本，p. 8)。他把它与光相比。因为没有光照样可以得到热，没有热也照样可以得到光，所以，他断言，两者的关系如同一个整体之于一个部分。至于这种"释出的火"的本性，根据它的简单性，他赞成这样的理论：它是一种实在的射气，而反对这样的观点：它是无所不在的、完全弹性的热流体的简单振动。他用一只热铁球重复他以前与德索
211 絮尔一起做过的(关于隐蔽的热的反射的)实验(如前所述)，证明一支小蜡烛也产生同等的效应，但用一块玻璃板就可把热削减三分之二。为进一步证明不可见热的反射，皮克泰又用一小烧瓶沸水进行实验。这是一个令人满意地、不发光的热源。两面镜相距

10 英尺 6 英寸，结果 2 分钟后水银温度计就上升了 $3\frac{1}{8}$°F，而且一当把烧瓶从焦点移开，温度就下降。他表明，纯粹的热像光一样也可被黑体吸收，因为当他把温度计泡涂黑后，温度计上升 $4\frac{1}{8}$°F，而且上升得更快。当把一块玻璃板放在两面镜之间时，大部分热都被吸收了。

由于热按同光一样的定律反射，所以皮克泰便把烧瓶中沸水的热用一面凹锡镜反射到一面凸透镜上，凸透镜的焦点处有一支温度计，以此来测验折射。他用了三个不同的透镜，但在焦点处并未发现比其他地方有更多的热，因此问题仍然悬而未决。他还试图按照德索絮尔提出的方法测量辐射热的速度。一只在黑暗中不可见的热铁球被放在第一面锡镜的焦点上，并用一块厚厚的屏把它与另一面镜屏蔽开。在第一面镜对面 69 英尺处放一面镀金的大镜，其焦点处有一支灵敏的空气温度计。这一切都就绪后，把屏移开，温度计立即就上升，没有任何令人觉察得到的时间间隔。因此，皮克泰得出结论：他所称的“释出的火”“向一切方向以相当快的速度——或许像声甚或像光一样迅速——直线地”运动；而且他在此也称之为“辐射热”(英译本，p. 113)。

皮克泰还尝试对冷的反射进行了实验。两面锡镜相距$10\frac{1}{2}$英尺地放置；一个充满雪的烧瓶放在第一面镜的焦点上，一支灵敏空气温度计的泡放在第二面镜的焦点上。结果，温度立即降低了几度，而当把烧瓶从焦点处移开后，温度计便又上升了。当把硝酸注到雪上(以得到较低的温度)时，产生了更为明显的效应。皮克泰对这些事实的最后解释乃遵照我们现在就要讲到的普雷沃理论。

1791年，普雷沃发表了他关于辐射热通过不断交换而平衡的理论(*Observations sur la physique*,1791,38,314)。这一理论的基础是德吕克的热理论(认为热是一种离散流体，其微粒处于不断运动之中)以及皮克泰对冷的表观反射的演示。实际上，普雷沃理论的目的主要就是为了解释这一令人费解的现象。普雷沃从比较
212 光与辐射热("完全自由的火")出发，得出了这样的结论：实验证据尽管有限，但仍证明了这样的结论：光和辐射热在性质上是相似的，特别就它们传播的直线性和即时性而言。因此，他认为，热和光是相似的离散流体。以空间中具有相同温度的两相邻部分为例，他坚持认为，这两个部分之间通过辐射不断交换热。这些交换是等同的，因而这两部分处于相对平衡，它们的温度保持恒定。这样，如果某一部分变热，则它将给出的热多于它从别的部分接收到的热，直到在更高的温度上达到新的平衡。

这一理论对冷的表观反射给出了十分令人满意的解释；因为一个冷物体在一个焦点上比一个较热物体在另一个焦点上发出较少的热，这使较热物体冷却下来，由于它接收的辐射热比发出的少。可见，温度计上的效应不是因为冷的反射，而是因为热沿反方向的反射。皮克泰立即接受了这种解释。

詹姆斯·赫顿重复了舍勒的关于玻璃片对火发出的射线的效应的实验，发现热并未完全被吸收，而只不过在强度上有所减弱罢了(*Dissertation on the Philosophy of Light*,*Heat and Fire*,Edinburgh,1794)。他谴责了"隐蔽热"的观念，说"设想热离开物体

而运动,或者热按照光的定律反射,这无疑是一个玷污科学的观念”。他认为,这些效应倒是起因于不可见的光,这种光因为太微弱而不能使人眼感觉到,但其强度却足可传送热。

于是,及至1800年,存在着不可见热射线的观念已为人们公认。当时已经知道,这种射线几乎瞬时地直线传播,并按照和光线一样的定律反射。人们还猜想,这种不可见热射线也能像光线那样折射。这些同光的相似性导致人们猜测,两者是相联系的。赫顿甚至论证说,不可见热射线实际上就是不可见的光。但是,由于玻璃对火的热和光射线呈现不同的吸收效应,所以大多数科学家都暂不表示决定性的意见,把这种不可见热射线称为“隐蔽热”或“辐射热”。当时提出了两种理论,即(1)不可见热射线是一种物质的射气,和(2)它们是一种无所不在的热流体的振动。其中前一个受到较为广泛的支持。冷的反射已得到了演示和解释。实验主要是定性的,但已为定量研究准备好了活动场地。

(参见 D. McKie 和 N. H. de V. Heathcote, *The Discovery of Specific and Latent Heats*, London, 1935; E. Mach, *Prinzipien der Wärmelehre*, Leipzig, 1923; E. S. Cornell, “Early Studies in Radiant Heat”, *Annals of Science*, 1936, Vol. Ⅰ, p. 217;以及第181—182页上所列有关物理学的一般书目。)

213 # 第九章　物理学

(四)电学和磁学(Ⅰ)

属于自然科学最古老分支的力学和光学是十七世纪里物理学取得最大进展的两个部门,而由吉尔伯特和冯·盖里克开辟的摩擦电的领域则是十八世纪里物理学取得引人瞩目发展的部门。然而,摩擦电研究起初必定进展缓慢,因为它完全依赖于那些没有任何理论指导的偶然观察。每一门精密科学都要经历这样的最初阶段,而电科学是物理学各主要分支中最后一个脱离这一阶段的。直到进入十八世纪很久以后,电学才进入以在假说性概念指导下的系统实验为表征的第二阶段。早期阶段,以豪克斯贝和迪费等人为代表,他们的活动期恰逢十八世纪初年。站在前人肩膀上的富兰克林和埃皮努斯属于第二时期。但是,等到十八世纪末,方才通过定量观察而达到精确的摩擦电定律。这是库仑的功绩,后来使静电学终于成为一门精密科学的数学演绎正建基于他的实验研究。

一、摩擦电

豪克斯贝

对水银发磷光这种令人瞩目现象的兴趣特别刺激了十八世纪

初的电学研究。这种现象是皮卡尔于1675年发现的。在黑暗中摇动一个气压计的水银柱,就可在托里拆利真空中观察到一种独特的磷光。这一奇特的现象引起了不小的轰动,人们争相撰文议论它。围绕这现象的本性,展开了一些争论,约翰·伯努利也曾深 214
深卷入。起初,一般人都把这效应归因于是水银中含有硫或一种特殊的"磷",最后才由皇家学会会员和干事弗兰西斯·豪克斯贝(卒于1713年?)作出了正确解释。豪克斯贝以实验正确地证明,这种现象起因于水银摩擦玻璃管壁而生成电。他为这一假说设计了许多独立的实验证明;他还表明,甚至当水银表面之上空气处于常压时,也照样发生发光现象。1745年,柏林的鲁道夫表明,当一支气压计管里的水银被扰动时,管周围悬吊在一个抽空的容器里的几根线被管吸引(*Mém. de l'Acad. de Berlin*,1745)。这就证实了豪克斯贝的解释。

但是,豪克斯贝在1705年以后的《哲学学报》和他的《各类问题的物理-力学实验》(*Physico-Mechanical Experiments on Various Subjects,etc.*)(伦敦,1709年)一书中所介绍的那些研究的过程中,他的研究范围已超出了这一局限问题。

他发明了一种能使物体在一台抽气机的抽空容器中快速旋转的机器。他藉此使琥珀与毛织物在这容器的真空部中摩擦,观察到摩擦点上出现发光现象,而只要这种运动维持着,发光就一直可以见到。后来他又让一个玻璃器皿在这容器中旋转,与一小块毛织物摩擦,这时产生了"美丽的紫红色光"。在这两例实验中,当放入空气时,发光度都明显减弱,而且每当换用新的材料时,最为显著。他还观察了其他几种物质对偶(玻璃对玻璃,等等)在真空中摩擦的效应。在豪克斯贝向皇家学会报告的一些进一步实验中，他曾使用一种初级形式的玻璃起电机。最早的摩擦起电装置是冯·盖里克大约在十七世纪中期制造的。豪克斯贝大概熟知盖里克对这种装置的说明。然而，这种起电机并没有被广泛采用；至少到十八世纪初年为止，产生电荷的方法一直只是用赤手或其他适当材料摩擦玻璃、琥珀
215 或其他电物质。豪克斯贝的机器是一个抽空的直径约九英寸的密封中空玻璃球，绕一根轴快速旋转（图95）。一当把赤手与这旋转球接触，就可得到1英寸长的火花，产生的光亮足以进行阅读。在此仪器的一种后续形式中，玻璃内衬薄薄一层火漆、沥青或硫，于是，摩擦的手就成了一道发光的痕迹留在这里衬的内表面上。豪克斯贝认为，这种效应起因于以前储在玻璃上的潮湿 effluvia〔电素〕的释放（他用电素解释所有这些现象），

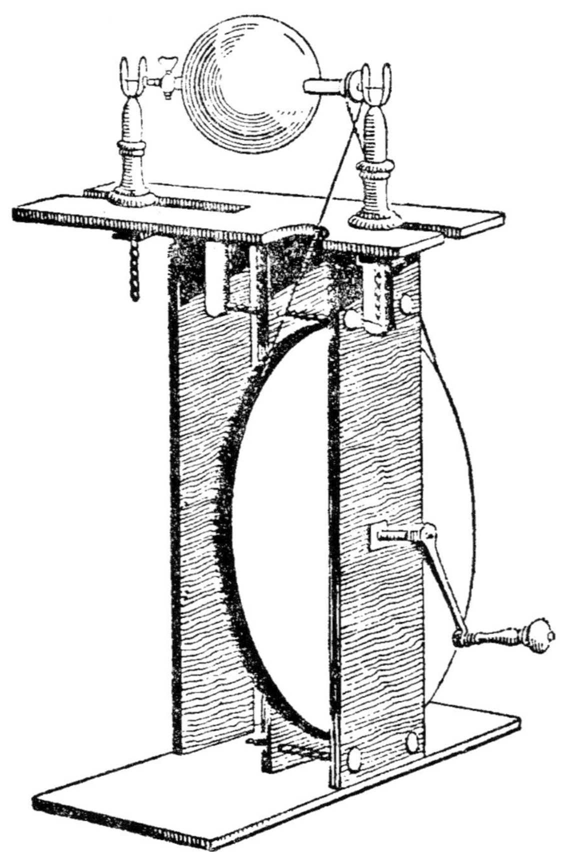

图 95—豪克斯贝的起电机

他还描述了当让空气逐渐重新进入玻璃球时所观察到的变化。这里他同样认识到这种发光现象与在一个被摇动的气压计中所观察到的发光现象是相似的,并且也许可作类比。

这样,豪克斯贝可被认为是玻璃起电机的发明者。然而,这种起电机并没有立即得到广泛应用,其改进肯定也是后来的事。他又进而进行制造通过旋转火漆、硫、松香等等的圆筒来操纵的起电机的实验。不过,他没有发现存在着两种电。他的一些进一步的论文讨论了电作用,透过玻璃传播的问题,以及抽空玻璃球仅在受电激发的玻璃的邻域中产生发光现象的问题。关于他对磁力性质的研究,我们将在其他地方论述。尽管豪克斯贝本人没有作出什么具有根本性重要意义的发现,但他的工作引起人们注意电现象,刺激了对它们的进一步研究。

格雷

最早观察到电传导现象的大概是冯·盖里克。但是,他没有进一步探究下去。明确描述这种传导现象并通过实验区分导电和非导电物质的人是卡尔特修道院的养老金领取者斯蒂芬·格雷(卒于 1736 年),他是一位多产的实验家,但我们对他不甚了了。

1729 年,格雷拿一根玻璃管,把它的两端塞住,观察在此条件下它是否仍能经摩擦而带电。他偶然注意到,除了玻璃管带电外,
软木塞也带电,并能吸引羽毛。然后,他又取一根木杆把它的一端 216
插入一个塞子中,另一端插进一个象牙球上的孔中。他发现,当玻璃管被激发时,象牙球能吸引羽毛,即电的作用已通过软木塞和木杆传到了象牙球。为了弄清这种传播究竟能达到多远,格雷就尝

试用越来越长的木杆，最后用金属线或包扎绳来连接被激发的管和象牙球。他发现，吸引力始终能传送到后者，而且这种作用似乎可以向无限的远方传播。格雷同他的合作者格兰维尔·惠勒发现，当他们用包扎线来维持传导线路时，实验就失败，但当仍用丝线时，实验又成功。起初，他们认为，丝线比包扎线细因而带走的电素较少，但当他们用细黄铜丝时实验又归于失败。于是，他们认识到，“以前我们取得的成功乃维系于用来维持传导线路的线是丝质的，而不在于所用的线是纤细的”；“当电素来到维持线路金属丝或包扎线时，它就通过它们而传到它们两端固定于其上的木杆，因而不再沿通向象牙球的线路继续行进了”（*Phil. Trans.*，1731，p. 81）。电作用被传送的最远距离达765英尺。格雷的实验显示了，能把电性质传送到远处其他物体的物体和不能做到这一点，因而可用来保存电荷的物体（包括毛发、丝、松香和玻璃）两者截然不同。格雷表明，只要把受激发的管放在传导线近旁，电的效力就可以从这管传送出去。这样，他率先发现了电感应现象。

关于格雷所描述的许多其他实验，我们这里只能提到少数几个。他取两个大小相同的橡木立方体，一个实心，另一个中空，用毛发绳把它们悬吊起来，然后用一条传导线路联接两者，并将一根摩擦过的玻璃管置于这线路的中间，与两个立方体等距离，如此通过感应使两者起电。于是观察到，放在两个橡木块下方等距离处的黄铜箔受到相等的吸引。格雷和惠勒曾使形形色色东西起电，包括小男孩、公鸡、赤热的拨火棍、“伞”和世界地图，它们事先都用丝绳悬吊起来。有时格雷在起电前先把人或物放在一个松香块
217 上，因而他实际上是绝缘凳的发明者。他曾把一个盛满水的小容

器放在这样一个绝缘凳上，当把一根带电玻璃棒靠近水面时，他看到，玻璃棒附近的水上升而高出其余水面。格雷还证实了豪克斯贝关于电作用能透过玻璃的发现，并观察到一根尖顶铁棒悬在被激发的玻璃管附近时产生的发光放电现象。

德札古利埃

格雷的发现使人明白了吉尔伯特对**电**物质和**非电**物质的区分，即后一类仅仅包括那些物体，电荷从它们一产生就迅即被带走。让·泰奥菲尔·德札古利埃(1683—1744)在继续格雷而做的一些实验中，把能够让电透过的物质称为**导体**，而把不具备这性质的，因而用来支承他实验中所用的传导线的物质称为**电本体**(*electrics per se*)或**载体**(*supporters*)(*Phil. Trans.*，1739，p. 193)。后一类物质可通过施作用于物体自身而激发电，而前一类则不可能由对它们的任何直接作用起电，而只能从一个电本体**接收**电。然而，他认识到，只要用水弄湿，电本体就可很容易地转变成导体。在这门新科学的解说和普及方面，德札古利埃也是一位重要人物。

迪费

电物质和非电物质之区分的真正本性大约在同时为其他几位研究者认识到。巴黎的夏尔·弗朗索瓦·迪费(1698—1739)便是其中之一。他做过许多电学实验，其中有些具有根本性的重要意义。他还证实了格雷的研究结果。他的主要发现见诸法兰西科学院的《备忘录》(1733—37 年)以及《哲学学报》，它们可概括为以下两项：(1)一个电物体在带电时吸引一切非电物体，把电传给它们，于是排斥它们。(2)存在着两种对立的电:**玻璃**电和**树脂**电。英国读者是从 1734 年《哲学学报》上刊载的迪费的一封信得知这第二个极其重要的发现的。他在那封信中这样谈到它:

“机遇又赐予我一条原理,它更为普遍,也更为精彩……它给
218 电学以新的昭示。这条原理就是:存在着两种断然不同的电;一种我称之为**玻璃电**,另一种为**树脂电**。第一种是玻璃、水晶、宝石、动物毛发、羊毛和其他许多物体的电。第二种是琥珀、柯巴脂、丝、线绳、纸和无数其他物质的电。这两种电的特征是,例如一个带**玻璃电**的物体排斥一切带同类电的物体;相反,却吸引一切带树脂电的物体”(*Phil. Trans.*,Vol. XXXVIII ,p. 258)。

迪费是通过他向巴黎科学院报告的一些实验(*Mém. Acad. Roy. Sci.*,1733,p. 464)而作出这一发现的。他曾有一个印象:一片由一块摩擦过的玻璃起电的金箔将被一切由其他摩擦而起电的物体所排斥。然而,这一假设证明是错误的,因为当他把摩擦过的树脂质物体靠近金箔时,金箔被它们吸引。正是这个实验还导致他那样命名两种电。后来,坎顿和维尔克的实验表明,迪费的命名是引人入歧途的,因为当用适当材料摩擦时,树脂质物体可以产生玻璃电,而玻璃质物体也可产生出树脂电。

如上所述,迪费继格雷之后指出,物体传导电荷的能力与其自身接受电荷的能力之间有联系。他表明,吉尔伯特的非电物体如果被“电”物质支承或悬吊起来,那就可被起电。这些电物体当时已开始被广泛用作绝缘物。例如,他成功地使一个由毛发绳或丝绳悬吊起来的人起电,并从此人身上引发火花。

起电机

继豪克斯贝工作之后,起电机在十八世纪里有渐缓的进步,尽管它曾极大地促进了对摩擦电现象的深入探究。豪克斯贝去世后大约三十年间,这类机器的潜力被人们忽视,产生电荷的方法一直是用沾有白垩粉末或其他类似物质的小块毛皮摩擦玻璃棒。设计和使用起电机的传统是1743年由莱比锡的C. A. 豪森继往开来的。在他那年的著作《电学史上新进展》(*Novi Profectus in Historia Electricitatis*)中他描述了一种这样的机器。这种机器是一 219
个玻璃球,借助绕在一个带有摇手柄的大轮上的一根线带快速转动它。在豪森装置的示意图中,一个男孩正被丝绳悬吊着,他的双脚触着旋转的玻璃球,因此他既作为一个摩擦者,又可以说是可由之引发火花的原导体(图96)。其后不久,G. M. 博塞在他的一首诗《电》(*Die Elektricität*)(Wittenberg,1744年)以及《电学实验》(*Tentamina Electrica*)(Wittenberg,1744年)中描述了他自己作的一些改进。博塞宣称,他早在1737年就已用一个玻璃球来起电了。他不用被绝缘的人体,而代之以用丝线悬吊的铁管,用亚麻线使它与玻璃球连通。莱比锡电学家J. H. 温克勒制造了一部有

图96—豪森的起电机

数个玻璃球同时工作的起电机。根据他的同乡吉辛的建议，他采用了机械摩擦物，它们是经白垩处理的皮垫，并借助弹簧压住玻璃球（*Gedanken von den Eigenschaften，Wirkungen und Ursachen der Elektricität，nebst einer Beschreibung zwo neuer elektrischen Maschinen*，Leipzig，1744）。他必定已认识到，必须把这种摩擦物接地。后来，这种摩擦物很快就成了既定型式。但是，温克勒在该书中还描述了一部起电机，其中由一块踏板操纵一根长玻璃管，使之前后移动，从而摩擦封闭在其中的一块织物。他还描述了一种绕轴旋转一个酒瓶的装置，它用一块踏板和弹簧操纵一根缠绕在轴上的绳索，绳索使瓶交替地沿两个方向转动，有点像用绞索操纵钻头。温克勒在《电物质的性质》（*Die Eigenschaften der elektrischen Materie，etc.*）（莱比锡，1745 年）中描述了另一种机器，其中原导体被作为部件装进机器。J. G. 克吕格尔认识到，原导体越长，它起电时给出的电击就越强（*Zuschrift an seine Zuhörer*，Halle，1745）；到富兰克林才认识到，（在给定环境条件下）电击取决于导电表面的**面积**。A. 戈登在其《电学演示实验》（*Versuch einer Erklärung der Elektricität*，Erfurt，1745）中描述了一种他自己制造的机器，其中有一个玻璃圆筒顶住一块皮垫旋转（图 97）。原导体是一根与机器其余部分分离的铁管；当机器开动

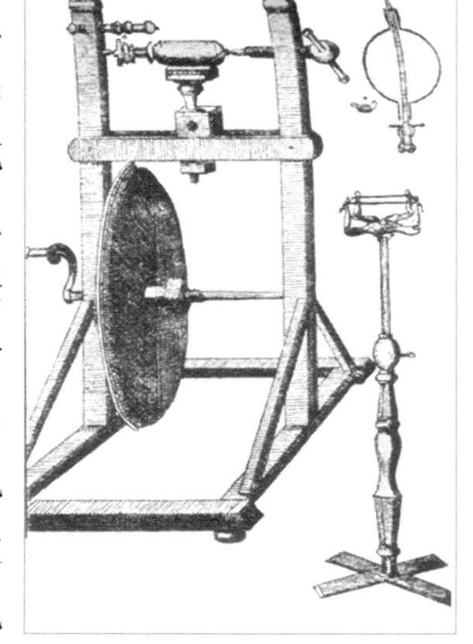

图 97—戈登的起电机

时，铁管的一端被提升到离玻璃筒不到四分之一英寸的地方，用于收集电荷。(参见 F. Rosenberger: *Die erste Entwicklung der Elektrisirmaschine*，载 *Abhandlungen zur Geschichte der Mathematik*，Heft 8，No. 3，1898。)其后在十八世纪中期起电机设计上又有进步，约瑟夫·普利斯特列在他的《电学史》(*History of Electricity*)(第3版，伦敦，1775年，Part V，Section II)中对此有所介绍。该书谈到的起电机包括沃森的起电机，其中三、四个同时旋转的玻璃球被摩擦(图98)；威尔逊的起电机首次用一个金属梳收集一个起电圆筒的电荷(图99)；里德的机器把原导体连同它的齿 220

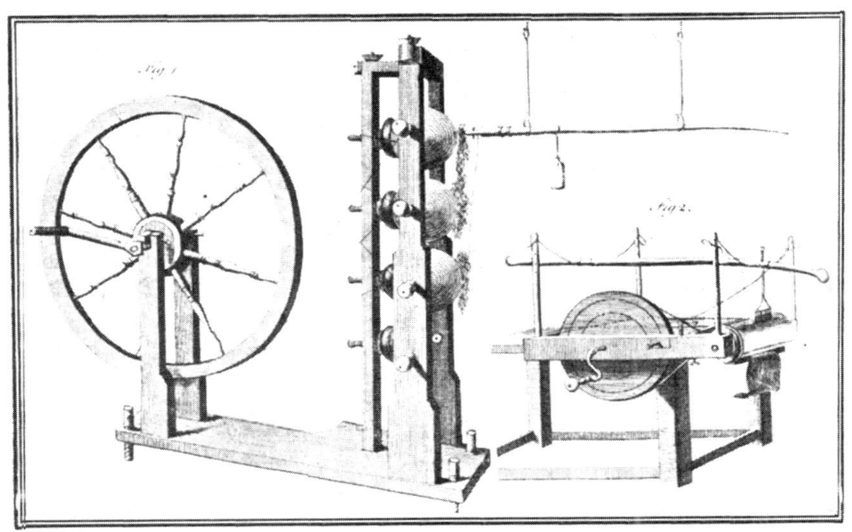

图98—沃森的起电机　　图99—威尔逊的起电机

形集电器都连接到一个莱顿瓶的内部；在另一种机器中，借助齿轮传动装置使一个玻璃球快速旋转(图100)。普利斯特列注意到，有一种型式很特别的起电机(图101)，它似乎是1766年前后由英根霍斯和拉姆斯登或许还有普兰塔各自独立发明的。这种机器主

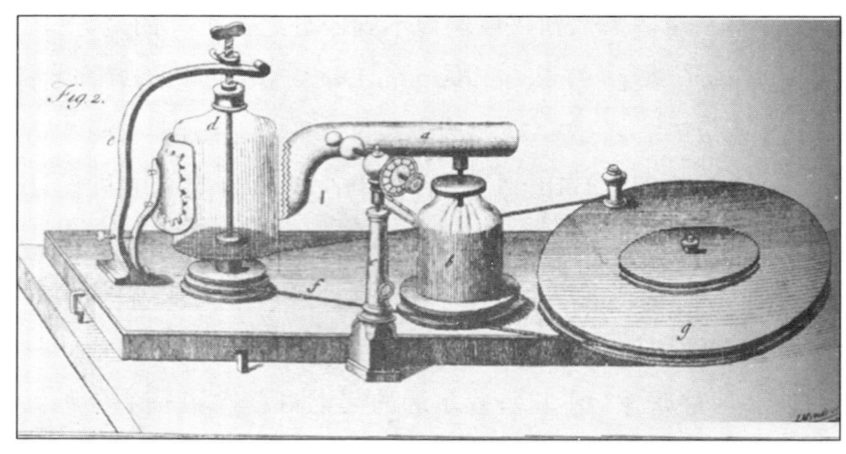

图 100—里德的起电机

图 101—无名氏的起电机

要是一个圆玻璃板;它在一个垂直平面上旋转,靠连接在通过圆玻璃板中央的一根铁轴上的一根曲柄驱动;玻璃板每一面在其垂直直径的两对端上设有四个垫子,它们摩擦玻璃板。原导体是一个

中空的黄铜管,其上伸出两根带有集电尖端的水平分肢,与玻璃圆盘相距不到半英寸,各用来收集一对垫子激发的电。普利斯特列还描绘了他自己的起电机(Vol. Ⅱ,p. 112f.):“我对这个问题潜心钻研的结果。”他表明了两种形式,主要是一个球形玻璃烧瓶,一根金属轴被黏结到烧瓶的颈中,但不穿透玻球(图 102)。摩擦物压在玻球上,通过旋转金属轴来转动玻球,由带尖端的金属丝轻轻扫

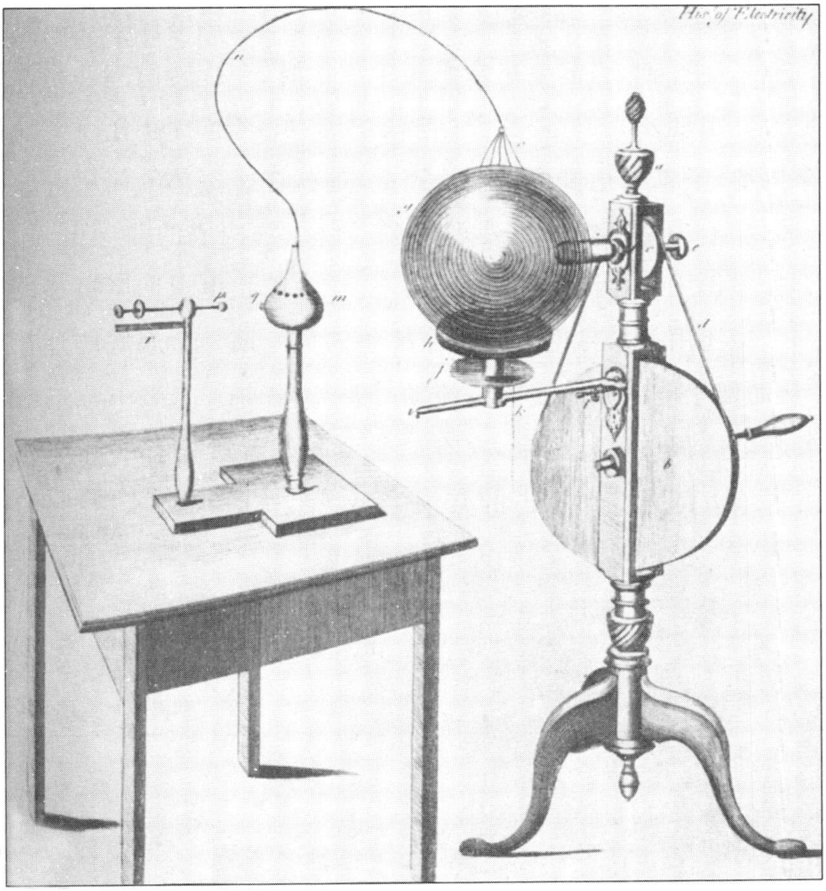

图 102—普利斯特列的起电机

过球面来收集所产生的电荷。

坎顿表明了如何用水银、锡和白垩的混合物处理他的油浸过的丝质摩擦物（它们作用于玻璃棒），由此产生较强的摩擦电（*Phil. Trans.*，1762，p. 457）。也有人用各种物质处理起电机的摩擦物，以增强它们的效力。其中冯·金迈尔用的包含锌、锡和汞的一种汞合金效果最佳（*Journal de Physique*，1788）。也有人试图给玻璃筒或球涂衬一种树脂合成物来改良起电机的性能。

努思注意到，当起电机在黑暗中工作时，在旋转筒离开摩擦物的地方会出现发光放电；于是，他认识到，所产生的电有许多又返回摩擦垫，根本未达到集电器。因此，他就在摩擦垫的筒离开它的那一面装上一个由经蜜蜡处理的多层丝织物构成的非导电盖片。由于吸引作用，这丝片便贴在圆筒上，作为防止电返回摩擦垫的屏障。努思还用一个导电盖片把摩擦垫的另一面与金属底座连接起来，从而便于电向圆筒受激处流动（*Phil. Trans.*，1773，p. 333）。

起电机很快风行起来，富有的业余爱好者所拥有的起电机最
221 后占了绝大部分。摩擦电的其余主要现象这时很快被相继发现。

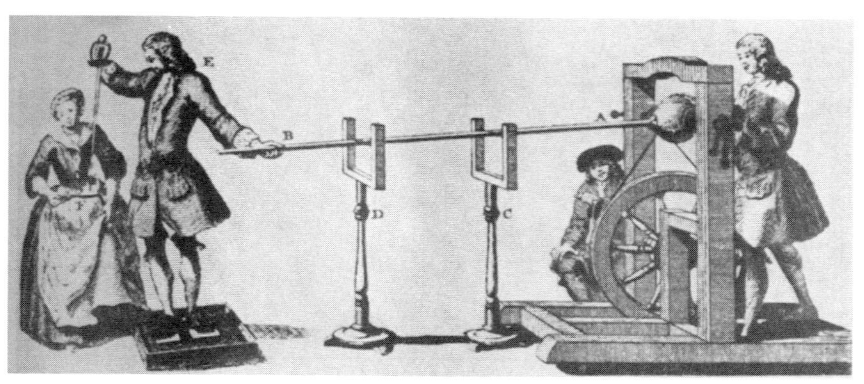

图 103—格雷拉特的实验

电火花的引燃作用从炸药、乙醚、酒精和磷等等物质得到证明。图103示出这样的一个实验,图中电荷从起电机通过一个绝缘的人体传送到一种可燃物质。格但斯克的市长格雷拉特按这种办法用电火花把他刚吹熄的一支蜡烛重新点燃,且还表明,酒精甚至能用起电的水喷注点燃(*Versuche u. Abhandl. der naturforschenden Gesellschaft in Danzig*,1747,p. 507)。

莱顿瓶

水能够被起电的发现,再加上想通过用非导体束缚电荷来保存电荷的愿望,大概促成了发现现在称为莱顿瓶的装置。在两个不同国家几乎同时各自独立地作出了这一发现。波美拉尼亚的牧师E. G. 冯·克莱斯特于1745年下半年首先偶然作出了这一发现。他做了一个实验,把一枚用起电机起电的铁钉插进他用手握着的一个小玻璃瓶中。当他的手还握着这小瓶的时候,他用另一只手触及铁钉,结果被强烈地击了一下。当在瓶中加入一些水银或酒精重复这一实验时,这电击更为强烈。关于冯·克莱斯特实验的最早记载见诸J. G. 克吕格尔的《地球的历史》(*Geschichte der Erde*)(哈雷,1746年)(*Anhang von der Electricität*, pp. 177— 222
81,此处录引了冯·克莱斯特致克吕格尔的一封信)。最令冯·克莱斯特惊异的是,仅当用手握住小瓶时才获得电击。如果在起电后把瓶子放在一张桌子上,用一个手指去触及铁钉,则并不看到火花,只听到一种咝咝声;但是,如果这时再次把瓶子握在手里,并用这手指去触铁钉,那就会感受到明显的电击。冯·克莱斯特在利用一支废弃了的温度计的玻泡和部分管茎时,得到了最好的效果。

这玻泡装一半水，一根金属丝浸入水中，其上部伸出管茎顶端并弯成直角，其终端系一个小铅球。此后不久，冯·克莱斯特把他的发现告诉了一些朋友，而格但斯克的格雷拉特和J. H. 温克勒又从那些人辗转得知了此事，并改进了原始发明。1746年4月，格雷拉特用多达二十人手拉手地构成的链给数个冯·克莱斯特瓶放电，那些人同时全都感到了电击。不论那些人站在地面上还是绝缘物上，也不论每个人是拉住另一个人的手还是握着接在相邻者身上的长金属丝端末，都得了同样结果。但是，当那些人臂挽着臂围成圆圈，或者他们用非导电物质联接时，实验便失败。格雷拉特注意到，构成这个电链的环节的人本身并没有起电。格雷拉特把几个冯·克莱斯特瓶并联而构成电池，发现在它们明显放电后，瓶中仍然存有"剩余电荷"。他用这种电池杀死了小鸟，他的医生朋友对这些小鸟进行了死后检验。格雷拉特说服了他的一些朋友，让他们在一个实验中每人拿着一个冯·克莱斯特瓶，用一只手握住捏手去顶住一个起电机的原导体，而另一只手抓住一根短金属丝。然后，另有一人把所有这些金属丝的自由端都握在一只手中，并用另一只手去触原导体，结果他比参加实验的伙伴受到强得多的电击。为了避免这种试验中令人痛苦的电击，格雷拉特决定不再用人体作电路的构分。温克勒曾用一根链条把数个冯·克莱斯特瓶从外面捆在一起，并将之与一个导电桌相联，桌子上伸出一根金属棒，与原导体构成一个火花隙口，而瓶的捏手被施加于原导体。一当开动机器，火花隙上便出现电火花，百步之外仍可听到其声音。格雷拉特由之受到启发，遂将四个冯·克莱斯特瓶安装在金属承座中，每个承座都有单独的金属丝联接到原导体正下方的一个铜球。把瓶的捏手与原导体相连，当开动机器后，铜球与原导体之间就通过大量火花。(关于格雷拉特，参见 *Versuche und Abhandlungen der naturforschenden Gesellschaft in Danzig*，I，1747，pp. 506—34；关于温克勒，参见 *Die Stärke der elektrischen Kraft des Wassers in gläsernen Gefässen*，Leipzig，1746。)

1746 年 1 月，勒麦向科学院报告了一封寄自莱顿的米欣布罗克的信。现将其主要部分摘译如下：“我要向您报告一个新鲜但可怖的实验，并奉劝您切莫亲自试验。……现在我正在搞一些电力研究；为此，我用两根蓝丝绳悬吊一个铁枪筒 AB，枪筒接受从一个玻 223
璃球传导来的电，玻璃球绕它的轴快速旋转，同时受到人手的摩擦。从枪筒的另一端 B 自由地悬一根黄铜丝，其端末浸入一个部分充水的圆玻璃容器 D 中。我用右手 F 拿着这玻璃容器，用左手 E 去引发已起电的枪筒发火花。突然，我的右手 F 受到强烈冲击，令我浑身战栗，就像遭到雷电轰击一般(图 104)。尽管容器的玻璃很薄，却照例没有破裂，而我的手在这阵骚动中也没有移动，但手臂乃至全身有着一种难以名状的可怖感受。总而言之，我觉得我要完了。”米欣布罗克接着解释说，尽管玻璃容器的形状如何似乎没有什么关系，但容器必须是用德国或波西米亚产玻璃制成的，否则不会产生这种效应；甚至荷兰玻璃也没有用。诺莱读过这封信后，隔了几天又收到了住在莱顿的物理学家阿拉曼的报告，它描绘的也是这个实验。可是，阿拉曼在后来写给诺莱的一封信中指出，第一个发现米欣布罗克信中所描绘的那种效应的人是莱顿的一个名叫库内乌斯的富有的业余科学家。(参见修道院院长诺莱的论文，载 *Mém. de l'Acad. Roy. des Sciences*，Paris，1746，pp. 1—23。)

图 104—米欣布罗克的实验

诺莱和 L. G. 勒莫尼埃没有理会米欣布罗克的警告，立即重复了莱顿实验。诺莱的实验成功了，用的是普通的法国玻璃容器，只要是干燥的就行。于是，他得出结论：在米欣布罗克的实验中，除了德国玻璃容器是干燥的而外，其他肯定都是**潮湿的**，这便解释了为什么用它们不能给出肯定结果的原因。诺莱发现，水作为充入容器的液体最好，但其他液体（特别是水银）也可以，只要它们不含硫磺或油，甚至粉末或铁屑也可用。另外，容器必须是玻璃的或瓷质的；即使硫也不能用来代替它们。电击的强度似乎取决于容器的大小。在同一卷《备忘录》(pp. 447—64）中，勒莫尼埃描述了

他自己利用莱顿瓶所做的一些早期实验。这些实验主要是观察让
瓶放电的结果，放电通过的电路由人手拉手形成的链构成，或者用
链条或长金属丝联接而成，后者能通过潮湿草地或新挖的土地，或
绕在树木上而不减损电击的力量。勒莫尼埃成功地让电击通过浸
在古王宫和王家花园的湖泊中的两根金属丝之间的水。为了测定
放电的传播速度，勒莫尼埃在一所卡尔特教团修道院的一个场院
上设置了两根平行的长金属丝。一个观察者用两只手抓住金属丝
的两个远端，而两个近端，连接到一个充了电的莱顿瓶的外部，另
一个连接到莱顿瓶的球形头(图 105)。观察者判断电路闭合后瓶 224
上通过火花的时刻和他感到电击的时刻之间的时间间隔。但所有
观察者都一致说，他们觉察不到这间隔。

整个欧洲立即对这些发现深感兴趣，许多业余爱好者都致力于电学实验。1747 年，威廉·沃森(1715—87)以及其他几位皇家学会会员成功地把电击传送过泰晤士河。他们让一个瓶通过一条外部线路放电，它包括一根跨过威斯特敏斯特桥的金属丝，通过三个操作者身体而完成，其中两人在河的两对岸把铁棒浸入水中，两者相距 400 码。当电路闭合时，三个人全都感到了电击，并发现，放电的强度足可点燃酒精。不久，在斯托克纽因顿进行了一次更大规模的类似实验(*Phil. Trans.*，1748，p. 49)。

在莱顿瓶初期的各种改进中，有一种是沃森作出的。贝维斯已在瓶外面涂上一层箔；他甚至似乎已用涂有金属箔的玻璃片制成了电容器。沃森也在瓶的内壁类似地涂上了衬里，而且瓶子里不再充液体，这样，他实际上使瓶成为今天的式样(*Phil. Trans.*，1748，pp. 92ff.)。他也是最早试图测定电在一根金属丝中传播速

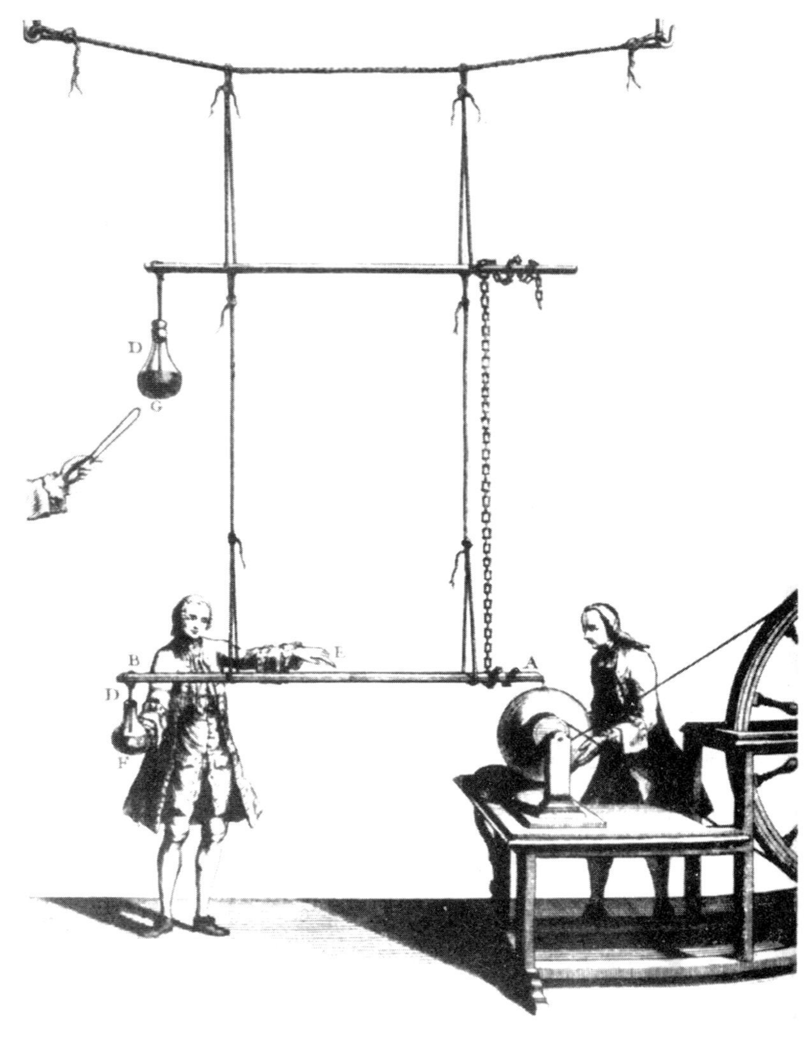

图 105—勒莫尼埃的实验

度的先驱之一。1748 年，沃森和皇家学会的其他一些会员在舒特山用长度超过 2 英里的一条线进行了实验，得到的结果是否定的。瓶 C（图 106）通过线路 CEFABD 放电。在线路 F 处接入的一个观察者发生痉挛性动作的时刻和远处火花隙 A 通过一个火花的时刻间的时间间隔是觉察不出来的,这表明速度至少是很大的。欧洲各地以及富兰克林在美国很快重复了这些实验。

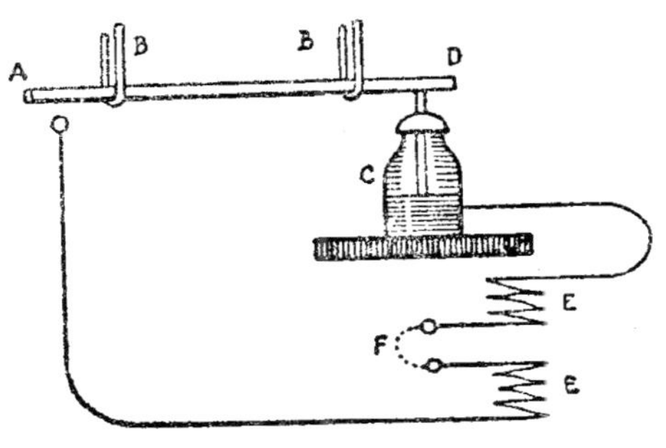

图 106—沃森设备布置的示意图

富兰克林谈到,他打算演示用传送过斯奎尔基尔河的电火花点燃酒精,“我们不久前做的这一实验使许多人大吃一惊”(*Experiments and Observations on Electricity*, 5th ed., London, 1774, p. 37)。但是,当有人建议测量一个瓶通过一条主要由北美的江河溪流,甚至包括数百英里海洋构成的线路放电所花的 225
时间时,富兰克林答复说,这样一个实验“仅仅表明,电流体在金属中极易运动;它绝不能测定速度”。他用类比解释这一点:“如果〔一根〕管子注满了水,我又在一端再注进 1 英寸水,那么在同一时刻在另一端我挤出了等量的水。而在管子一端挤出的水并不是同时在另一端硬注入管子的水;只不过同时在运动罢了。”(上引书,p. 290)

我们可以顺便提一下,在电学研究上涉猎广泛的沃森大约于 1750 年观察了通过一根抽空的近 3 英尺长的玻璃管的发光放电。玻璃管的两端都由黄铜盖封住,通过盖子插进黄铜棒,铜棒的间距可以调节,而且其中有一根与一台起电机的原导体相连。他下结论说:一个导体之所以能累积起电荷,乃是因为有大气的存在(*Phil. Trans.*, 1751, p. 362)。查尔斯·卡文迪什勋爵观察到通过托里拆利真空放电的类似现象。电火花能够在部分真空中通过相当距离的事实早已为德累斯顿的格鲁默特所注意到(*Versuche u. Abhandl. d. naturf. Gesellschaft*, Danzig, 1747, p. 417)。沃森的发现最后导致了盖斯勒管的发明,以及新近阴极射线和 X 射线的发现。今天,北极光也被解释为因通过地球的稀薄大气层放电所致。

人们注意到,冯·克莱斯特瓶(更为人知的名称是莱顿瓶)在外部绝缘时能够将电荷保留更长时间,但在这种环境条件下它不能再获得电荷(L. G. 勒莫尼埃, *Mém. de l'Acad. Roy. des Sc.*, 1746, p. 447f.)。第一个对这些性质以及一般地对莱顿瓶的工作原理作出明确解释的人是富兰克林。然而,他关于电的本性的理论应当首先加以研讨。

272 **电的本性**

由于有了这些空前的新发现,十八世纪物理学家便立即开始探究电现象的原因。十七世纪思想家普遍把它们归因于与带电体相结合的类物质电素。这类理论在一定程度上甚至延续到了十八
226 世纪。例如,修道院院长诺莱设想,物体可能含有两组孔隙,当物体被起电时,电素便能从一组孔隙中流出来(这时似乎排斥相邻物体)而进入另一组孔隙(这时吸引其他物体)。液体经毛细管从容器流出的速度在整个装置被起电时会大大加快,这一发现似乎多少支持了他的观点。由于认为植物体和动物体就是毛细管的系统,诺莱便断言:起电或许能够加速植物汁液的流动和动物的排汗。他在两个置于相同条件下的类似的盆中播下同样的种子,只

是其中一个盆在两个星期里每天被起电几个小时，另一个则不予起电。他发现，被起电的种子要早出芽两三天，而且长得也旺盛。接着他又用几对不同种动物进行实验，先称量它们的重量，给每对中的一个起电数小时，然后再称量。结果发现，被起电的动物通常比不起电的明显减轻。把各对动物掉换条件重复实验时，结果一样(*Phil. Trans.*,1748,p.187)。

依照电是一种物质的假设，当可料想，物体在被起电后亘量应有所增加。但是，一切想证明这一点的尝试都没有成功。在热学中也有同样的结果：物体在加热条件下和在常温下被称量时，重量没有变化。然而，却从未有人从这些实验中推断：电和热只是物体的状态。在试图解释光现象时已假设的无质物质的观念，这时便被扩充，用来解释电的、(与电相关的)磁和热的过程。进入十九世纪很久，无质物体的学说还在支配着物理学。朗福尔德首先就热动摇了这种观念。至于在一切分支中完全推翻这种观念，则是科学直到最近才在加以解决的一个问题。

尽管无质物体的学说不能满足因果性的高度要求，但是在十八世纪的知识阶段上，它却提供了唯一可能的解释。如果光现象可以归因于某种特殊物质的前进运动，那么，就必须假设进一步的物质作为热、电和磁过程的运载工具。在那些认为光现象是一种波动的物理学家看来，电的理论更为简单。例如，欧勒认为，一切 227
电过程都可溯源到以太，他像惠更斯一样认为光是在以太中传播的。欧勒认为，电仅仅是这种以太的平衡的一种晃动。物体究竟呈现一种还是另一种电状态，则取决于以太是被强迫进入抑或驱出物体。

富兰克林

美国第一位大科学家本杰明·富兰克林的实验研究也受一种类似概念支配。富兰克林1706年出生于波士顿，是家中的第十个儿子。他父亲是一个肥皂制造商，为逃避宗教迫害从英国迁移到美国。他早年辍学，到他的一个从事印刷和出版业的兄长那里当学徒。在那年轻气盛的岁月，他进行过冒险和游历，其间在英国做过一个时期排字工。他返回费城后便开创自己的事业，办起了一份报纸。他的事业很快获得成功，并跻身社会名流。他因看到一个名叫彼得·柯林森的伦敦商人赠给费城图书馆的一些电学仪器，遂对电学发生兴趣。柯林森还是个博物学家、皇家学会会员，后来富兰克林与他有过书信往还。在数年中富兰克林断断续续地进行着电学实验，并向朋友重复演示它们。这种实验活动一直持续到1757年。此后，他便几乎全力投身于使美国摆脱英国的独立斗争，他是这场赢得独立的斗争的领袖。1783年他在巴黎签订了和约，后来回到美国在政府中任要职，直至1790年逝世。他是流芳百世的伟大民族英雄。

图107—富兰克林

富兰克林相信有一种单一电流体不等量地渗透于一切物体。

他假设，当一个物体中的电流体与外部的电流体处于平衡时，该物体呈电中性；但是，如果一个物体含有的电流体多于或少于正常数量，则该物体便以一种或另一种方式呈带电状——电流体超量时为**正的**，不足时为**负的**。按照富兰克林的观点，这种流体弥漫于整 228
个物质世界，是一切电现象的原因。他写道："电物质由极其精细的微粒构成。……电物质与普通物质的区别是，后者的构成部分相互吸引，而前者的构成部分相互排斥。……但是，尽管电物质的微粒相互排斥，它们却被其他一切物质强烈吸引。……当一定数量电物质被施加于一普通物质团块时……电物质便立即均匀地扩散到整个团块。……但是，普通物质(一般)也像电物质一样地含有电物质。如果外加更多的电物质，则它们便处于表面上方，形成我们所说的电雾；这时，我们就说这个物体是带电的。"(B. Franklin: *Experiments and Observations on Electricity made at Philadelphia in America*, 5th ed., London, 1774, pp. 54—55.)当一个物体含有的电流体与其大小的比例大于另一物体时，如用一个导体把这两个物体联接起来，或使它们靠得很近，足以让电火花通过，则电流体将从前者流向后者，直到电流体在两物体间均匀分布为止(同上书，p. 39)。

诚然，富兰克林的理论并未赢得普遍赞同。一些人试图用假设两种不同的电流体来解释两种不同电状态的存在。1759 年，罗伯特·西默便提出了一个这种两流体理论(*Phil. Trans.*, Vol. LI, p. 340)。他曾把一只黑色的和一只白色的长丝袜套在同一条腿上，然后把两只袜子都脱下来，再分开，结果观察到意外强烈的电效应。这使他注意起电学问题。他用几只长丝袜就能使一个莱顿瓶充相当多电，足可引起剧烈的电击或者点燃酒精。他在论文的理论性部分中指出："按照公认的观点，电活动并非仅仅取决于单一的正效力，而是取决于正负两种不同的效力。两种效力通过对比，以及可以说是相互反作用而产生了各种电现象。"于是，一个带正电的物体便有一种电占优势，一个带负电的物体就有另一种电占优势，而在一个中性物体上则两种电流体的效应恰好平衡。

由于当时所能利用的证据有限，所以，一流体理论与两流体理论各自支持者的争执可能毫无结果。但是，这争执刺激了对同该问题有关的现象的实验研究。例如，西默便为自己的假说寻求实验证据，他（在富兰克林的协助下）考察了电火花击穿几刀[①]厚的纸所留下的孔。他察明这种孔是因某种东西从**两个**方向——从正
229 向负和从负向正通过所致。另外，在解释为什么两个带负电的物体相互排斥时，两流体论者胜过一流体论者。

关于1747年到1755年间富兰克林所获得的实验成果，他是在许多信件中加以说明的，其中主要是致柯林森的信和向皇家学会作报告的信。富兰克林于1756年成为皇家学会会员。早期的信讨论了莱顿瓶的充电问题，他试图用他的电的一流体理论来解释充电作用。后期的信则谈到他在大气电方面的先驱性工作以及其他一些不很重要的问题。

关于富兰克林的莱顿瓶理论，最好用他自己的话来说明：

"当瓶的导线和顶端等等带上**正**或**阳**电时，瓶底同时带上完全相等数量的**负**或**阴**电；即从顶端无论进入多少电火，从瓶底就流出

---

① 一刀纸有24张。——译者

等量的电火。为了明白这一点,我们可以设想,在工作开始之前,瓶各部分的总电量为 20;假定在管的每一动程,都进入等于 1 的量;这样,在第一动程后,瓶的导线和上部中的量将为 21,而瓶底为 19。第二动程后,上部将有 22,底部为 18,如此等等,直到 20 个动程之后,上部将含有等于 40 的电火量,而底部则一无所有;于是,操作便告结束,因为当底部已无电火可被放出时,上部也就无从有电火进入。如果你想再送入电火,那么,它将会通过导线返回,或者发出很响的爆裂声而从瓶侧飞出。

“若要恢复瓶内的平衡状态,通过**内部**连通或接触各个部分,是不可能达到此目的的;而必须在瓶**外部**非电地同时接触或靠近瓶的顶部和底部,在两者之间形成一种联系,这时恢复平衡的作用之激烈和迅速,是难以形容的。……”

“由于所有电火都被从瓶底驱出后便不可能再有电火从顶部送入瓶,所以,在一个还没有起电的瓶中,当没有电火**能**从瓶底出去时,也就没有电火能从瓶顶进入。当瓶底过厚,或者瓶被置于一个电本体之上时,情形就是这样。再者,当瓶被起电以后,如果不能从瓶底进入等量的电火,则通过接触导线也只能从瓶顶**引出**很少的电火。……”

“当电火突然从瓶顶经过人体到瓶底时,人的神经就会受到电击(或者不如说是痉挛)。……但由实验得知,欲使一个人受到电
击,并非必须与地面连通;因为当一个人一只手持瓶而另一只手接 230
触导线时,即使他的鞋子是干燥的,甚或站在蜡上,也将会像在其他条件下一样受到电击。……”

“把一个带电的小瓶放在蜡上;你手持一根干燥丝线,它悬吊

一个软木小球，并使软木球靠近导线，于是软木球将先是被吸引，接着被排斥。当处于这种排斥状态时，将手放低，使小球向瓶底靠近；小球将会立时被猛烈地吸引过去，直到与其电火分离。”（上引著作，Letter Ⅲ）

在进一步的实验中，富兰克林还在一块窗格玻璃的两面涂上铅，用作电容器，它现在仍然称为“富兰克林窗格玻璃”，尽管斯米顿和贝维斯先于富兰克林提出这种电容器。

富兰克林之所以鼎鼎大名，主要是因为他通过实验成功地证明电闪是一种放电现象。

希腊哲学家为了寻求一种对自然过程的因果解释，以取代对它们的神话说明，曾把雷雨归因于硫磺的易燃蒸气，它们积聚在云中，冲破云时便形成电闪。甚至十七世纪时这种观念还盘踞着，而雷雨的真正本性一直没有人去猜想。在笛卡尔看来，雷雨是高层的云下落到低层云而引起的。欧勒曾讲到，猜疑电火花和电闪之间有联系的最早设想被认为是梦呓。但是，甚至直到十八世纪初还仅仅作为一种猜想提出来的东西，富兰克林却用实验为之奠定了确凿的基础。

早在1708年，沃尔便已在《哲学学报》（Vol. XXVI，p. 69）上描绘了，他怎样把一块长琥珀从一块毛织物上拉过，结果产生闪光，并发出爆裂声的情景，以及如何用手指在受激的琥珀上移过一些距离，从这琥珀上就可引出1英寸长火花的情景。他把这效应比作雷和电闪。牛顿于1716年描述过一个类似实验，并作了同样的比较。在这方面走在富兰克林前面的另一个先行者是德国物理学家温克勒，他在1746年讨论过这样的问题：“（在冯·克莱斯特瓶中）聚积的电的电击和火花是否应看做为一种雷和电闪？”（*Die Stärk. d. elektr. Kraft d. Wassers etc.*，Leipzig，1746；亦见 Hellmann：*Neudrucke*，No. 11）温克勒的结论是：雷雨和人为引发的放电之间只有强度上的差别，没有本性上的区别。他认为，水的蒸发以及由此产生的摩擦是雷雨连带的电的根源。 231

富兰克林最初在 1749 年宣布赞同雷雨的本性为电的观点，当时他提出下列证据证明电闪和电火花之间的对应关系：

(1) 所产生的光和声相似，而且这两种现象实际上都是瞬时的。

(2) 电火花像电闪一样也能使物体燃烧。

(3) 两者都能杀伤生物。（富兰克林曾用几个莱顿瓶放电杀死了一只母鸡。）

(4) 两者都可引起机械损伤，并发出一种像硫燃烧的气味（对此现象的研究后来导致发现臭氧）。

(5) 电闪和电都能沿同样的导体传导，而且极易到达尖端。

(6) 两者都能破坏磁性，甚或能颠倒一块磁体的极性。

(7) 两者都能熔化金属。（*Experiments and Observations*，5th ed.，p. 331.）

关于富兰克林对这最后一点提出的实验证明，富兰克林和他的朋友、实验伙伴金内斯利发生过争论。富兰克林用电火花熔化金属的方法是在两片玻璃圆盘之间放上一片锡箔或金箔，然后让一个大莱顿瓶通过箔片放电。结果金属被粉碎。富兰克林没有发现在这个过程中产生任何热，所以便称之为“冷熔”。他推想，电流

透进了金属微粒间的孔隙，从而破坏了它们的内聚性。然而，金内斯利让一个包括三十五个电瓶的电池通过一根导线放电，由此表明，金属在这个过程中可被加热到赤热状态，甚至熔化。这一实验使富兰克林相信，电确实能够通过对其加热而把金属熔化，从而放弃了“冷熔”的观念。

富兰克林于1752年六月进行了著名的风筝实验，以此直接证明了电和雷云的联系。我们可以通过那年晚些时候他写给柯林森的信(1752年10月19日)来了解他的实验方法，信中他为如何重复这个实验作了说明。该信发表于《哲学学报》(Vol. XLVII, p. 565)。

他写道：“用两根轻杉木条做成一个十字，其臂长能够达到一
232 块大的薄丝手帕展开后的四角；把手帕的四个角缚在十字的四端上。这样，你就做成了一个风筝的主体，再恰当地配上尾巴、环圈和线绳，它就可像纸做的风筝那样升上天空了。由于是用丝绸做的，所以这风筝在伴有大风的暴雷雨中经得住雨水和大风而不被撕毁。十字架竖直杆的顶端固定着一根头很尖的金属线，高出木杆1英尺多。线绳靠手的那一端系上一根丝带，丝带和线绳连接处系一枚钥匙。当一场风暴雷雨即将来临时，将风筝放上天空，持线人必须站在房门内或窗内，或者上面有遮盖的东西，以免把丝带弄湿。还要注意，不要让线绳与门窗的框接触。一当雷云来到风筝上方，尖头金属线就将从云里引发电火，而风筝以及整个线绳就会起电。……在〔那个〕钥匙处，小玻璃瓶可以被充电；如此得到的电火可用来点燃酒精，也可进行所有其他电实验，它们通常借助经摩擦的玻璃球或玻璃管来做。这就完全证明了，电物质与电闪是

同一种东西。”(上引著作,Letter,XI)

富兰克林后来发现,雷云有时带正电,有时带负电。英国的坎顿证实了这一点(*Phil. Trans.*,1753,p. 350)。起初富兰克林猜想,雷云的电是由从海洋升起的水蒸气带上天空的,海洋里盐与水摩擦而产生电,海水磷光现象就是一个佐证。后来他发现,海水在瓶中存放数小时后便失去其发光性。于是,他就放弃了这个想法。法国人德罗默于1753年夏大规模地重复了富兰克林的风筝实验。他放的一个风筝长$7\frac{1}{2}$英尺,用一根缠绕在一根铁丝上的780英尺长的线绳放到550英尺的高空。线绳固定在一根金属管上,从金属管可引发出8英寸长的火花。(参见Nollet:*Letters sur l'Electricité*,II,p. 239。)值得指出的是,富兰克林在进行他的风筝实验之前几年就曾指出,用适当安装的尖顶铁棒可以从雷云收集电:“为了确定包含电闪的云是否带电,我特提出在方便的地方试做一个实验。在高塔或尖塔的顶端放置一个可以容纳一个人和一
个电架的类似岗亭的东西。电架中部有一根铁杆弯曲地伸出门 233
外,并向上伸展20到30英尺,末端极尖。如果电架保持干燥而又清洁,那么当雷云低低飘过时,站在电架上的一个人就可被起电,并能产生火花,因为铁杆从云引来电火给他。”(*Experiments and Observations*,5th ed.,p. 66)

第一个用这样的铁杆收集大气电的人大概是法国植物学家T. F. 达利巴尔(在富兰克林的风筝实验之前)。达利巴尔应布丰的要求把柯林森于1751年加以发表的富兰克林早期信件的一部分译成了法文,这导致他亲自做了一些电学实验。他在自己译本

的第二版(巴黎,1756 年)中描述了这些实验,其中关于大气电的那部分实验又被转载于赫尔曼的《重印本》(*Neudrucke*)(No. 11)。达利巴尔说明了,他如何在巴黎附近的马利架起了一根高约 40 英尺、直径约 1 英寸的尖顶铁棒,用丝绳把它绑在几根干燥的桩柱上,并将其下端弄弯,以便能安置在一个小木棚里的一张绝缘桌上。他希望能在铁杆顶端看到发光现象,并能从底端引发火花。他不在时就把观察任务委托给当地的一个名叫库瓦菲埃的身佩龙骑枪的兵,后者为安全起见,把一根黄铜丝接到一个作为绝缘器的瓶子上,由此消除火花。1752 年 5 月 10 日,库瓦菲埃在一场雷雨中成功地观察到了预期的现象。作为见证人参加的牧师亲自从铁杆下端引发了约 $1\frac{1}{2}$英寸长的火花;他估计逐次火花之间的间隔的持续时间相当于叫一声**爸爸**和说一声**一路平安**。他事后发现自己臂上遭受过火花的地方有一道伤痕,而且他的朋友告诉他,他身上散发出硫的气味。

一周以后,德洛尔在巴黎用一根竖立于一块树脂上的、长 99 英尺的铁棒进行了类似观察。达利巴尔的成功还激励了 L. G. 勒莫尼埃去进行大气电的研究,他的有关说明见诸《法兰西科学院备忘录》(1752,pp. 233f. ;并转载于 Hellmann,上引著作)。他在圣日尔曼的一片空旷地上树起了一根 32 英尺高的立杆,其金属顶端垂下一根约 50 英寻长的细导线,后者接到一根水平的丝绳上。1752 年 6 月 7 日,在一场大雷雨中,他从这根导线得到了电火花;那些电火花具有普通电的一切特性。勒莫尼埃发现,非常短的尖顶铁棒(仅高出地面 4、5 英尺)在雷雨时能收集到电;并且他最后还发现，当他自己站在花园中央的一个绝缘体之上举起一只手时，234 他也带上了电。七月里他又发现，即使在平静之极的天气，他的装置上的导线也吸附了一些灰尘，不过他起初并未充分认识到这一点的重要意义，不知道说明大气总是或多或少地带电。

在英国，由于雷雨稀少，而设备又常被雨淋湿，所以，沃森和皇家学会其他会员最初想收集大气电的尝试大都难以进行。约翰·坎顿大概是英国第一位取得成功的研究者。他曾在 1752 年 7 月 21 日写信告诉沃森："昨天下午 5 时许，我有幸尝试了富兰克林先生从云引取电火的实验。我用一根三、四英尺长的锡管，把它固定在一根长约 18 英寸的玻璃管顶上，获得了成功。我在锡管的上端用金属丝固定了三根针(锡管的高度尚不及房子上那排烟囱)。锡管的下端焊上了一个锡罩，以防雨水淋到玻璃管上。玻璃管竖立在一个木块中。雷鸣开始后，我尽快赶到我的设备跟前，但丝毫没有发现它带电，直到第三声和第四声雷鸣之间才看到。当我用指节碰触锡罩边沿时，感觉到并且听到了一个电火花；第二次接近它时，我在大约半英寸的距离上接到了电火花，而且看得十分清楚。在 1 分钟的时间中，我如此重复了四、五次，但是火花变得越来越弱。不到 2 分钟后，锡管就再也不呈现带电状了。雨在雷鸣时一直下个不停，但在做实验时大大减小"(*Phil. Trans.*, 1752, p. 567)。

不过，这样的实验要比想象的危险。翌年，即 1753 年，圣彼得堡的里希曼在一场雷雨中检查他的静电计时，受到电击而立时身亡。这静电计与他架在屋顶上的一个导体的下端相连，电击正来自这导体。

富兰克林从实验想到可以用避雷针来保护建筑物、船舶等等。避雷针的最早记载见诸富兰克林于1750年7月29日寄给柯林森的《见解与猜想》(*Opinions and Conjectures*)(参见*Experiments and Observations*,5th ed.,p. 65)。富兰克林说明了,当用一根针的尖顶在一定距离之外对准一个起了电的导体时,这导体会放电。接着他指出,如果电闪与电火是同一种东西,则实验中的导体可代
235 表带电的云,并且"难道这种关于尖端效力的知识不能造福于人类吗?如果据此我们在大建筑物的最高处架起直立的铁棒,它们弄得像针那样尖,外面镀金以免锈蚀,并从铁棒下端沿建筑物外侧垂下一根导线通到地下或绕船只支桅索盘旋而下,再沿船身侧面往下直到接触水面,那么,不就可以保护房屋、教堂、船舶等等免遭闪电袭击了吗?这种带有尖端的铁棒大概在一朵云临近到能产生电击之前便悄悄地把电火从云引出,这样,我们不是可以免受突如其来的可怕灾难了吗"?这一计划先在美国,不久又在欧洲引起广泛注意。富兰克林的计划是在一座建筑物的外部安装一根或几根铁棒,使电闪有一条畅通的导电线路从建筑物顶部到达潮湿的下层泥土之中。在泥土中的那根铁棒向外弯曲,以免损坏建筑物的基础。

富兰克林所以想到装设避雷针,主要是因为他研究了一个带电导体从一个尖端的放电,这种放电还可以产生一种电风,十八世纪后半期常常运用这种效应来开动一种凯瑟琳电轮①。他试图根据这样的假设解释这种现象:尖端附近没有足够的物质来借其吸

① 一种轮圈外缘装有倒钩的车轮。——译者

引而克服电微粒之间的相互排斥,因而电微粒便向外散发到周围空气中去了。

1780 年前后,在英国发生了一场激烈的争论:避雷针的顶端究竟应当是尖锐的还是粗钝的?争论的主要起因是如何保护珀弗利特的火药库免受电闪损害的问题。富兰克林主张用尖端导体,最后被采纳。本杰明·威尔逊及其他人持反对意见,认为尖端导体引吸电闪,而电闪本来可能无损害地过去了。双方都进行了演示实验。实验中,炸药库模型装上好几种式样的避雷器,"雷云"则是一些充电的和绝缘的盛水容器,它们在高空的座架上滑动。但是,这些实验都未提供十分令人信服的结果。(参见这个时期的《哲学学报》。)

二、感应和热电

在富兰克林同时代从事电学实验的许多人中,最突出的是两位大陆物理学家——维尔克和埃皮努斯。

维尔克

约翰·卡尔·维尔克(1732—96)原籍德国,但一生大部分时间在瑞典度过。他在瑞典成为科学院的秘书,并以此身份在斯德哥尔摩大学讲授物理学。维尔克在《就职讲演:论相反的电》(*Dis-* 236
sertatio inauguralis de electricitatibus contrariis)(罗斯托克,1757 年)中确立了一个重要结果:当把两个物体一起摩擦时,总是产生两种起电。他把他所研究过的物体材料排成一个系列,其中

每一项这样排列：当与系列中其下方的一个物体摩擦时，它带正电，而当与其上方的一个物体摩擦时则带负电。例如，系列中下列各项的排列顺序是：玻璃、羊毛、木材、火漆、金属、硫。维尔克的系列是后来相继出现的许多试图构成这类系列的尝试的第一个，这些系列中以扬和法拉第的最有名。这种表中任何给定物质占据的位置并不是固定不变的，因为这不仅决定于各种物质的性质，而且还决定于其间发生摩擦的两个表面的状况。英国的一位机敏的实验家约翰·坎顿(1718—72)沿着与维尔克和埃皮努斯类似的路线工作，也注意到这样的事实：一种给定物质在摩擦时产生的电荷可以是正的，也可以是负的，视表面的性质以及所用的摩擦物的性质而定。他在同一根玻璃管的两对端上产生了相反符号的电，由此证明了这一点(*Phil. Trans.*，1754，p. 780)。维尔克倾向于两流体的电理论。他援引下面的事实来支持它：一个带电的和绝缘的导体上的一个尖端，甚至当导体所带的是负电时，也可以观察到它产生发光放电，并伴随着从中流出气流，而根据富兰克林的理论当时还难以解释这一点。

维尔克发现了一种新的产生电的方法。他发现，硫和树脂在熔化后再放进一个绝缘陶瓷容器中让其凝固时，会强烈地带负电，这是可熔性非导体的特有的一个性质。(参见 *Konigl. Svenska Vetenskaps Academiens Handlingar*，或 Kästner 的德译本。)

埃皮努斯

维尔克在他们许多研究中的一个合作者弗朗茨·乌尔里希·特奥多尔·埃皮努斯(1724—1802)是柏林科学院的天文学教授，

后来定居圣彼得堡,在那里教授物理学,并管理师范学校。他写下 237
了许多电学和天文学的论文,但他最重要的著作是《电和磁的理论精解》(*Tentamen theoriae electricitatis et magnetismi*)(圣彼得堡,1759 年)。他的理论与富兰克林的颇为相似,因为它假设一种无所不在的电流体,电流体由相互排斥的微粒组成但它们吸引普通物质的微粒,并趋向于平衡分布。然而,埃皮努斯对电知识的主要贡献乃关于今天所说的电感应和热电。

大约于 1753 年,坎顿研究了将一个带电体接近由两根亚麻线悬吊着并相互接触的一对软木球时的效应。他发现,在这种条件下两球相互排斥,尽管没有电从带电体传递给它们;但是当把带电体撤走后,两球又重新并拢(*Phil. Trans.*,1753,p. 350)。他把这种现象归因于包围着带电体的"电雾"——当时的一个通常概念——的作用。坎顿还观察到,当将一个带电体靠近一个绝缘的中性导体时,后者能显现两种相对的电荷;最靠近影响电荷的一端是与之符号相反的电荷,离得最远的一端是相同符号电荷。当这影响电荷移开后,导体便又成为中性的。

维尔克和埃皮努斯更精确地重复了坎顿的实验。维尔克观察到,当被置于一个带电体附近的一个中性物体短暂接地后,它就获得了与这影响物体电荷相反的电荷。埃皮努斯解释说,这是因为带电物体上过多的流体把流体从中性物体中排挤了出去的缘故。维尔克和埃皮努斯制造了一种早期形式的平行板电容器,同时还否证了当时流行的观点:为要在莱顿瓶内外衬里上积聚起相反的电荷,构成莱顿瓶的玻璃是必不可少的。他们在两块木板上涂以金属,然后把它们隔开几英寸平行悬置。他们将其中一块板绝缘并充电，将另一块接地。当一个实验者同时接触这两者时，感受到了强烈的电击。埃皮努斯推论，以这种方式积累电所必需的仅仅是一对用一个非导体隔开的导体。他同维尔克一起对一块富兰克林窗格玻璃进行了一些有趣的实验，其上的金属涂层可随意去除。

埃皮努斯对导体和非导体之间的关系提出了很合理的见解。他认识到，不可能在两者之间划出一道截然分明的界线。差别仅
238 在于不同物质对一个电荷通过所给予的相对电阻。导体的电阻很小，而非导体则具有相当大的电阻，因而通过这些物质放电时需花费多得多的时间。这些思想后来成为法拉第剩余电荷理论的基础。

感应起电的发现令人们联想到电荷作用和磁极作用之间有某种（尽管带点幻觉性的）类比。十八世纪开始认真研究的热电现象提供了一个有些相似的类比。

习惯用火检验宝石的珠宝商人早就知道，电气石在被置于灼炽的煤上时，吸引灰末，旋即排斥它们。这种奇特的效应与一个带电体对一个悬置木髓球的作用相似。甚至在十八世纪初就已猜想它本质上是电的效应。埃皮努斯仔细研究了这种效应（又是与维尔克合作进行）。他于 1756 年（*Hist. de l'Acad. de Berlin*, p. 105）和 1762 年（*Recueil de différents mémoires sur la Tourmaline*, St. Pétersburg）发表了他的研究结果。他发现，当加热电气石晶体时，一端带正电，另一端带负电。这样的起电类似于一个磁体两端的相反极性。乌普萨拉的柏格曼后来研究了这一现象，表明它与晶体的绝对温度无关，而取决于温度的变化（*Swedish Acad.*, 1766）。只要温度保持恒定，则不论在什么温度上，晶体都

保持中性。当温度升高时，一端带正电，另一端带负电；当温度下降时，符号相反。威尔逊得到了相似的结果（*Phil. Trans.*，1759，p. 308，和 1762，p. 443）；坎顿也得到了类似的结果，他表明，一块热电晶体上出现的电荷不但符号相反，而且数量相等（*Phil. Trans.*，1762，p. 457）。逐渐地又发现了其他一些这样的宝石。豪伊约于 1800 年试图把它们的热电性质与它们的晶态关联起来。不过，现在已弄清楚，热电现象是极其复杂的。

第十章　物理学

239

(四)电学和磁学(Ⅱ)

三、静电学

电学在整个十八世纪里一直在惊人地发展。及至这个世纪末,这发展以确定电荷间力的精确定律而达到了顶峰。此前一直定性地加以描述的电现象,从此得到精密的数学研究,一门新科学即**静电学**兴起了。这个巅峰阶段与普利斯特列、卡文迪什和库仑等人的名字特别联系在一起。尽管境遇不同,身份各异,约克郡的校长、伦敦的富有隐士和法国的军士工程师却对电力定律的确立作出了各自的贡献。普利斯特列和卡文迪什两人还研究了导体对静电放电的电阻的定律,这样,两人之间又多了一层联系。

普利斯特列

当约瑟夫·普利斯特列还是一位年轻的校长时,他就用一架起电机做过实验。后来,他在多次造访伦敦期间结识了富兰克林、沃森、坎顿和当时的其他一些第一流电学家。正是由于受到这些人的鼓励,普利斯特列经过不到一年的努力写出了他的第一部科学著作《电学的历史与现状,及原始实验》(*The History and Pres-*

ent State of Electricity, with Original Experiments)(伦敦,第一版,1767 年;第三版,1775 年)。这部杰作分为两卷,第一卷明晰地概述了直到普利斯特列时代的电学发展。这一部分尽可能用原始材料编撰,其中有许多是他的科学界朋友提供的。在第二卷中,普利斯特列提出了一些一般命题,它们有助于将已公布的大量实验事实加以系统化;他评论了当时流行的一些关于电的本性的理论;提出了一些质疑,它们提示了进一步探索的路线;对当代的起电机以及其他设备给出了有价值的、附图解的说明,并对业余科研爱好者提出了忠告;描述了他在探索过程中不断进行的大量电学实验, 240
这些工作,使他于 1766 年当选为皇家学会会员。尽管普利斯特列自己倾向于电的单流质说,但他对一切这类假说也持批评态度。他写道:"说到**电**,我只是指称为电的效应的那些**效应**,或者这些效应的**未知原因**"(*History*, 3rd ed., II, p. 3)。他认为,假说在科学上的功能在于提示导致确立新事实的探索路线,而假说的成分由此将被逐渐排除。

普利斯特列在他的书和送交《哲学学报》的研究论文中描述了一些比较值得注意的电学观测,这里可以提到下述几个。继富兰克林之后,他观察了从带正或负电荷的导体突出尖端发出的气流,他表明,这种气流有时很强,足可吹熄一支点亮的蜡烛或转动一个带有叶片的小轮。他注意到,金属与一个邻近导体之间反复通过强烈火花后,在放电点周围的金属表面上形成了棱镜色环(颜色排列如同虹霓)(*Phil. Trans.*, 1768, p. 68)。他指出了,这种色环与牛顿环相似。在《电学史》中他甚至提出,牧草中的"仙女环蘑菇"可能就是由电闪引起的一个这种效应(当时通常把它们归因于电闪的作用)。普利斯特列关于电传导的实验更具重要意义。他表明,碳是一种电的良导体(同上书,Vol. Ⅱ,p. 193),干燥的冰和赤热的玻璃也应归类于导体。在投交《哲学学报》(1769,pp. 57,63)的论文中,他先介绍了他对"电爆炸的侧力"的研究。在放电时,附近轻物体被这力抛散开来,尽管它们本身未获得电荷。他把这种效应归因于"爆炸"处的空气被排除。他试图表明,这种抛散现象在真空中不会发生,但由于他的抽气机不完善而没有得到什么结论。接着,他想通过实验表明,电瓶组成的电池的放电力在电路成
241 曲折构形时是否会减弱,这放电力乃由电池熔化外部线路中的金属丝的能力来量度。他使某电池通过一根小铁丝放电,测得它刚好能把多长的这种铁丝熔化,线路的其余部分是3码长的粗黄铜丝。然后,他把这铜丝弯曲。但他发现,放电所恰能熔化的铁丝的长度与铜丝伸直时无异。然而,他观察到,以这种方式量度的放电力乃取决于外部线路的**长度**;于是,他想通过求出放电将通过的空气隙(而不是通过一条长长的金属线路)的宽度来量度一个导体在其长度上对放电的阻碍。他把一根长导线弯成环形,以便把其一端接到电瓶电池的外面,另一端接到其里面。他反复让电池放电,从导线两个端相接触开始,然后渐渐把它们分开,逐次发生放电,直到不再有火花通过,而放电使全部经由这导线。刚好通过的孔隙的最大宽度似乎与构成线路的导线的长度与粗细成比例。普利斯特列详细研究了他称之为**旁向爆炸**的现象(*Phil. Trans.*,1770,p. 192),它现在有时被称为**侧闪光**。他从自己的和威尔逊的实验得知,当莱顿瓶经由不完全导电的线路放电时,操作者经常感受到轻微的电击,尽管他的身体并未构成线路的一部分。为了确定电

是否实际上从电路通到邻近物体,普利斯特列把放电通过的一条线路附近的一个中性导体绝缘起来,观察在电池放电过程中,连接于这中性导体的一个木髓球验电器是否指示电荷增减。他所用的导体是一根被覆金属箔的纸板管,长 7 英尺,直径 4 英寸,用丝线悬吊起来,距离一根联接着电池外侧的金属棒不到 1/4 英寸,电池通过一条断续的线路放电。他观察到,一个火花从金属棒逭到绝缘管,但并未观察到所附属的木髓球分离开来,尽管它们完全能够显示远比电火花所代表的电为少的电在导体上的存在。这个实验重复了五十多次,其间在一些条件上有所改变,但未得出有重大差别的结果。普利斯特列在真空中重复了这个实验,让火花通过隔开一个空隙的两根金属棒。当他把空隙的宽度减小到 2 英寸时,他观察到这空隙由均匀的“淡蓝或紫红的光”跨接。两端处现象上没有什么区别,不像普通低压放电时那样。普利斯特列写道:“在 242
所有其他场合,电物质都沿一个方向通过;而在这场合,电物质却往返于同一条路径。这样,就同一瞬间所能区分的而言,两种电之间在真空中那显而易见的区别在此必定全被搞混淆了。”这种现象显然是首次被认识到的振荡放电现象。在下一世纪,几位物理学家独立地研究了它。

然而,普利斯特列对电学的贡献中最有意义的大概要数他想用实验证明电的引力和斥力随距离的变化遵循平方反比定律的尝试。富兰克林曾告诉普利斯特列,他在被封闭在一个带电金属容器中的木髓球上未能检测任何起电效应。普利斯特列也进行了这种观察,如他在《电学史》结尾处所说的那样。“于是,我在〔1766年〕12 月 21 日把放在一个用烘干木制的凳上的一个锡制一夸脱

容器起电；我观察到，一对木髓球保持原位，丝毫未受电的影响，这对球被固定在一根玻璃棒的端头而绝缘，并被用线完全悬吊在那量杯中，线一点也不露出杯口。”不过，普利斯特列发现，在量杯放电之前，若把小球接地或从杯中取走，或者把它碰到杯壁时，这小球便带上少许电荷。然而，这可以归因于量杯没有被完全封闭。普利斯特列问道：“难道我们由此实验不能推论，电的引力也遵从和万有引力一样的定律，因而也遵从距离平方〔反比〕律吗？因为很容易证明，如果地球是一个壳体，那么一个位于其内部的物体将不会被某一边吸引较强，而被另一边吸引较弱。”（*History*，Ⅱ，p. 372 f.）普利斯特列想确立电力的平方反比定律的尝试可看做是卡文迪什对这问题的更为细致的研究的萌芽。

卡文迪什

十八世纪里电学上最为重要的开拓性工作是亨利·卡文迪什（1731—1810）做出的。他的父亲是查尔斯·卡文迪什勋爵，也是一位杰出的实验家。亨利是在他父亲的伦敦寓所里做电学实验的。但可惜的是他做实验好像只是为了满足自己的好奇心，他没有把他那些极其重要的结果发表出来，尽管他有充分的机会那样做。因此，当它们终于由麦克斯韦加以编辑而在1879年公之于世时，法拉第已通过独立的研究重新发现了其中的绝大部分（见 *The Electrical Researches of the Hon. Henry Cavendish*，J. Clerk Maxwell 编，Cambridge，1879）。卡文迪什自己仅发表了两篇电学论文，它们都投交给《哲学学报》。

243 1771年发表的他的第一篇也是较为重要的论文题为《试以一

种弹性流体解释若干基本电现象》(*An Attempt to Explain some of the Principal Phenomena of Electricity, by menas of an Elastic Fluid*)(*Phil. Trans.*, Vol. LXI, p. 584),他在文中试图为静电学的数学理论奠定基础。他的基本假说同富兰克林和埃支努斯一样,认为电是一种流体,其微粒相互排斥,并吸引普通物质的微粒,其力和距离的某小于立方的幂成反比,而物质微粒间的斥力也遵循这种定律。在一个电中性的物体中,电流体的量是这样的:电流体对任何给定物质微粒的引力恰好与其余物质对该微粒的斥力平衡。在带电物体中,电流体的量超过或少于这个量。他用数学方法研究了带电导体中流体的分布、物质和流体的各种分布对微粒的作用力或相互之间的作用力以及电流体在两个相连通的带电导体间的运动,等等。他尽可能根据普通实验的结果来证实自己的理论结论。

在1776年发表的第二篇论文中(*Phil. Trans.*, Vol. LXVI, p. 196),卡文迪什描述了他如何制作了一个皮革人造"电鲭",用绝缘的导线把它与一个莱顿瓶电池联接,以及他如何甚至在这设备浸没于盐水之中时也成功地复制了这种鱼的功能。

卡文迪什未公开的实验主要研究了各种大小与形状的导体和电容器的我们现在所说的**电容**的比较、导电溶液柱对静电荷通过的阻抗的比较,以及电力的定律。

卡文迪什未公布的关于静电学的工作是以他所称的"起电程度"(degree of electrification)为基础,他把"起电程度"比作流体中的压力,可同现代的**电压**或**电势**的概念相比拟。如果两个带电导体处于相连通状态,则电将在两者之间流动,直至这压力处处相等，这时它们的“起电程度”也将相等。然而，两个导体上的电荷一般并不相等，而取决于导体的形状和大小。卡文迪什在静电学方面的工作大都在于求得许多导体的每一个上的电荷同处于与其电连通的一个标准导体（一个被覆锡箔的直径12.1英寸的球）上的电荷之比。确定了这种比以后，当一个球起电到与这给定导体同等程度而带有同样电荷时，便很容易算出这球的直径，因为同等起电的两个球上的电荷与它们的直径成正比。这样，卡文迪什便能
244 够预言现代的**电容**量度，并用“电的英寸”来计量。他发现，他的电容器（两个锡箔圆片，中间用非导体隔开）的电容在一定程度上取决于用来隔开表皮的物质；他还求得了在其他条件相同时，用给定的隔离物质所得到的电荷与用空气隔离时所得到的电荷的数值比。这样，他便在一定程度上预言了法拉第的电容率工作。在运用这种类型的电容器时，他发现，必须考虑到电荷在玻璃上的散布。他发明了测量电容的专门仪器和方法；但由于他运用仅仅由悬吊的软木或木髓球构成的粗陋验电器，所以测量精度虽说出众，但仍不可避免地要受到影响。

为了比较各种已知强度的盐溶液和酸溶液的导电能力，卡文迪什把它们充入长约1码的玻璃管中，两端用软木塞堵住。导线穿过软木塞，后者可被推入或部分地抽出，以改变液柱的有效长度。导线被从两个被比较的溶液管的每一个的一端连接到一组莱顿瓶的接地外侧，每组瓶都被充电到同样电压。卡文迪什两手各持一块金属，然后用其中一块去触一根管的自由导线，用另一块去触一个莱顿瓶的球形捏手，这时他受到电击。他又让电路通过第二根管，重复这实验；然后，再通过第一根管，如此交替进行下去。

每次让一个瓶放电,直到所有的瓶都被放电。他判明了哪一根管给出较强的电击,从而断言:那根管电阻较小。接着,他改变电击通过一根管时所经过的溶液的长度,以使电击更其接近相等。他一次次地重复这个过程,直到获得近似相等,这时液柱长度便可加以比较。卡文迪什以类似方式研究了电阻随温度的变化。他表明,一个导体的电阻与放电的强度无关,这样,他便在一定程度上预言了欧姆定律。他还提出了一些关于放电在许多并联导体中间分配的定律。这工作以及下一段所描述的工作都一直未经发表。

245

卡文迪什证明了,一个导体上的电荷全部驻留在它的表面上。他由此推出了电斥力的平方反比定律。他取他的直径12.1英寸的被覆锡箔的球,也用作为他的电容标准,将它绝缘,然后把它封闭在两个铰合的纸板半球中,但它与半球毫不接触。然后,他使两个半球起电,用一根导线把它们与内球短暂连接,继而把两半球分开,然后用木髓球验电器测试球。他发现,球未充电;并表明,如果这结果严格地真确,那就必定可由之得出电斥力的平方反比定律。通过用此装置进行的一些定量实验,他便能够得出这样的结论:电力必定至少与距离的处于 $2+\frac{1}{50}$ 和 2−

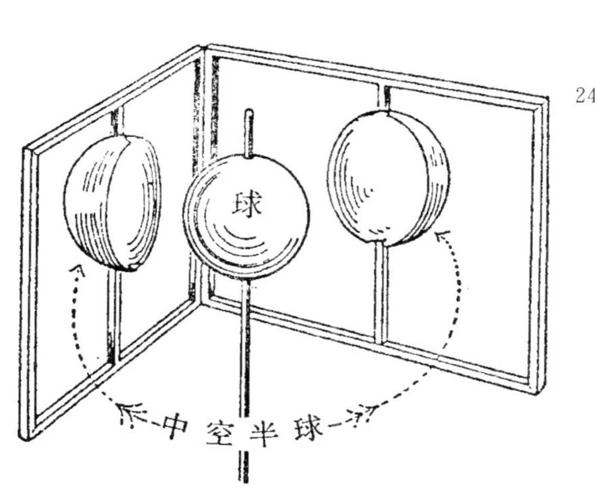

图108—卡文迪什的电力定律实验

$\frac{1}{50}$之间的某个幂成反比。麦克斯韦后来用一个类似实验把这个不确定性限度减小到$\pm\frac{1}{21600}$。

库仑

夏尔·奥古斯特·库仑(1736—1806)出生于昂古莱姆。他最

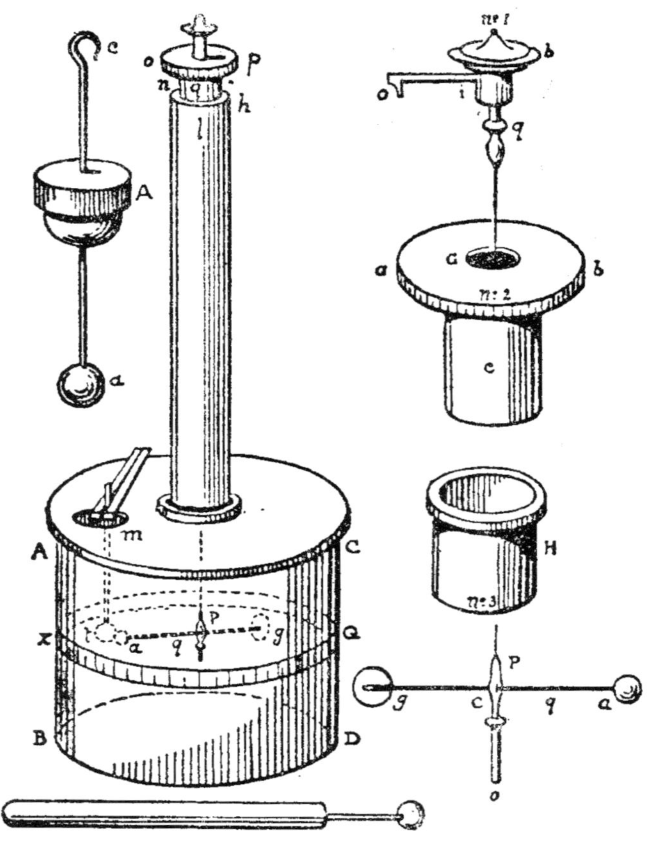

图 109—库仑的扭秤

初是军事工程师。像冯·盖里克一样,他的科学兴趣和探索也是从工作中产生的。1776年他从马提尼克岛卸任返回后,便定居巴黎,致力于研究工作。他主要从事摩擦、扭力和材料刚性等方面的研究。这些研究使他荣获了法国科学院的一项奖金,并成为该院 246
院士。法国科学院为征求船用罗盘最佳制造方法而设立的一项奖金把库仑吸引到了电学和磁学问题上来。正是在这一研究中,库仑应用了他以往在刚性(特别是扭转刚度)研究上已获得的成果,大约于1784年发明了他的扭秤。约翰·米歇尔也发明过一种扭秤,而且可能在库仑之前,但似乎没有什么证据能够证明,他们两人不是各自独立地发明这种仪器的。卡文迪什在他关于地球平均密度的论文中写道:“多年以前,这个〔皇家〕学会的已故约翰·米歇尔大法师发明了一种测定地球密度的方法:使小量物质的引力能被觉察到。但由于他又忙于别的研究,因此直到他去世前不久也没有完成这个装置,更未能在生前用它做实验。他过世以后,这设备落到了剑桥的杰克逊教授弗兰西斯·约翰·海德·沃拉斯顿大法师手中,而后者不具备称心地用它做实验的条件,便慷慨地把它送给了我。”(*Phil. Trans.*,1798,p.469)

库仑运用扭秤进行的研究以及他由此进而进行的其他研究,在他投给1784年以后的《皇家科学院备忘录》的论文中有记载。(这些论文中较重要者有德文注译本,见Ostwald:*Klassiker*,No.13。)

扭秤的结构和用法可用图109来说明。玻璃圆筒*ABCD*高和直径均约为30厘米,圆周上有刻度,上方有一块玻璃盖板,盖板上钻出了两个圆孔,一个在中央,另一个在侧旁。在中央的圆孔上升出另一个玻璃圆筒，高约60厘米，黏结于玻璃板，顶上是一个带刻度的微扭计 op，从其上悬下一根细银丝 qp，伸入下面的圆筒。银丝可转动一定角度，用扭头量度。银丝下端支承一根水平细杆，它是涂火漆的丝线或麦秆，一端有一个小木髓球 a，另一端是一个圆纸片 g，作为衡重体，并阻尼振荡。这装置的若干构件单独示于图中右侧。通过玻璃盖板上的第二个孔 m，可使与第一个同样
247 大小的第二个木髓球向下伸入在一根绝缘棒上的容器之中，并与第一个球接近。

这仪器的工作乃基于库仑早先发现的原理：一端固定的一根金属丝在扭转时产生一个与扭转角度成正比的回复力偶。因此，一当类似地给两个木髓球充电，在它们处于不同间距时两者间的斥力，便可通过从刻度头读取为使球处于这些间距所必需被扭转的角度来加以比较。对于在这个实验中水平杆 ag 的很小角位移，两球间的距离可以认为与这些位移成正比。作用于这金属丝的力偶臂也被认为是始终恒定的。

由于采用极其细的金属丝，库仑的扭秤达到极高的灵敏度，在横臂（长10.83厘米）仅用 $\frac{1}{100000}$ **格令**[①]重量的力就足可引起1度的偏转。当用一根丝纤维时，一个 $\frac{1}{60000}$ **格令**重量的力就足可使这个系统转动360°。

库仑实验的最重要结果是他证明了，“两个同样地起电的小球

① 作为质量单位，一法国格令（grain）＝0.0531克；作为力的单位，它＝0.0531×981，即约52.1达因。

之间的斥力与它们球心的距离的平方成反比。”他的实验程序如下。先把微扭计置于 0°,然后把整个扭头和所附金属丝一起旋转,直到悬置的小球对着下面刻度圈上的零度,并且处在玻璃盖板开孔之下。这时,把第二个小球降下而从孔伸进去,与悬置的球相接触,并固定位置,然后用一个带电导体与这两个球接触,使它们在完全相同的条件下起电。于是可动球立即被固定球排斥。在库仑所描述的一个实验中,秤的横梁转过了 36°。通过扭转金属丝,这位移**减半**到 18°,这时发现扭转角增加了**四倍**而成 144°。为了 248
把这位移减半,使球处于原来距离的**四分之一**里,扭转角就必须增加到其初始值的**十六倍**(576°)。根据这些结果,便可就**排斥**情形得出上述定律。

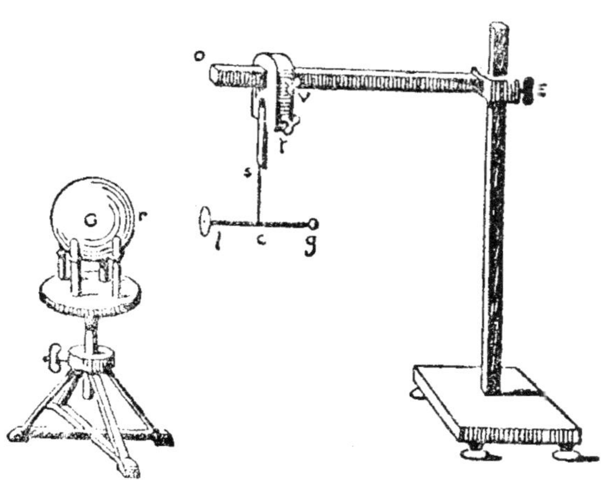

图 110—库仑对电引力定律的证明

在发表于 1785 年的另一篇论文中,库仑叙述了他对电**吸引**定律的研究。如果他为此再应用上述装置,把两个球充以相反的电,实验本来会失败,因为当引力和扭力达到平衡时,整个系统将会不稳定。这时两球的任何进一步靠拢,都会引起引力比扭转阻力更快地增加,而两个球便跑到一起去了。因此,他对这种情形采用了下述方法。其一端固定着一个圆的小金箔的一根绝缘针用一根丝线水平地悬置,处于

一个被绝缘的导电大球附近,并与这大球的中心齐平。大球和圆金箔被充以相反电荷,针被置于离大球的各已知距离上作水平振
249 荡,每次都把其频率记录下来。如假定平方反比定律成立,则大球上电荷的行为如同电荷集中在球心,而针的振荡周期则应取决于它离大球的有效距离。因为周期$\propto\frac{1}{\sqrt{力}}$,力$\propto\frac{1}{距离^2}$;所以,周期$\propto$距离。这样,这假定就得到了证实。

库仑还针对实验中漏电现象进行了修正。一项专门研究表明。这种漏电取决于带电体的绝缘效率、带电体的大小、其上电荷密度和空气湿度。

库仑用与上述方法相似的两种独立方法研究了磁力定律,这将放在关于磁学的那一节里研讨。

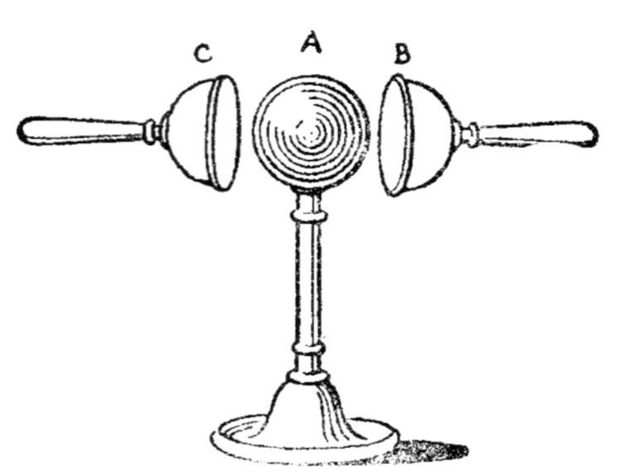

图 111—库仑的导体实验

最后,库仑研究了导体上电荷的分布问题。他用两个带有绝缘手柄的半球杯把一个绝缘了的金属球罩起来(图111)。他使这整体起电,然后把杯罩移开。结果发现,金属球丝毫不带电荷,而杯被起电。当仅仅球被充电,杯呈中性态地放在球上面时,若把两个杯移开,则所得到的结果与第一个实验完全一样。卡文迪什早已做过一个更为精细的这种实验,但库仑大概不知道这件事。库仑提出两条关于电荷分布的基本定律:1)电按照导体形状而分布于一切与之连通的导体上,对它们毫

不厚此薄彼；2）在一个带电导体上，电荷分布在导体表面上而不进入其内部。库仑像卡文迪什一样，也认为这后一性质是电荷基元按照平方反比定律相斥的一个结果，而这在事实上最精确地证实了这条定律。

库仑结束了电学发展的第一个时期。库仑的工作使静电学臻于高度完善。诚然，他没有考虑到电力作用所通过的媒质，只研究 250
了带电体在空气中的相互作用。**电介质**概念是始于法拉第的电学发展下一阶段的特征。在库仑看来，电的引力和斥力是超距地、即时地通过空虚空间作用的力，正像牛顿追随者设想的重力作用那样。然而，这丝毫无损于库仑贡献的价值。库仑的贡献被认为唯在于提供了精密测量，排除了关于电本性的一切思辨。这种思辨乃是许多法国物理学家的工作的特征，它们构成了下一代人得以建立一个关于电现象的数学理论的基础。从十九世纪头十年开始，借助高等分析，特别是位势论，这个任务完成了。

（参见　G. R. Sharp：*The Physical Work of Coulomb*，1936，M. Sc. Dissertation，Library of the University of London。）

四、静电计

十八世纪的电学家很快就觉得需要检测，并尽可能地测量电荷的仪器。在确定感生电荷的存在和本性、检测大气电、编制摩擦系列、使给予莱顿瓶的电荷标准化等诸如此类的问题上，这种需要尤其突出。验电器和静电计的发明和逐步改进对把静电学转变为精密科学起到了重要作用；这最后使伏打得以研究不同导体接触而产生的微弱电荷，这一研究又导致发明伏打电堆和产生电流。与这种仪器的发展密切相关的是许多辅助仪器的发明，它们用于放大过分微弱的电荷，以使之能明显影响验电器。

十六世纪末，威廉·吉尔伯特曾用一根被置于支枢之上的指针来证明经过摩擦的非导体上存在着电荷。十八世纪初使用的原始验电器通常由用金属丝或玻璃管悬吊的黄铜箔条或线绳构成。例如，为了研究一个带电玻璃球对附近轻物体的吸引，豪克斯贝便在一个与玻璃球同心的金属丝环上悬吊数根毛线；当玻璃球旋转时被
251 摩擦而起电时，毛线的取向使它们的自由端径直指向球心(*Physico-Mechanical Experiments*，1709)。斯蒂芬·格雷在二十年后所采用的验电方法与豪克斯贝的方法酷似。但是，继迪费发现了电排斥，又引入了一种新式验电器。据格雷的朋友和同事格兰维尔·惠勒描述(*Phil. Trans.*，1739，p. 98)，它的原始形式乃由用一根丝线并排悬吊的两根线组成；它们在有一个带电体靠近时便分离开来。惠勒给线的两端系上羽毛。后来，魏茨提出用丝线并排悬吊两块金属，以便根据它们被充电时的分离程度来把它们的相互斥同重力比较。(*Abhandlung von der Elektricität*，Berlin，1745)。诺莱通常把这种线对的阴影投到一块屏幕上，再用一个分度规测量它们的分离度(*Mém. de L'Acad. Roy. des Sc.*，Paris，*Année* 1747)。约翰·坎顿在他的感应和大气电实验中，应用一根导线并排悬吊一对长各约 6 英寸的亚麻线，每根线支撑一个豌豆大小的软木球或老木髓球(*Phil. Trans.*，1753，p. 350，和 1754，p. 780)。按照普利斯特列的说法，悬吊的球有时放在一个带有滑动盖的窄长盒子中；使用时盒盖可用作手柄以便手持仪器(图 112)。

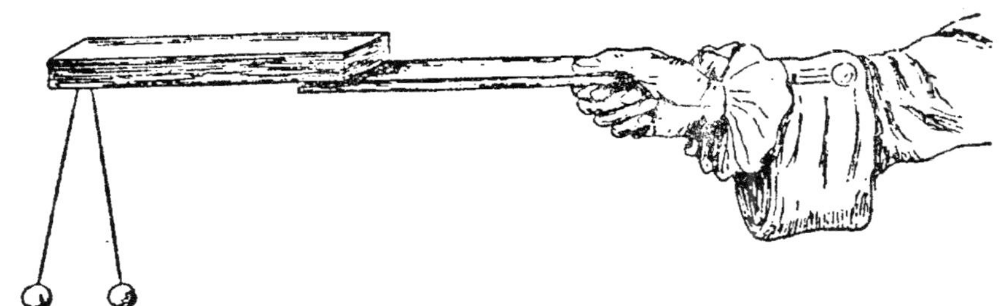

图 112—坎顿的木髓球静电计

人们希望把给予莱顿瓶的电荷标准化，特别在把它们产生的电击用于医疗时。托马斯·莱恩提出过几种方法，其原始程度主要在于应用这样的火花隙：其两个端点的间隔可用一个螺杆进行极精细的微调(*Phil. Trans.*，1767，p. 451)。莱顿瓶的内部直接用起电机充电，而外部接地(见 271 页图 106)。病人一只手持一根接地的导线，252 另一只手持一个绝缘的金属件，火花隙把后者同瓶的球形捏手隔开。当电瓶获得了足够强的电荷时，火花隙就会通过一个火花，病人便受到一次电击，其强度可通过改变火花所通过的火花隙两端间隔来调节。威廉·亨利于 1770 年发明了一种特别适用于指示一个莱顿瓶或莱顿瓶组成的电池上的电荷强度的仪器——**象限静电计**(图 113)，普利斯特列曾在致富兰克林的一封信中描述了这种仪器，此信后来发表于《哲学学报》

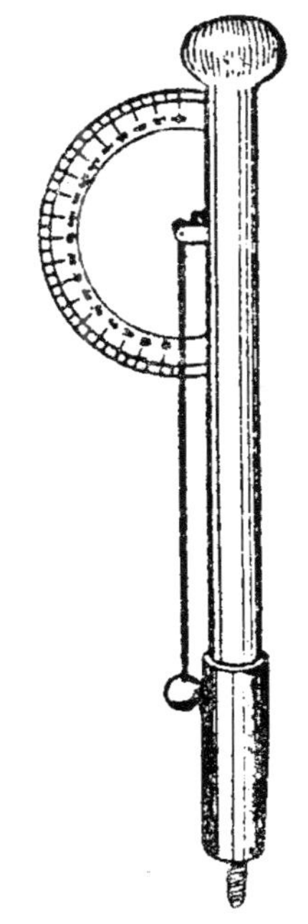

图 113—亨利的象限静电计

(1772,p. 359)。在这种仪器中,一根轻杆从刻度半圆即象限仪的中心悬吊一个软木球,这轻杆可在刻度半圆上转动。整个装置安装在一根象牙杆或黄杨木杆上,杆可藉其上的螺钉旋入起电机的原导体或莱顿瓶的球形捏手。支持球的轻杆的偏转便量度(按任意方式)了电荷。亨利应用这种仪器比较了各种金属的导电能力,其方法是观察需要由这静电计量度的多少电荷恰能熔化各种金属的1英寸长的丝(*Phil. Trans.*,1774,p. 389)。亨利还考虑过发明可用来研究大气的电状态的验电器的问题。奈恩建议屏蔽仪器,以免受气流影响。亨利为改进这一建议,提议把一对木髓球并排放在一个有孔的瓶中,把它们用线悬吊在一根伸出瓶塞数英寸的集电导线上(*Canton MSS.*,II,p. 94)。亨利的朋友提贝里乌斯·卡瓦洛(1749—1809)——一个几乎毕生在英国度过的意大利电学家——提出了对坎顿的木髓球验电器的其他一些改进意见。卡瓦洛的极其有名的静电计(1777年发明,记叙载《哲学学报》,1780,p. 14)是最早广泛应用的此类仪器,其活动构件全部封闭在一个玻璃容器里(图115的图2)。纤细的银丝取代了亚麻线,它们支撑着锥形软木块,并由一根绕过“瓶颈”的绝缘导线连接到仪器顶端的一个
253 铜帽。接地的锡箔条附装在瓶内两侧,(据解释)这是为了在软木块分得很开,足以同锡箔接触时使软

图 114—卡瓦洛

木块接地(因为每当欲用感应方法使软木块充电时,就要这样做)。整个仪器装在一个高约 3 英寸的盒子中。

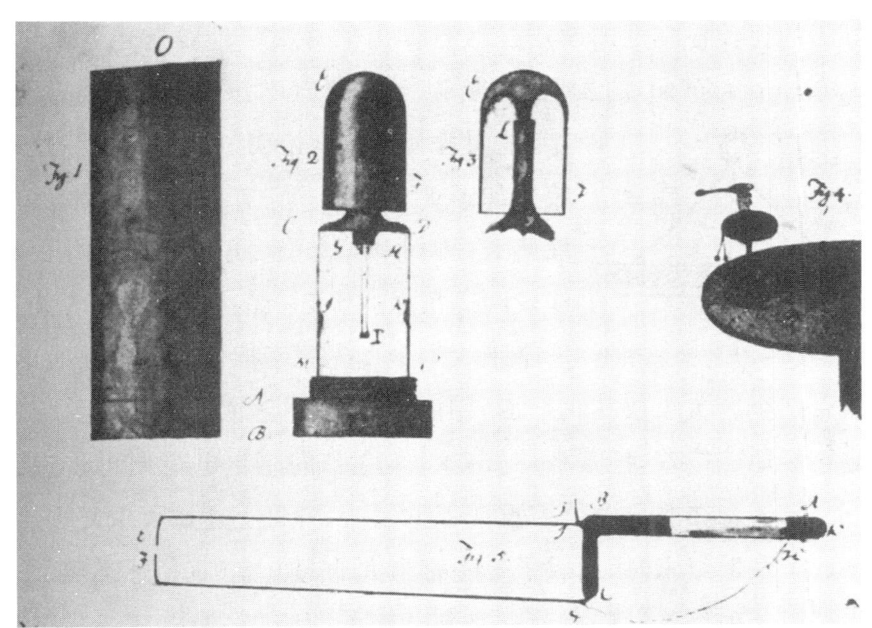

图 115—卡瓦洛的瓶式静电计

卡文迪什在研究中所应用的验电器总的来说与坎顿的仪器区别不大。然而,他在对电射线或**电鯆**性质的实验研究中应用了“一种非常精密的静电计”。他这样描绘这种仪器:“我所用的静电计有两根平行悬吊的麦秆,长 10 英寸,其一端在一根作为中心的钢销上转动,另一端上固定着直径四分之一英寸的软木球。我判断这些球的分离的方法是,看它们是否与置于其后约 10 英寸处的平行线相重合。这时要留心让眼睛总是与软木球保持同样距离,且不让这个距离短于 30 英寸。为使麦秆导电性能更好,它们被涂上了金箔,这就使它们的效应更加有规则。这种静电计非常精确,但只能在电很弱的场合使用。”

德索絮尔在几个细小方面改进了卡瓦洛的验电器。估量电荷方法的比较根本性的改进是伏打作出的。由于他是起电盘(elettroforo perpetuo)的发明者,所以当时的电学家都知道他。1775年,他向普利斯特列说明过这种仪器。这种装置如图 116 所示。它有一个金属底盘,里面盛有一块非导体材料,还有一个由几根绝缘丝线悬吊在一个环上的金属盖,或者装备一个绝缘手柄。先用摩擦使非导电体带电,然后把金属盖板放在它上面,用手指或底盘金属边沿接触盖板而使它接地。接着,把盖板移开,这样,它带的感生电荷便可传递给一个导体。在非导电体需重新带电之前,可将上述过程重复多次。将近十八世纪末时,制成了一些相当大的起电盘(直径达 7 英尺)。

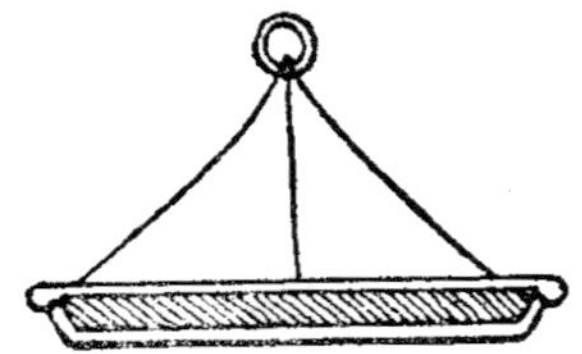

图 116—伏打的起电盘

254 伏打把这种仪器发展成为一种新的形式,他称之为**电容器**。正是他为这种仪器的后来演进奠定了基础。伏打的电容器实际上是一个用树脂薄层取代非导电体块的起电盘,它的最终形式示于图 117。它用于检测微弱的电荷或起电程度(*Of the Method of rendering very sensible the weakest natural or artificial Electricity*, London,1782)。伏打、拉普拉斯和拉瓦锡正是利用这种仪器证明了,在煤炭燃烧、铁屑在矾酸中溶解以及水蒸发等过程中,释出了少量电。为了测试这些实验中的微量电荷,首先应用的

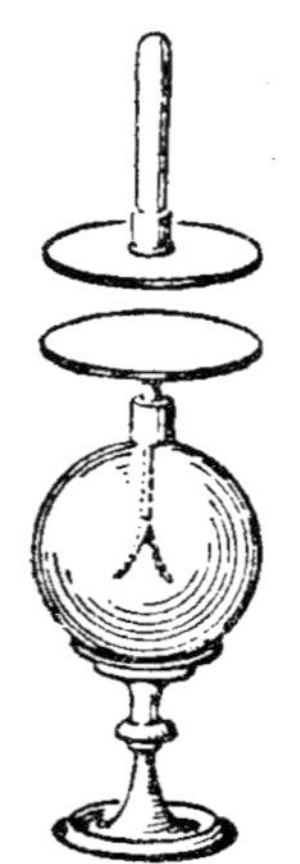

图 117—伏打的电容器

是卡瓦洛的验电器。然而,伏打在他于 1787 年 7 月写给利希滕伯格的两封信中,批评了当时判断电荷所用的一些方法,并说明了他自己新发明的静电计(*Opere*,1816,Tom I,Parte II,*Meteorologia Elettrica*)。这种仪器上主要是两根长约 2 英寸的细麦秆,它们并排紧贴着悬吊在银丝环上,当被充电时,它们很容易分开。整个装置封闭在一个方形玻璃容器中,后者一个侧面上贴着圆标尺。银丝与外部的一个金属帽联接。后来,这金属帽被代之以一种伏打电容器,从而构成了一种容电式验电器。伏打声称用实验确证了,两根麦秆的分离程度在一个很大范围内与静电计所得到的电荷成正比。

伏打渴望确立一种绝对的电的计量标准,它将与任何特定测量仪器的特征无关。十八世纪中期,已有几位作者建议,在测量一个物体的起电强度时,让它以引力把天平的一个秤盘拉低,然后看必须用多重的砝码放在另一个秤盘中,才恰好与这引力抗衡。一位佚名作者在致仪器制造家约翰·埃利科特的一封信中提出过这样一个建议,这封信发表于《哲学学报》(1746,p. 96)。格雷拉特的静电计实际上应用了这一原理:仪器由一个天平构成,其中一个秤盘垂直地位于一根铁杆上端上方,铁杆下端放在一张桌子上,桌子的高度可以通过一个螺钉随意调节。铁杆由摩擦起电机起电,它们用导线联接。起了电的铁杆对一个秤盘的吸引力被另一秤盘中的砝码平衡(并被计量)。格雷拉特观察记录了,为产生平衡所需的砝码如何随秤盘离吸引杆的距离以及起电机离铁杆的距离的变化而变化。(*Versuche und Abhandlungen der naturforschenden Gesellschaft in Danzig*,I,1747,pp. 506—34;格雷拉特对他的仪 255

器的描述见诸他的论文第 IV 节）伏打试图沿相当类似的路线使起电程度的量度标准化，正如他于 1787 年致利希滕伯格的第二封信中所说明的那样。他使一个带电体与一个直径 5 英寸的金属圆盘处于导电的相联接，金属圆盘从一架天平的横梁上用丝线悬吊，以使它位于一块水平接地板上方 2 英寸处。他求出，当把金属圆盘与一个莱顿瓶相接时，需用多少砝码才能平衡对金属圆盘的吸引。这时经量度的一系列电荷被供给莱顿瓶。他还试图把这些砝码与附装在莱顿瓶上的一个亨利象限静电计所显示的相应偏转关联起来。

对卡瓦洛的思想的另一个有意义的发展是德比郡沃克斯沃斯地方的副牧师亚伯拉罕·贝内特（1750—99）的著名的金箔静电计（图 118）。现在，它仍然是一种常用的初级仪器。它的原始形式是封闭在一个高 5 英寸的玻璃容器中的两条一端渐细的金箔；它们悬吊在一个象牙桩上，后者通过一根锡管与容器的绝缘金属帽联接。金箔对面的容器内表面的侧壁上用清漆固定着两条锡箔，当金属帽充电时，可用一个刻度纸标尺量度锡箔的张开程度。贝内特发

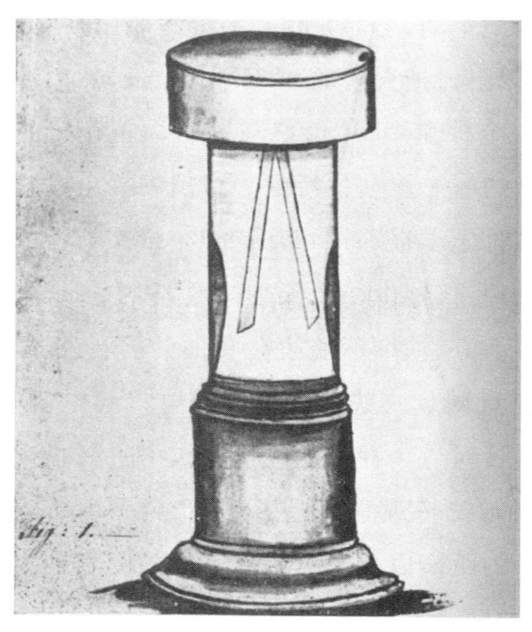

图 118—贝内特的金箔静电计

现，这种仪器很灵敏，足可检测到放在金属帽上的一个金属容器中的水在蒸发时所引起的起电(*Phil. Trans.*，1787，pp. 26，32)。贝内特试图用他的“电倍增器”改良伏打的容电式静电计(*Phil. Trans.*，1787，p. 288)。这种仪器用来放大否则难于检测的微弱电荷。它由一个金箔验电器和两块下面涂漆、配有绝缘手柄的铜板构成。现假设有小量电荷(譬如正电荷)已被传送到验电器上，并把两块铜板名为 B 和 C，于是，程序如下：将 B 放在验电器的金属帽上，并接地。于是，B 便获得了几乎与仪器上等量的感生负电荷。然后，藉手柄将 B 移开，将 C 置于 B 上(涂清漆的面朝下)并接地；这样，C 便获得感生正电荷。再将 B 放回到金属帽上并接地；然后，将 C 与金属帽联接，C 便几乎把它所有的正电荷都给予金属帽；接着，B 被移开，这时，它几乎带有比第一次多一倍的负电荷。将这样的循环程序反复进行，直到验电器呈现明显的张开。

有些人试图为贝内特的倍增过程中的操作设计一种机械方 256
法。其中最著名的是以其发明者威廉·尼科尔森命名的“尼科尔森倍增器”。尼科尔森于1788年向约瑟夫·班克斯爵士说明了他的仪器(*Phil. Trans.*，1788，p. 403)。

这种放大电荷的机械装置很快就被看作同玩具差不多的东西。然而，可以认为它们是现代感应起电机的雏形。自十九世纪后期以来，感应起电机便取代摩擦起电机作为起电源。

(参见　W. Cameron Walker：“The Detection and Estimation of Electric Charges in the Eighteenth Century”，载 *Annals of Science*，Vol. Ⅰ，1936，pp. 66—100。)

五、流电学

自古以来人们一直知道，摩擦能使某些物质起电，而十八世纪的物理学家则表明，加热某些晶体也可以产生电，而且也可从大气收集到电。他们又进一步证明，电鲥的袭击是电性质的。然而，更为重要的是，在**流电**即**接触电**现象中发现了第五种起电源，这种现象是在十八世纪末观察到的。对此类现象的较充分的研究和理论解释可以认为是十九世纪物理学的最大成就。

祖尔策

1750 年前后，一个德国数学教授 J. G. 祖尔策首先注意到，在一定条件下，仅使两种金属接触，就能产生一种奇异感觉。但是，后来人们才把这效应与电联系起来（*Theorie der angenehmen und unangenehmen Empfindungen*，Berlin，1762）。祖尔策有一次碰巧用他的舌尖放进两块不同金属之间，而它们的边缘是相接触的。他注意到，有一种刺激性的感觉，使他想起绿矾的味道。当把两块金属分开放在舌头上时，便没有产生什么。这个实验（如图 119 所示）可很容易地重复。将舌头伸进擦洗干净的锌片（*A*）和铜片（*B*）之间，两者沿边缘（*C*）相接触地放置。祖尔策认为，当把两种金属放在一起时，大概不会发生什么分解作用。他猜

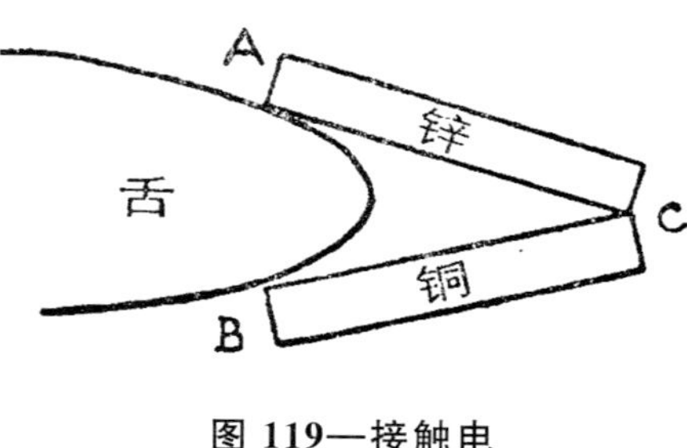

图 119—接触电

想，这两种金属的相触大概引起了它们的微粒振动，而这种振动刺 257
激了味觉神经。在这种实验后来的一种形式中，一个锡或锌的烧杯被安装在一个银制支座上，里面盛有水。当把舌尖浸入水中时，只要不与银支座接触，舌尖就不会感到任何味道。但是，若同时用湿手握住银支座，就会感觉到有一种独特的味道。祖尔策的发现当时还只是一种孤立的观察事实；正像这类事情常见的结局那样，它也未引起注意，最后被人们遗忘，直到科学的进一步发展导致必然地回到这个发现。

伽伐尼

对接触电现象的真正研究始于偶然的观察。把一只新制备的青蛙腿与地导电地连接，每当在蛙腿附近有放电发生，蛙腿就会痉挛。蛙腿的这种行为是波洛尼亚大学解剖学教授意大利人卢伊季·伽伐尼(1737—98)约在1780年观察到的。伽伐尼在日记中记载了他的划时代实验，后来又在《关于电对肌肉运动的作用的评论》(*De viribus electricitatis in motu musculari commentarius*，1791)中发表了有关说明，这里的说明即以此为根据。(德文注译本，见Ostwald：*Klassiker*，No. 52。)

图120—伽伐尼

人们早就知道，直接通过动物尸体放电的作用可以使它产生肌肉痉挛，也知道电鲼能使死鱼发生动作。使伽伐尼惊讶的是，事

实上制备的蛙上所观察到的痉挛是在起电机与它之间没有任何联系的条件下发生的。如图 121(左第二图)所示,伽伐尼制备了一

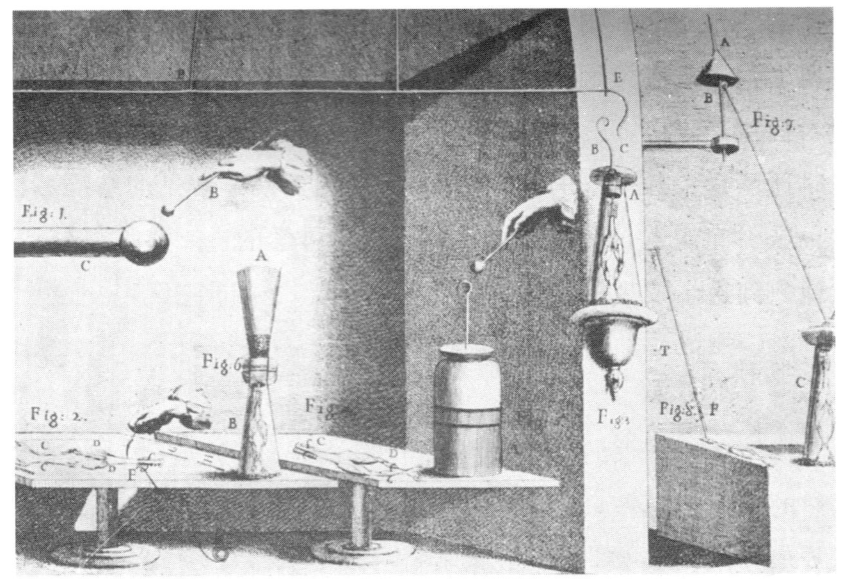

图 121—伽伐尼的实验(1)

只青蛙,放在一张桌子上,桌子上还有一台起电机。一个助手无意间用刀尖轻轻触了一下胫神经 DD,这时关节处的全部肌肉便都收缩了起来,就像被紧紧地夹住了一样。这恰巧发生在起电机导体产生一个电火花的时候;若无电火花,则什么也不发生。当握住刀的骨柄而不触及刀片时,实验也失败。这意味着这现象包含电
258 的因素。伽伐尼证实了这一点。他交替用玻璃棒和铁棒去触神经,结果只有用铁棒时电火花才产生这种效应。然而,迄此,各个现象与接触电尚无任何关系,它们是由回击引起的,因为起电机上电荷引起的蛙腿上的电荷分布在放电的时刻被改变了。为要在距起电机导体一定距离处感知这种电荷分布及其因放电而达到的均

衡，必须把蛙腿置于与地相连的导电联接中。在伽伐尼的实验中，这起先是藉刀偶然接触神经而实现的，而后来则是故意地让蛙腿与一个导体相接触来实现的。当用莱顿瓶替代起电机放电时，以及当用活动物替代死的标本时，都观察到了类似的效应。温血动物的尸体也可以弄得产生这样的痉挛，但要比冷血动物更快地失去这种特性。

这些实验引起的震惊使伽伐尼进一步地去进行实验，这是这个新领域中几乎无限的重要发现的序幕。在演示了放电对位于起电机附近的蛙腿的作用之后，伽伐尼接着便想确定，大气电的影响是否也能引致类似效应，这里电闪起着起电机或莱顿瓶的人工放电的作用。他的著作的第二部分描述了他关于这个问题的实验。在一次雷雨中，用前述方法制备的蛙和一些温血动物的腿的神经被缚在长铁丝上，脚则用类似导线连接于地。结果不出伽伐尼所料。就在电闪闪现的同时，肌肉强烈地痉挛起来。在如此检验了与雷雨相关联的电效应之后，伽伐尼想研究大气中长久存在的电的激发这种神秘痉挛的力量，从而导致了他的书的第三部分所描述的那些发现。

伽伐尼注意到，若把制备的蛙缚于一个铁格子，并把黄铜钩刺进脊髓，则不仅在雷雨天气，而且甚至在晴朗天气，也会出现偶发的痉挛。他想，这些运动肯定是因大气电状态的变更而引起的，因而他就在一天中各不同时间观察被他盯住的动物。但是，肌肉只是难得有明显的运动。最后，他等得不耐烦了，便把铜钩贴压在铁 259
格子上。结果，他立即看到了他起初将之归因于大气电的反复痉挛。但是，当他把一个标本拿进屋内放在一块铁板上，并把插入脊

髓的铜钩贴压在这铁板上时，他又观察到了类似的痉挛。

伽伐尼这时认识到，他正在研究一种根本料想不到的崭新现象，它与大气电的变化毫无关系。他改变了实验方式，把蛙放在一块不导电的玻璃板上，并把铜钩与蛙足连接起来。如果用另一种金属作连线，则痉挛就会产生，但如果用同种金属或非导体，就没有这种痉挛。图 122 取自伽伐尼的书，示出了伽伐尼设计的这个

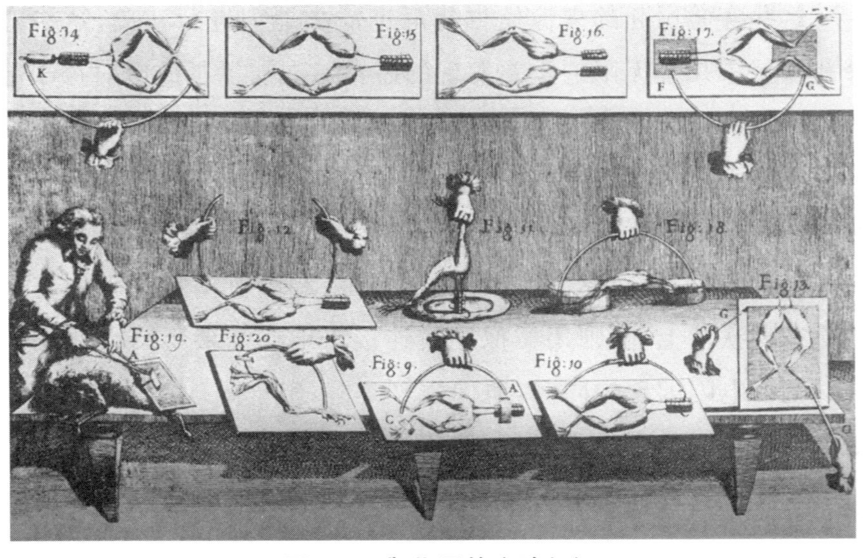

图 122—伽伐尼的实验(2)

基本实验的种种变形。其中最有意思的是第二图所示的那种电摆。电摆这样制成：把一个制备的蛙的一条腿举起，将黄铜钩穿过脊髓与一块银板接触，另一条腿可在银板上自由滑动。一当这条腿触及银板，肌肉便收缩，以致这腿向空中举起。当线路断开后，肌肉便放松，腿便再次与银板接触。这样便发生了又一次痉挛，腿又举高，这个过程如此便继续下去，蛙腿的振动颇像一个摆的运动。

当时对这种奇特现象只有两种可能的解释。它或者由于动物机体内存在电的缘故;或者它包含某种取决于不同金属接触的电过程,而蛙腿仅仅起到了一种灵敏验电器的作用。伽伐尼赞同前一种意见,认为所有这些现象全都证明存在着一种动物电。他设想这种电从脑流经神经而到达肌肉,并把肌肉比作莱顿瓶,设想肌肉表面和内部充有相反的电荷。当把神经与肌肉表面(它们各相当于莱顿瓶的内侧和外侧)导电地相连接时,就会发生放电,他设想肌肉收缩就是这种放电的一个结果。

伽伐尼的实验及其一开始便被广为接受的理论自然引起了物理学家、生理学家和医学家的极大兴趣,他们全都急切地弄来青蛙和不同种类的金属,亲自重复这些实验。

伽伐尼的科学活动以他的《评论》的发表而达于顶峰。此后,
这个新领域便由他的同胞伏打执牛耳了。伽伐尼只是在继续捍卫 260
他的"动物电"学说,以抵御伏打对它的攻击。但他渐渐地沉沦于深深的沮丧之中,未能在有生之年看到他的理论由于伏打发明了电堆而终于被推翻。

伏打

亚历山德罗·伏打(1745—1827)是科莫人,还不到三十岁时便在科莫当上了物理学教授。五年以后,他应邀到帕维亚大学担任同样的教职。1815 年,他成为帕多瓦大学哲学院院长,直到 1819 年。他的晚年在退休中度过。他的生涯从投身于气体性质的研究开始,但是甚至在 1791 年伽伐尼的研究结果发表以前,他就已经对电的科学作出了重要贡献。前面已讲到的起电盘和电容器都是他在这一时期的发明。他把它们与他的麦秆静电计一起使用，作为检测微量电的手段。这仪器在他后来研究接触电时起了极大作用，这使他很早就被接纳为皇家学会会员并荣膺该学会的科普利奖章。伏打的实验和思辨大都见诸他写给朋友们的书信。(这些书信的最重要部分的德文注译本，参见 Ostwald：*Klassiker*，Nos. 114 和 118。)

图 123—伏打

伏打开始时先重复并证实了伽伐尼的实验。起初他相信伽伐尼“动物电”观点的正确性。他猜想，伽伐尼所观察到的肌肉痉挛必定起因于肌肉电和神经电之间的不均衡，而金属的连接只是起恢复平衡的作用。然而，几年之后，他认识到，不可把肌肉比作莱顿瓶的涂层，因为即使电荷均衡完全通过神经进行，肌肉完全处于导电线路之外，蛙腿仍然发生痉挛。伏打仿效祖尔策的实验，把两块不同的金属与嘴和眼接触，成功地不仅产生了味觉，而且还产生了光的感觉。这个实验证明，放电不但可引

261 起肌肉痉挛，而且还能激发感觉神经。他的步骤如下。他把一条宽的锡箔放在舌尖上，把一枚银币放在舌后部。当用一根铜线联接这两种金属时，他感到一种强烈的酸味。伏打不用铜线，用一只银匙替代银币，放在舌后部，把匙柄接触放在舌头上的锡箔时，得到了同样结果。当按伽伐尼方式用不同种类的金属把前额与腭部

连接时,他得到一种光的感觉,在接触的瞬间看到了一道明亮的闪光。通过这些研究,他越来越相信,那些金属不仅起到导体的作用,而且实际上本身就产生电。这样,大约在 1792 年,伏打在描述这些生理学研究时,改变了自己原来的观点。他认为,显然,在这些实验中,神经只是受到了刺激,产生这种刺激的电流的原因应当到金属本身去找。他写道:“它们是真正的电激发者,而神经本身是被动的。”大约就在此时,伏打发现,木炭可以用作为一种导体和电激发物替代伽伐尼实验中的金属。

在 1794 年写的一封信中,伏打便以动物电学说的反对者的姿态出现了,从此他以**金属电**这个术语取代了动物电。他坚持认为,这整个效应都起因于金属与任何潮湿物的接触,这接触使电循环起来。如果这电流通过尚存有一定活力的神经,则受这些神经控制的肌肉因而就发生痉挛。在这些百折不挠的艰辛研究中,伏打发现,这种运动以及上述的味觉和视觉因所用金属的性质而有明显差异。伏打在 1794 年制定了下列序列:锌、锡、铅、铁、铜、铂、金、银、石墨、木炭。这些物质在序列中相距越远,效应就越强烈。这种制定现在所称的元素电化序的最初尝试很快被扩展,添进了其他许多成员,包括诸如黄铁矿、方铅矿和铜矿石等矿物。

从此,伏打便力图把神经和肌肉完全从伽伐尼现象中排除出去。他把一对对金属同诸如纸、布等等潮湿物质相接触。为了正确无误地演示迄此肌肉痉挛中呈现的电荷最后均衡现象,伏打应用他的电容器放大极微量电的效应。他用这种仪器进行的初步试验就为他那著名的接触电基本实验铺平了道路。该实验表明,不用动物或其他任何潮湿物质作媒介,两种不同金属仅仅短暂接触 262

时，它们也会因此带上相反的电荷。在这个实验中，除了带绝缘手柄的各种金属板、一个电容器、一个用于检验和测量金属因相互接触而产生的电荷的灵敏金箔静电计之外，别无其他进一步的要求。例如，一个锌圆片与一个铜圆片接触后，两者便都充了电，前者带正电，后者带负电。再如，当锡或铁与铜接触后，铜带负电，但其强度要弱得多，而锡或铁则带正电。但是，当使这铜与金或银接触时，铜得到正电，而贵金属带负电。伏打在1797年的一封信中记述了他的这个基本实验。他在信中再次强调指出，仅仅让不同金属接触便可得到如此可观数量的电，这是何等奇怪的事，而目击了他的实验的专家们又都是何等地惊讶不已。为了确定各种接触电荷的符号，伏打把它们与他的静电计接通，然后把摩擦过的玻璃棒和树脂施加于静电计，观察哪个使箔片的张开增大，哪个使之减小。伏打通过大量地对他的基本实验作种种变化，终于把所试验的物质排成下列顺序：

+	
锌	铜
铅	银
锡	金
铁	石墨
	—

这些物质是这样排列的：当让表中任意两种金属相接触时，位置较前者带正电，较后者带负电。此外，用麦秆静电计作的测量表明，表中任何两个成员接触而产生的电的分离，取决这两种物质在表中的间距，距离越远，分离就越大。例如，对于序列中前四个成员，

他发现差值如下：

锌/铅＝5

铅/锡＝1

锡/铁＝3，

而对于锌/铁，差值为9（＝5＋1＋3）。这个结果促成确立“递次接触定律”：序列中任意两个成员的电分离等于全部中间成员间电分离之和，因此，在一个由各种金属构成的闭合电路中，沿这电路的各分离将抵消掉。李特认识到，这电化序还表示了这些金属的这 263
样一种顺序排列：每一种金属都可以把其后的金属从它们的化合物溶液中置换出来，它本身也可被其前的金属置换。于是，他进而假设，伽伐尼电[流电]自有其化学过程的原因，这是与伏打的接触电理论相抵触的。直到后来得到法拉第研究的支持，李特的这个观点才得到广泛承认。

伏打起初依据自己的研究认为，电的激发力只存在于不同金属的接触点上，动物或其他流体仅仅起导体的作用。但进一步的研究使他认识到，当一种金属与一种流体接触时，也会产生激发力或电动势。绝缘的银、锡、锌等的圆片与潮湿的木块、纸张或瓦片接触，在再移开后可发现前者带负电。他称这些金属为一级电动体，把不能列入电化序的液体称为二级电动体或二级导体。但是，他承认，他解释不了为什么这两类物质成员的接触会如通常所观察到的那样导致起电。

伏打表明，在一个完全由一级电动体（金属）构成的电路中，不发生任何电的运动、电流。但是，他又进一步表明，当让两个一级电动体与一个潮湿的中间导体相连接，并且它们彼此直接或通过另一导体相连接而形成一个导电通路时，便会产生这种电流。这种组合被称为原电池。伏打为了倍增这种单个原电池的功效，就把许多单个原电池组合起来形成一个“电堆”。

这一已证明是绝顶重要的发明的最早说明见诸伏打致皇家学会会长约瑟夫·班克斯爵士的一封信中，时间是1800年3月20
264 日（*Phil. Trans.*，1800，p. 403）。他在信中说，在他进行接触电实验的过程中，他成功地制成了一种新装置。他说，它具有非常微弱程度上的莱顿瓶性质，但又具有一个远远优于莱顿瓶的特点：无需从外部充电，而只要按适当方式接触便可自发地生电。他把这种装置的作用和布置比作电鲱的电器官。伏打的第一种电堆示于图124。他这样描述它的结构：“取30块、40块、60块或更多块铜片，银片更好，使每一块都施加于一块锡片，或者锌片，那更好得多。取同样数目的水层或其他诸如盐水或碱液等导电性能优于纯水的液体层，或者同样数目在这些液体中浸泡过的卡纸或皮革等等，这些层夹在每对或每个组合所包含的两种不同金属之间。一个这种间隔的系列，并且这三种导体总是按同样顺序排列，就构成了我的仪器。”（*Phil. Trans.*，1800，p. 403）

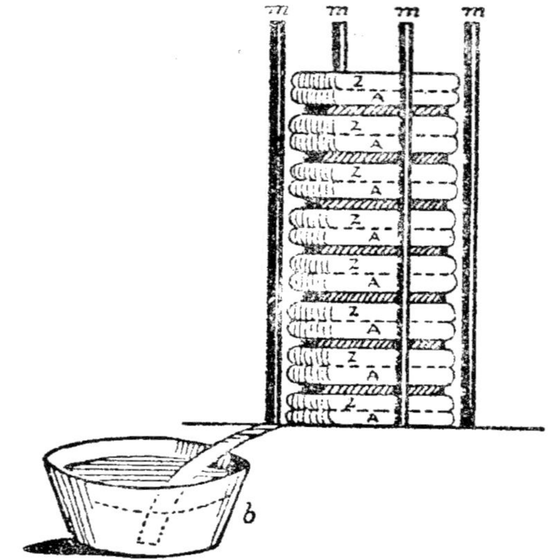

图124—伏打的第一种电堆

用一只手接触顶端的金属片,另一只手浸入容器 b 以完成通路,除了可得到轻微的电击感而外,还可演示这装置对味觉、视觉和听觉神经的作用。为了把许许多多金属片组合起来,伏打不得不在电堆的周围放置支架,或者把电堆分成若干部分(图 125)。

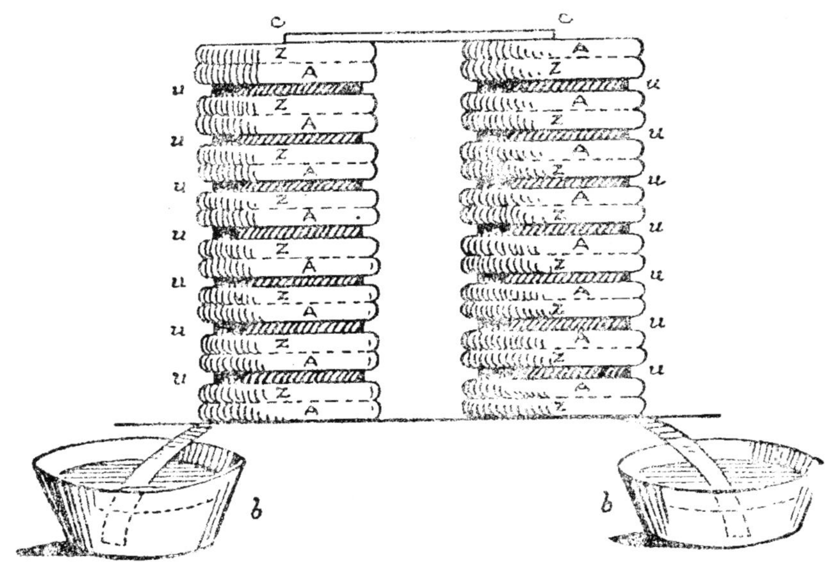

图 125—伏打的第二种电堆

这种电堆的缺点之一是,由于金属圆片紧压住布圆片,因此最后将 265
引起后者中含有的流体流遍整个电堆,从而使它失效。因此伏打便设计了一种布置来克服这个困难。他摆出一行玻璃或其他非金属材料制的烧杯,每个杯里都注入一半盐水或碱液。然后,如图 126 所示把它们串联起来,方式是在每个烧杯中都放入一块铜片或镀银铜片(A)以及一块锡片或锌片(Z)而每块铜片都与相邻的下一个烧杯中的锌片焊接。"以这种方式联接的 30、40 或 60 个烧杯的系列排成直线或任何形状曲线,就构成了整个这新装置。它

图 126—伏打的杯冠

在原理上以及所用的物质方面都与排成一列形式的装置无异。”为要从伏打在致班克斯的、用法写的信中称之为 *couronne de tasses*［杯冠］的这种装置上得到电击，只要把一只手浸入一个烧杯中，另一只手的一个手指浸入第二个烧杯中，就可以了。这两个烧杯在系列中隔得越开，电击的强度就越大。这样，当伏打把两只手放入系列中第一个和最后一个烧杯时，他得到了最强烈的电击。一个由四十或五十个烧杯构成的杯冠除了给出瞬间的电击而外，还可用来刺激味觉、视觉和听觉器官及触觉。伏打详细描述了让电流稳恒地通过他身体一些时候的情况下他的感觉。同一电刺激对各感官都激发其特有的感觉，这个事实对感官生理学有着极其重要的意义。后来，米勒据此进而提出了感官具有特殊能量的学说。

伏打在杯冠实验中注意到，电流的强度随所用盐溶液浓度的改变而变化，而且当水及周围空气温暖时，结果最好。他还研究了电流在并联电路间分配的方式，但他似乎没有觉察到伴随电流通过的化学过程，也可能他对之不感兴趣。

伏打电堆的发明在英国和法国引起人们的极大兴趣。1801年，伏打应拿破仑邀请去到巴黎。他在巴黎讲学，赢得了盛誉。

266 卡莱尔和尼科尔森

在英国，第一个按照伏打的说明制成一个电堆的看来是伦敦的一位外科医生和解剖学教授安东尼·卡莱尔爵士(1768—1840)。事情的经过是这样的。1800 年 4 月底,约瑟夫·班克斯爵士给卡莱尔看了伏打谈论电堆的那封信的第一部分;于是,卡莱尔立即亲自动手制作这种装置。尼科尔森写道:“4 月 30 日,卡莱尔先生拿出了由十七枚半克朗银币制成的电堆,它还有同样数目的锌片和在盐水中浸过的纸板。这些东西的排列顺序为:银、锌、卡纸等等……银……在锌之下。”应用一个贝内特静电计和倍增器做的实验证明,从这电堆得到的电击是一种电现象,它们还表明,银端带负电,锌端带正电。在后来实验的过程中,“为使接触可靠起见,卡莱尔先生在顶端金属片上放了一滴水,结果发现在接触导线周围有气体离析出。当用钢作连接导线时,尽管这种气体的量非常微小,但我还是能够辨出它显然具有氢的气味。这和其他一些事实启发我进而想到可在两根导线之间代入一个水管来切断电路。因此,在 5 月 2 日,我们在塞在一根内径半英寸的玻璃管两端的两个软木塞上各插入一根黄铜导线。管内充有取自新河的水,两根导线在水中的两个线头相距 $1\frac{3}{4}$ 英寸。应用了这种复合放电器,就可使它的导线的外端与一个电堆两端的板片相接触,这个电堆由三十六枚半克朗银币以及相应数目的锌片和纸板片构成。一串精细的气泡立即开始从管中与银片联接的下部导线的端头流出,而上部导线的相对端头便失去光泽,先变成深橙色,然后成为黑色。当把管子颠倒过来时,气体就从这时处于最低位置的另一端头释出,而上部导线端头又失去光泽而变黑。……在整个两个半小时的时间里,气体产物共达三十分之二立方英寸。然后,让这

气体产物与等量的普通空气混合，并用一根点燃的蜡线引爆之。”“我们看到氢最先出现，于是便推想，会发生水的分解。但令人惊
267 讶的是，我们发现，游离的氢处于与一根导线相接触处，而氧则与差不多 2 英寸以外的另一根导线相结合。这个新事实还有待于解释，而且它似乎表明了在化学过程中电作用的某种普遍规律。”后来“两根铂导线……被插进一根内径四分之一英寸的短管内。把这装置置于电路之中后，银的一侧放出一串密接的精细气泡，而锌侧也有一串气泡，但没有前者那么多。……自然可以猜想，从银侧放出较大气泡串是氢，而较小气泡串则是氧。……”这时，卡莱尔和尼科尔森各自都已制作了一个电堆；这两个电堆被组合了起来，结果收集到大量这两种气体。“使两根铂导线从两根独立的管中伸出……”这两根管子“被浸入一根盛水的浅玻璃容器中，这容器中有两个倒放的小容器，它们充满水，并这样放置：使一根管中的铂导线在一个容器下面，另一根管中的铂线在另一个容器下面。……从每根导线都升起了一团气云，但大都是从银侧即负侧升起的。气泡从水中各处析出，附着于小容器的全部内表面。这个过程持续了十三小时，此后，导线被断开，两种气体被移注到另外的瓶中。当称量这些瓶以测定空气数量时，发现被气体置换的水的数量，在锌侧为 72 格令，在银侧为 142 格令。……它们在体积上的比例接近等于所说的水的组分的比例”。（见威廉·尼科尔森的说明，载 *Nicholson's Journal*，July 1800，pp. 179—91。）

卡莱尔和尼科尔森对水的电解是利用伽伐尼电流完成对一种化合物的分解的第一个完整而又肯定的事例。事实上，冯·洪堡以及其他人已经指出一些显然依靠电流的化学作用的现象。甚至

在伏打电堆发明以前,就已有人猜想,化学变化可能是电产生的原因,而不是其结果。然而,这两位英国研究者应当说是有功绩的,他们首次通过一个精心设计的有说服力的实验明确地演示了流电对水的分解。下一步的工作是把这种新仪器应用于一些其化学构成尚属未知的物质,这一步没过几年就由汉弗莱·戴维完成,他获得了辉煌成果。

李特和沃拉斯顿

在德国,J. W. 李特是最早投身伽伐尼电研究的人之一。像伏
打一样,李特也认识到,伽伐尼现象可以在没有动物体参与的情况 268
下发生;而且他进一步证明,伽伐尼电现象和普通电现象本是同一种现象。这个问题在一个时期里一直是有争议的。李特给一个电堆的两极各接一根导线,给每根导线的端头再各接一条金箔,由此表明,两极互相吸引。当把两根导线靠近时,两条金箔便相互吸引,直到它们最后相接触而闭合电路(*Gilbert's Annalen*, Ⅷ, p. 390)。W. H. 沃拉斯顿做了一个带些补充性的实验。他从一台摩擦起电机的两个接线端上接出了两根细导线作为电极,以之分解硫酸铜溶液(*Phil. Trans.*, 1801, p. 427)。

六、磁学

在十八世纪的大部分时间里,磁现象都被解释为起因于据认为围绕磁体循环的笛卡尔涡旋。欧勒提出了这种理论的一种形式即"单流体"说。按照它,磁体被认为像蜂房一样布满了许多阀门

似的细孔，磁流体只能从一个方向通过这些孔。这样，磁流体从一极进入磁体，从另一极离去。然而，在这一世纪的后半期，物理学家倾向于把一种无所不在的流体或两种这样的流体的假说应用于磁学，而在解释类似的电现象时，这类假说已显得很有效。例如，埃皮努斯于 1759 年倡言磁的(像电的一样)“单流体”说。他认为，这种流体由相互排斥，但吸引普通物质微粒子的微粒构成。当一个物体内所含的这种流体大部分积聚在其一端时，该物体便被磁化。这种假说在解释负极相斥现象时遇到了困难。这自然地导致“两流体”理论，例如安东·布鲁格曼不久后便提出的那种，它后来为库仑和泊松所接受。在这种理论通常所采取的形式中，磁性物质的终极微粒或其中的某一些被认为是微磁体，或在磁场的作用下能够变成这样的微磁体。实验上无法获得孤立磁极的事实证明这假说是合理的。按照这假说，磁化就是使不规则分布的磁微粒取向而排列成链。

在十八世纪里，制造强磁性人造磁铁的方法取得显著进步，这便利了对磁的吸引和排斥的研究。高恩·奈特的工作就属于其中
269 最好者之列。他先用自己的独特方法把许多钢条分别磁化，然后把它们扎成一些捆或弹仓似的东西，它们配备有铁，以形成具有很大起重力的复合磁铁(*Phil. Trans.*，1744，p. 161 和 1747，p. 656)。约翰·坎顿在这方面提出了一些进一步的改良，但是在十九世纪发现了电磁后，所有这些方法全都被废弃了。

在我们所讨论的这个时期中，磁学上只作出了不多几个新发现。人们发现了，除铁以外，其他一些物质也受磁体影响，而且这种影响并非总是吸引。例如，布兰特(1735 年)和克朗施泰特

(1751 年)证明他俩分别发现的新元素钴和镍具有轻微的磁性,后来库仑又扩充了这张表。另一方面,西博尔德·布鲁格曼(安东的儿子)于 1778 年表明,铋和锑排斥一根磁针的两极,这是已知最早的**抗磁性**事例。在这个时期中,电闪使铁磁化的现象也受到相当的注意。

库仑

然而,十八世纪在磁学上的最大成就是,库仑确定了磁极的力随距离而变化的定律。牛顿在《原理》中描述了他自己想确立这条定律的一些初步尝试,在随后的一世纪里,人们对这一问题进行了一系列研究,但均无结果。通常的程序是在一个刻度象限仪的中心安装一根磁针,用一块磁石沿与磁子午圈垂直的方向对准这指针,读取磁针的偏转。磁针的偏转随磁石的距离而变化,可把偏转与距离对应地列成表。哈雷就是沿这路线进行实验的,他在 1687 年 3 月 20 日向皇家学会宣读的一篇论文中描述了这些实验(*Register Book*, Vol. 9, p. 25)。豪克斯贝(*Phil. Trans.*, 1712, p. 506)和布鲁克·泰勒(*Phil. Trans.*, 1721, p. 204)后来都进行过类似观察。但这些实验均未得到什么确定的磁力定律。米欣布罗克用一架天平来比较两个相隔不同距离的磁体的引力;但他的结果同样是不确定的。然而,米歇尔研究了这些研究者获得的结果,遂于 1750 年提出,磁力可能遵循平方反比定律。米歇尔的陈述见 270
诸他的《人造磁体论》(*Treatise of Artificial Magnets*)(剑桥,第二版,1751 年)。他认为,“每个磁极在一切方向上等距离处都具有完全相等的引力或斥力。……磁引力和磁斥力彼此完全相等。

……磁体的引力和斥力随距各该磁极的距离的平方的增加而减少。”米歇尔推演出这条定律，其根据是“我自己做的以及我看到的别人做的实验。……但是，我并不自称它是确实的，因为已做过的实验尚不能够以充分的精确性确定它”（上引著作，pp. 17—19）。不久，J. T. 迈尔也提出了同样的定律。他提交给哥廷根皇家学会的论文显然没有发表；但费舍说，埃克斯勒本和利希滕伯格的《自然科学基本原理》（*Anfangsgründe der Naturwissenschaft*，§709）中转述了迈尔论文的内容。后来，兰伯特用一个探察罗盘测绘一块磁体的磁场，得到了一些曲线，他把它们与按照平方反比定律的假设计算出来的力的曲线进行比较。由此，他也推出了同样的定律（*Mém. de l'Acad. Roy. des Sciences de Berlin*，1766）。

库仑在他那测定磁力定律的经典实验中，运用了两种独特的方法。他在1785年发表于《皇家科学院备忘录》（巴黎）（Ostwald: *Klassiker*，No. 13）的一篇论文中描述了这两种方法。

在第一种方法中，他应用了一根可绕其平衡位置自由振动的短罗盘针，并垂直地悬吊一根约25英寸长的磁化钢丝，使它与罗盘针在同一条磁子午圈上，其一个磁极与罗盘针齐平。记下罗盘针的小振幅振动的周期，先是仅仅在地球磁场的作用之下，然后是在处于不同短距离上的垂直磁体的作用之下。如果假定振动是简谐的，则场强将与周期平方成反比。把各结果适当加以组合，就可消除地球磁场的效应，而磁体产生的力被表明与距吸引极的距离的平方成反比。库仑在实际的实验中考虑到了各种干扰因素。例如，他发现，长磁体与罗盘针间的有效距离应认为是多大；长磁体的极应考虑处于何处；另一极的作用范围应认为有多远；等等。

库仑的第二种方法运用了一种扭秤,有些像他在测定电斥力定律时用的扭秤。他的仪器主要是一个盒,内有一个刻度圆,并有 271
一根横臂横跨这盒,一根垂直管穿过横臂中央的一个孔。在这管内部,一根黄铜线从其上端连接于一个微扭计,这微扭计能把这黄铜线转过任何角度,后者可从微扭计的刻度头读出。黄铜线下端吊着一个镫形物,里面放着一块棒状磁体。这装置起先这样安置:铜线不受扭力作用,微扭计上的读数为零,镫形物中的磁棒在磁子午圈上的方向指向下面刻度圆上的0°。这时黄铜线被扭转,使磁棒转离子午圈一个被计量的角度。为此所需的扭转的量便给出了对地球磁场强度的一种度量。然后,磁棒又被回复到磁子午圈位置,并在磁子午圈上垂直放置一个长磁体,以排斥悬吊的磁体。通过扭转黄铜线,后者又被逐渐转回到出发点,记下两个极处于各角距离时所引起的扭转。考虑到地球磁场所引起的扭转(根据预备实验可知),就可以确定两极间斥力如何随其间距而变化,这样,平方反比定律也就得到证实。

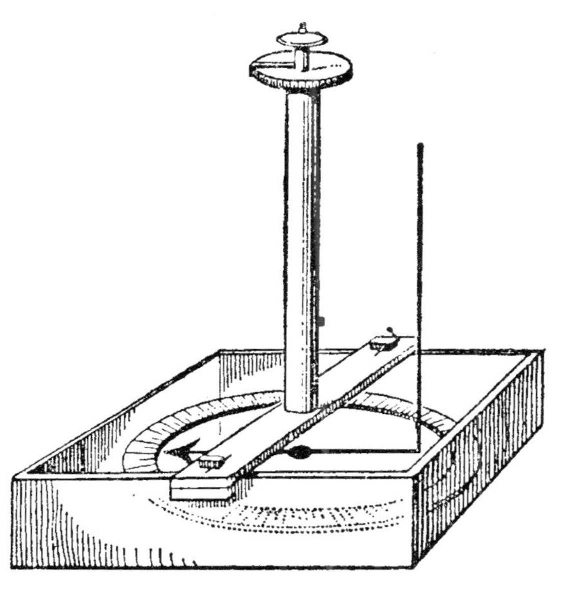

图127—库仑的磁力扭秤

十九世纪初,高斯用一种更其决定性的实验证实了这条定律。

磁偏角

十八世纪里，对磁偏角或者说罗盘变化进行了大量观察。人们发现，有必要定期对哈雷 1700 年的变化图进行修正。这就是威
272 廉·蒙顿和詹姆斯·多德森所做的工作。1757 年，他们发表了以半个世纪里做的数千次观测为根据的几组图表，它们表明了 1710、1720、1730、1744 和 1756 这五年罗盘变化的分布（*Phil. Trans.*，Vol. L，p. 329）。1768 年维尔克在瑞典发表了最早一张宣称表明地球表面相当一部分上磁倾角分布的图，为此图上画有一系列穿过几组地点的曲线，在这些地点罗盘针对地平线的倾角都相同（*Kongl. Vetenskaps Academiens Handlingar*，Vol. XXIX）。实际上，威廉·惠斯顿更早地绘制过两种等磁倾线图，发表于他的书《磁倾针指示的经度和纬度》（*The Longitude and Latitude found by the Inclinatory or Dipping Needle*，etc.）（伦敦，1721 年）之中，它们的主要依据是他自己对磁倾角的测量。但是，惠斯顿的图仅仅分别覆盖英国东南部，以及中部和东南部；图上的等磁倾线是一些平行的等距离直线，表明了一种常规分布。而维尔克的图覆盖了欧洲、大西洋、南美洲、非洲、印度洋以及太平洋的一部分，但未包括亚洲和北美洲。在图上适当位置记录了制图所依据的全部观测资料，尽管维尔克对这些磁倾角估计值以及观测地的精确经度和纬度的不确定性并不抱幻想。（参见 Hellmann：*Neudrucke*，No. 4，其中复制了惠斯顿和维尔克的图，并附注释。）

乔治·格雷厄姆证实了罗盘变化的周日波动的存在，这是他在 1722 至 1723 年间做的一系列观察的结果（*Phil. Trans.*，1724，

p. 96)。后来，摄尔絮斯证实了这一效应，他也注意到磁针扰动和极光显现之间的密切关系。沃根廷和道尔顿后来研究了这一关系。1756 年，坎顿研究了罗盘变化的周日波动和不规则波动这两个问题，对这种量进行了多达约四千次的一系列观测。他把周日波动归因于太阳对地球表面的加热不均匀，把不规则扰动归因于地下加热，而他认为，有些像加热电气石时会产生电那样，地下加热也是伴随出现的极光显示的原因(*Phil. Trans.*, 1759, p. 398)。他注意到，夏季的周日波动幅度几乎两倍于冬季时的幅度。约在 1780 年，卡西尼伯爵也观察到了罗盘变化的周年波动。

将近十八世纪末时，人们开始尝试比较各个时间和地点的地 273
磁场强度。所用的方法是比较一根给定磁针在各种条件下的振动频率。这领域的先驱者包括瑞典人 F. 马利特(1769 年，*Novi commentarii Academiae Scientiarum Petropolitanae*)、法国物理学家博尔达(1776 年)以及探险家洪堡(约在世纪末)。高斯在十九世纪首先达致磁场强度的绝对量度。

洪堡编制了一张图，表明了地球表面地磁场强度到处大致相等的地带。这图以他在美洲之行(1799—1803 年)中进行的测量为依据，发表于洪堡和毕奥的论文《论不同纬度上地磁的变化》(*Sur les variations du magnétisme terrestre à différentes latitudes*)之中，此文于 13 年霜月 26 日[①]在国家研究院宣读。获得数据的方法是让一根磁倾针在磁子午圈上振动，观察它在十分钟里

① 此日期系按法国共和历，共和元年为 1793 年，霜月为共和历的三月，即公历十一月二十一日至十二月二十日。——译者

的振动次数。洪堡认为，他的发现，即地磁场强度从地极到赤道渐减，或许是他的美洲之行的最重要成果。C. 汉斯滕在1825年和1826年发表了最早的等磁力线详图。（Hellmann的*Neudrucke*，No. 4中复制了洪堡的图，并附注释。）

除了坎顿对罗盘针周日振动作的解释（这种解释在十九世纪一度又复活）这类思辨之外，这里讨论的这个时期里对地磁学**理论**几乎没有作出什么贡献。哈雷的四磁极假说被欧勒否弃，后者接受笛卡尔的观点，认为罗盘针变化的缓慢变动起因于地球内部铁的生成和衰变，因而是难于预测的。

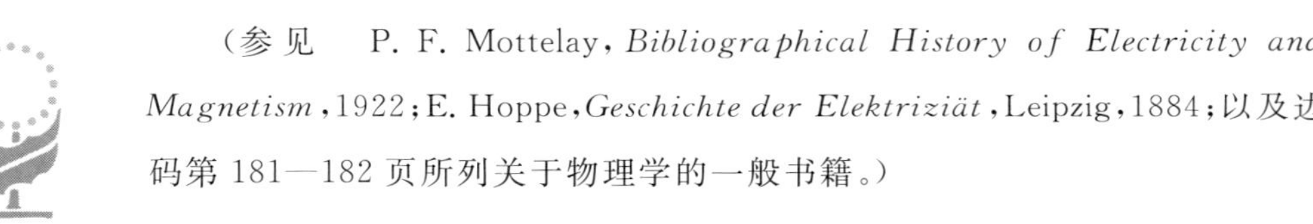

（参见　P. F. Mottelay，*Bibliographical History of Electricity and Magnetism*，1922；E. Hoppe，*Geschichte der Elektriziät*，Leipzig，1884；以及边码第181—182页所列关于物理学的一般书籍。）

第十一章　气象学 274

一、气象学文献

十八世纪气象学文献的发展，可从一些代表性著作得到说明。它们就是克里斯蒂安·沃尔夫、米夏埃尔·克里斯托夫·哈诺夫、路易·科特和约翰·道尔顿的著作。这些著作家完成了一项从十七世纪开始的任务，即把气象学从亚里士多德《气象学》(*Meteorologica*)的长久影响下解放出来，把它确立为应用物理学的一个基于观察的分支。气象学以往长期来只是占星术的附庸。然而，这个任务的完成已是十八世纪很晚的时候了，这时气象学的论述才开始明显受实际仪器观测结果的影响。在气象学成为科学的一个公认的独立分支，即其规律必须由大气现象的系统观测来确定之前，它经历过一个阶段，其间它只是作为初等气体力学的一部分，枯燥乏味地加以阐述。

沃尔夫

克里斯蒂安·沃尔夫(1679—1754)这位哲学家的一篇基本著作，可以作为对气象学作枯燥刻板论述的例子。这篇著作的标题为《大气测量学原理：用几何方法论证空气的一些力和性质》

(*Aerometriae Elementa, in quibus aliquot Aeris vires ac proprietates juxta methodum Geome trarum demonstrantur*)(莱比锡,1709年)。它严格按照数学形式,从**定义**(例如“大气测量学是测量空气的科学”)、解释性的**附注**(例如,解释**科学**、**测量**和**空气**的含义)和**公理**(例如,重物垂直地下压在其下面的物体),到**定理**(例如,空气的压力在一切方向上起作用,空气的弹性或弹力等于大气上悬体积的重量)和**问题**(例如,建造一台抽气机)。通篇很少提到
275 实际观测,不过,屈指可数的几个基本实验则是例外。例如,伽利略对空气重量和抽气机性质的观测;托里拆利的水银气压计实验;水和空气的热膨胀;波义耳定律的证实,等等。论述纯粹气象学问题的章节不多。沃尔夫在书中有一节里提出,风完全是由于大气突发的局域膨胀或收缩造成的,而太阳的热是引起这种平衡失却的主要因素。所提到的各种测量大气广延高度的方法,都基于曙暮光持续时间的估计值(中世纪以来就已知道的一种方法)或者根据将空气密度与地球表面上高度相联系的定律而测取的地平大气压的估计值(马里奥特和哈雷的方法)。沃尔夫的工作不超出仅仅对主要气象仪器的说明,在介绍湿度计和风速计时,他曾提供了相当详尽的细节以及插图。为了测量湿度,他建议制作一种这样的湿度计,它是一根长长的大麻纤维,一端固定在墙上,水平地沿墙通过一个固定在墙上的滑轮。它在自由端承接一个重物,藉之保持绷紧。空气湿度变化引起大麻纤维膨胀和收缩,而这使滑轮沿一个或另一个方向转过一定角度,由一个装在滑轮上面、在一个刻度盘上转动的指针来指示。沃尔夫还描述了一种有趣的风速计。风驱动一个小风车,后者的轴藉一个蜗杆转动一个嵌齿轮。这个

嵌齿轮上装有一根摇臂，其远端固定一个重物。当这仪器不用时，这摇臂垂直下悬。当风力转动嵌齿轮和摇臂时，这重物被提起；但是，它产生逐渐增大的阻力，抵抗提升，而当它对嵌齿轮的力偶等于风力作用于螺丝所产生的力偶时，这整个机构于是便处于停顿。嵌齿轮在如此达到静止之前所转过的角度便测量了风力；它由一个指针指示，后者装在嵌齿轮上，在仪器外壳上的一个度盘上转动。抽气机的说明附有插图；还证明了，当泵以 n 次冲程把容器部分地抽空时，容器中剩余空气的数量同原始数量之比，等于容器容量的 n 次幂同容器和汽缸总容量的 n 次幂之比。

哈诺夫

沃尔夫死后，米夏埃尔·克里斯托夫·哈诺夫在他的《自然哲学或物理学教义》(*Philosophia Naturalis sive Physica Dogmatica*)(马格德堡哈雷，1762—1768 年)中继续阐发了克里斯蒂安·沃尔夫的自然哲学体系。不过，在这部著作中，气象学享有了更大的独立性。哈诺夫将此四卷书中的第二卷全部用来论述了“大气学和水理学”。

首先研讨了纯粹空气的性质，纯粹空气是从通常荷载它的空 276
气中分离出来的。除了详尽论述了气体力学和风动工具之外，还专门阐述了风。风的成因被说成是大气平衡遭破坏，而破坏的原因举例说来有局域的排气、吸收或者热膨胀，它们都造成周围空气流入。风的功能包括：驱散恶浊空气；调和冷热；散布出和关系到土壤肥力的蒸汽；促进潮湿地面的蒸发；便利航行；以及驱动风车。至于风的测量，哈诺夫描述了他自己比较风力的尝试。他在露天放置一系列各种长度的旗帜，注意风的强度足以正好把哪面旗帜吹得飘成水平。或者，他只用一面旗帜，它荷载各种不同的重物；或者，测量一根带有一小铅块作为重物的马鬃的偏转。他用这种方法把风力区分为 8 级。同纯粹空气不同，地球大气是蒸气和发散物的“仓库”，它像海绵一样地吸收它们，而它们的恰当分布确保了土壤的肥沃。大气的这种吸收活性似乎是根据同磁的类比来认识的，因而空气粒子被认为赋有吸收极，得以结合起来形成顽磁链。大气分成三个区域，它们按离地球中心的距离依次为：(1)约 $4\frac{1}{4}$英里厚的一层，从最深深渊到最高山岳的巅峰；(2)约 $5\frac{1}{2}$英里厚的中间层，太阳光被这个区域反射而形成曙暮光；和(3)约 50 英里厚的上层，它是极光发生的地方，只有最精微的发散物才到达那里。大气现象分为两类：**以太的**和**水的**。以太的大气现象是那些发出光和热的现象(它们的媒介物被认为是以太)，它们包括(通常由于发散物结合而产生)流星、磷火、极光、晕、幻日、天空的赋色；还有虹霓(按照牛顿的解释)和雷暴(看做为亚硝硫同水蒸气混合而发生的爆炸)。水的大气现象可以是液态的或者冻结态的；液态的那类可以是气态的(云、雾等等)或者凝结的(雨、露等等)；冻结态的可以是白霜(冻结在物体上的蒸气)，或者雪(冻结在空气中
277 的蒸气)。在关于水理学的部分，按传统方式讨论了湖泊、河流、矿泉等等；海洋据称从一开始就**创造**盐；潮汐的成因解释为地球旋转破坏了以太平衡。

科特

佩尔·路易·科特(1740—1815)的《论气象学》(*Traitéde*

Météorologie)在科学院的赞助下于 1774 年在巴黎出版。科特是巴黎附近蒙莫朗西教区的牧师。他是卢梭的朋友。他是科学院的通讯院士,在写作这部专著时大量引用科学院的备忘录,这是第一部基于观测的教科书。这部巨著分成五册,而且书中首先用其导论部分论述法国气象观测的历史,科特对定期观测至少追溯到 1666 年科学院成立的时候。马里奥特和皮卡尔是这门学科的先驱,莫林三十多年如一日地精确记载气象日志。从 1688 年起,科学院从不间断地让一名院士保存一份定期记录。列奥弥尔在改良了温度计之后,于 1733 和 1740 年间组织进行了全世界范围的测温观察。梅朗编制了几年北极光出现的表。许多外国通讯院士也寄来报告,它们不时发表在《外国学者报告汇编》(*Recueil des Mémoires des Savans Etrangers*)上。除了这种纯粹气象记载之外,还有别的记载,例如杜阿梅尔从 1741 年起一直作的关于天气同植物现象关系的记载,以及马卢安在 1746 和 1754 年间作的旨在弄清各种天气如何影响某些疾病疗程的记载。科特利用了所有这些记载和许多其他记载(印刷品或者手稿);他自己也是一个热诚而又经验丰富的观测者。他认为,观察资料的收集可以服务于农业和医学,并且是建立科学气象学的一个必不可少的准备,他期望这门科学有朝一日将会兴起。他承认,大气现象似乎十分紊乱,但它们或许并不像看上去那样紊乱;仔细的、持之以恒的观测可能发现规则性。

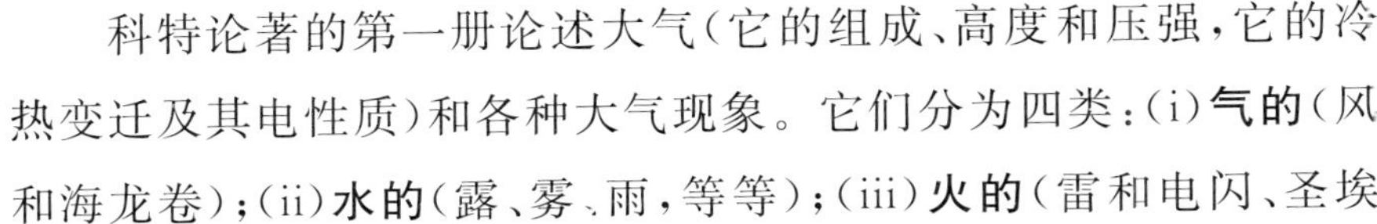

科特论著的第一册论述大气(它的组成、高度和压强,它的冷热变迁及其电性质)和各种大气现象。它们分为四类:(i)**气的**(风和海龙卷);(ii)**水的**(露、雾、雨,等等);(iii)**火的**(雷和电闪、圣埃

耳莫火①、鬼火、地震，等等)；和(iv)**光的**(虹霓、幻日、极光，等等)。书中介绍了当时流行的关于这些现象的各种主要解释。第二册论述气象仪器，回顾了它们的历史，说明了各主要类型仪器的正确制造方法，指出了每种仪器的特殊缺陷。详尽程度不一地介绍了大约二十五种温度计；其他章节论述气压计(应用于测量高度)、湿度计(科特认为它还有严重缺陷，不适合科学应用)、风速计、雨量计、指南针和静电计。配有许多图版。第三册有十五张气象学、植物学和人口统计学方面的表，其中有许多表都基于科学院所积累的
278 记载。这些表分别表明：(i)1699 到 1770 年每年在巴黎观测到的最高温度和最低温度(按列奥弥尔温标)；(ii)在一天和一年的不同时候、在不同深度的海水中测量的海面温度，并同海底温度作比较；(iii)1699—1770 年巴黎的气压计的最大和最小读数；(iv)1748—1770 年的常见风和常见天气；(v)1689—1754 年巴黎的年降雨量；(vi)巴黎和西欧其他城镇年降雨量的比较；(vii)从 1580 到 1770 年巴黎指南针的变化；(Ⅷ)从 1716 到 1734 年极光显现的逐月记录，附有一些上溯到公元 500 年的早期数据；(ix)载明前面各个表的平均值的一览表；(x)1741—1770 年间各种果树和作物开花或成熟的日期；(xi)同一时期里，燕子来去的日期，夜莺和杜鹃开始啼鸣的日期，某些昆虫出现的日期；(xii)1748—1770 年间每年四月—六月辐照在大地上的热量总和(日平均温度相加而成)，它们按冷热和干湿分类；(xiii)一年中每天的平均冷热程度；

① 欧洲中世纪时对尖端物体的电晕放电的称呼。圣埃耳莫是四世纪时的叙利亚主教，后来被尊为海员的守护神，圣埃耳莫之火即是奉献给他的。——译者

(xiv)从1701到1770年蒙莫朗西(科特的教区)每年出生、结婚和丧葬(区分性别)的人数;(xv)这些年里取的每十二个月这些人数的总和。第四册(科特认为,它是整部著作的核心部分)详细讨论了这些表中所载的结果,并从中引出一些结论。这一册分成三个部分:物理气象学部分、植物气象学部分和医学气象学部分。这些内容的实质可从这里讨论的几点得到说明。科特表明,最高温度在许多年里的平均值之超过冰点,大约四倍于最低温度平均值之低于冰点。一年中最热和最冷滞后于夏至和冬至约四十天;同样,一天中最热和最冷分别发生在午后三小时和午夜后三小时左右的时候。科特比较了全世界的温度数据之后,产生一个印象,觉得无论赤道还是北极圈,夏天炎热**程度**到处都差不多,然而在热带热保 279
持比较均匀,那里居民经受的温差不怎么强烈。并且,赤道地区对热**感觉**到比较难忍,因为日晒的热在人身上积聚起来。科特不相信气压计可以作为预报天气的仪器,尽管他给出了一些规则,认为它们像可以预期的那样可靠。他认为,在相隔很远地方的气压计读数经过校正后显得相当一致;他发觉,至少在热带,气压计的读数表现出同月相有一定联系。他认为风是引起天气变化的主要因素。还讨论了用其他仪器得到的结果,这一部分最后是一些寄自法国和外国(例如墨西哥、魁北克、维尔纳、好望角等等)某些观测站的精选观测资料。在植物学部分,科特试图确立气象条件和地上水果生长之间的关系。然而,他认识到,决定因素非常多,因此,他无法保证他的结论绝对正确。在用一章讨论了汁液在植物中的运动,另用一章讨论了各种土壤之后,他转而考虑了各种天气对小麦、黑麦、燕麦、大麦、干草以及一般饲料、果树和葡萄树的生长的

影响。他希望，这种研究能使农夫得以保护作物，抵御有害天气，并给博物学家以启示，让他们找出常见植物病的原因和可能疗法。记下了许多细小的观察，在可能的地方还作了概括，但是都没有太大的科学价值，虽然这样重新强调观察，是有重要意义的。接着，考察了各种候鸟（它们的迁徙被归因于觅食而不是温度变化）；农业上有重要意义的昆虫；最后，那些决定一年四季河流高度的环境条件。第三部分（它几乎完全根据马卢安的工作）研讨各个影响健康和疾病的因素，包括大气的压强、湿度、温度和成分、风、食物和水、气候和生活方式。自然，如此试图把某些疾病归因于某些这类因素，是没有多大意义的。这一册最后考察了已在第三册里列表
280 的蒙莫朗西的人口动态统计。第五册根据科特自己的经验，说明了怎样进行气象观测，特别提到观测者的理想品质（他最好是医生）、气象台的最佳台址、仪器的选择、仪器使用的注意事项和记录与总结观测资料的最佳方法。科特举例给出了他自己记录的1771年观测资料，包括蒙莫朗西那年一份关于物理学、植物学、医学和人口统计的概要。

科特感到，有必要给他的巨著增补1788年在巴黎发表的两大卷《气象学研究报告集》（*Mémoires sur la Météorologie*）。这期间，他成为拉昂大教堂牧师会成员和Mannheimer Gesellscaft〔曼海姆学会〕会员。许多因素激发了他对气象学发生广泛兴趣。这些因素包括：巴黎的Société Royale de Médicine〔皇家医学会〕（科特同它关系密切）的会员成分和气象学活动；Natuuren Geneeskundige Correspondentie Societeit〔自然和人文科学通信学会〕在海牙建立（科特同该会备忘录编者J. H. 范·斯温登保持

友好的通信联系);以及德·吕克关于仪器的重要著作于1772年发表(它问世很晚,科特在写作他早先的论著时没能大量利用)。科特的报告集论述了许多问题,包括:制定观测的最佳方法;大气冷热的原因;月球是否影响植物(回答是肯定的);植物因缺乏光而枯萎;大气电对天气和植物的影响;关于水蒸发速率的实验;湿度计的改良及其各种型式的性能的比较;德·吕克和其他同时代专家研制的各种气象仪器在结构和正确使用方面的众多技术细节,等等。这部报告集最后部分是全世界观测站作的观测的摘要和综述(占420页左右)。科特是个多产著作家,给同他有联系的各个学术会社的备忘录提供过许多气象学文稿。

道尔顿

气象学理论和思辨从属于系统观测要求,是十八世纪下半期的特征。这在化学家约翰·道尔顿的《气象学观测和论说》(*Meteorological Observations and Essays*)中也可看到。这本书出版于1793年,由两部分组成,第一部分论述仪器和观测,第二部分包括八篇比较思辨性的论文。

在前一部分中,道尔顿说明了常用气象仪器的制作,并简要叙 281
述了它们的工作原理。比较有意义的是一些表,它们概述了道尔顿自己在肯达尔和他的朋友彼得·克罗思韦特在凯齐克于1788—1792年间定期作的观测,所观测的有气压高度、温度、湿度、降雨量、风向和风力。书中还从《哲学学报》引用了这个时期部分时间在伦敦作的观测,并进行比较。这种比较表明,在这三个站上,气压读数的最大值和最小值都发生在同样或者非常接近的日期。道尔顿专门研究了井水温度的季节变动，表明如果井很深，这些变动便很小。他用一根六码长的肠线作为湿度计，它一端固定在一根钉子上，通过一个滑轮，由一个小重物绷紧，此重物随空气湿度变化而升降，而这升降由邻近的标尺测量。该书这一部分讨论的其他问题中，包括克罗思韦特对云的高度的观测。他在历时五年期间用一架望远镜一日早中晚三次测量这些高度，以斯基道山坡上的里程碑作为标尺，这些碑相对德温特湖水面的高度以往业已确定。克罗思韦特的表表明了，一年十二个月的每个月里，在湖面上0—100码、100—200码……900—1000码、1000码—1050码（斯基道山的估计高度）等高度上看到云的次数，以及云升至高巅之上的次数。这些观测并未证实通常的猜测，即云的高度随气压升降。其他几章记叙了肯达尔邻近区域中发生的雷暴和雹暴，一次雷暴的持续时间有时按闪光和雷鸣间的时间间隔计算。据发现，一个月中雷暴的次数在七月份最大。此外，还有1788—1792年间关于下述各项的记载。肯达尔和凯齐克两地风的相对频度（刮自地平线上八个不同地点）；一年第一次和最后一次降雪及第一次白霜的日期；北极光（说明每次显现的独特之点和发生时月球的月龄）；以及在平静的天气里那扰动德温特湖的神秘“水底风”的出现。

道尔顿书后的论文部分中，第一篇论述大气、它的组成、温度
282 和广度，以及一些加工过的例子，说明怎样用气压计测定山的高度。在第二篇论述风的论文中，道尔顿正确地表明，信风的性质乃空气在热带的自然循环所使然，像下述事实所决定的那样：地球的表面在不同纬度上以不同速度向东运动。乔治·哈德利早在1735年就作出了这个解释，道尔顿在他写序言时提到了这一点，

而他也只是在那时才知道。道尔顿把所观测到的风的循环看做为地球旋转的证据，并认为，这循环合乎天意地适合于促进空气流的必然混合和人类的交往。第三篇文章讨论种种关于气压高度变化原因的流行猜测。道尔顿考察了下述种种关于这原因的见解：相向风碰撞；冷空气流入而引起冷凝；向上或向下吹的风；导致空气密度局部变动，因而也导致空气平均高度和离心倾向局部变动的加热和冷却；等等。但是，他只是摒弃了这些见解。他自己的观点是，气压变动是下层大气密度变化引起的，而这密度变化的原因是由于湿空气流入干空气或干空气流入湿空气而造成的空气湿度变化。在温带，这种空气流入必定是常有的，因此那里的气压最不稳定。关于热的问题（第四篇文章），道尔顿指出，他“没有任何新东西可以提供”；他关于蒸发的文章（第六篇）无足轻重。第五篇文章说明理查德·柯万的一些计算，据说它们给出了每5°纬度（在理想条件下）的年平均温度，表明了这平均温度实际上怎样随高度和离海岸距离变化。第七篇文章论述气压高度和降雨机遇之间的关系。道尔顿根据自己记录的观测得出下述几个结论：“第一，气压高出其年平均水平越多，雨降得越少。第二，气压低于其年平均水平越厉害，雨降得越多，直到它降低到某个值，此后降雨便又见减少。”道尔顿的第八篇也是最后一篇文章，包含一些关于北极光的精细观测，以及一些关于北极光本性的相当大胆的猜测。道尔顿习惯于用经纬仪测量极光拱形的顶的向位和地平纬度；根据他同时在肯达尔和凯齐克进行这种测量所得的一些结果，他估算出这现象发生在离地球表面约150英里高的地方。他发现，极光拱形乃关于磁子午圈为对称，当出现极光时，磁针受到扰动。在记叙

345

283

1792 年 10 月 13 日的极光显现时，道尔顿写道："当在户外调节经纬仪，而其指示静止时，接着一定会发现，指针精确地指向北方同心拱形的中央。很快，一个巨大的拱形形成，它非常明显地分成两个相似部分（以磁子午圈平面为界），令人觉得这情景绝非偶然……这时光束全都与磁倾针平行……这样的推论……是必不可免地要作出的：制导光线的不是重力，而是地磁。以前在极光显现时观测到的磁倾针扰动，看来令人对此结论深信无疑。"这里道尔顿又发现（像他在序言中所承认的），他的思想前人已经提出过，这次是哈雷。在给出为恰当解释极光现象所必需的观察命题之后，道尔顿便着手较详细地描述这些现象。至于它们的成因，"我几乎毫不怀疑地认为，北极光的光以及流星和更宏大的大气现象的光，纯粹是电光，这些现象中毫无燃烧的踪影。"道尔顿认为，电沿其行进的极光光线乃由带铁性质的一种弹性流体组成，因为没有任何别的东西可以认为显现磁性。

短时的文献

同严肃的气象学教科书和观测记录一起流传下来的，还有许多短时的文献，它们是些小册子，描述特殊的大气状况，尤其发生灾害或奇观的时候，例如风暴、洪水、"血雨"、冰冻等等。这些小册子（它们有时用韵文）所以令人感兴趣，常常是因为它们保留了关于变化莫测的天气的描述，而这些并不见诸别的记载。作为这类小册子的典型，有一些记叙了在冻结的泰晤士河上举行的"冰上集市"，其中有一次的日期是 1740 年。自宗教改革运动以后，这类偶见的文献大都是从一种神学立场出发来写的。它们主要是些印刷的讲道。这些讲道是为了结合经文解释最近的奇迹和灾祸，把它们说成是上帝力量的象征或者是召唤人们忏悔。例如，流传下来的有一次讲道，是布莱科尔博士就“最近发生的可怖的暴风雨”，于一个斋戒日（1704 年 1 月 19 日）在圣保罗大教堂布讲的，援引的 284
短文（《路加福音》第 13 章 4、5）讲述了西罗亚塔的倒坍。这类讲道常常补充它们所纪念的那些事件的目击者的说明；还提到当地过去发生过的类似事件。暴风雨期间使用的祈祷书也有流传下来的，其中有些旨在解释这些事件的起因。这种从一种神学立场出发来论述自然现象的倾向，在十八世纪为威廉·德勒姆的两本书《物理神学》（*Physico-Theology*）和《天文神学》（*Astro-Theology*）所证实，它们被迻译成多种欧洲语言，引起了一大批取这类名字的书问世，如《雷神学》（*Bronto-Theology*）、《雪神学》（*Chiono-Theology*）、《水神学》（*Hydro-Theology*）、《火神学》（*Pyro-Theology*），等等。

（参见　G. Hellmann：*Beiträge zur Geschichte der Meteorologie*，Berlin，1914，等等。）

二、协调的气象观测

在十七世纪，人们已经不时尝试把不同观测站上同时进行的许多气象观测加以比较。在十八世纪里，人们以越来越宏大的规模进行这种协调的观测，观测站形成一个国际性的网络，活动持续数年之久。这种工作的价值由于两方面的原因而得到提高。一方面，气象仪器的设计和结构改良了。另一方面，人们日益重视利用标准化仪器、在不同站上遵循一致的步骤进行观测，以保证送往总部的结果很容易加以比较。

十八世纪初，德国首先开始汇集来自广大范围的气象资料，并系统地予以发表。布雷斯劳医生约翰·卡诺尔德让德国和包括伦敦在内的国外一些地方的许多气候观测家把他们记载的观测资料寄给他。他从 1717 年起在一家通常称为《布雷斯劳文汇》(*Breslauer Sammlung*)的季刊上发表这些资料，历时长达十年左右。在这项安排终止之前，皇家学会秘书詹姆斯·朱林采取了国际气象组织发展上的又一个重要步骤。

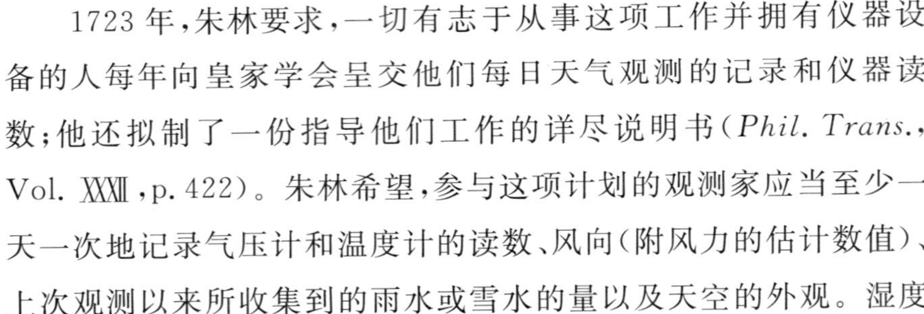

1723 年，朱林要求，一切有志于从事这项工作并拥有仪器设备的人每年向皇家学会呈交他们每日天气观测的记录和仪器读数；他还拟制了一份指导他们工作的详尽说明书(*Phil. Trans.*, Vol. XXXII, p. 422)。朱林希望，参与这项计划的观测家应当至少一天一次地记录气压计和温度计的读数、风向(附风力的估计数值)、
285 上次观测以来所收集到的雨水或雪水的量以及天空的外观。湿度和磁的观测也欢迎。并且，当发生严重暴风雨时，他们要记下开始、高潮、减退和终止的时间，并读取气压计的读数。至于仪器，朱林推荐使用一种普通的气压计，它是一根管子，孔径为四分之一或三分之一英寸(细管子把汞压到正常水平之下)，浸入一个其直径八或十倍于管径的槽，以使自由汞面的水平实际上保持不变。这种比较好的便携式气压计是伦敦克兰分会的弗兰西斯·豪克斯贝建议置备的，那里可能还得到了标准设计的高精度温度计；如果使用别种温度计，那么，就得提供关于它们的制造者和分度的详情。温度计应放置在朝北的房间里，那里不易或不会着火。按照朱林

的意见，雨量计应当由一个直径二三英尺的漏斗组成，它本身是空的，通过一根长茎伸入一个带标度的量筒，并尽可能保持不漏气，以减少蒸发造成的损失。这仪器应放置在一个毫无遮蔽的地方。风力按分成四度的标尺估计，从0（完全无风）经1（最小的微风），2和3，到4（最强的暴风），这种分度方法一直沿用到十九世纪中期。观测记录在一本日志上，它分成平行的六栏，栏目应分别表明：(i)观测的日期和时间；(ii)气压高度；(iii)温度；(iv)风向和风力；(v)天气的简明描述；和(vi)水淀积（英寸和十分之一英寸计）。(ii)和(iii)的平均数以及(vi)的总数每月总加一次，一年算作一个整体；观测者每年把日志抄本寄送皇家学会秘书，以便相互比较，并同皇家学会自己的天气册作比较。核对的结果每年发表在《哲学学报》上。从1724年起，寄来观测日志的一度不仅有英国，而且还有欧洲许多地方、印度和北美。德勒姆（*Phil. Trans.*, 1732, p. 261；1733, p. 101；1734, pp. 332, 405, 458）和随后哈德利（同上，1738, p. 154，和1742, p. 243）讨论了这些日志。给德勒姆和哈德利两人留下深刻印象的是，分布在很广范围内的各个观测
站之间（例如相距约50英里的伦敦和索思威克之间）气压高度变 286
化方式是那么一致；不过，这种变化的发生有时在一地比另一地稍有早晚。尽管朱林提出了告诫，但是，观测者没有说明他们仪器的确切性质、观象台的环境和高度，因此，他们寄送的观测资料的价值大大降低。

后来，巴黎的皇家医学会组织了一项同朱林有些相似的比较协调观测的计划。不过，这学会的探究旨在弄清楚气象条件同其覆盖地区中疾病发生率之间可能存在的关系。这些观测站大都设

在法国，但也有少数别的国家加入。牧师和业余气象学家路易·科特收集和整理了观测结果。他把自己的报告发表在该学会的《历史》(*Histoire*)(1776—1786)上，这些结果都列成了表，并从中引出一些一般结论。科特关于气象学的重要著作，上面已作过介绍。

十八世纪的大部分时间里，德国政局动荡。这不利于这个国家开展协调气象活动的计划。但是，十八世纪后期，德国建立了这个时期里所有气象组织中最成功的一个。这就是 Societas Meteorologica Palatina〔帕拉廷气象学会〕[即 Die Mannheimer meteorologische Gesellschaft〔曼海姆气象学会〕]，它由巴伐利亚选帝侯卡尔·特奥多尔在 1780 年建立，总部设在这位选帝侯在曼海姆的城堡，第一任会长是杰出的气象学家 J. J. 黑默尔。选择五十七个合适的机构作为观测站。它们从西伯利亚到北美，向南延伸到地中海，但英国未加入。它们免费得到统一的成套精密仪器，并附有详尽无遗的使用说明书。它们获得的结果登入所提供的专门表格之中，寄送曼海姆，在那里加以全面整理和发表。所提供的仪器包括气压计、日照温度计和荫温温度计、羽毛管湿度计、雨量计、风向标以及静电计，有些站还供给磁针。云量和风力按约定的标度估算数值。观测一天三次在一定的时候进行：上午七点和下午两点与九点。尽可能使用符号填入表格。自从开始记录气象观测日志以来，利用**缩写**(例如第一个字母)来代表频繁出现的语词，已成为
287 惯例。后来，又开始利用任意**符号**来表示不同种类天气，每个观测者都选择他自己的符号体系。从十八世纪初起，这种符号开始出现在印刷品中。例如，范·马申布洛克 1728 年在乌得勒支作的观

测，其记录的印刷本上使用了下列符号：

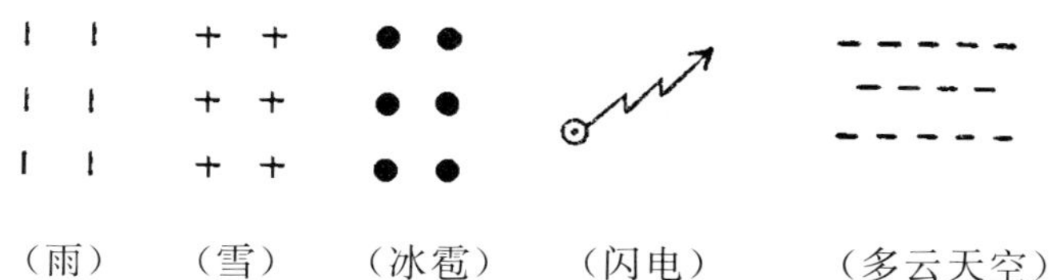

（雨）　（雪）　（冰雹）　（闪电）　（多云天空）

（*Physicae experimentales et geometricae*，Lugd. Batav.，1729）。J. H. 兰贝特应用另一种符号体系，它赋予天文符号（☉，☾，♀等等）以气象意义（*Acta Helvetica*，III，1758）。十八世纪末年还提出了一些极其复杂的符号体系，但它们从未确立过。黑默尔替曼海姆学会引入了一种比较切实可用的符号体系，它一部分是字母，一部分是符号。它对马申布洛克和兰贝特都有所借鉴，它至今余迹犹在。曼海姆学会的成就永久垂诸它的《星历表》（*Ephemerides*），后者包含的大量材料为后来的气候研究者广为利用。但是，黑默尔1790年的死，以及法国大革命引起的政治动乱，导致学会逐渐解体。它的最后一卷（1792年卷）于1795年问世。一直到十九世纪过去了相当时期，始终没有可与之相匹的组织兴起来取代它。（参见G. Hellmann：*Beiträge zur Geschichte der Mteorologie*，Berlin，1914等等和*Repertorium der deutschen Meteorologie*，Leipzig，1883。）

朱林邀请气候观测家寄送记录给皇家学会以后，大约过了二十年，罗杰·皮克林向皇家学会递呈了《天气日记格式，及辅助机械的草图和说明》（*A Scheme of a Diary of the Weather*，*together with Draughts and Descriptions of Machines subservient thereunto*）（*Phil. Trans.*，Vol. XLIII，No. 473，p. 1）。日记本每一页都画

上七条垂直线和九条水平线。垂直线划分出一星期的七天，每星
期占一页。水平线第一条表示日，第二条表示观测的时；第三条上
每天写下相应的气压；第四条上写温度；第五条湿度；第六条风向；
第七条风力；第八条天气综述；第九条上次观测以来的雨量等项。
末行和页底间的空白处留给记死亡率表。每个月登记完后，都留
288 有一页对全月作综述。皮克林推荐的仪器包括：常用气压计，由一
根管子和水银槽组成，并附测微表，用于读取水银柱高度；带有若
干可供选用的温标的水银温度计；平衡型海绵湿度表；胡克曾描述
过的那种型式的摆式风速表；由漏斗和带刻度的玻璃管组成的雨
量计（图 128）。然而，皮克林的格式似乎没有引起什么反响。英

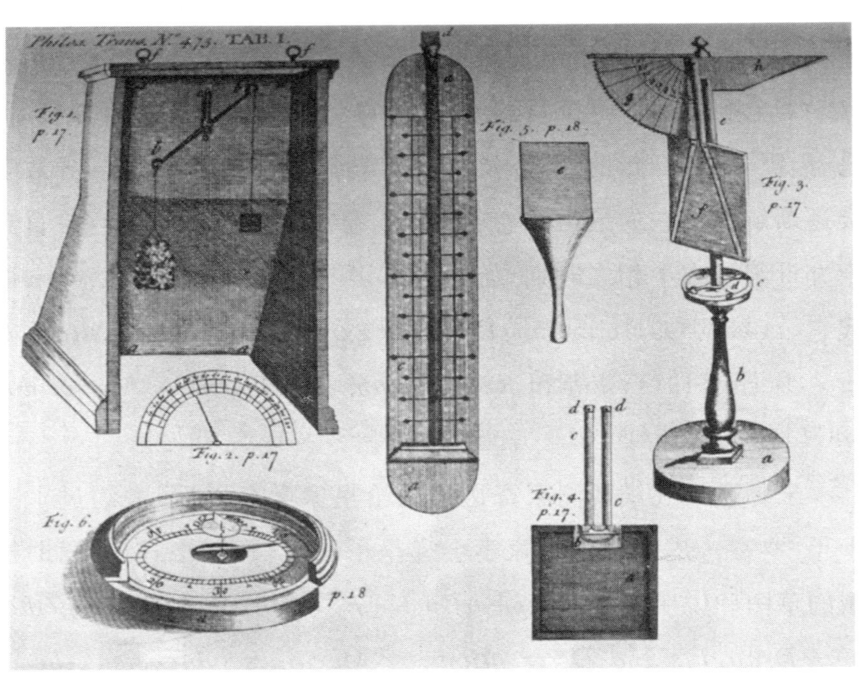

图 128—皮克林的气象仪器

国直到十九世纪才建立起卓有成效的气象学会。

三、德吕克对大气作的温度-气压研究

十八世纪中期前后，让·安德烈·德吕克(1727—1817)对气压计和温度计的设计和制造以及某些大气问题的研究，作出了重大推进。他是日内瓦的地质学家和物理学家，后半生在英国度过。德吕克对物理学的最宝贵贡献记叙在他的两卷本《大气变态研究》(*Recherchersur les Modifications de l'Atmosphère*)(日内瓦，1772年)之中。德吕克在这部书中记录和分析了长期严密实验的结果，并把它们和同时代人的实验与理论关联起来。他不是按照什么预定的计划行事，而是根据他早先的物理实验和偕兄弟在阿尔卑斯山旅游带来的一系列问题而进行工作。因此，他的阐述不是按部就班的，特别是，甚至当书已在排印之中时，他还不断补充新材料。他原先根本不打算发表他的研究成果。后来由于拉孔达明极力敦促，他才这样做。他曾应拉孔达明的要求，把他早先在阿尔卑斯山尝试测量气压高度的结果通报法兰西科学院。

德吕克的著作分为五篇，第一篇论述气压计。这种仪器发明和发展的历史叙述到1749年，那年德吕克开始研制这种仪器；描述了气压计的十四种不同类型，评述了它的各个性质所产生的若干问题。像豪克斯贝一样，德吕克也把受扰动气压计中水银上方偶尔观测到的磷光看做为摩擦电的一种效应。至于水银柱高度不停波动的原因这个较为重要的问题，德吕克评论和批判了从巴斯卡到马申布洛克等十七和十八世纪关于这个问题的主要著作家的 289

见解。所提及的假说中间，比较引人瞩目的是莱布尼茨和丹尼尔·伯努利两人的假说。莱布尼茨假设，当一个物体由流体支承时，它把自己的重量加于这流体的重量。但是，如果它停止被支承，因而降落下去，那么，这流体的重量便相应地变轻。因此，当上层大气中的蒸气开始液化时，可以观测到气压下降，因而可以预报下雨（丰特列尔：*Histoire de l'Académie des Sciences*，*année* 1711）。伯努利认为，当空气在地壳的空腔和微孔中被加热时，空气就会向上冲，因此提高了气压；另一方面，当这内热减少，空气收缩时，大气高度便下沉，水银下降（*Hydrodynamica*，Section X）。德吕克对这些假说一概不接受；他自己把大多数地方观察到的大气压的不断波动归因于进入大气的特别轻的蒸气的数量不固定。蒸气成分越少，气压就越高，天气也越晴朗；蒸气越多，气压便越低，下雨可能也越大。德吕克在书的第四篇第九章中很详细地阐释了他的假说和有关证据；他还在他的《气象学概念》(*Idées sur la Météorologie*)（伦敦，1786—1787）中详尽论述了这类问题。

然而，德吕克对气压计的兴趣集中于它对高度测量的应用。自从佩里埃和巴斯卡 1648 年在多姆山进行实验以来，人们就已知道，大气压随着离地面高度降低而减低。哈雷在 1686 年对大气压同高度关系的定律作了研究，此后，人们就尝试利用气压计比较不同地点的高度和测定山的高度。这种方法比旧的大地测量方法优越，它既不需要测定基线，也不需要应用猜测性的纠正折射误差方法。德吕克评述了十七世纪先驱和他们的十八世纪后继者马腊耳提、朔伊希策尔家族、雅克·卡西尼、丹尼尔·伯努利、霍赖博、布格埃等人就这个问题作的观测和计算。马腊耳提得出了这样的规则：从海平面上升 61 英尺，相应于气压高度下降$\frac{1}{12}$英寸；再上升 62 英尺，相应于下降第二个$\frac{1}{12}$英寸，继续上升 63、64……英尺，相应于气压逐次下降同样的量（*Mém. de l'Acad. Roy. des Sciences*，1703）。雅克·卡西尼采纳了这条规则；但是，其他观测家推出的规则都与此不同。例如，约翰·雅各布·朔伊希策尔在 1709 年发 290
现，瑞士普费弗斯地方一处悬崖顶端和脚下两处气压相差十个$\frac{1}{12}$英寸水银柱高，他是用一根 714 英尺长的绳索直接测得这个结果的（*Phil. Trans.*，1728，p. 537，亦见 p. 577）。他的兄弟提出了一条联结气压和高度的规则（它按照哈雷公式的方式，但包含的常数不同），而约翰·雅各布的儿子 J. G. 朔伊希策尔制定了一张主要根据这规则的表，并用它估算了某些已用三角测量法测定过的山峰高度。鉴于这两组结果不怎么一致，朔伊希策尔认为三角测量方法一定有缺陷。P. 霍赖博又发现，从海平面上升 75 英尺，恰好引起水银柱下降$\frac{1}{12}$英寸，他制定了一张表，表中相应于这般大小逐次气压下降的逐次高度成一调和级数。最后，布格埃从大量观测得出下述规则：取山脚和山顶处水银柱高度的对数（到四位数字）的差（以$\frac{1}{12}$英寸计）；减去三十分之一，你得到此山的高度（以英寸计）。布格埃和拉孔达明观测了科迪耶拉山脉的气压，而各个观测站的高度，他们已在为了测量赤道子午圈进行考察时用大地测量法加以测定（*Mém. de l'Acad. Roy. des Sciences*，1753）。布格埃的联结气压和高度的规则，在高峻的科迪耶拉山脉看来很有

效，但是布格埃自己承认，它在别的地方却并不怎么有效。德吕克把基于前人提出的这些规则的各个表列成一览表，从中可以看出，它们间存在很大的歧异。在试图解释这些差异时，偶尔不得不诉诸关于大气物理性质的各个特设性假说。雅克·卡西尼提出，也许应当认为，体积同气压**平方**成反比；丹尼尔·伯努利揣测，大气的不同层次可能处于不同的温度，它们对气压的贡献也因此而异。在这种种不确定的情况下，J. H. 兰贝特建议应用一种统计的方法（*Beyträge zum Gebrauche der Mathematik und deren Anwendung*，Berlin，1765，1772）。他把用气压计确定高度的问题作为示例；所寻求的规则应代表全部所得到的可寄予一定信赖的观测数据的平均值，而个别观测数据对这平均值的最大偏移应表示可对这规则寄予的信赖程度。然而，德吕克认为，甚至对于这种处理来
291 说，所得的观测数据也歧异过甚了。他早在 1749 年就已开始埋头研究气压计；但是，1754 年他同兄弟有一次去阿尔卑斯山考察，回来后两人尝试根据考察期间作的气压观测来计算他们所到达过的那些地方的高度，这时，他增强了改进仪器的热忱。他很快发现，他参阅过的那些著作的不同著作家所给出的各个联结高度和气压的规则，是那么不一致，以致他的观测显得毫无用处。这些规则所根据的观测资料并不充分，使用的仪器也不可靠，而且这些著作家还都受到关于大气组成的成见影响。德吕克写道："因此，我决定合上书本，向大自然本身请教，让她指引我一步一步前进。的确，我自以为通过改良气压计，我已轻而易举地完成了一项我觉得很有用的任务；这使我满怀信心地踏上这条途径；可是，我找到的不是一条捷径，而是坠入迷途，我含辛茹苦才找到出路"（*Recherches*，

Vol. Ⅰ, p. 186)。

所以，德吕克的书的第二篇论述气压计和温度计的制造和使用的改良，而这正是他后来在大气定量研究上取得进展的基础。当时人们已经公认，影响气压计读数的那些因素同大气压毫无关系。许多气压计放在一起时，它们可能示出不同读数，但彼此关系不固定；每当把一个这样的气压计的管中的水银抽空再充入时，它就可能改变读数。普朗塔德记录和卡西尼描述过一些对法国山脉的气压观测，它们表明，气压计管径可能影响水银柱高度。此外，气压计的气压高度还受温度变化影响，从而引起水银密度发生相应变化。阿蒙顿曾制定了一张适用于气压计的温度修正表(*Mém. de l'Acad. Roy. des Sciences*, 1704)。它根据这样的假设：当巴黎气温从最冷上升到最热时，水银的体积膨胀$\frac{1}{115}$。然而，其他物理学家忽视或者否定这种修正的必要性。德吕克却再次强调
它。不过，他批评以往计算这修正的方法：它们把气压计的温度效 292
应同温度计的温度效应相比拟；这里有一个差别：在气压计的情形里，玻璃管的膨胀微不足道，并且水银柱不像温度计玻泡那样有一个下限。另一方面，当一气压计受热时，紧邻的高度标膨胀，同时，托里拆利“真空”中必定在一定程度上存在着的空气的压强则降低。然而，在消除气压计指示的上述任意差异之前，就热膨胀修正气压计是徒劳的。遵照迪费的做法，蒂里的卡西尼发现，当使许多气压计管中的水银都沸腾起来，然后把它们全都倒过来放入一水银槽时，这些水银柱便全都升到同样高度(*Mém. de l'Acad. Roy. des Sciences*, 1740)。但是，直到德吕克才注意起这观测。他观察

到，当他的各个气压计中因水银沸腾而发出磷光时，它们的水银柱高度的反常差异便基本上消失了。这种处理排除掉了溶解在水银里或附着在管壁上的空气和湿气，而它们本来会升入托里拆利真空之中。阿蒙顿猜测，这空气是通过玻璃的微孔渗透进来的，而霍姆贝格认为，它来自洗刷新管的酒精。德吕克从沸腾过的和未沸腾过的两种气压计中，各拿几个放在一间寒冷的房间里，里面的室温逐渐升高，如此来比较两种气压计的性能。他发现，那些沸腾过的气压计彼此协调地逐渐上升，而其余那些则有的不变，有的下降，下降的程度下一。当把这房间再冷却时，只有那些沸腾过的气压计又回到最初的高度。根据对这些仪表在逐渐加热时的表现的观测，德吕克得出结论：从水的冰点到沸点的温升，将使气压高度在正常气压下上升六线，或者，对较小的温升，这上升的量也按比例地减小。德吕克选择他的温标（量程 96°）上的 12°作为计算温度修正量的零点；于是，这些修正量可系统地应用于同时在高低不一的观测站上测取的气压读数，并适当地考虑到这样的事实：为了进行比较，即使各不同高度水银柱处于同样温度，一般也必须施加不同的修正量。德吕克在确定水银柱在气压计标尺上的上下限的位置时，小心地防止因视差或水银表面形态引起的误差。他还认识到，气压计管子孔径越细小，水银升过管子外表面的高度就越低。在有些关于一种便携式气压计（系一 U 形管，它的长肢封闭，
293 短肢露于空气）的实验中，他发现，如果水银自由表面积缩小，则会产生空气所支承的水银柱高度增加的效果。如果增加封闭表面的面积（例如把气压计管子顶端吹制成玻泡），则也会产生同样效果。德吕克也没有忽略由于应用有缺陷标尺而可能产生的误差。然

而，当作了所有的修正之后，他仍然发现一些无法解释的差异（数量级为一线水银的十六分之一）。他认为，它们一定是因为所用管子不完善所致。德吕克在把关于气压计的论述暂告一段落时，对观察时仪表如何操作作了些说明。最重要的是，仪表在读出时应当垂直放置，而要在山地保证做到这一点，唯一手段是利用铅垂线。既然气压计的指示需要对温度修正，又既然在测定气压高度时，必须考虑空气柱的温度，所以，德吕克自然而然地试图改进温度计的制作和使用方法，而为此他撰写了很重要的一章（Part II，Ch. 2）。

德吕克感到，当时的温度计状况像气压计一样不能令人满意，因为各个仪表存在差异，同时制造方法上也存在技术缺陷。他认为，必须选择最佳的制造方法，普遍采用它，而舍弃一切其余方法；他的研究正以此为目标。他认为，流体是最佳的温度计媒质，因为它们在受热时明显膨胀，并能做到让它们在细管子中膨胀。但是，每种流体都各按其自己的方式膨胀，因此，首先必须约定选用一种流体。理想的流体应当是，同样的热量增减引起同样的体积变化。但是，德吕克认为，一个物体中的绝对热量或许始终是我们所不知道的，因此，我们不可能有真正的温标零点，而只能测量附加于某个固定量的热量。德吕克对几种类型液体——水的、油的和酒精的——的热膨胀，进行了仔细的实验比较并列成表格，并由此得出结论："温度计迄今所应用的一切液体中，水银最精确地以其体积差来测量热量差。"（Vol. Ⅰ，p. 285）在其流动性范围的限度内，它的膨胀似乎没有反常的情况。相反，水在接近其冰点（它很高，带来不便）时，随着热量减小而**膨胀**，而酒精在接近其沸点时则不规

294 则地膨胀。产主这些反常的因素想必在整个液态范围内都起作用,因而破坏了当液体的焓稳恒增加时液体均匀膨胀的倾向。德吕克看来第一个认识到,水在刚超过凝固点时就从收缩反转为膨胀,是水的一个实际的属性,而不仅仅是由于容器比较迅速收缩而造成的现象。德吕克还为应用水银作为温度计液体列举了其他理由。它们包括:它对热作出反应;明显地膨胀;易于消除溶解的空气;以及沸点高。并且,一切水银温度计都按同样规律膨胀,而其他温度计,例如酒精温度计则像德吕克的表所证明的,明显地受酒精浓度差别的影响,他的表列明了许多不同浓度酒精的膨胀。

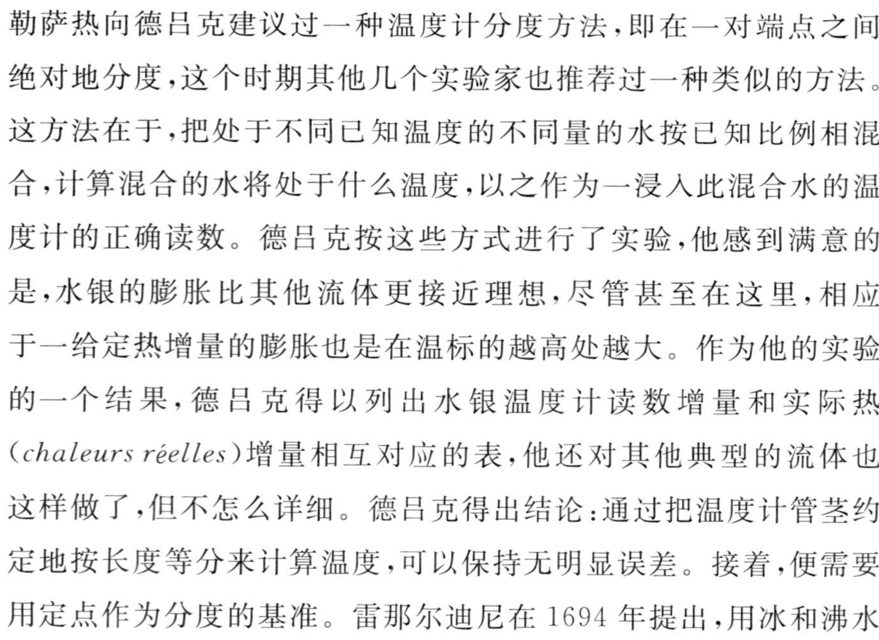

温度计的流体选定之后,接下来考察的是仪表的分度问题。勒萨热向德吕克建议过一种温度计分度方法,即在一对端点之间绝对地分度,这个时期其他几个实验家也推荐过一种类似的方法。这方法在于,把处于不同已知温度的不同量的水按已知比例相混合,计算混合的水将处于什么温度,以之作为一浸入此混合水的温度计的正确读数。德吕克按这些方式进行了实验,他感到满意的是,水银的膨胀比其他流体更接近理想,尽管甚至在这里,相应于一给定热增量的膨胀也是在温标的越高处越大。作为他的实验的一个结果,德吕克得以列出水银温度计读数增量和实际热(*chaleurs réelles*)增量相互对应的表,他还对其他典型的流体也这样做了,但不怎么详细。德吕克得出结论:通过把温度计管茎约定地按长度等分来计算温度,可以保持无明显误差。接着,便需要用定点作为分度的基准。雷那尔迪尼在 1694 年提出,用冰和沸水作为两个定点。这在德吕克撰著的时候已经相当普遍。当时应用的温度计大都是列奥弥尔和华伦海特发明的那两种。前者把凝固点和沸点之间的量程分为 80 度，在酒精从水的凝固点上升到**它自己的**沸点而膨胀了千分之八十之后，把凝固点和沸点之间的量程分为 80 度，但第 80 度最后用**水的**沸点来确定（*Recherches*, Vol. Ⅰ, p. 352）。这是引起后来发生的混乱的根源。德吕克在系统地比较列奥弥尔的温标和他自己的酒精温度计和水银温度计的温标 295 的过程中，纠正了这混乱。列奥弥尔借助水槽（玻泡放在其中）周围一种冻结的混合物，测定了他的下定点；当这水冻结时，温度计管便充酒精到零点标记。但是，如让水冻结至坚固，则这混合物可能使酒精冷却到甚低于零点。列奥弥尔的说明很不充分，未能表明所需要的精确定点。德吕克重做的列奥弥尔实验似乎表明，这零点必定定得太低：当冷凝已经开始，但玻泡上部尚没有冰时，这温度计已处于 $-3\frac{1^{\circ}}{2}$，而在水完全冻结之前，已达到 $-5\frac{1^{\circ}}{2}$。华伦海特的下定点更像是确定的和可重复的（参见作者的 *History of Science … in the Sixteenth and Seventeenth Centuries*，第 2 版，第 90 页）。但是，实用上的方便导致应用华伦海特的凝固点（32°）作为下定点，于是，这下定点的测定在华伦海特温标上也有着和列奥弥尔温标上一样的不确定性。德吕克确定此凝固点的方法（后来普遍采用）是，用捣碎的冰和水围住温度计的玻泡；他的上定标是由处于稳定沸腾状态的水提供的，同时考虑到大气压对沸点的影响（像华伦海特所指出的）（*Phil. Trans.*, 1724, p. 179）。在德吕克看来，同选择单一的温度计流体和普适的定点相比，定点之间间隔加以分度的精确方式属于次要问题。他认为，在那些已经习惯于华伦海特和列奥弥尔温标的国家，应当仍保持普遍使用它们。

德吕克制造温度计的实验室方法今天仍基本上沿用着。在检验一根管子的孔径的均匀性时，他遵照诺莱的方法，即把一根短的水银线向下从管子的一端穿到另一端，用罗盘逐次测量它在相继位置上的长度。这长度应当保持相当恒定，而且最好用微细的毛细管，因为玻泡这时不必很大。德吕克证明了迪朗的公式，后者用管的长度和孔径以及它的分度数目给出玻泡直径的适当值。为了把水银引入温度计，德吕克在管子的开口端固定一个水银槽；加热玻泡和管子，以便排出空气，当它们冷却时，注入槽中的干净水银
296 便被向下吸入管子。通过反复加热和冷却，玻泡便接近充满水银。然后，使其中的水银沸腾，将空气除尽，于是，这管子便完全充满水银；然后，把多余的水银排出管外，将开口端密封。德吕克方法的一个优点是，水银柱上方的空间实际上是真空。然后，用附着在管茎上的涂漆的线标识定点——第一是沸点，其次是凝固点。温度计的成品安装在一个基座上，其用料的长度随温度和湿度的变化而变，保持热的能力则尽可能小。松木被推荐用于此目的。仪表底座上的温标分度从管子后面延伸通过；这可以避免读取温度时因视差引起的误差，因为除了正对着眼睛的以外，其余所有分度都由于折射而显得弯曲。德吕克最后说明了日常用改良酒精温度计的制造方法，凡是一般水平的工匠都能做到。

德吕克在第二卷中用一篇长长的附录说明他有关沸水温度随海拔高度变化的研究，尤其是这种变化对温度计正确分度方法的影响。L. G. 勒莫尼埃已在比利牛斯山脉对这种性质作过一些零星的观测（*Mém. de l'Acad. Roy. des Sciences*，1740）。但是，德吕克注意到，沸点的降低并不同气压的降低简单地成比例。

为了得到对这一点的新的理解，他制作了一个极端灵敏的温度计（图 129，图 1），它那介于凝固点和沸点之间的膨胀范围几乎覆盖了它的整个管茎，并备有一个测微计。这主要是一个黄铜片 g，通过用手柄 f 转动螺钉（图 2 中的 de），可使这黄铜片垂直于管茎地上下移动。当将这黄铜片置于精确的水银高度上时，它使得能够借助在边侧处的温标上游移的一个标尺极其准确地读取温度。这温标计量螺钉完整转动的次数，不满一转的，由一根指针指示；当转动螺钉手柄时，固定在其上的这指针便在一度盘上偏转。必须加以确定的，是一转同一度温度的等当；德吕克发现，他能够读到凝固点和沸点之间间隔的四千分之一。为了确保他的实验的均匀性，德吕克特制了一个专用铜汽锅，在那里水总是用一个便携式加热炉煮沸（图 3）。可能煮沸的水由一唇状接受器导入边侧处的小容器。温度计用一条黄铜带 f 挂在汽锅的盖上（图 4），铜带 297
穿过仪表背后的两个凸出物 i、i 上的槽。这盖仅仅部分地盖住汽锅的口；它用于遮蔽温度计管，使之免受蒸汽（蒸汽将使读水银高度变得困难）影响，然而，它又不因限制蒸汽而使温度升高。读数借助固定在 C 处的透镜读出。

德吕克用图说明了他们兄弟两人 1765—1770 年间在日内瓦附近福西格尼地方的原始山地和冰川进行的考察。尽管那里灾害频繁，但他们还是在各种高度上进行了气压和沸点的联合观测。这些观测的结果使德吕克深信，沸点下降的速度比相应的气压快。他相信，这结果不是由于所用水的纯度不同或者周围空气温度不同所致，于是，他把观测结果列成表，以便揭示联结气压和沸点的简单定律。这些结果似乎表明，如果气压构成一算术级数，那么，

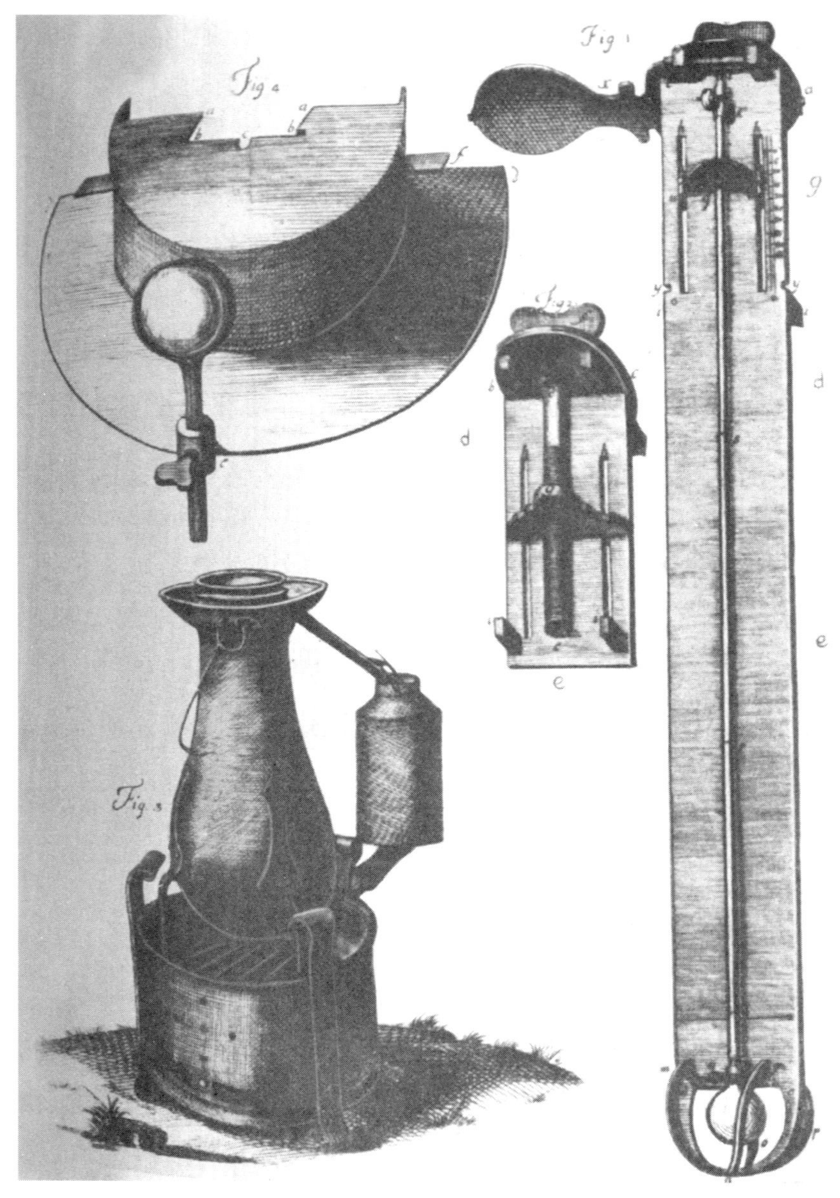

图 129—德吕克的温度计

水的相应的沸点差在实验误差限度内遵循调和级数。这不可能归因于温度计水银的特点。然而,德吕克先前已经研究过水银的体积变化同热的潜在差别的关系,并且现在仍考虑到它。因此,他得以计算出在标定一个温度计在任何给定大气压下的沸点时,所应补加的修正量,虽然他在探索其定律的一般物理解释上未取得多大成功。

在指出了以往研究者必定会陷入的陷阱,并大力排除了这些陷阱之后,德吕克把他的书的第三篇主要用来详细描述便携式气压计的设计。他在经过多次尝试之后,才最后采纳这种最适合于他的目的的气压计(图130)。它主要是一根J形管子,分成两个部分,它们通过管子短臂上的一个旋塞相连。长臂封闭,短臂在顶端开口。整个仪表封装在一个松木匣里。当仪表运往他地,尤其途中路面不平时,长臂应完全充满水银,旋塞旋紧,短臂中水银撤空。这样,便可避免长臂中水银因强烈摇晃而损失的危险。气压计底座上还装了一个温度计,以应替气压读数作温度修正之需。这整个盒装的仪表携带时像箭筒一样倒提,而当用它进行测量时,借助铅垂线把它垂直装置在一个三脚架上。

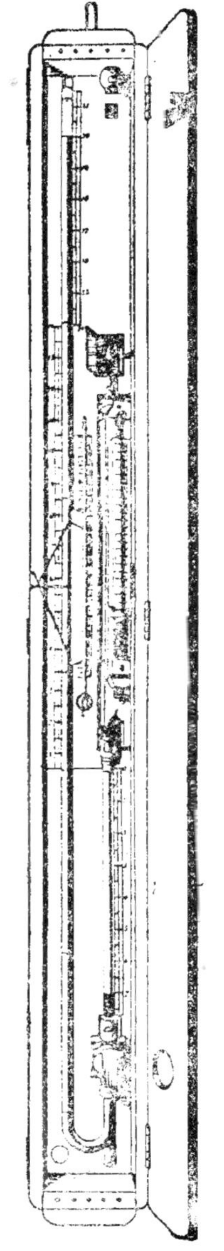

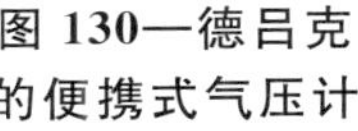
图130—德吕克的便携式气压计

298

在第四篇中，德吕克详细论述他的最后一个任务，即确立联结气压同高度的规则。为了获得所需要的精确资料，德吕克选择了日内瓦附近的萨莱韦山脉，设置了许多观测站。他借助底线和望远象限仪用三角测量和水准测量独立地测定它们的相对高度。在后来用铅垂线测量悬崖高度时，他校正了铅垂线在其重物作用下伸长而引起的误差，其方法是在这些线仍处于紧张时测量它们。德吕克定律所依据的几百次观测，是在山地和平原协调进行的。每当能够观测的日子，从早到晚每隔一刻钟读一次气压计和温度计，平地上的观测工作则由德吕克的父亲承担。德吕克反复比较了一日之中两个气压计读数发生的变动。他发现，这些读数未表现出相似的变化，即使考虑到汞柱的不同温度，它们之间的差异在一日之中也有显著变化。他把这些不正常归因于太阳光使平地受热而造成的对流气流。在分析结果时，德吕克不得不把温度变化和气压随离地面高度逐渐降低两者的结合效应区分开来。首先，他根据自己在萨莱韦的观测制定了一张经验表，表明气压同平均高度的关系，但不考虑温度。其次，他比较了借助这张表用气压计测定的每对观测站的高度差和早先业已通过测量测定的高度差。他把以这两种方式得到的估计值之间的差，对应于这两个站之间的气柱的平均温度（取气柱的底和顶的温度的平均值），并列成表。299 由此，他为每一对观测站推出因一度平均温度差所造成的计算高度之差。通过对全部观测站比较这些结果，他求得了应当施加的一般温度修正量的一级近似。然而，他发现，他的结果必须加以调整，视山麓处平地的气压高于还是低于其通常的值而定。德吕克修正的表在结构上显得同那些基于波义耳定律的理论表相一致。

于是，他得以把他的规则表达成哈雷在十七世纪根据理论预言的那种形式，即任何大气柱的高度同其上下两端气压的对数之差成正比，他把这条规则表述为："在某一温度下，水银高度的对数之差直接给出观测气压的各地点的高度之差，达一英寻的千分之几"（Vol. Ⅱ，p. 84）。为了确定这个"某一温度"，以及确定当所观测到的温度与之不同时应当修正多少，德吕克从他记录的观测中，挑选出那样一些事例：在其中气压对数差极其逼近地给出（以前测得的）各相应观测站的高度差，达一英寻的千分之几；他发现，进行这些观测时的平均温度在他的八十度温度计上是 $16\frac{3^{\circ}}{4}$。然后，他把其他观测资料按照观测站和温度进行分类。他发现，相应的两个高度差，即(1)根据上述对数规则计算得到的和(2)直接测量得到的之间存在差异。于是，他推算出，在这种计算中，对于实际温度和 $16\frac{3^{\circ}}{4}$ 这个正常温度的每一度差，在每个站上应当施加的修正量。然后，通过比较几个站上的各组温度修正量，德吕克发现，它们近似地和各观测站在共同计算基底上的高度成正比。于是，他发现，这些修正量共同地同各观测站高度和温度计读数与标准温度相差的度数成正比。然而，也还有一些显著的差异并未为这一整系列观测涉及。德吕克把他的所有观测资料重新给每个站列成表，以便揭示在这些差异和其他有关环境因素之间可能存在的关系。他注意到，日出时分进行的观测总是得出观测地高度的偏低估计值。他倾向于把这归因于黎明时刮东风这个因素。他认为，最好不要考虑一天这个时候所作的观测，并且他相应地校正了他那些一定程度上基于这些观测的温度修正量。他的修正量尺度的 300

最后形式是：随着温度上升而递减，对标准温度的每度偏差的修正量为**由对数规则给出的**观测站高度的$\frac{1}{215}$。为了便于折算他的观测资料，德吕克采用了一种特殊的温标——在这些环境条件下对他相当有利的一个步骤。于是，他用下列公式表达两个观测站高度之差（以英寻计）：

$$\frac{(\log c-\log b)\pm\frac{(\log c-\log b)\times a}{1000}}{1000}$$

式中　　a ＝超过或低于标准温度的度数（在特殊温标上）；

b ＝高处观测站气压计水银高度；

c ＝低处观测站气压计水银高度。

（Vol. Ⅱ，p. 166）

这一篇结束时列出一些表，它们表明，十五个观测站每一个的高度的气压计估计值彼此以多大一致性相符，以及表明同大地测量得到的高度如何相符。德吕克自然而然地渴望证明，除了在他进行全部基本观测的地方而外，他的规则在别的地方也完全成立。因此，他进行了验证。为此，他在日内瓦和都灵的大教堂和热那亚的灯塔等闻名遐迩的地方作了气压观测。他比较了两种高度差，一种应用他的公式根据这些观测推算出来，另一种则应用铅垂线或通过水平测量测得。他屡试不爽，结果完全一致；例如，气压测量法给出的灯塔高度为 221 英尺 1 英寸，而直接测得为 222 英尺 11 英寸。为了证明反复应用德吕克方法所得结果的**一致性**，还在阿尔卑斯山脉进行了几组观测。德吕克对海拔高度作的估计使他
301 自己感到满意：虽然他的规则由之推出的那些观测是在零高度为

任意海拔高度的条件下进行的，但这规则却对海拔高度也一样很有效。德吕克也评论了布格埃在秘鲁和拉卡伊在好望角做的观测记录。他还不管这些观测是否真确，考查并确证了他自己公式的普适性。

德吕克然后评述了这个领域还余留的一些有待克服的困难（例如，气压计剩余的不完善；水银和空气各自膨胀定律的差异；我们所称的空气柱温度梯度的不确定性；等等）。他揣测，用于以气压计测定高度的这个公式最终必须加以推广，以便考虑到被测空气柱所包含的蒸气的浓度和温度。当时，他提出，如果在好多小时里每隔十五分钟观测一次气压计，并取读数的平均值，那么，便可基本上消除这些微小扰动因素的效应。但是，如果时间只够做一次观测，则这最好在晨间进行，这时太阳只完成了地平线上行程的十五分之一，大气处于最宁静、最纯净的状况。用于以气压计测定高度差的规则不能指望保持其准确度，除非两个观测站之间的水平距离很小。然而，如果气压计用来比较遍布一个地区的各观测站的高度，则德吕克认为，最保险的方法是始终在同一时刻读气压计，比较沿途做的观测，相应的读数同时在一个露天固定观测站上读取。德吕克在阿尔卑斯山脉沿许多条路线进行气压高度测量，把测量结果列成表。他提出，利用一个观测站网，就应当可以对整个欧洲作气压高度测量。他认为，把这个系统沿着全世界海岸扩展，只要适当管理，就可以得出一些关于海平面差别以及风和流成因的有趣发现；它兴许甚至能给出关于地球轮廓的信息。

德吕克给他的便携式气压计附装一个水准仪，这样便能结合运用这两种仪器来估计每个观测站周围各种标志的高度，免尝登

攀的辛劳。他和兄弟一起估算出勃朗峰的高度，方法是记下山坡上某个标志，它与比埃冰川的顶同高（后者的高度已用气压计测知），然后从日内瓦附近一个（高度已知的）观测站测量该标志的角海拔高度和这山巅的角海拔高度。因此，这两个点在此观察站上
302 方的高度同这两个海拔高度成正比（还要针对山巅距离较远这一事实加以修正）；根据这标志的已知高度，按比例推知此山的高度为海拔 14346 英尺。后来在 1787 年，H. B. 索絮尔登上了勃朗峰，观测了山巅处的气压和温度。他的读数和在日内瓦同时做的其他观测的比较，使他得以独立估算出欲求得的此山高度，即约为 15700 英尺（参见他的 *Voyages dans les Alpes*，Vol. Ⅳ，p. 192）。

德吕克的著作的最后几章（第五篇）简述了，他有关大气的一些发现对各种问题的应用。它们包括：标准温度和标准气压下空气比重的测定、大气广延的估计（这是不可能的，因此，更确切地说，气压降至某个很低规定值的离地面的高度的确定），最后，还有天文折射和大气温度与气压间关系的表述。十八世纪初，人们往往否定有任何这种关系存在。但是，德吕克用下列等式把折射和**温度**连结起来：

$$b=\frac{1000a}{1000\pm 2c}$$

式中 a 是平均折射，b 是所求之实际折射，c 是温度超过或不足的度数，温标是专门选取的，以便利计算。仿效哈雷，他假定折射同地面上空气的**气压**或密度成正比。他认为，蒸汽的存在可能对折射产生进一步的重要影响，因此湿度计在观象台里大概是有用的；但是，他未能朝这个方向取得进一步的发展。

德吕克的气压测高公式为拉普拉斯所修正，后者考虑到重力随高度和纬度的变化(*Mécanique Céleste*，Bk. X，Ch. 4)，还为乔治·沙克布勒爵士所修正(*Phil. Trans.*，1779，p. 362)。

四、北极光的研究

有证据表明，古典时代人们已经知道“北极光”，虽然地中海沿岸居民几乎从未能见到北极光。甚至在像不列颠群岛那样纬度的地方，极光的出现也非常罕见，因此，直到相当晚近的时候，人们才一以贯之地考虑它们。十三世纪一部斯堪的纳维亚著作中有过一 303
次对北极光的明白无误的描述。但是，一般说来，十六世纪时欧洲的那些极光显示大都被误认为是彗星。并且，虽然当时流行文献对之作了记叙，但很快就被人淡忘了。在十七世纪，这种现象开始为人们所知，被称为 aurora borea[北极光]；这个术语似乎是伽桑狄把它引入科学文献的，后来它又演变为 aurora borealis。然而，对极光的科学研究可以说是从十八世纪开始的。1707 年 3 月的一次极光显示，整个中欧都可以看到，它引起人们的极大兴趣。H. 瓦莱留斯在他的《地震的哲学论辩》(*Exerci tium philosophicum de Chasmatibus*)(乌普萨拉，1708 年)中，根据长期以来的耳闻目濡，清晰地扼述了这现象的各个一般性质。但是，这部著作长期湮没无闻。瓦莱留斯把这现象归因于上层大气中的冰晶体对来自地平线下的太阳光的反射，犹如在太阳和月球周围形成晕那样。这种解释在当时似乎相当流行。但是，记述过 1716 年那次北极光显示的威廉·温斯顿在解释时，诉诸以地球北方升起的硫化发散

物，它们只是因为北极寒冷而未引起雷暴。1716 年 3 月 16—17 日这次显示所以值得一提，不仅因为它在整个欧洲和北美都可看到，而且还因为埃德蒙·哈雷——当时最有经验的科学家之一通过它而注意起这种现象。

哈雷在《哲学学报》(1716 年，p. 406)上发表了对这景象的图解描述(他是目击者)和对其成因的批判讨论。他的论文在其他俯拾皆是的解释中卓然超群，真正标志着对这个问题的科学讨论的开端。哈雷疏忽了极光的最初爆发，但他注意到了它后来历时数小时的几个阶段，他还给他的说明附配了一幅图版。他在论文中特别提到，地平线附近发光的云状斑纹，以及向上射向天顶的闪耀

304 红光的光束，在那里形成了他率先所称的冕；他强调指出这样的事实：许多发光的“蒸汽”出现在天空的南部，从而也出现在地球影锥的中央，因此，它们的光不可能得自太阳。哈雷还认识到，这些流光的视在方向所以垂直于地平线，以及所以向天顶辐合，是它们在各自的发源点上垂直于地球表面地上升的结果。他还进一步认识到，这些流光之呈角锥形状，也是透视的效应。起先哈雷认为，这种现象可能起因于“地下火把水蒸气过分稀释，并使之沾染上硫化蒸汽；今天的博物学家一般都认为后一种蒸汽是地震的成因”。他对以往关于这种自然现象显示的记载作了历史评论。这个评论提出，这些显示是成群发生的，而各群之间在时间上隔得很开，这本身便令人联想到同地震的类似特点相比拟。但是，这假说无法解释，为什么这种显示局限于天空的北极区域；哈雷认为，这同它们发生的规模之巨大(像广阔的可见度所表明的)也不相符合。因此，他宁可将这解释同地磁理论联系起来。作为一个磁体，地球必

定是磁以太象围绕一个 terrella 即球形磁石似地循环的中心。只要把钢锉屑放置在球形磁石的任一轴平面上，就能显示出这循环的形状：磁以太明显地从一极进入，而从另一极出去。因此，我们应该假定，“这种精微的物质……可能不时由于若干原因的汇合而能产生微弱的光，而这些原因罕能同时发生，迄今我们也还不知道它们究竟是什么；……我们知道，带电物体的以太在强力快速摩擦时会在黑暗中发出光，同样，这以太似乎也同那种光极其亲合。”哈雷发现，这假说是同极光呈现的各种光效应相一致的。因此，他倾向于认为，他的发光以太就是构成星云和彗星尾的物质，就是某种发光物质。他以前曾推测，这种发光物质的存在可能是为了照亮地球的内部空间，以便使那里可以让人居住。哈雷建议，在将来这种现象显示中，观测者应当在每半小时终了的时候，以天空为背景注意这景象的突出细节，以便随后可以通过比较这些观测，估算极光的高度。哈雷本人在文章中没有使用“极光”这个术语，而写的是“空中看到的光”、“大气现象”，等等。然而，埃德蒙·巴雷尔和马丁·福克斯在描述翌年初的显示时，使用了北极光这个术语（*Phil Trans*.，1717，pp. 584，586）；他们两人都注意到，极光弧顶点从地理北极向西移动。哈雷似乎还观测了这位移，认为它是同地磁性质相联系的一种重要纽带。在《皇家学会日志》（L. A. Bauer 在 *Terrestrial Magnetism* p31，Vol. XVIII，No. 3）中，有下述记载：

1726 年 11 月 10 日。“哈雷先生报告了对最近一次北极光观测到的事实材料。他援用这来证实他先前提出的见解：地球的磁以太同这现象的产生有关，从光弧在北极的情形以及**条纹** 305

运动的倾向来看，它们似乎都取决于磁的效能。他说，光弧在其穿过磁子午圈的地方最高，**条纹**的运动有一倾角，像磁倾针的倾角一样。”

1728年11月21日。[在提到德勒姆写的一封关于一次极光的信时，哈雷说]“自从他初次发见它以来，就一直观测到，光弧和黑底的中心总是处于磁子午圈之中，并且就所能观测到的而言，它似乎随着地平变化而改变其在地平上的位置”。如上所述，十八世纪末，约翰·道尔顿指出(*Meteorological Observations and Essays*,1793)，极光的流光平行于磁倾针，极光的顶点位于磁子午圈。后来几期《哲学学报》迭次介绍极光。还多次报道了据说的南极光；其中有一次肯定地为安东尼奥·德·乌洛阿于1740年前后在胡安费尔南德斯附近观测到。

十八世纪里，人们仍试图解释极光的发生。例如，J. J. D. 梅朗在他的《论北极光的物理和历史》(*Traité physique et historique de l'Aurore Boréale*)(巴黎，1733年)中，把这现象归因于太阳大气的延伸。他认为，太阳大气不时包围地球，同地球大气相混。黄道光也得到了类似的解释。梅朗还试图估算极光扰动的高度。约翰·坎顿(*Phil. Trans.*,1759,p. 398)确证了极光显示和罗盘指针不规则变化间的联系，这是约尔特(1741年)和其他斯堪的纳维亚观测家发现的。坎顿揣测，这两种效应都是地球表面的一些部分由于地下原因而受到特别加热所产生的。欧勒认为，极光流光是在太阳作用下地球大气射出的部分，犹如彗星的尾巴(*Mem. of Berlin Acad.*,1746)。十八世纪晚期认识到了极光的电性质；今天人们认为，这是大气中的放电，因太阳抛射出的粒子引起电离所致。

（参见 G. Hellmann：*Beiträge zur Geschichte der Meteorologie*，Berlin，1914，等等。）

306

第十二章　气象仪器

十八世纪应用的气象仪器分为五大类：(1)测量降雨量的雨量器；(2)测量温度的温度计；(3)测量大气压变化和山脉高度等等用的气压计；(4)测量风力、风向和速度的风速计；和(5)测量空气中水汽含量的湿度计。所有这些仪器都是在十八世纪开始之前就已发明和运用的。雨量器实际没有发生过什么变化，因此这里就不必考查了。但是，其他四种仪器则不同，由于对它们的构造和使用的原理作了探索性的研究，因此，它们在一些重要的方面得到了改良。上一章说明德吕克对大气作气压和温度研究时，已经考察过气压计和温度计。这两种仪器的改良同德吕克的气象学研究关系极其密切，几乎达到了难分难解的地步。关于气压计，这里无需再作什么补充了；在继续去论述十八世纪应用的风速计和温度计之前，还必须先就大家比较熟悉的几种类型温度计说上几句。

一、温度计

验温器和温度计

温度计发展为一种标准科学仪器的过程，是十七世纪初从伽利略发端的，而实际完成则是在十八世纪。最早类型的这种仪器是**验温器**。它主要是个倒浸在水中的长颈瓶。瓶内束缚的空气收缩或者膨胀，引起瓶颈中的水位上升或下降。它仅借助这种升降来表明周围温度的变化。然而，后来发现，这空气的体积明显地受气压变化影响，于是开始改为利用液体（例如水或酒精）的热膨胀。这验温器随后便制成给出定量指示，如此便转变成为**温度计**，即给它附着一个温标，从上面可读出代表热或冷的“度数”的液柱高度。这些度数起初在值上纯粹是任意的，它们从一个任意的零开始计 307
算。但是，为了比较不同温度计在不同环境下的指示，最好采用一种普适的温标。有人提议，为了做到这一点，可从一个“定点”出发来计算一切温度计上的温度，这定点对应于某个一定的温度，例如水的凝固温度，而这在需要时可以很容易地产生。但是，甚至当这种定点选定之后，度的大小即温标的单位仍悬而未决。然而，这个问题在十七世纪末就已原则上解决了，即建议应用**两个**定点（例如水的凝固点和沸点），以及把这两个点的间隔分成约定数目的等份。似乎最初是华伦海特在十八世纪把这种方法系统地付诸实践；而且，也是他确立了把水银用作为温度计流体，以前只是偶尔在实验中这样应用它。

华伦海特

丹尼尔·加布里尔·华伦海特于 1686 年出生在但泽，是一个德国商人的儿子。他被送到荷兰学习商业，但他的科学兴趣占了上风。他最后成为阿姆斯特丹的一个科学仪器制造家，并于 1736 年在那里去世。华伦海特访问过英国，当选为皇家学会会员；他关

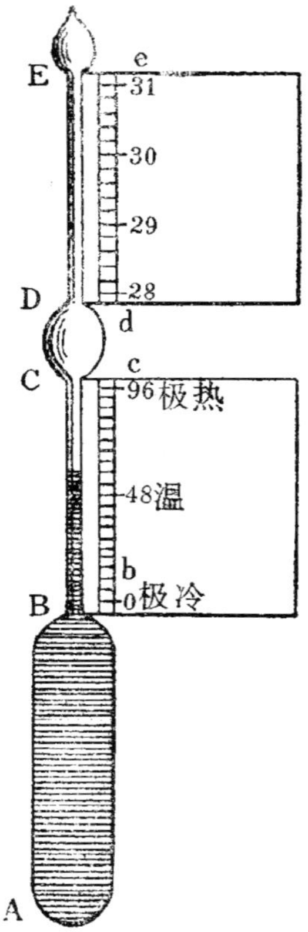

于测温学的文章用拉丁文发表在《哲学学报》上。华伦海特最初似乎用酒精作为他的温度计流体；但至迟在1721年，他制成了他的第一个水银温度计；它主要用来证实阿蒙顿（和他之前的其他人）的观测：水在一恒定温度上沸腾。他还应用它来测定其他液体（例如酒精、硝酸、矾油等等）的沸点。他还给出了它们的比重，而这些比重是在他温标上的48°上取的。这温度（他解释说）处于水、冰和盐的混合物可以达到的最冷程度和健康人血液温度两者的中间（*Phil. Trans.*，1724，p. 1ff.）。从他对一些关于水过冷却的进一步实验作的说明中所提供的细节来看，华伦海特给他温度计标定零点的方法，是把它们浸在上述的冻结混合物中（他没有说明这些成分按什么比例混合）。关于华伦海特温标的由来，见本作者的《十六、十七世纪科学技术和哲学史》第2版第90页。在这个温标上，冰的溶点为32°，健康人的体温为96°（将温度插入口腔或腋窝量得）。当扩展此温标以便包括雨水的沸点时，这温度计记录的温度为212°；但华伦海特没有把这沸点用作为他温标的一个实验测定的"定点"。对于日常应用，华伦海特把

图131—华伦海特的沸点测定器

圆筒AB充满酒精或水银，后者在管BC中的膨胀量度了温标bc上的温度。但是，当把这仪表放入沸水时，液体便膨胀到充满玻泡CD并进入管DE，在那里；其高度用来以量标de量度这水沸腾时的大气压。

308

他的温度计仅刻度到90°。进一步的实验使他确信，水的沸点随着大气压变化而略有变动。于是，他由此发明了沸点测定器。这仪器实质上是一个温度计；但它这样制作和刻度，以致当它浸入沸水时，它的酒精或水银柱的顶端直接借助一个邻接量标指示这水沸腾时的大气压。由于没有那种破坏他对其定点定义的模糊性，华伦海特温标在操英语国家里确立了其用于大多数实际目的的地位。

列奥弥尔

法国贵族博物学家勒内·安托万·德·列奥弥尔在不知道华伦海特的工作的情况下，沿着不同的路线探索温度计的改良。列奥弥尔于1683年生于拉罗歇尔。他以数学家、动物学家和工业技 309
术与法国自然资源方面的权威而著称。1708年，他成为法兰西科学院院士。他死于1757年。列奥弥尔在《巴黎科学院历史和备忘录》(*Hist. et Mém. de l'Acad. de Paris*)的1730年卷(p. 452ff.)和1731年卷(p. 250ff.)上，提出了“制造分度可比较的温度计的规则”。列奥弥尔对他的温度计这样分度，使相继的度相应于温度计流体体积的等增量，每份增量代表这流体处于水的凝固点时的体积的一定部分(通常为千分之一)，而这是他用来规定他的温标的唯一定点。(胡克在十八世纪中叶和牛顿在十八世纪初都已预言过这原理。)列奥弥尔拒绝用水银作为温度计流体，因为它的膨胀系数相当少；他宁可使用酒精。他把他的主要的温度计做得比他那时一般的要大。他用一个约4.5英寸大的玻璃泡，给它熔合一根直径约四分之一英寸的玻璃管，后者通入玻璃泡，上端最初开

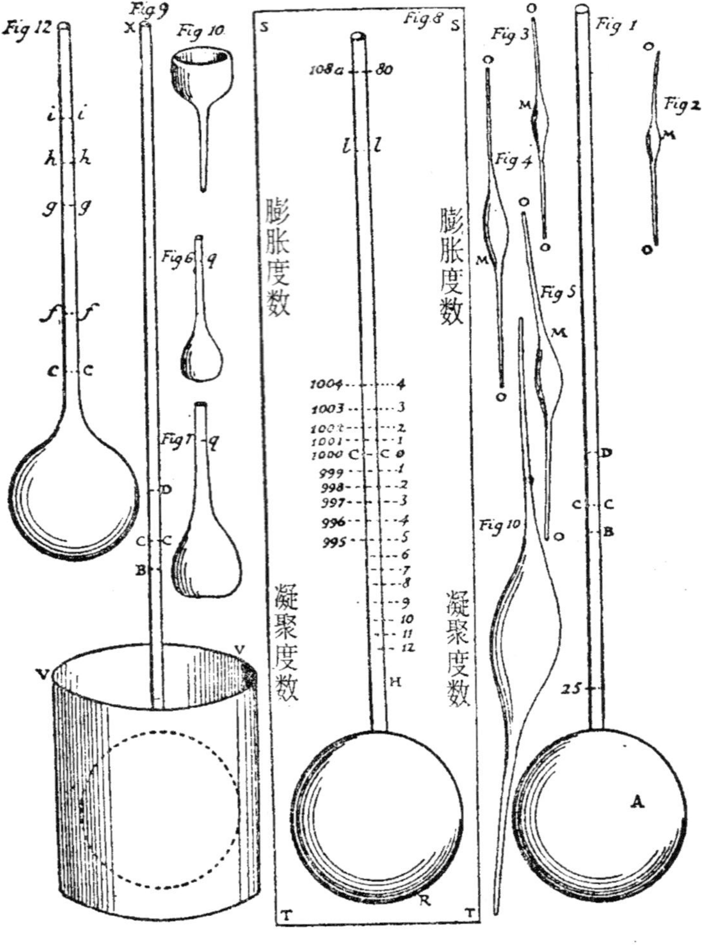

图 132—列奥弥尔的温度计

口(图 132,图 1)。为给这仪表分度,他用一根小的吸移管(图 2),其容量作为他的任意容积单位,还用几根较大的吸移管(图 3,4,5,10)和量瓶(图 6,7),它们的容积数倍于此单位。反复给这吸移管充满水并倒空到温度计管,如此,他给管泡和管茎下部充上1000

份水。然后，他围绕管茎缚一根线，标记水上升的高度；这用作为
温标的零点。接着，玻泡和管茎牢牢地固定在一块板（图 8）上。
列奥弥尔在这板上继续按如下方式标定分度。他给单位吸移管充
满水（或者最好充水银，它不会附着于玻璃），倒空到玻管，再用一
条水平线和一个数字 1 标记水现在的上升高度。然后，他把另一
根吸移管倒空到玻管，再用一条水平线和数字 2 标记这新的高度。
这个过程一直继续到管茎上分度达到所需范围，而如上所述，每度
相应于为把管茎和管泡充到零点所需液体体积的千分之一。为获 310
得零点以下的度数，将玻管充到 0°，然后借助一个量瓶把它里面
的液体倒掉比如 25 份；所得高度标记为零下 25°，然后像上述那样
借助单位吸移管得出它到 0°之间的中间分度。然后，把玻泡和管
茎中的水和水银倒空，并把仪表的里面弄干燥。接着，把酒精灌
入，其量适足以升到零点。其时，玻泡浸在一个盛有水的铁皮容器
中，并受到放在一个外容器中的冻结混合物的作用。最后，把温度
计管的开端密封，或者用蜡与松节油的混合物包封。列奥弥尔相
当详细地讨论了在密封的温度计管中究竟应留多少空气的问题，
以及由于空气残留而产生反常的问题。他的最后结论是，密封玻
管应当包含适度稀薄的空气。按上述方式分度的温度计的指示取
决于它包含的酒精的纯度，因为酒精越纯，就膨胀越大。因此，这
种温度计所用酒精的标准化就十分重要。列奥弥尔提议，酒精样
品的品质取这样的判据：它在其温度从水的凝固点上升到沸点时
的膨胀比例。这种检定有个实用上的缺点，即酒精在一个甚低于
水沸点的温度上已开始沸腾（列奥弥尔完全清楚这一点，他的批评
者也很快就指出）。然而，列奥弥尔发现，在某种意义上，他能够以

下述方式测定酒精样品在水沸点上的体积。他把酒精样品封装在一个长颈瓶(图 132,Fig. 12)中,把它再浸入沸水之中,当它开始沸腾时,把它移去,一当沸腾停止,便记下酒精的高度;他重复这个过程,观察到这高度递增到某一高度,此后再也不发生进一步的膨
311 胀。他认为,酒精的这最大体积乃是相应于水沸点的体积。他并用下述酒精作为用以充填他的温度计的标准纯度酒精:当把酒精从水凝固点加热到它能从沸水(而它自己不沸腾)获得的最高温度时,酒精体积从 1000 份膨胀到 1080 份。所以,列奥弥尔利用水沸点不是给出他温标的上定点,而是使他的温度计液体标准化。然而,十八世纪下半期用于水银温度计、今天大陆上仍旧应用的所谓“列奥弥尔温标”中,冰的溶点取为 0°,水在标准气压下的沸点取为 80°。列奥弥尔的方法和思想受到德吕克的批评和修改,后者对温度计完善所作的重要贡献,上面已经考察过。

摄尔絮斯

1742 年,瑞典乌普萨拉的天文学家安德斯·摄尔絮斯(1701—44)描述了他制造水银温度计的方法(*Vetensk. Akad. Handl.*,1742,*trad.* Kästner,Bd. Ⅳ,p. 197ff.)。这仪表的温标有两个定点。其下定点这样获得:用湿雪围住玻泡约一小时半,标记水银下降的高度;而表示上定点的高度则这样得到:玻泡放入一茶壶中几分钟,里面盛满沸水,用炽热的煤和风箱使之保持强烈沸腾,测定时气压维持其平均值。管茎在这两个定点之间的部分分度成一百等份;但是,摄尔絮斯把他的零点放在水的沸点上,他的 100°那个分度放在雪的溶点上,这样,沿温标**向下**时读数增加,并

且避免了凝固点以下的温度取负的度数。具有这两个定点以及像 312
今天流行的摄氏温标那样**向上**增加的百分分度的水银温度计，似乎是里昂的克里斯坦在 1743 年引入的，他还在当地的报章上加以介绍。

图 134 并列出这三种分别同华伦海特、摄尔絮斯和列奥弥尔三人名字相联结的温标（虽然今天它们不复完全像创始者所规定的那样），供作比较。

（华伦海特、列奥弥尔和摄尔絮斯三人论温度计的著作，连同注释一起译成德文发表，见奥斯特瓦尔德的 *Klassiker*，No. 57。亦参见 H. C. Bolton：*The Evolution of the Thermometer*，1592—1743，1900。）

最高最低温度计

气象观测者常感兴趣的一个问题是，获知在某一时期（一般为二十四小时）内温度计所测得的最高和最低温度。十八世纪发明了一些仪表，它们能提供这种资料，而又无需不断察看温度计的指示；这些装置是最早的**最高最低温度计**，或称**记录温度计**。十八世纪下半期提出了许多种这类发明，其中有许多很复杂，而且不切实用。我们将只考查其中少数典型的仪器，它们大都基于这样的原理工作，这些原理今天在最高最低温度的机械记录中仍旧利用。查尔斯·卡文迪什勋爵发明过一种简单的早期类型，最高温度计和最低温度计在其中是两个独立的仪器（*Phil. Trans.*，1757，p. 300ff.），如图 135 所示。最高温度计的特点是，管茎的顶端拉制成毛细管形状，它的开口通入一玻璃容器C。温度计的圆筒形

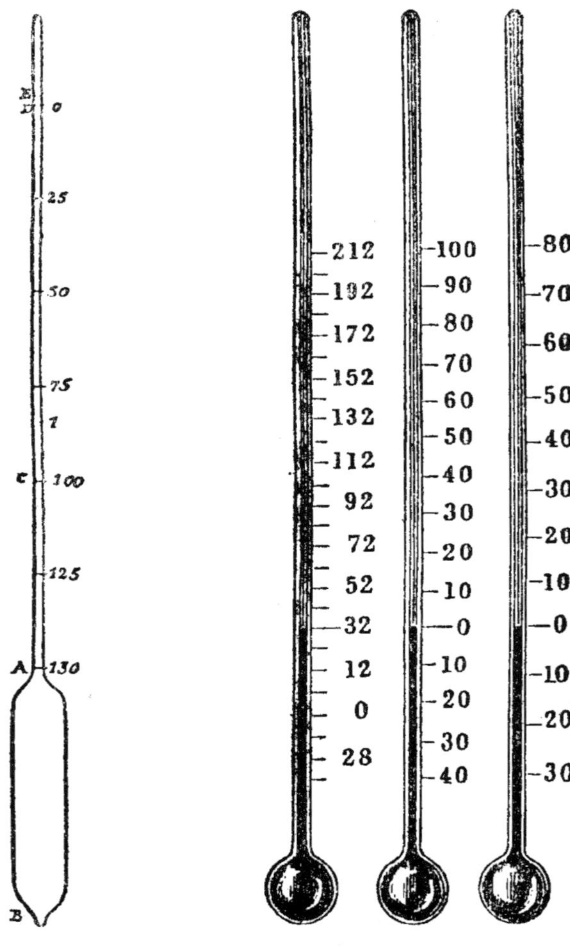

图 133—摄尔絮斯的温度计　　　　**图 134—三种温标**

313

玻泡和管茎部分内容有水银，其高度以通常方式按左边的温标指示温度。水银上面是一个酒精柱；容器 C 也部分地充有这种流体。当温度升高因而水银膨胀时，就把管茎中的一些水银驱入这容器；如果温度然后下降，则管茎中酒精上方便出现一虚空空间，其长度同温度计从所达到的最高温度的降落成正比。“因此，借助适当的温标，酒精的顶端将表明它比观测时高出多少度；如把这加到现在的高度之上，则将给出它现在所处的最高温度。”在一次观测之后，将温度计倾斜，直到C中的酒精覆盖住毛细管 314 的端末，这样，仪表便重又复原；然后，将玻泡加热，直至管中酒精开始进入C；当让玻泡冷却时，酒精被从容器吸回管茎，以致充满管茎的上部。容器C也有一些水银，以便在需要从管茎排出和必须代之以一种类似的空吸过程时，提供足够深的水银。

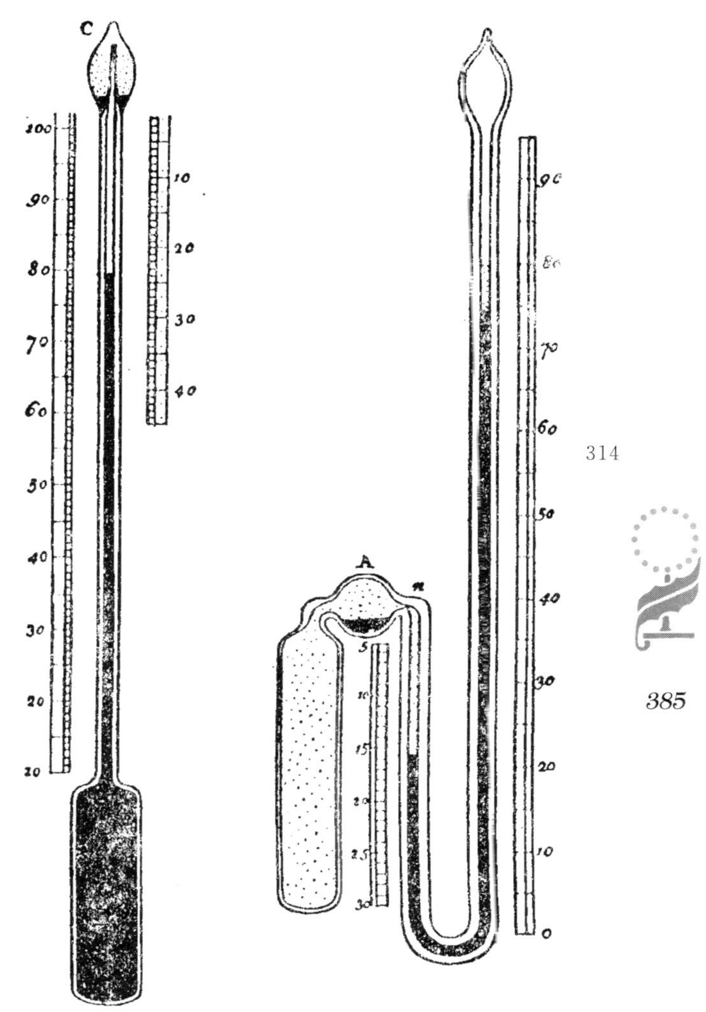

图135—卡文迪什的最高最低温度计

卡文迪什的最低温度计（右图）犹如一根倒置的虹吸管。长肢顶端封闭，而短肢顶端进入球A，后者同一个大圆筒连通。圆筒和球起初内有酒精，而一条细细的水银从短肢顶端延伸到长肢向上的某一点处，在那里它的高度(或它上面短短酒精柱的高度)借助一个温标表明环境温度。当温度下降时，圆筒中酒精收缩，水银从短肢跑进玻球而被陷获。如果温度后来上升，则短肢上部充入一酒精柱，其长度同这温升成正比；相邻温标上短肢中水银高度的读数“将表明这温度计比它这时的温度低了多少；如果从这现在高度减去这差值，则将给出它所处的最低点。”为了使这仪表复原，把它倾斜，直到玻球中水银覆盖着开口 n；然后，加热这圆筒，迫使水银从玻球中出来。卡文迪什还提出了这两种仪器的一些修改型，尤其是考虑到深海应用。

然而，卡文迪什型仪表在十八世纪末被废弃，代之以带有小的活动指标的温度计，这指标由温度计液体表面升降加以操纵，我们现在还可以看到它们的应用。所有这类仪表的原型是詹姆斯·西克斯的组合式最高最低温度计(*Phil. Trans.*，1782，p. 72ff.)；它的结构和工作方式用发明者自己的话来说明，可能最好(见图 136)：“图 1 的 ab 是一根细玻璃管，长约 16 英寸，直径约$\frac{5}{16}$英寸；$cdef$-
315 gh 是一根内径约$\frac{1}{20}$英寸的小管子，在上端 b 处联接于那大管子，并向下弯，先向左弯，然后再下降到 ab 以下 2 英寸后，向上复又朝右弯，cde 和 fgh 两个方向彼此平行，它们同大管子相距 1 英寸。这管子在端末 h 处内径从 h 到 i 扩大到 $1\frac{1}{2}$英寸，h 到 i 长为 2 英寸。除小管子从 d 到 g 的部分充水银外，这管子都充高度精馏的酒精，直到端末 i 留$\frac{1}{2}$英寸。……当大管子(作为该温度计的玻

316

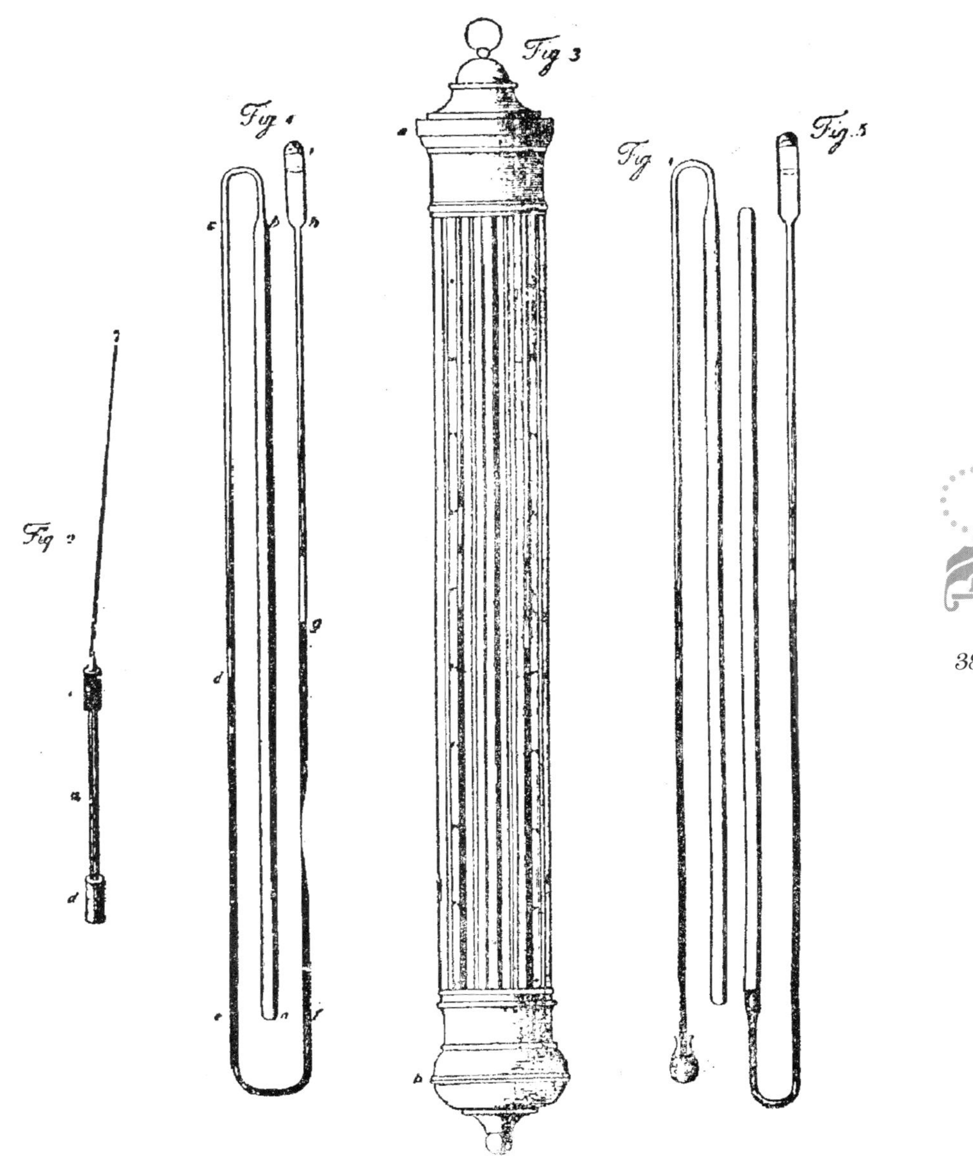

图 136—西克斯的组合式最高最低温度计

317 泡）中酒精受热膨胀时，左边小管子中水银将被压下，从而引起右边水银上升；相反，当酒精冷凝时，将发生相反的过程，左边水银将上升，右边的将下降。因此，（华伦海特的）温标从左边顶端的 0 开始，向下计度数，而右边的从底上的 0 开始，向上升。……在温度计的小管子中，一边水银表面上方放一个小指标，它浸在酒精中，装置得在必要时可上下移动。上升的水银表面把这指标一起往上带，但当这表面下降时，指标不随它回复。然而，当保持固定时，这指标鲜明而又精确地表明水银上升多高，从而也表明所发生的冷或热为多少度。”图 2 放大示出一个这种指标：“a 是一根小玻璃管，$\frac{3}{4}$英寸长，每端都密封，并封入一根差不多长的钢丝；cd 每端都固定一根短的黑玻璃管，其直径大小使之适合于在温度计的小玻璃管中自由上下移动。……从指标体的上端 c 抽拉出一根头发丝那样细的玻璃弦，长约$\frac{1}{4}$英寸，位置略微倾斜，轻轻压住管子内表面，防止指标在水银下降时跟着降落。”图 3 所示为安装在其座架上的这仪表。西克斯继续说：“向晚，我通常去察看我的温度计，从左边的指标看看昨夜的冷；从右边的指标看看白天的热。我把这些记录下来，然后把一块小磁铁作用于管子被指标贴住的部分，使指标向下移动到水银表面。这样，无需加热、冷却、分离或扰动水银，也无需移动仪表，便可以使这仪表一动也不动就已立即调整好，准备作另一次观测。”图 4 和图 5 表明这温度计由两个独立部分构成，分别用于指示最热和最冷。可以明白，在西克斯的温度计中，这温度计的流体实际上是酒精；水银的主要功能是移动指标。

爱丁堡大学医学和植物学教授、第一个分离出氮的丹尼尔·卢瑟福在1790年介绍了一种更为简单的仪器，工作原理相同，由两个独立部分构成（*Trans. Roy. Soc. Edin.*，1794，Vol，Ⅲ，pp. 247ff.）。然而，他把实际发明归功于一位医学博士约翰·卢瑟福。在这种仪表中，最低温度由一个普通酒精温度计AB记录。它的管茎中有一指标C，呈彩色玻璃或搪瓷小锥状，顶尖指向玻泡；这指标约半英寸长，其精细使之适可沿玻管上下自由滑移。一 318

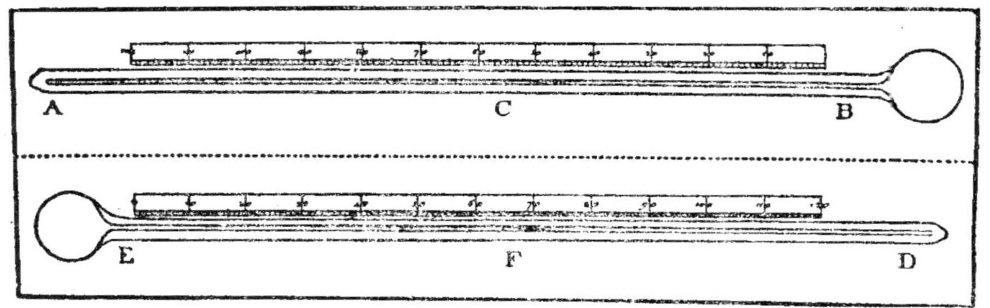

图137—约翰·卢瑟福的最高最低温度计

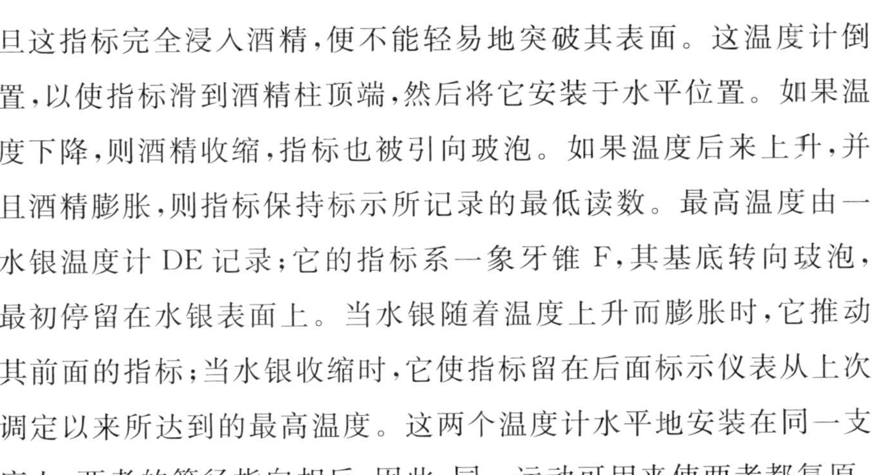

旦这指标完全浸入酒精，便不能轻易地突破其表面。这温度计倒置，以使指标滑到酒精柱顶端，然后将它安装于水平位置。如果温度下降，则酒精收缩，指标也被引向玻泡。如果温度后来上升，并且酒精膨胀，则指标保持标示所记录的最低读数。最高温度由一水银温度计DE记录；它的指标系一象牙锥F，其基底转向玻泡，最初停留在水银表面上。当水银随着温度上升而膨胀时，它推动其前面的指标；当水银收缩时，它使指标留在后面标示仪表从上次调定以来所达到的最高温度。这两个温度计水平地安装在同一支座上，两者的管径指向相反，因此，同一运动可用来使两者都复原。

乔治·威尔逊的《卡文迪什传》（*Life of Cavendish*）（1851

年)记叙了亨利·卡文迪什制造并保藏在皇家研究院中(但现已有故障)的一个记录温度计。《尊敬的亨利·卡文迪什科学文选》(*The Scientic Papers of the Hon. Henry Cavendish*)(剑桥,1921年)复述了威尔逊的记叙(Vol. Ⅱ,pp. 395ff.)。图 138 示出这仪表的正面和背面视图。它主要是一根内盛酒精的玻璃管,水平地沿仪表顶部通过,以便暴露于大气之下(但防雨),向下同一 U 形

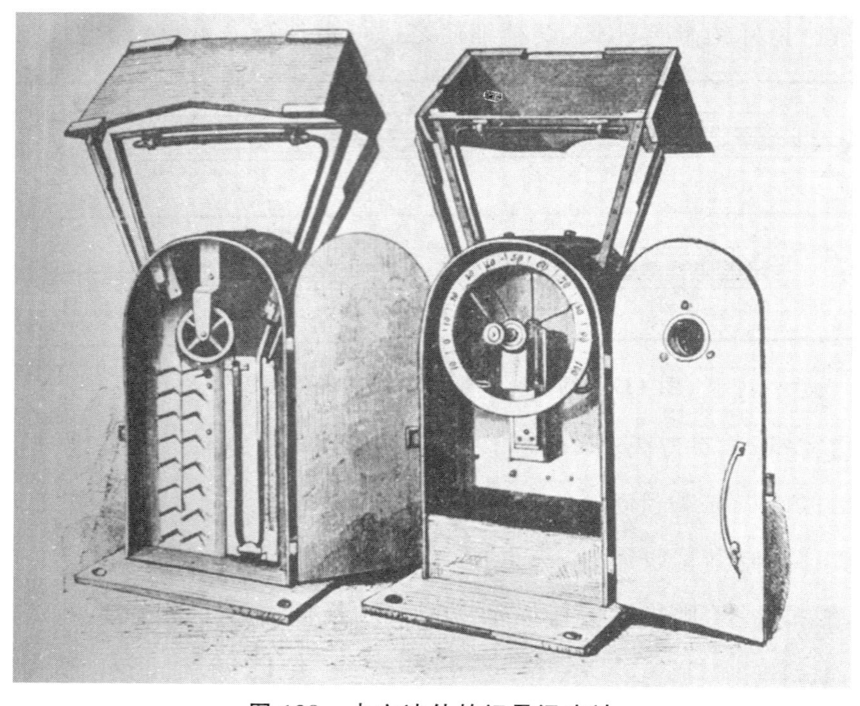

图 138—卡文迪什的记录温度计

管连通。酒精随着温度变化而膨胀和收缩,由此驱动 U 形管中细长的水银。此管左边开口肢中水银的表面载一象牙浮子;浮子系
319 有一根丝线,后者绕过一带槽的轮两次,向下悬,支承一小重物。轮轴上附着一轻指标,后者在右图所见的分度圆上移动。指标的

一边有一摩擦针，类似于家用气压计的度盘；当指标开始沿一个方向移动时，它推动其前面的针，而后来当指标开始退行时，这针便保持停留在指标沿该方向所达到的极限位置。让摩擦针同指标保持接触，仪表便复原。整个装置放在一个盒中，盒高约18英寸，带玻璃面板和金属门。左图所见的凸脚可能用于放置致干燥物质，以保持内部干燥。

亚历山大·基思约在1795年发明了一种温度计（*Trans. Roy. Soc. Edin.*, Vol. Ⅳ, 1798, pp. 203ff.），它不仅用来指示最高和最低温度，而且还可用来连续地以图形记录它自己在一给定时期中的指示。他的温度计示于图139图1。它主要是一根玻璃管

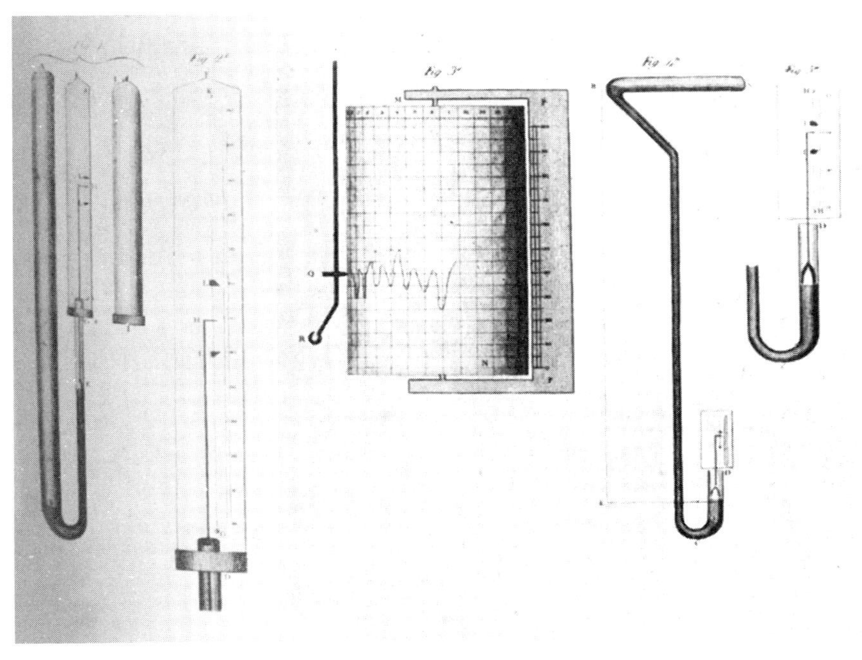

图139—基思的记录温度计

AB，长约 14 英寸，直径$\frac{3}{4}$英寸，上端封闭，下端终止于细口径玻管 BED，后者向上弯，在顶端开口。玻管从 A 到 B 充酒精，从 B 到 E 充水银。E 处水银表面上放置一个小象牙或玻璃锥形浮子，浮子系一根金属丝，后者上升到 H，在那里弯过一个直角，终端是一个短的水平十字件。当水银随着温度增减而从初始位置上升或下降时，这十字件升起或压下两个指标 L、L 中的一个；这两个指标是上油的丝条，它们在一根细金丝上滑移自如，金丝上下端用铜销固定在一分度标尺 FG 上，后者同玻管开端一起可用盖Ⅱ完全封罩起来。十字件 H 围住金丝，推动其前面的上指标或下指标，使之留在离初始位置最远的地方，以表明所记录的最高或最低读数。图 2 放大地示出玻管的端末，以及所附带的温标、金丝和指标。当这温度计用作自记仪表时，基思建议作下述修改：温度计放大制
392 作，AB 约 40 英寸长；H 处的十字件代之以一短铅笔 Q（图 3），后者借助重物 R 轻轻压住一张围绕在一个旋转鼓 MN 上的纸。纸上用垂直线分格成一个月的各日，用水平线分度成华伦海特的度，鼓由时钟机构操纵，一个月完成一转。随着温度逐日升降，铅笔将在纸上留下一条正弦轨迹。连续十二个月里这样得到的图收集在一起，便形成观测地当年气温的完整记录。在随后一篇文章（同上，p. 209ff.）中，基思介绍了，怎样可用类似方式改装一个虹吸气压计，使之表示大气压的最大值和最小值（见图 4 和图 5）。

320 ## 二、风速计

在十七世纪，已经偶尔用一种原始型式风速计勉强测量风

力了。一般都认为，这种仪表是罗伯特·胡克发明的，尽管这种仪器在他之前已经在应用了。它主要是一块很轻的木头或金属的板或窗板，与风向垂直地由一根杆悬着，这杆绕一轴自由转动，轴穿过杆的上端，平行于板的平面。当风把板吹向一边时，杆便在一个分度标尺上移动，这样，便测量了风力（任意单位）。风速计的历史上，尤其显著地表现出这样的倾向：科学仪器起先被废弃不用，然后又重新发明，或者经过改进后重新采用。例如，归功于胡克的摆式风速计在 1744 年由德特福的罗杰·皮克林重新发明（*Phil. Trans.* Vol. XLIII，No. 473，p. 1），但添加了一个抓钩，防止板在被风吹得偏过一个角度时摆回静止位置。因此，这仪表记录的是它在给定观测时期里所受到的最大风**力**。它还有一个指标，指示每时每刻的风**向**。达尔伯格在 1780 年提出了一种比较复杂的摆式风速计（参见 F. Rozier：*Observations sur la Physique*，XVII）。其中，风吹在一块板上，板经过一个铰链围绕其下边沿自由转动，它的上边沿固定有一根绳索，绳索绕过一个滑轮并带有一重物。当板被吹向一边时，这重物被吊起，直到它的拉力恰与风对板的压力平衡。达尔伯格的仪表也用来测量风**向**及其对地平的**倾角**。M. C. 汉诺夫在他的《自然哲学》（*Philosophia Naturalis*，1765，Vol. Ⅱ，pp. 142—3）中，记叙了他试图这样比较风力：确定一系列旗帜中哪一面恰被吹得飘成水平状，或者观察由一根马鬃悬着的一个铅球的偏转。在十九世纪里，几种改进的摆式风速计都用球取代平板。

在另一类重要的风速计中，风对活动零件的驱动旨在引起抵抗力。抵抗力随着运动逐渐增大，直至足以造成静止。例如，在克

里斯蒂安·沃尔夫的风速计(*Aerometriae Elementa*,1709)中,风车的翼板吹动一水平轴旋转,后者通过一根蜗杆作用于一个齿轮,齿轮装有一径向臂,其远端固定有一重物。风力乃用齿轮在重物不断增大的力矩作用下而达到静止之前所通过的角度来测量。洛伊波尔德(*Theatrum Machinarum Generale*,1724)和洛伊特曼(*Instrumenta Meteorognosiae inservienta*,1725)各自独立地描述过一种仪表,它是一个装在一垂直轴上的蹼轮,蹼轮有六块弯曲翼板。风吹向蹼的叶片,轴的转动提升起一重物。然而,重物对轴的杠杆利率设计得(借助一凸轮的作用)不断增加,直到这转动停止。洛伊波尔德声称发明过七种风速计。其中另一种仪表里,支持重物的绳索绕在一呈锥状的轴(有如时钟中的均力圆锥轮)上,缠绕时从轴的细端向粗端,一直绕到重物作用于轴的力矩足以制止运动的地方。这个装置由本杰明·马丁于1771年重新发明(*Philosophia Britannica*,3rd ed.),后来在十九世纪由高尔顿和斯托克斯加以运用。

十八世纪应用的另一种类型风速计,是一块硬纸板(或者后来为金属板),它垂直地附装于一根轻杆。轻杆插在一根管子之中,顶住一弹簧进入。板迎着风,风力由杆强行进入管的距离来度量。在这种仪表的改进型中,杆加以分度,并装配有齿,当杆进入管子时,这些齿被咬住。在有些改进型中,这些齿作用于一小齿轮,后者在一度盘上以常用单位示出气压。(参见P.尔格埃:*Traité du Navire*,1746;阿贝·诺莱:*L'Art des Expériences*,1770,Vol. Ⅲ,罗齐埃:*Observations sur la Physique*,ⅩⅤ)。维尔克在1785年描述了一种**气压风速计**(*Magazin für das Neuste aus der Physik*

Gotha,Vol. Ⅲ,pt. ii)。在这种仪表中,作用于暴露于风的一个表面上的气压由一杠杆(利用机械的优点)传送到一春杵,后者压住一个盛有水银的皮袋。随着水银被挤出皮袋,水银沿着从皮袋出来的一根垂直玻璃管上升。通过在水银上方灌入彩色酒精,以及让水银在管子的精心制作部分上升,这仪表便更为灵敏了。

十八世纪里制作或提出的风速计中,有几种属于这样的类型:主体是一根U形管,它部分地充有某种液体,其一个肢在顶端向 322
外弯过一直角。风吹入U形管的这个弯肢;风的压力迫使这一边的液体表面下降,另一边的上升,而风力便由这两个液体表面高度之差来度量。最早的这种仪表似乎是皮埃尔·达尼埃尔·于埃介绍的。这位博学的法国廷臣和教士是在一篇杂记中记叙这种仪器的,杂记是他在死前不久于1721年写作的,死后发表时书名为《于埃著作;或阿弗朗什主教于埃先生思想杂录》(*Huetiana; ou pensées diverses de M. Huet, Evesque d'Avranches*)(巴黎,1722年)。在此书以词Anémométre〔风速计〕(这个术语似乎出自于埃)为标题的第22节中,我们读到关于他发明的一种用以"秤量风"的仪器的描述。仪器制造家于班曾致力于制作这种仪器。但还未来得制成,便去世了。于埃对他的发明这样记叙:"它由一个有如僧衣头巾的锡漏斗*ABC*构成。这漏斗弯成圆形,随着弯曲逐渐收细,直到*C*;从这里开始是一根管子,它下降到*D*,由此再弯曲而经过*DIE*,然后上升到终端*K*。这管子从*CDE*到*F*充水银。*F*上方灌碱液到*G*,它的升降借助标定在*F*到*G*上的小点观测。从漏斗*AB*吹进的风作用于*C*处的水银表面,其压力大小视风力而定。如此受压的水银同压力成正比地下降;水银在紧接漏斗的

一边下降,但它在另一肢中上升而超过 F,由此升高了它所支承的碱液,后者的上升借助标定在管上的小点观测。如果漏斗未朝向风吹来的方向,则这仪表就不起作用。因此,必须装设风向标 M,它由铁杆 MHI 支承。铁杆在点 I 处成一环,围绕并紧紧夹住管子。在环以下,铁杆进入一柱环 L,后者安装在支座 LNO 上。柱环在支座中可左右
323 转动,视风向标随风如何转动而定。这样,柱环便转动整个仪表,使漏斗始终保持对准风”(于埃:上引著作,第 55—58 页)。然而,最著名的这种仪表是詹姆斯·林德于 1775 年在《哲学学报》(Vol. LXV ,p. 353)上详细地并用插图加以说明的那种。林德用水作为他仪表的液体,他还编制了一些表,它们载明,给出管子两肢中水位差,便相应地给出风压(以磅/平方英尺计)。为了记录一个观测时期中所经历的最大风力,林德建议把 U 形管的背风肢截短到其中正常水位,然后,测量在这时期中从该肢溢出的水量。

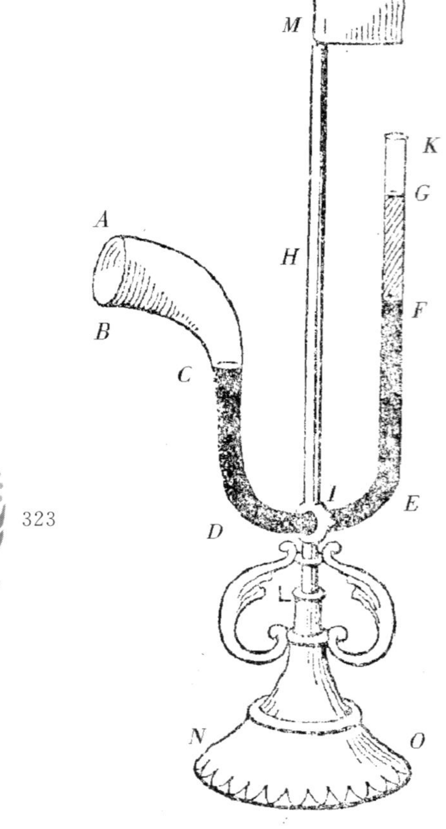

图 140—于埃的风速计

林德的“风速器”由两根玻璃管 AD、CB 组成,每根长约 6 英寸,彼此用弯玻管 ab 联结(图 141)。肢 AD 顶上装一短铜管,其

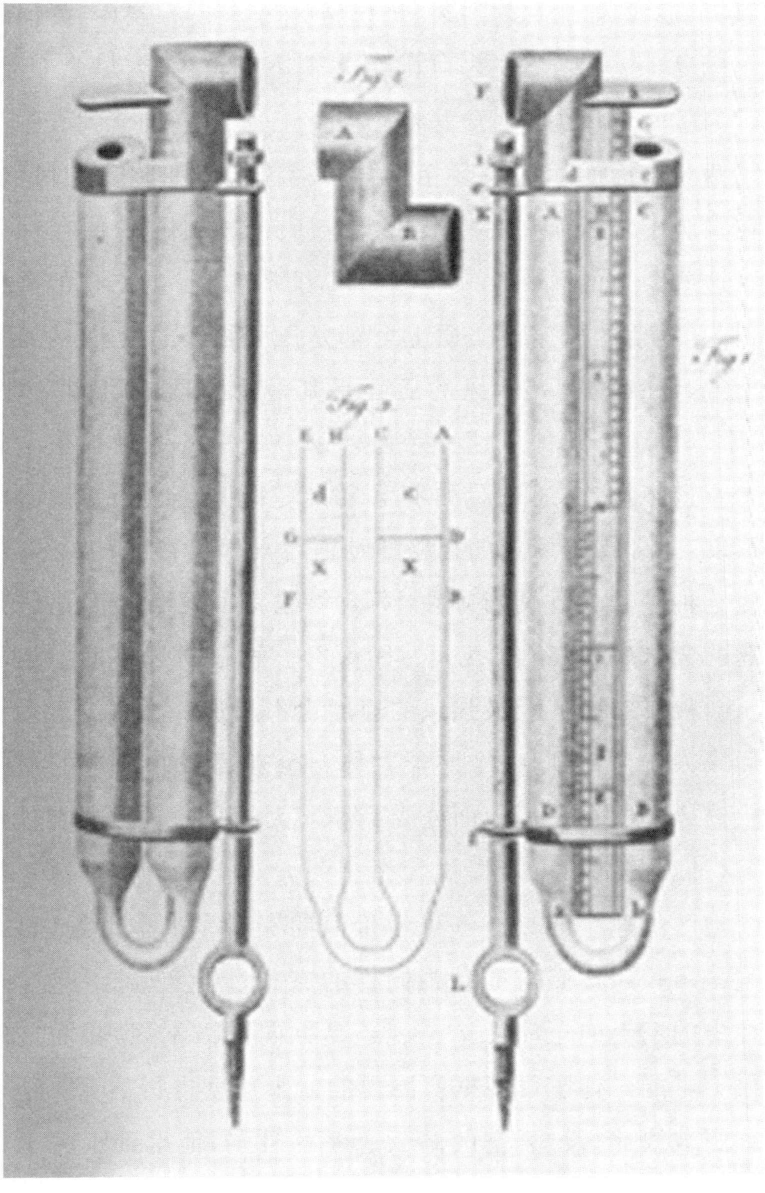

图 141—林德的“风速器”

口 F 朝外；这肢通过一黄铜条 cd 联结到另一肢的盖 G，黄铜带支承竖立标尺 HI。整个仪表可围绕主轴 KL 自由转动，以使 F 面向风。为了测量风力，管子一半充上水，标尺位置调节到其中心的零点同两个水面的通常高度相重合。当这仪表如此受到风吹时，水位在一肢中降低而在另一肢中上升所经过的距离，便在标尺上量出。这些距离的总和代表观测时风力所能维持的水柱的高度。

因此，早期的风速计实质上全都是**压强器**。这也许是因为在实际上尤其在海员看来，风的**压强**是其最为重要的可测量性质。然而，十八世纪有几种风速计乃设计来测量风的**速度**。在十七世纪和十八世纪初，已通过观测羽毛之类轻物体在微风中被向前吹行的速度，立即得出风速的粗略估计值。马里奥特约在1680年就已作过这种观测。德勒姆则在1708年记叙了他结合声速研究对这问题的尝试（*Phil. Trans.*，1708，p. 2）。通过对风中向下运动的观测，他得出结论：甚至最强风的速度也不超过一小时约五六十英

324 里。后来人们认识到，一个漂浮物体不会获得载它前进的流的速度，并且，风的吹行在近地面处受到相当大的阻碍，因此，在任何情况下，这种观测都不可能提供什么有关大量空气从一个地区传到另一个地区的速率的具有气象学价值的资料。半个世纪以后，亚历山大·布赖斯按照与德勒姆同样的方式进行实验。他发现，在风中释出的羽毛的运动无论速度还是方向都极不规则，而这使计算变得不可能。他宁可根据所测得的云影速度进行估算。他选择明亮日照被快速行过天空的高云遮断的日子，他得到了关于相继云影边缘（在时钟计的十五秒内）所经过距离的十分一致的结果（*Phil. Trans.*，1766，p. 224）。布韦建议，让一个带羽毛的软木圆

片沿一根金属丝运动，通过观测这运动来比较风速（*Hist. de l'Acad. Roy. des Sciences*，Paris，1733）。十八世纪制造的测风速仪表，设计上往往很复杂，但性能普遍令人感到失望，因为活动零件很笨重，大量轴承又摩擦严重。丁林格尔约在1720年发明了一种这类型的仪表（参见洛伊波尔德：*Theatrum Machinarum generale*，1724）。东森布雷仿制了这种仪表（*Hist. de l'Acad. Roy. des Sciences*，Paris，1734）。他的仪表设有一个风向标指示风向，还有一个活动轮指示风速，并配备一时钟机构装置作自动记录。但是，这种仪表价值不大。罗蒙诺索夫约在1750年介绍了一种风速计。在这种风速计中，风作用于一小蹼轮（它用一风向标加以适当定向），其运动经由齿轮转动传送到下面的空处，那里有一个轮，它的转动表明风速（*Novi Commentaii Academiae Petropolitanae*，II）。R. 沃尔特曼在他的《测湿叶片的理论和应用》（*Theorie und Gebrauch des hydrometrischen Flügels*）（汉堡，1790年）中描述了一种比较实用的风速和一般流体速度测量仪器。约翰·斯米顿约在十八世纪中期借助精巧的仪器十分深入地研究了一流体的速度同其压力和做功的功率的关系。特别是，他研究了风车的起重力量。他让它受已知速度的人工风作用，这风使风车围绕一绕垂直轴转动的横杆的端末旋转（*Phil. Trans.*，1759，p. 100）。后来有人利用布格埃的风速计作了类似的观测。大家 325
熟悉的半球风标风速计在十九世纪中期前后开始应用。这个时期还有各种利用风的**物理**效应测量风速的装置，这些效应包括冷却、蒸发、空吸及乐音的产生。

（参见　J. K. Laughton："Historical Sketch of Anemometry and Anemometers"in *Quarterly Journal of the Meteorological Society*, 1882, Vol. Ⅷ, No. 43。)

三、湿度计

十八世纪里,许多物理学家绞尽脑汁发明改进型的湿度器或湿度计,以尽可能准确地指示大气的湿度。十八世纪这类仪器所依据的那些原理,几乎全已在十七世纪某种湿度器中应用过。在整个这一时期里,用来估计湿度的工具所达到的精确度和一致性,都始终不如当时的气压和温度测量。这个时期的科学文献大量介绍并用图解说明各种湿度计(有的已实际制成,有的则还只是设计),还就它们的优劣作比较,提出了各种见解。但是,这里只能提到少数几种典型的或有重要科学意义的类型。就这些仪表制造问题所作的讨论,导致阐明**湿度测量**术的一些原理,它可看做应用物理学的一个特殊分支。

十八世纪有几种湿度计是对罗伯特·胡克(在他的 *Micrographia* 中和别处)最初介绍的一种仪表的发展。这种仪表用拈过或未拈过的野燕麦芒(或别的类似纤维)显示湿度变化,这芒的自由端系一指针,后者在一分度标尺上移动。达利巴尔的湿度计(1744 年)依据这种原理工作;他在一穿孔的黄铜管中支承一根羊肠线。羊肠线的一端系于铜管端末,而另一端当肠线的扭转随湿度而变时,自由地使一指针在一分度圆环上转动。(L. Cottés *Mémoires sur la Météorologie*, 1788, I, p. 231)

有机物质大都体积随大气湿度而变;因此,这类物质可用作湿度计，只要采取手段测量它们线度或者用它们制成的容器之体积的变化（适当加以放大）。

按这原理工作的早期湿度计中，最简单的但并非最不令人满 326
意的一种，乃由一绳索组成，其一端固定于墙上的钉子，而系于另一端的重物使之绷紧。此重物的升降表明了湿度的变化。这类仪表的一种精致得多的型式中，张紧的绳索通过一滑轮，绳索的膨胀和收缩使滑轮转过一小的角度，轮上的指针在一分度标尺上的偏转便指示了这角度（例如，参见 C. 沃尔夫：*Aerometriae Elementa*，1709 和约翰·道尔顿：*Meteorological Observations and Essays*，1793）。威廉·阿德隆试图提高这种“气象绳”的指示灵敏度（*Phil. Trans.*，1746，p. 95）。他把绳索在两端固定，中间用一根丝线悬一重物。当绳索收缩和膨胀时，丝线便升降，并作用于一由支枢支承的指针，后者一端系于丝线中间，而另一端在一标尺上移动，标尺大大放大了这体系的摆动。在这类仪表的改进型中，指针由齿条和小齿轮操纵。然而，使用这些仪表的人很快发现，随着时间的流逝，绳索趋向伸长。因此，约翰·斯米顿寻求使他的绳式湿度计标准化，他不时测量它们完全干燥时的长度，以及被湿气完全饱和时的长度；他再把两个长度之差划分为一百等分（图 142）。他还试图提高绳索对空气湿度的灵敏度，方法是预先把它们放在盐水中煮沸（*Phil. Trans.*，1771，p. 198）。十八世纪制成的这类湿度计中，最精致的要数奥拉斯·贝内迪克特·德索絮尔（1740—1799）的那种。他利用了人头发长度的吸湿变化。为此，他应用许多精巧的装置来使这些变化可加辨别；他还大力发展作为一门科学的测湿术。

德索絮尔最初是地质学家，因勘察阿尔卑斯山脉和登上勃朗

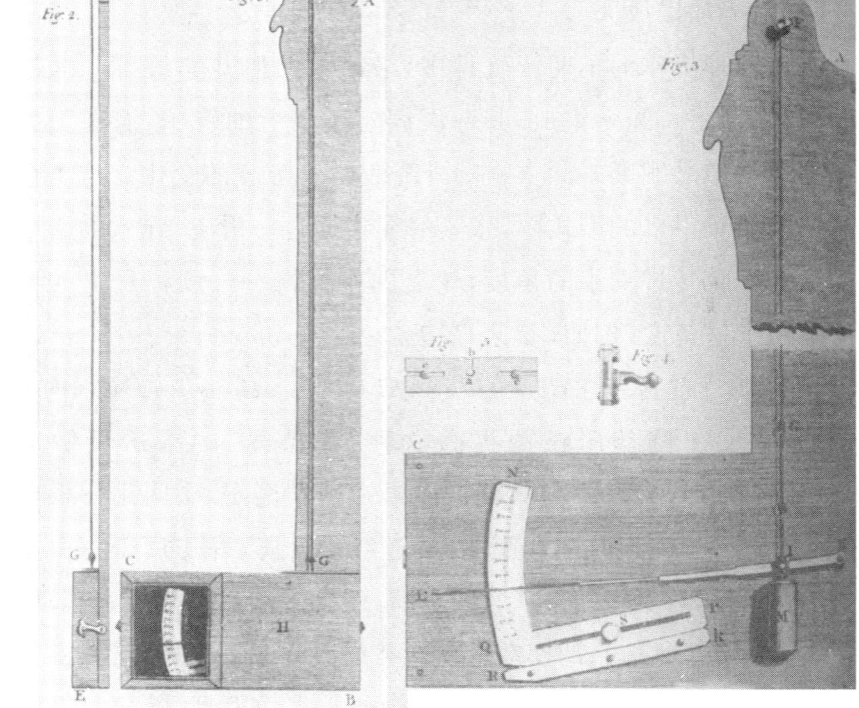

图 142—斯米顿的湿度计

峰与罗萨峰而闻名。他在测湿术方面的重要研究的介绍，可见诸他的《论测湿术》(*Essais sur l'Hygrométrie*)(纳沙特尔，1783 年)
327 (它有加注释的德文译本：奥斯特瓦尔德的 *Klassiker*，Nos. 115 和 119)。在这部著作发表之前，他已作了多年的研究，但由于遇到种种困难而进展迟缓，因为他被引向从事许多旁系的研究，另外他还常外出去阿尔卑斯山脉踏勘。这部著作由四篇论文组成。第一篇详述两种他所发明的毛发湿度计，并说明了它们的制造。第二篇论述作为一门科学的测湿学的若干一般原理。第三篇和第四篇分

别论述蒸发，以及该书前面几部分所得之结果对一些气象学重要问题的应用。居维叶认为，德索絮尔的这部著作是十八世纪里最重大的科学贡献之一。

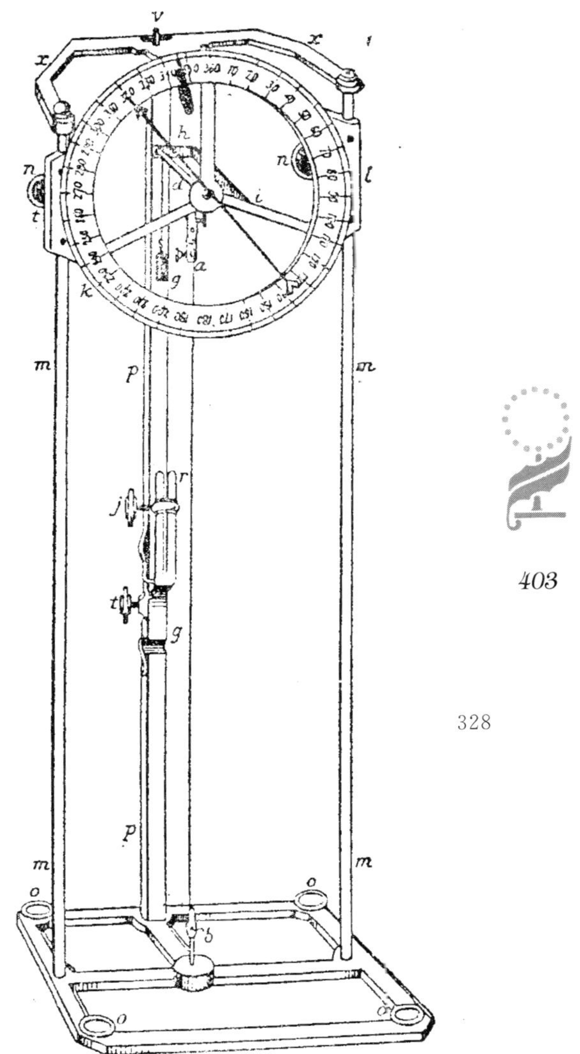

图 143—德索絮尔的毛发湿度计

德索絮尔在 1775 年就已想到利用一根毛发的膨胀和收缩作为湿度的指标，虽然他过了几年才想到一种使毛发达到对湿度足够灵敏而又耐久的方法。一根绷紧的毛发受潮时伸长，干燥时缩短，差距可达其长度的四十分之一左右。问题在于要使一个尺寸合宜的仪表中，对这种变化相当灵敏。德索絮尔发明了两种差别很大的毛发湿度计；图 143 示出其中一种。毛发 ab 的下端由紧固 328
螺丝 b 夹持；另一端在 a 处夹于一缠绕于水平圆筒 d 上的箔带，圆筒旋转时带动一指针围绕一分度盘转动。一衡重物 g 由一根丝线悬吊，丝线同箔带反向地缠绕于圆筒上，保持毛发绷紧。毛发长度的细微变化便引起度盘读数发生明显变

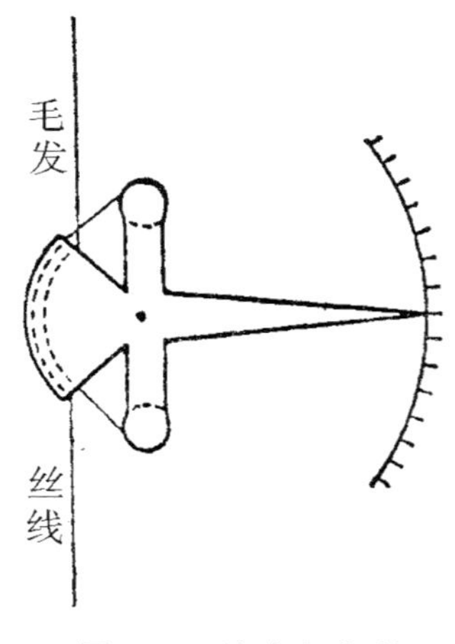

图 144—德索絮尔的袖珍湿度计

化。德索絮尔发现，这种毛发湿度计太脆弱，他考察时携带很不安全。因此，他又设计了第二种型式，它虽不及第一种灵敏，但却更易于携带。在这种型式里，放在支枢上的指针由一金属扇形片衡重，扇形片边沿有两条槽；毛发放在其中一条槽里，其下端紧系在一随指针转动的横杆上；另一条槽中是支承衡重物的丝线；它的上端固定于横杆另一端。衡重物下降时便提升指针，直到毛发恰被拉紧，这指针当毛发长度变化时在一标尺上转动。这种袖珍仪表是可以制造的。德索絮尔发现，最好使用纤细柔软的毛发，以淡黄色为宜，从活的健康人头上剪下。他把毛发放在强度适当的碳酸钠溶液中煮沸，从而使它们去除天然油脂，具有吸湿能力。当仪表装配好之后，必须标定毛发分别露置于完全湿润和完全干燥条件下时指针的位置。确定最大湿度点时，把仪表放在一钟罩之中，钟罩置于一碟水上，其内表面保持完全湿润，直到毛发停止伸长，这时标定指针的位置。水的温度似乎毫无关系。在这些条件下无限伸长或者不规则缩短的毛发应予废弃。在确定最干燥的点时，湿度计置于一内放化学干燥剂的密封钟罩之中，直到指针固定不动为止。为了确保完全变干，把整个装置露置于日晒之下或用火烘；如果有湿汽残留，则毛发将先膨胀然后逐渐收缩，但是如果包壳完全干燥，那么，只会观测到毛发缓慢地热膨胀，在这些条件下，指针在一平均温度上的位置便可取为干点。在给仪表分度时，干点和湿点之

间的间隔分为一百度，这样，读数便随着湿度的增加而增加。或
者，这度盘分度成任意单位，它们可以借助一换算因子换算成湿度
度数，这换算因子因仪表所用毛发而异。一旦一个湿度计在这些 329
绝对确定的定点之间完成分度，其他湿度计便可通过与其比较加
以分度。

在论测湿术（他认为，它是“测量空气中悬浮水分之绝对数量的技艺”）理论原理的论文中，德索絮尔把测量湿度的方法分成三类，它们分别利用（i）对测湿体重量、尺寸或形状变化的观测；（ii）对空气吸收水分能力的观测；和（iii）观测在给定条件下空气中冷凝在一冷表面之上的水分数量，或观测为使这种冷凝开始而必须的冷度。他关于归类于（i）的那些方法的理论是：不同物质有不同的对水亲合性，这些亲合性随着物质的干燥度而增加；一物体系得到的水分在其各物体间如此分配，使得它们相竞争的亲合性达致平衡。因此，他认为，一测湿物体系是不可能借干燥剂使之达到完全干燥的。正是处于平衡时在这些亲合性之间维持的那种恒定关系使测湿成为可能：“一绳式湿度计仅仅表明驱动指针的绳索的状态，但是，因为绳索的吸引力和空气的吸引力之间存在一种确定的关系，所以可知，绳索的状态必定取决于它浸入其中的空气的状态，因此，我们可以满有把握地从绳索的状况推知空气的状况。”后来，尤其在道尔顿有关不同气体混合物的性质的工作之后，人们认识到，阻止一包壳中全部湿汽都为里面其他测湿物体所吸收的，不是空气粒子对湿汽的亲合性，而是自由空间的存在，它包含一定的水蒸气含量，同这些物体所吸收的水分处于平衡（其条件取决于温度）。德索絮尔对方法（ii）的解释为，空气能够饱和，因此，在其他

条件相同的情况下，一定量被封闭的空气的实际湿度，同为使之饱和所必需的水分量成反比。但是，他认为，这些方法的弱点在于，甚至在达到饱和之后，包壳内蒸发仍倾向继续进行，而过量的湿气便淀积在容器壁上的某处。他列入归于(iii)的方法之中的，包括像西芒托学院实验过的，称量在一给定时间里冷凝在一盛冰容器表面上的水分的方法，以及 C. 勒鲁瓦的方法(vide infra〔超虚空〕)，即注意在逐渐制冷的盛水容器上形成露的时间。然而，在冰点以下的温度上，或者当空气十分干燥时，这些方法都无法应用；并且，露淀积在一表面上的温度，一定程度上受该表面的条件影响。

330 德索絮尔接着列举了他所认为的一个湿度计的理想特性：(i)它必须对湿度变化敏感；(ii)它必须即时对这种变化作出响应；(iii)它必须自我一致，始终对同样的空气状态指示同样的度数；(iv)同一类型的各个湿度计在同样条件下必须指示同样的读数；(v)湿度计必须仅受**水**蒸气影响；(vi)它的指示必须同这蒸气的含量成正比。德索絮尔认为，毛发湿度计基本上满足了这些要求。但是，它们实际上只是指示相对湿度；他还感到，某些实验证据表明，它们可能受到某些挥发性油发出的蒸气的轻微影响。

接着考察的是，空气中水的含量，以及空气的温度、密度和运动对毛发湿度计读数的影响。热致使测湿毛发发生热膨胀。这可以在让仪表处于完全干燥大气的情况下加以研究，这样可以推导出温度修正量，用于修正仪表在正常应用中的读数。除了这种纯粹**热的**膨胀和收缩之外，德索絮尔还研究了一个比较复杂的问题：湿度计露置于存在水蒸气条件下温度变化时的行为。他的方法是把一个湿度计和一个温度计隔离在一个气密包壳之中，观测湿度计的指示如何随温度变化而改变。他在包壳中具有不同湿汽含量的条件下，重复这个实验。他把所得结果综合成一张表，以说明在25°和100°之间的每个湿度计读数上，相应于1°温度变化的湿度计读数变化。这个表旨在针对温度差修正湿度计读数，以便使它们可加以比较。它还被转换成另一个表，表明为使湿度计指示改变1°（在其标尺的每一度上）所必需的温度变化，从而使得能够计算为使空气达到饱和点，温度计所必须降落的温度度数。德索絮尔接着研究了，一给定包壳中在一给定温度上的水的**数量**同置于其中的一个湿度计的指示的关系。他的做法是，求出为使这样一个包壳饱和所必需的水的数量，然后，引入这个量的一定部分，观测其间湿度计的行为。他做了一个实验，让水向一个已经弄干燥的接受器里蒸发并达到饱和，而水放在一个蒸发前后都称量过的容器里。他根据这个实验计算（容器重量损失除以接受器体积）得出：在约15°（温度计定点为0°和80°）上饱和1立方英尺需要水11格令。在研究这种浓度**分数**的效应时，德索絮尔应用一个大的椭球形接受器（容量约4.25立方英尺），内装一气压计以及一湿度计和一温度计。他在这业已弄干的接受器中悬挂一块湿布，直到由于水蒸气的加入，气压计上升了一定的量；他观测了湿度计读数的变化，求出布的重量损失。他在湿度计标尺的下一部分重复了这个实验，如此以往，一共做了六次；在实验过程中，他就轻微的温度变化作了修正，并把仪表读数同接受器中水的实际含量关联起来。J. H. 兰伯特以前已经以与此相仿的方式做过实验（*Royal Academy of Berlin*，1769），测湿术这门科学的名字似乎也是他提出来

331

的。然而，他所应用的只是一种原始的肠线湿度计，用以追踪蒸发的进程。在试图测量为使一封闭空间饱和所必需的水的数量时，他似乎忽视了一点：一旦饱和达到或者在这之前，蒸气倾向于凝结在容器壁上。对这种危险，德索絮尔比较清醒。

当德索絮尔把一个湿度计放在一个抽气机的容器中，部分地抽空时，仪表的读数降向**干点**。指针然后向出发点回复，但达不到它。德索絮尔解释说：蒸汽的膨胀减小了其对测湿物质的影响；但是，抽空所伴随的温度效应或许也是与他所观测到的现象。他设计并部分地制定了一些表，它们表明了空气湿润程度、每立方英尺中蒸汽数量、空气的温度和气压等项之间的相互关系。德索絮尔知道，空气在运动时的干燥能力比静止时大，但他拿不准：为达到饱和，当体积相等时，运动空气实际上是否比停滞空气需要更多湿汽。他注意到，在一个静日，当一阵微风拂过时，它使湿度计趋向
332 **干点**，尽管邻近区域中空气可能全都同样程度地充有湿汽。他尝试过把带发条的风车与一个湿度计安放在同一钟罩之中的实验；当风车开动时，指针发生向**干点**的位移，但这似乎应从所测得的包壳中温升得到解释(起因于风车的摩擦)，而温升提高了空气的“溶解力”。德索絮尔下结论说：使湿度计变干燥的微风，实际上引来了内在地比较干燥的空气，由此产生了这个效应。流行的见解认为，起电有利于蒸发。与此相反，德索絮尔发现，当给予他的湿度计以强的电荷时，没有发生对其指示的影响。水汽对仪表的影响在“固定空气”(二氧化碳)或“可燃空气”(氢)中似乎同在普通空气中一样。

第三篇论文讨论水的蒸发和凝结现象，它按照当时通行的理

论，把这种蒸发归因于基元火同水粒子相结合而产生一种化学地溶解于空气的弹性蒸汽。最后一篇论文论述测湿术的气象学应用。它的要点是，德索絮尔试图否证德吕克的假说，后者提出：当由于水蒸气掺和，因而空气变轻但体积不变时，气压计下降了。德索絮尔的实验数据表明，蒸汽的加入，即使达到饱和点，也不会对 333
大气密度产生很大影响，因此，不能把所观测到的气压计高度变动完全归因于这种影响。

十七世纪时，已经利用木板因吸收湿汽而发生的宽度变化来测湿。这种现象成为阿德隆的另一种湿度计的基础（*Phil. Trans.*，1746，p. 184）。他锯下七根松木条，每根尺寸均为 10 英寸乘 1 英寸乘 1 英寸，每根长度都与纹理垂直。他把它们首尾相接地黏合起来形成一根杆，其一端固定于 *N* 处，而另一端的测湿振动借助杠杆 *ABD* 加以适当放大。*ABD* 的端末直接作用于呈另一杠杆形式的指针 *FG*，或者驱动一根线通过圆筒 *R*，而指针 *S* 就装在这圆筒上面。他还试图利用装在附近的温度计，考虑温度变化对木杆长度的影响。（图 145）

德吕克发明的一种湿度计应用横向截切的鲸骨片，也属于这一类，但它的制造方式似乎是受了德索絮尔的毛发湿度计的启发。这种仪表的发明者对它说明如下："鲸骨片用 *a*、*b* 表示；在 *a* 端可看到一种钳子，仅由一根弄平的弯金属丝制成，在夹住鲸骨片的那部分呈锥状，并用一个滑环压住。端 *b* 固定于活动杆 *c*，它由一螺钉驱动，这螺钉最初用于调节指标。鲸骨片的端 *a* 钩在一根黄铜细丝上，而骨片另一端还钩上一镀非常薄银的薄片，而后者端末也有钳子，同骨片的相似，并由骨片的这另一端通过把一销子插入一

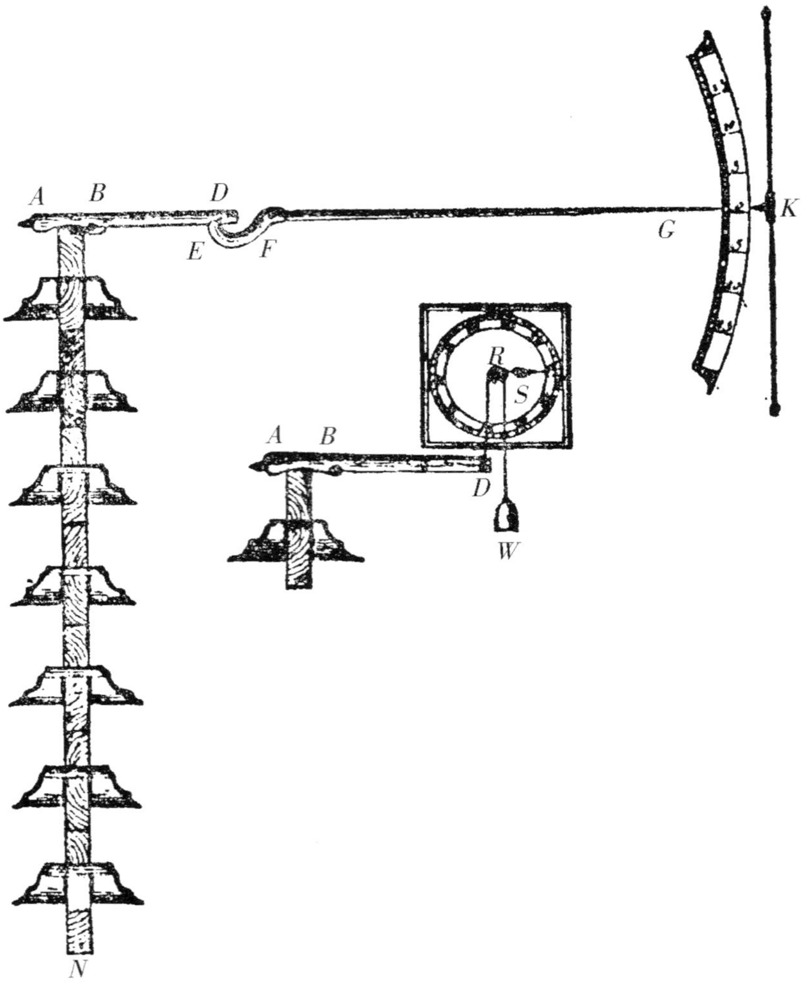

图 145—阿德隆的木板湿度计

334 个合适的孔中而固定于轴。伸长鲸骨片的弹簧 d 用镀银金属丝制成；它对骨片的作用相当于一个约十二格令的重物，而这比一个重物来得优越（除了避免因用重物带来的某些其他麻烦之外）：随着骨片因湿汽侵入伸长而变得软弱，弹簧在松弛的同时也失去了其一部分力量。轴有十分小的支枢，其轴肩的端末被限制在（但自由地）两个螺钉头的扁平轴承之间（前面那个螺钉可在 f 附近看到），从而避免碰触仪表构架。该轴的剖面……示于图 2；骨片作用于直径 a、a，弹簧作用于较小的直径 b、b。”（*Phil. Trans.*, 1791, p. 389.）

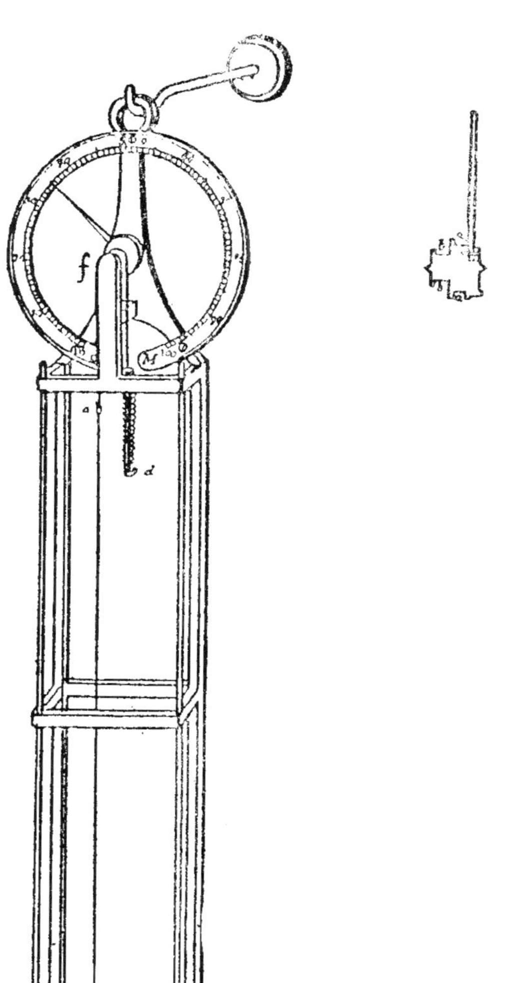

图 146—德吕克的鲸骨湿度计

在十八世纪那些利用有机材料制成的容器体积变化的湿度计中，德吕克的又是最值得提及的（*Phil. Trans.*, 1773, p. 404）。然而，这仪表的原理在十七世纪就已由阿蒙顿提出过，在德吕克之后也有多种变形。这仪表主要是一根小象牙管，长约 2.5 英寸，直径 2.5 线，沿着纤维的方向钻孔。管的一端封闭，另一端借助一黄铜环和胶接剂固定一长约 14 英寸的玻璃温度计管。象牙管和玻璃管的下部都充满水银；这仪表的工作原理是，圆筒体积的测湿变化引起水银在玻璃管中升降，其分度标尺的零点最初通过把象牙管浸入冰和水的混合物中，标出水银所达到的最低高度而加以确定。利用装在仪表松木底座上的温度计，对仪表的湿度指示加以针对温度变化的修正。象牙圆筒后来代之以鹅毛管，像曼海姆学会所提供的湿度计那样。

335 德吕克呈交给《哲学学报》一系列关于测湿术的论文，它们介绍了德吕克的湿度计。在第一篇(1773，p. 404)中，德吕克制定了一个优良湿度计的三个基本必要条件，即(i)一个据以测定湿度的定点；(ii)不同湿度计可加以比较的分度；(iii)相等的湿度差引起相等的指针读数差。按(i)，极端的湿度似乎提供了唯一确定定点的机会，因此，德吕克提议，把测湿体浸泡在处于一确定的、可重复产生其温度的、如溶冰温度的水中。因此，这种测湿物质必须是能受浸水**影响**，但又不因之急剧**变化**的，于是德吕克把象牙列为首选，测湿物质。在关于测湿术的第二篇论文(*Phil. Trans.*，1791，p. 1)中，德吕克描述了历时将近二十年关于确定湿度计定点和得到绝对测湿标尺的最佳方法所作的进一步实验的结果。他认为，一个测湿物体之把水吸入其微孔，有如它在细毛细管中的上升。“当两根毛细管共有的液体的数量不足以使它们都得到各自的最大量时，它们就共分这液体；当每根毛细管的比毛细力和所升起的液柱重量之比都相等时，便达到了平衡。同样，当空间中散布的水的数量不足以让若干测湿物质得到它们孔隙中所能包含的最大水量时，它们便共分这水量；当每一测湿物质的比毛细力和其孔隙对进一步膨胀的阻力之比都相等时，便达到了平衡。”德吕克在测定

湿度计的干点时，把它们封闭在一个带有干燥剂的闭合容器之中。他试图为此应用钾和几种别的碱性物质，但他后来从詹姆斯·瓦特那里得知约瑟夫·布莱克获得的关于生石灰的结果，因此最后便采用了这种物质。他制造了一种专用装置，把湿度计悬在一个罩笼中，外面用刚从窑里采来的生石灰围住，通过一块玻璃板可以看到湿度计的刻度盘。应用若干不同形式的这种装置，便得到了一种明显固定不变并且持久的干燥度。德吕克通过把一个湿度计浸入水中而得到其最高湿度点，因为他发现，包壳壁上有水淀积，或者开口处形成露，都不肯定地表示空气已达到湿度极限，尤其在较高

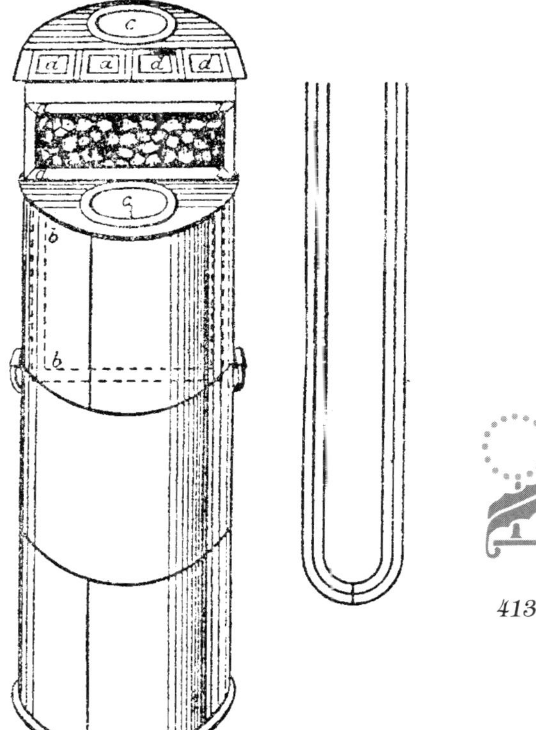

图 147—德吕克用于在湿度计中得到固定干燥度的仪器

温度上更是如此。水的温度看来对仪表敏感元件中的纯**测湿**变化没有什么影响。为了进行比较，德吕克分别对鲸骨、羽毛和松木的 336
线和**片**在极干和极湿两个极限间的测湿变化做了实验，并把结果列成表。（所谓**线**，他是指纤维，而**片**则是指沿纤维横截面切成的薄片。）他的表还表明了上述各种物质的薄片怎样随着片和线的膨

胀而重量增加。悬挂薄片的平衡梁和这些线与片本身(它们的长度变化作用于指针)放在一个隔绝空气的、正面是玻璃的容器之中,容器中定时注入湿汽,其量使鲸骨湿度计一次移动约五度。线的行为不同于同样物质的片,也不同于其他物质的线,它们的长度变化显出不规则的反复;但是,不同的片却显示出相当好的一致性,因此德吕克认为,它们是更好的实际湿度显示物质。他发现,片的运动"比线更加同每种弹性测湿物质的相应重量变化成正比。"但是,他"未能找到确实的理由,由之可以认为,一种物质的重量变化比其大小变化更同媒质中相应的湿度变化成正比",他在文中另一处承认,"最稳定的测湿物质也有不规则性",而这"将使我们得不到其精确性接近温度计的湿度计"。德吕克呈交《哲学学报》(1791,p. 389)的第三篇测湿术论文描述了上面给出的鲸骨湿度计;这篇文章扩充了比较不同物质的线和片的测湿膨胀的表;但它主要是批评德索絮尔的著作,其根据是德索絮尔所用的毛发属于不可靠的那类**线**,而不是德吕克所选定的那种稳定变化的**片**。
337 在提到德索絮尔试图把一根毛发的膨胀同周围空气中递增的水蒸气含量相关联时,德吕克对这位日内瓦物理学家的下述假定提出质疑:在一个最初干燥的包壳中,湿汽含量同蒸发到它里面的水的数量成正比地增加。德吕克认为,根据他自己的实验结果,实际上,"弥散在媒质本身之中的湿汽即水蒸气的数量,在一封闭空间中不会同在其中蒸发的水的数量成正比例地增加;因为,沉积在容器四壁上的那部分水不断增加而又不确定;所以,德索絮尔先生的实验不可能使人得以确定一个真实的测湿标尺。其次,只有当温度略高于 32°时,他所考虑的那种情形,才能像他那样,看做是一种肯定的象征，表明在这封闭媒质中存在极端湿度，即这空间中蒸发达致极大点；但是，当从这一点渐次增加温度时，湿度便越来越离开其极端；或从这样一点开始：再也不能给媒质引入蒸气，否则会产生直接沉淀；但在同时，蒸气的量有逐次增加，因此，蒸发有一个恒定的极大点同实际温度相对应。”

有些种类湿度计利用有一定吸湿性的材料的可变重量作为大气湿度的一种判据。为此，常常应用海绵；可以把海绵挂在天平的一臂上，它从大气吸收的湿气的数量变化，便表示为平衡所需的砝码重量的变化。有些这类仪表中，海绵以其升降来显示湿度之变化。德扎古利埃介绍了里尔斯和他自己发明的一种湿度计。在这种仪表中，悬置的海绵丝和平衡重物沿相反方向缠绕在一个锥轴或均力圆锥轮上，这样，当平衡重物上升时，它对轴的力矩便稳恒增大，直至运动停止。德扎古利埃写道：“$PnupC$ 是一块在 CnP 处的圆筒形活木，但从 Cn 到 p 是一个截头圆锥体，绕成螺旋，像钟表均力圆锥轮那样，但不怎么接近锥形。仪表长约 1 英寸，圆柱 338
形部分直径为 1 英寸，长度为 0.5 英寸。螺旋的大部约$\frac{3}{4}$英寸，小部约$\frac{1}{2}$英寸。每一端都有细巧的钢支枢，由可灵活转动的仪表构架上的黄铜件中的两个细小锥孔支承。一海绵体 S 用一根丝悬置于仪表的圆柱体，以便通过其升降来转动这仪表。重物 W 由另一根缠绕于螺旋 Cp 的丝 u 悬吊，它使海绵保持平衡。于是，当海绵因从空气吸入湿汽而变重时，它就下降，而 W 则上升；但是，当 W 向上运动时，它的悬索必定朝 Cn 前进，在那里悬置离其中心更远，它的力将增加，结果他将使海绵保持湿润。但是，海绵的重量

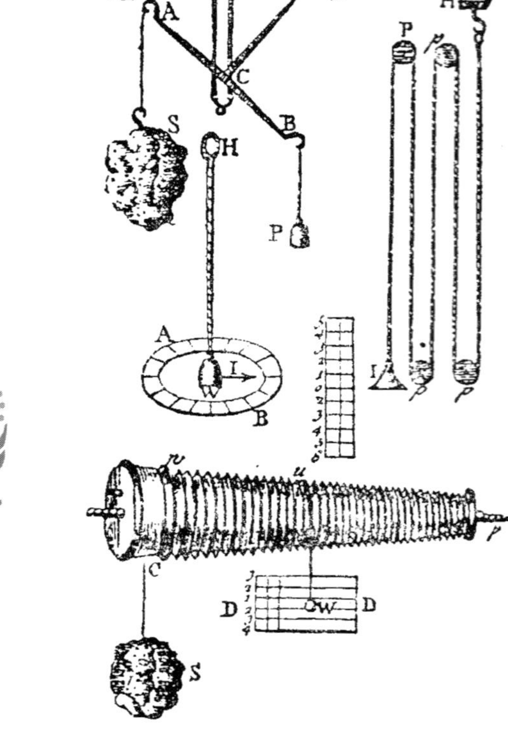

图 148—德扎古利埃的海绵湿度计

增加了。当这重量增加时，标尺 *DD* 上便示出海绵重了多少，因而空气湿了多少”(*A Course of Experimental Philosophy*, London, 3rd ed., 1763, Vol. Ⅱ, pp. 299, 300)。在其他型式中，海绵用由一绳索悬吊的铅球衡重，球的下部停在一台上。阿德隆在 1746 年描述过一种这类仪表(*Phil. Trans.*, 1746, p. 95)。海绵的下降使铅球部分地从台面升起，这样便增加了这衡重体的有效重量。

伊诺霍采夫采用堪察加的一种具有高度吸湿性能的片岩。他两次称量这岩石的样品：(i)在预先把它们加热到呈红色之后；(ii)在用水使它们饱和之后。他想借此确定一根标尺的两个端点。按此标尺，由这样一块岩石的相应重量所测得的大气湿度便能随时确定(*Acta Acad. Imper. Petrop.*, II, 1778)。塞内比埃建议借助灵敏天平称量酒石盐来测量湿度(*Journal de Physique*, 1778)。

勒鲁瓦描述了似乎是最早的用测定露点来确定大气湿度的方

法(*Mém. de l'Acad. Roy. des Sciences*, Paris, 1751)。他用冰逐渐冷却一容器中的水，直到容器表面由于周围空气中水蒸气冷凝而生成雾。生成雾时的水温用实验过程中始终浸在水中的温度计观 339
测。空气越干燥，淀积发生前所必须加以冷却需要的水就越多。影响用这种方法得到的结果的一个始终存在的误差源是，容器中水的领域中的湿度增加。另外，还要注意，在淀积前必须把水温降到露点之下。

十八世纪末湿度计利用的另一种现象是一种液体在蒸发时发生的冷却。这种现象注定在十九世纪要得到重要应用。它似乎在十七世纪末就已为阿蒙顿所知道，后来为一些研究者重新发现和说明。例如，里希曼观察到，当把一个温度计从水中取出放进更热的空气中去时，它的温度下降到比这水或空气都低，但他发现，在雨天，这种效应不大明显(*Novi. Domment. Acad. Imper. Petrop.*, Ⅰ, 1747)。米欣布罗克(*Essai de Physique*, § 962)和梅朗(*Dissertation sur la glace*. 1749, p. 248f.)也做了类似的观测。

1755年，爱丁堡大学医学教授、约瑟夫·布莱克的老师之一威廉·卡伦发表了《论蒸发流体产生的冷和某些其他制冷方法》(*An Essay on the Cold produced by Evaporating Fluids, and of some other means of producing Cold*)(*Edinburgh Philosophical and Literary Essays*, Ⅱ)。卡伦的学生之一多布森观测到，一个温度计在室温下的酒精中浸了一些时候以后，再拿出来放到空气中，那水银总是下降二三度(参见布莱克的*Lectures*，罗比森编，Vol. Ⅰ, p. 162)。卡伦回顾了梅朗对这现象的说明(当时他还不知道里希曼的工作)，这说明曾导致他揣测，“水也许还有其他流体

在蒸发时会产生或者说发生一定程度的冷。”他确证了这位学生的观测，并作了些进一步的尝试，在这过程中，他使用一个空气温度
340 计。他发现，轮番把这温度计浸入酒精(或用羽毛湿润它)和放在空气中干燥(或者用风箱吹干它，那就更好)，就可得到显著的温降，例如从44°降到32°以下。除水以外，别的液体也会产生这种冷却效应。卡伦按所产生的这种效应的大小排列这些液体，并列成表，为首的是，“硇砂的生石灰精”。一种流体在蒸发时产生冷的能力，似乎同它的挥发性成正比，也取决于各种加速蒸发的因素，如空气的骚动和热度；因此，卡伦认为，“我们现在可以得出结论：所产生的冷是蒸发的效应。”在用一种无机酸使一温度计的玻泡湿润时，可观测到温度有相当大的**上升**；但这显然可归因于这些酸对空气中水的吸引，以及它们稀释时正常地伴随的热输出。在一些进一步的关于**真空中**蒸发的实验中，卡伦作了有趣的观测：“一个挂在抽气机容器中的温度计，在空气抽空时总要下降二三度”，而当再充入空气时，它又上升。他发现，放在这容器中的酒精和其他液体在空气抽空时也都显示温度下降。他把一个盛乙醚的开口器皿放在水槽里，再把它们整个地置于这容器中，把空气抽完。包围乙醚的水便冻结了。

M. C. 汉诺夫独立地仔细研究了这种现象(*Versuche und Abhandlungen der Naturforschenden Gesellschaft in Danzig*，III，1756，pp. 226—58)。他在文中给出了他做的许多这方面实验的数值结果。例如，他把一个酒精温度计悬在空气中，记下它处于62°；当把它浸入水时，它便下降到61°；当把它从水中取出，悬置在附近时，它过了好几分钟之后便下降四五度；当再放入水中时，它

再次上升，而当取出时，它又下降；当悬挂在窗外时，它下降到 $57\frac{1}{2}^{\circ}$；当给它打扇，或者让它在空气中来回摆动时，它下降到比初始读数低 8°。汉诺夫确证，这种冷却在雨天不大明显。他为了变换实验，应用了水以外的其他液体。他还把一个温度计放一个盛水的玻璃杯里，杯外绕卷上潮湿的纸带。他记录了，过了三刻钟之后，发生相当大的温度下降。他批判地评述了以往有关著作家对这种现象的解释。米欣布罗克假设，一个水吸附层可能吸取温度计玻泡中的热。汉诺夫问道，可是，如果这样的话，那么，为什么当温度计处于水**之中**时，这现象不发生呢？里希曼认为，悬浮在空气 341
中的盐溶解在玻泡上的水层中，相应地便吸收热。可是，玻泡上水的数量是否足以通过溶解一定的盐而产生这么大的温降呢？汉诺夫表明，甚至在抽气机的部分真空中，这种冷却现象也会发生，因此，空气也许与之无关；他倒是相信，这完全是蒸发的一种效应。他的实验表明，当空气干燥时，当温度计处于空气流之中时，当玻泡和水明显地比在其中进行蒸发的空气热时，以及当让这蒸发持续相当长时间时，这种冷却最为显著。他认为，湿汽从树叶蒸发时必定伴随的这种冷却，是保护植物在夏天不过分热的一种天赋手段。

在依据蒸发液体的这种性质的那些湿度计中，大气的湿度从两个相邻温度计读数间的差推出，其中一个温度计的玻泡始终保持潮湿。莱斯利在 1799 年描述了干湿泡湿度计的一种雏形（*Nicholson's Journal*，Vol. Ⅲ）。他的仪表主要是一个 U 形管，每个肢的终端都是一个闭泡。这管内装有着色的硫酸；两肢中的硫酸弄到同一高度，然后，一个玻泡盖上一块湿的平纹细布。这布蒸发所引起的冷却导致空气收缩，并导致管子相应肢中液体的高度后来上升。空气越干燥，蒸发速率就越快，这种平衡位移也越明显。

十八世纪末，偶尔也有人提议应用电的判据来确定大气湿度。大气的电导率随其湿度而增大。因此，伏打在1790年提议，把静电计充电到给定程度，并记下其全部电荷被空气传导完所需时间，由此来测试空气的湿度（*Mem. di Mathem. e Fisica della Soc. Ital.*，Ⅴ）。另一个建议是，当一台匀速运转的电机械的导电体隔开一定距离配置时，求出两个相继火花之间电机械的平均转数（*Hist. Acad. Theodor. Palat.*，Ⅵ）。

第十三章 化学(一) 342

近代物理学奠基之后,过了许多年,化学才脱除其中世纪的素质,并一定程度上在罗伯特·玻义耳的指导下,尤其是通过受他影响的拉瓦锡,才踏上科学地研究物体成分的轨道。玻义耳最后确定了化学元素的概念,并给分析化学奠定了坚实基础,尽管它还需要拉瓦锡促成玻义耳观念得到公认。玻义耳还对燃烧现象作了实验研究,并试图解释它们。玻义耳和同时代人提供了关于燃烧过程的浩瀚实验资料。燃烧现象研究的第一部分在很大程度上是他们推进的。但是,这项事业的第二部分,也即对燃烧现象的解释,就不那么成功了。因此,斯塔耳的燃素说占据了化学领域,一直到拉瓦锡时代。甚至在拉瓦锡对燃素说提出严重挑战之后,普利斯特列一类化学家还不抛弃它。但是,同贝尔托莱、普鲁斯、道尔顿、柏尔采留斯和盖-吕萨克等人一起,新一代化学家崛起了。他们继承布莱克的工作,在化学中开创了定量研究的时代。

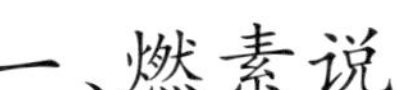

一、燃素说

玻义耳和他的一些同胞在致力于解决燃烧、焙烧和呼吸等问题时,沿着这样的思路:这些现象受在这些过程中空气所含有的和取自空气的某种东西支配。与此同时，**欧洲大陆**却在探索一条不同的思路，它在十八世纪的相当长时间里主宰着化学理论。这种竞争的解释方式称为燃素说。按照这种学说，一切可燃物质都包含一种可燃元素，它在燃烧、焙烧和呼吸过程中释出，并为周围空气吸收。热质观念是一个古老且为人们熟悉的实用概念。火是传统的元素之一，甚至像笛卡尔和玻义耳这样的近代思想家也相信，
343 存在一种特殊的火微粒。新发现的磷可能也倾向于鼓励这种观念。主要意见分歧在于，有人认为，某种这样的热元素包含在空气之中并可从空气取得，以支持燃烧、焙烧和呼吸；而另一些人认为，这种热质包含在燃烧着的、被焙烧的或在呼吸的物体之中，在这些过程中被它们释出，并为空气所吸收。这两种相互不相让的观点都能援引一些现象支持自己。事实是，最后前一种学说获胜。但是，这不一定使人漠视燃素说可用于让人理解许多化学现象。例如，这样的揣测看来简单而又合理：其中发生过燃烧或呼吸的闭合空气所以变污浊，是由于它吸收了在呼吸的或燃烧着的物体所释出的某种东西；还可推测，当一棵植物在这种污浊的空气中生长时，这空气便又恢复，因为这植物又从空气中吸收了燃素。

燃素说的奠基人是德国化学家柏克尔和斯塔耳；接受这种学说的人中，有一些著名化学家，如舍勒、普利斯特列、马凯、卡文迪什、迈耶尔，还有布莱克和贝尔托莱也至少一度接受过。

柏克尔和斯塔耳

J. J. 柏克尔(1635—82)是个医学化学家，他得到德国许多王公贵族的惠顾。在他的《地下物理学》(*Sub Terranean Physics*)

图 149—斯塔耳

(1669 年)中,他拒斥除土和水之外的一切传统元素和要素。不过,他区分开三种土元素。其中一种他称之为“油状土”(*terra pinguis*),他并表明,它必定包含在一切可燃物体之中。火历来被看做是一种普适的解析剂,把化合物分离为它们的组分。因此,一个可燃物体必定是复合物。在燃烧或焙烧过程中,“油状土”被排出,因此,只有“石状土”或“玻璃状土”留下来。另外,还已表明,在燃烧或焙烧之后这种残留物质的量越少,原先组分中“油状土”含 344
量就一定越多。因此,只留下微量灰烬的木炭被认为是几乎纯粹的“油状土”。柏克尔的思想为 G. E. 斯塔耳(1660—1734)所继承和发扬。斯塔耳是哈雷大学的医学和化学教授,后来去到柏林。“燃素”这个术语(玻义耳以前已在另一个意义上用过它)经过斯塔耳而流传开来,取代柏克尔的“油状土”而作为可燃性要素。斯塔耳认为,当金属焙烧时,它们释出所包含的燃素,被周围空气吸收。

当用木炭加热矿石使之变为金属时，它们吸收木炭所释出的燃素。如刚才所解释的，木炭被看作是几乎纯粹的燃素。为进行燃烧等过程，必须导入自由空气，但这只是为了吸收燃烧等过程中释出的燃素。因为，不排除燃素，就不可能进行燃烧等过程，而如果没有自由空气来吸收燃素，燃素就不可能离开可燃物体。

（参见 L. J. M. Coleby：*Studies in the Chemical Work of Stahl*，1938，Ph. D. Thesis，Library of the University of London.）

波特、马凯等

燃素说最早遇到的问题之一是，怎么解释尽管在焙烧过程中据说燃素损失了，可是事实上金属灰却比未经焙烧的金属重。斯塔耳没有对这个问题作出决定性的解决。有些化学家认为，这种重量增加可能是由于被焙烧的物质密度增加或者它吸收了空气微粒的缘故。然而，另一些人把金属的较轻重量归因于燃素的轻性（即负的重量）。按照这种观点，凡包含有燃素的物质重量都会减轻；因此，当燃素由于加热而被排出时，这物质便变重了。这种精巧的想法没有得到公认。甚至舍勒和普利斯特列也不能相信，物质实体会有负重量而不是重性。他们一般都装作只注意到燃素的存在而忽略了它的真实本质。由于这个缘故，在他们感到有利，同时也不为他们所无

图 150—马凯

法解释的东西过分忧虑的时候,他们便使用燃素说。然而,人们继续尝试解释据说在燃素影响下发生的重量减小。例如,1780 年,J.埃利奥特提出,燃素的这种作用可能是由于它“减弱了微粒和以太之间的斥力”,因而减小了它们间相互的万有引力(*Philosophical Observations on the Senses … and an Essay on Combustion …*, 1780, p. 122)。P. J. 马凯(1718—84)提出了另一种比较简单的解释。他认为,金属灰是失去了燃素但却充入了气体的金属,正是这种气体说明了为什么金属在焙烧时重量增加(*Dictionnaire de Chimie*, Paris, 1778, 辞条“Chaux metalliques”和“Combustion”)。345
可见,他看来已经相信,即使燃素有重量,金属在焙烧时所吸取的气体的重量也超过了这过程中所失去的燃素的重量。

(参见　J. R. Partington 和 D. Mckiei:“The Levity of Phlogiston”, *Annals of Science*, 1937, Vol. 2, pp. 361—404, 和“The Negative Weight of Phlogiston”, *Annals of Science*, 1938, Vol. 3, pp. 1—58; L. J. M. Coleby: *The Chemical Studies of P. J. Macquer*, London, 1938.)

拉瓦锡

本章其余部分要讲的是,各种化学发现最终导致燃素说让位给新化学的史事。这里只需补充一点:早在 1774—1775 年间,皮埃尔·巴扬(1725—98)已经在研究氧化汞时发现,在加热这种金属灰时,即使不加入据说提供不可或缺的燃素的碳,金属灰也会变成金属,并且,在金属灰变金属的过程中,发放出气体。他得出结论:金属灰由金属和空气组成,空气同金属的结合是致使金属灰在焙烧时重量增加的原因。而且,他还认识到,他的观测同燃素说不一致；他看来比拉瓦锡还早就拒斥了燃素说（*Observations sur la Physique*，Vol. Ⅲ，1774，pp. 127，128；Vol. Ⅴ，1775，p. 147；Vol. Ⅵ，p. 487）。然而，拉瓦锡没过几年就发起了对燃素最为有效的反对。1783 年，拉瓦锡在他的《关于燃素的思考》（*Reflexions on Phlogiston*）中抨击了燃素说，这里可以从中录引下面一段话："化学家们使燃素成为一种含糊的要素，它没有严格的定义，因此适应于一切可能引用它的解释。这要素是重的，时而又不重；它时而是自由的火，时而又是同土元素相化合的火；它时而通过容器的微孔，时而又穿透不过它们。它同时解释**苛性**和**非苛性**、透明和不透明、有色和无色。它是名副其实的普罗丢斯[①]，每时每刻都在变幻形状"（*Mém. de I'Acad. Roy. des Sciences*，1783，p. 523）。

（参见　J. H. White：*A History of the Phlogiston Theory*，1932；D. Mokie：*Antoine Lavoisier*，1935.）

二、拉瓦锡之前的气体研究

人们能够真正认识燃烧的本质，发端于普利斯特列对气体的研究以及舍勒发现大气空气的两个组分。直到范·赫耳蒙特的时代为止，人们只知道氢和二氧化碳是气体。不过，即便对它们，也还不能总是把它们彼此区别开来，也不能把它们同空气区别开来。
346 事实上，那时倾向于认为各种气体全都是空气，把它们彼此的差别归因于空气中的搀质不同。只是在发明了收集和储存气体的合适

① 普罗丢斯（Proteus）是希腊神话中变幻无常的海神。——译注

手段之后,才开始了对气体的成功研究。斯蒂芬·黑尔斯(*Vegetable Staticks*,1727)发现了一种收集水上“空气”,把它导入一个也倒置在水上的单独“接收器”之中的方法。这种集气槽示于图151。黑尔斯收集和储存水上气体的方法有一个严重缺陷:它无法用于研究那些可溶解于水的气体,例如氨和氯化氢。只是在卡文迪什和普利斯特列分别表明怎样储存和收集水银(而不是水)上的气体之后,才有可能发现和研究这类气体。这些技术上的改进和上述各研究者利用它们作出的各种发现,在拉瓦锡的工作中终于结出累累硕果。拉瓦锡最清楚地认识到气体的本质,率先把氧和氢说成是元素。

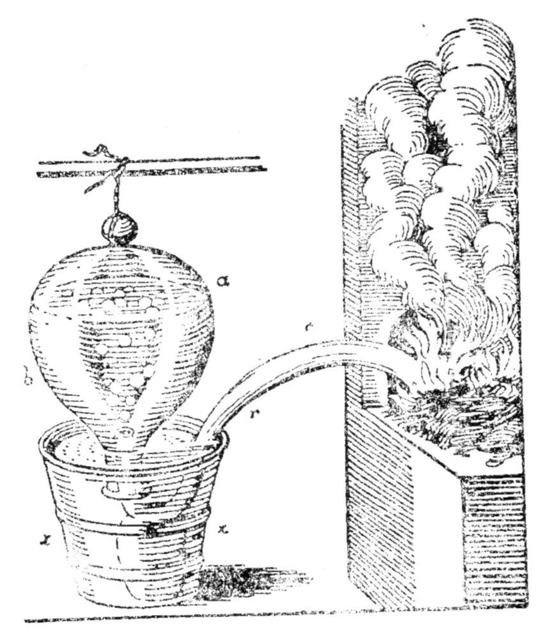

图151—黑尔斯的改良集气槽

布莱克

在那些应用定量方法于化学,从而至少隐含地表明他们相信物质守恒原理的先驱者中间,布莱克占有崇高的地位。约瑟夫·347
布莱克(1728—99)的父母是苏格兰人,他出生于波尔多,在贝尔法斯特上中学，在格拉斯哥和爱丁堡大学学习，并相继在这两所大学里教授这两门课程。1754 年，他以一篇拉丁文论文获医学博士学位。这篇学位论文包括一个十分重要的关于化学的部分。这个部分经扩充后于 1756 年以英译本发表于《爱丁堡物理学和文学随笔》(*Edinburgh Physical and Literary Essays*)，题为《关于碳酸镁、生石灰和其他碱性物质的实验》(*Experiments upon Magnesia Alba ,Quicklime,and Some Other Alcaline Substances*)(*No. I of the Alembic Club Reprints* 提供了该文的单行本)。

首先是医学的兴趣促使布莱克研究"碳酸镁"，他觉得它好像是一种弱性碱。但是，当他让石灰水作用于它时，却没有产生苛性溶液，而弱性碱通常会产生这种溶液。因此，他试图用加热来还原它，结果发现，一盎司氧化镁经过加热失去其重量的十二分之七。这残留物溶解于普通的酸中，产生和通常的碳酸镁一样的盐；但是，与之不同，它溶解时不发生通常的起泡作用，也不沉淀石灰水。他做的第一件事是，试图找出被加热氧化镁所失重量中的挥发性成分。他把称量过的氧化镁放在一个曲颈瓶中加热，使所发散的蒸汽冷凝，称量这样得到的水。然而，这一重量只是氧化镁所失重量的一小部分。布莱克断言，缺失的重量一定是由于被加热的氧化镁发散出的水蒸气中包含不可凝结空气之故。因为，被焙烧的氧化镁未因加入酸而发泡，所以，很显然，这空气是从这镁氧溢出的。他又焙烧了一定量称量过的氧化镁，记下精确的重量损失，把这金属灰溶解在数量充足的矾酸精中，再通过加入碱使之再沉淀。如此复制的氧化镁实际上具有其原始重量，因加入酸而发泡，并沉淀石灰水。所恢复的重量和其他性质都一定是由于它吸收了从碱

得到的空气之故。他认为,这完全符合于黑尔斯的观测,也即强碱盐在受酸作用时放出固定在它们中的空气。这为布莱克的实验所证实。这实验用一定量称量过的稀释后的浓硫酸使一定量称量过的纯净而不易挥发的碱性盐(碳酸钠)饱和,结果表明,这混合物失 348
去重量。接着,他取一定量称量过的氧化镁,把它溶解在这种酸里,结果发现,这混合物也损失了重量。然后,他焙烧等量的氧化镁,称量它,把它溶解在同以前一样的酸之中。他发现,这种情形里并无重量损失,为溶解被焙烧的氧化镁所需要的酸的数量实际上和以前的实验里相等。布莱克得出结论:未焙烧过的和焙烧过的氧化镁之间的差别仅仅在于前者包含“相当数量的空气”。布莱克把他的实验扩展到白垩土和生石灰,由此彻底弄清楚了,它们的关系如同碳酸镁之同焙烧过的氧化镁的关系,用石灰进行弱碱苛化的过程就在于“空气”从碱传递到石灰。

布莱克考虑了这种“空气”的本质,认为它不同于大气空气。例如,生石灰不吸引普通空气,但却吸引这种特殊“空气”(或如他采用黑尔斯用的术语,称之为“凝结空气”)。不久以后,他还力陈:引起矿井和洞穴窒息的,以及在植物发酵时散发出来的,正是这种“凝结空气”;它不同于因金属溶解于酸而产生的“空气”,而同燃烧或呼吸放出的空气相似。

气体研究上的下一步进展,是普利斯特列作出的。他和布莱克同时代,但比布莱克年轻。

普利斯特列

约瑟夫·普利斯特列(1733—1804)出生于利兹附近。他研究

图 152—普利斯特列

神学，当过牧师、校长和家庭教师。他对英国国教采取批判态度，宗教观点又十分自由，因此，他过着颠沛流离的生活，最终迁居北美，在那里终老。尽管他早年没有受过科学训练，但他成功地为气体化学奠定了基础，从而也为拉瓦锡的工作准备了基础。他那高超的实验技巧弥补了年轻时未受严格科学训练的缺陷。他的实验和结果记述于他的《实验和观察》(*Experiments and Observations*)(六卷，1774—1786 年)之中。

普利斯特列最初的化学研究对象，是他所称的"凝结空气"(二氧化碳)。他以多种方式获得这种气体。从酿酒厂获得，因为它由发酵产生；把酸浇在白垩土上；用"浓硫酸"作用于普通盐。他同时研究了"凝结空气"在水中的溶解度；并表明如何使普通的水充满"凝结空气"，便能产生人工矿泉水。这个发明非常有代表性地表明了，普利斯特列相信科学知识可加以实际利用。他通过关于"凝
349 结空气"的实验，走向把科学这样应用于日常需要。他的发明赢得了高度的评价，以致海军当局也采用它作为军舰上的饮料，想藉此

抵御坏血病肆虐。按照有些著作家的说法,正是因他发明苏打水,皇家学会在1773年授予他科普利奖章。然而,这个看法是错误的。他是因关于各种“空气”的工作而获得科普利奖章的。他介绍这工作的论文发表于1772年的《哲学学报》(第147—264页)。

1771年,普利斯特列观察到,薄荷小枝在被动物呼吸污染过的空气中生长得惊人地茁壮。他一度在思索,自然界究竟提供了什么措施,使不断为燃烧和呼吸弄污浊的空气恢复新鲜。他认为,显然必定存在某种措施,否则,整个大气终将不能适于维持生命。关于薄荷枝条惊人生长的观察,启发他想到,植物不像呼吸的动物那样污染空气,而是起相反作用即倾向于使空气保持卫生。他写道:“为了确定这一点,我取了一定量空气,让一些老鼠在那里呼吸直至死去,使这空气完全毒化,然后,把这空气分成两部分;我把一份放进一个浸在水中的管形瓶里;在另一份空气(它盛在一个立于水中的玻璃瓶里)中我放进一根薄荷小枝。这大约是在1771年八月初,过了八九天后,我发现,在这薄荷枝条生长的那部分空气中,一个老鼠活得挺好,但是,一旦把它放进那原始数量相等的另一部分空气之中,它马上就死去了,这部分空气我同样将它露置,但没有植物在其中生长”(*Experiments and Observations*, Vol. Ⅰ, 1774, p. 86)。普利斯特列以各种方式重复和证实了这些观察,从而下结论说:很可能是,“这许多动物的呼吸不断对大气的损害,以及这许多植物和动物的腐败作用,至少部分地为植物的创生所补偿。尽管这么大量的空气每日每时为上述原因所腐蚀,但是,如果我们考虑到地球表面上有浩瀚的植物,它们生长在适合它们习性的地方,因此可以自由发挥它们的作用,包括吸气和呼气,那么,我 350

图 153—普利斯特列的装置(Ⅰ)

集气槽(*a*),其右端有一块扁平石头做的搁板,恰好在水面之下,上面放着各种容器(*c*,*d*,*f*);*c*、*c* 是集气瓶;2、2 是盛放水上空气的瓶,右边的瓶中有一棵植物;*d* 是一个内装水上空气的啤酒瓶,里面还有一个老鼠,用于检验空气的可呼吸性;3 是盛放老鼠的容器,它上下开口,放在一块穿孔的马口铁皮上,顶端的一个重物使之保持一定位置;4 是一根铁丝,用于把管形瓶的软木塞从瓶中收集的空气中拔出;5 是支承空气瓶内物质的支架,如在 f 中那样;6 是玻璃漏斗,用于让一种空气从一容器通入另一容器;*e* 是一个产生空气(通过把金属溶解于酸,或者某种别的方式)的管形瓶,通过一玻璃管联结到集气瓶;11 是圆筒状玻璃容器;12 是一根铁丝(*b*),右端夹持一支蜡烛(*a*),“火焰很大,使得窜腾的火焰能向下进入容器”(用于判明这容器内空气是否支持这火焰),左端又是一蜡烛(*c*),用于瓶位于水之上的时候——一旦火焰熄灭,在烟同瓶中空气发生混合之前,这蜡烛可以移开。

们几乎就只能认为,这也许是足够的抗衡,这补偿足以对付邪恶”(同上,p. 93f.)。

普利斯特列尤其致力于发现和研究新的“空气”(即气体),其中有许多他是从酸获得的。1772 年,他通过以硝酸作用于铁、铜、银等等金属,分离出了“亚硝空气”(氧化氮),并在水上收集它,研究了它的性质。同年,他在**水银**上面(不是水上面)收集“海酸空气”(氯化氢)。卡文迪什在 1766 年已经把气体**储存**在水银上面,但普利斯特列以此方式**收集**它们;他在气体化学上的发现有许多都归功于这种新方法。例如,1773 年,他藉此发现了“碱质空气”(氨),1774 年发现了“矾酸空气”(二氧化硫)。他最初是通过加热铜和盐精而获得“海酸空气”的。后来,他又通过仅仅加热“盐精”,或者让“浓硫酸”作用于普通盐来制备这种气体。“碱质空气”(氨)最初是通过加热“挥发的硇砂精”(氨的水溶液)获得的,后来则通过加热熟生灰和硇砂得到。1772 年,普利斯特列还制备了氧化亚氮(即笑气,N_2O)。1776 年,他通过让硝酸作用于铋,制备了非纯态的“亚硝[硝]酸蒸汽”,因为它溶解于水和升汞,所以通过置换空气收集它。他还观察到,它在加热时褐色加深。1785 年,他用木 351
炭加热铸皮(氧化铁),制备了一氧化碳(CO);但他误以为它是“可燃空气”(H_2)。(1776 年,拉松通过让木炭加热氧化锌以及加热枪管中的普鲁士蓝得到一氧化碳。他在《皇家科学院备忘录》(*Mém. de l'Acad. Roy des Sciences*)(Vol. XC)中把它说成是“一种性质极怪异的可燃空气”。[①])普利斯特列最重要的工作是在 1774 年发现“脱燃素空气”(氧)。他是通过加热红色汞氧化物得

① 直到 1801 年,克鲁克香克才表明,这种“怪异”的可燃空气是一种碳的氧化物,而不是氢。参见《尼科尔森杂志》(*Nicholson's Journal*)(Vol. V)。

到的。(舍勒约在同时也独立地作出了这个发现。)普利斯特列对氧的发现,最初是他于1775年3月15日在致皇家学会会长约翰·普林格尔爵士的一封信中宣布的,这封信于1775年5月25日在皇家学会宣读(*Phil. Trans.*,1775,p.387)。在这封信中,普利斯特列说明了他用取火镜加热各种物质和收集所发散“空气”的实验。他说,他观测到,借助这种方法,不同物质产生不同种类空气,而“我通过这种过程产生的所有种类空气中,最惹人瞩目的是
352 这样一种空气:就呼吸、燃烧以及我相信就普通大气空气的任何其他用途而言,它要比普通空气好五六倍。像我所认为的那样,我已充分证明,空气对呼吸的合适性取决于它接受肺呼出的燃素的能力,因此,这种空气可以恰当地称为**脱燃素空气**。这种空气我先是从**水银烧渣**,后来从汞的红色沉淀物,现在则从铅丹产生的”。他发现,“同普通空气相比,一定量这种空气需要约五倍多的亚硝空气来达到饱和。”并且,“一支在这种空气中燃烧的蜡烛的火焰惊人地强;一小块赤热木头噼啪爆裂,立时燃烧,其景象犹如灼热的铁发出白光,火星迸溅。”一只老鼠在这种空气里比在普通空气中活得更长久。当普利斯特列自己吸入一些“脱燃素空气”时,他“在后来一段时间里感到呼吸轻松舒适”。因此,他后来建议,可把“脱燃素空气”用于治疗肺部疾患。这个建议包括在他的《实验和观察》(Vol. Ⅱ,pp.101f.)之中。

普利斯特列于1775年末发表他的《实验和观察》第二卷,这部著作里对他发现氧又作了说明。这里可以从中录引几句。

“在上次发表我的著述时,我尚未拥有力量相当大的取火镜。……但是,后来我得到一面直径12英寸、焦距20英寸的透

图 154—普利斯特列的装置(II)

7. 收集加热炮筒中产生的水银上空气的装置。一个烟斗柄或一根玻璃管用封泥加封地连接到炮筒开端,以把产物传送到容器。

8. 另一个收集水银上空气的装置;中间有一个汽水阀,收集加热驱出的湿气。

9. 一个囊状物,配有排出管和漏斗,用于把水上空气传送到在水银之上的容器或者"任何别的地点"。

10. 使液体充满一种空气的装置,c 中产生的空气压缩在一个囊状物中,经过皮管 d 进入容器 a 中的液体(a 倒放在盛相同液体的一个碗上)。

13. 一根虹吸管,用于将空气移出容器以及调节容器中的水位。

14. 一个抽空的容器,内放的物质在自水上容器传入该容器的空气中晾干。

15. 空气纯度测定计,用于测试小量空气的"好坏"。

16. 17,18. 各种把电火花通过空气或液体的装置。

19. 把电火花通过局限在一管子中水银之上的空气的装置,它的两端均立于一个盛水银的容器之中。

镜，于是，我兴高采烈地用它来探究，当把形形色色天然和人造物质放入……容器之中……我在容器里充入水银，并使之倒置在一
353 个同样盛有水银的盆中时，将产生哪种空气。借助这个装置……在 1774 年 8 月 1 日，我致力于从**水银烧渣**萃取空气；我现在发现，利用这种取火镜，空气很快从中排出。放出的空气三四倍于我所有容器的体积，尔后，我给它放入水，发现水并不吸收它。但是，我感到难言的惊讶：一支在这种空气中燃烧的蜡烛发出极其强的火焰”（*Experiments and Observations*，Vol. Ⅱ，1775，p. 33f.）。

普利斯特列在从事气体化学的研究之前，曾长期研究电（见第十章）。事实上，正是他对电的兴趣导致他当选为皇家学会会员（参见 W. C. Walker，载 *Isis*，1933）。他于 1767 年发表的《电学的历史和现状及原始实验》（*History and Present State of Electricity with Original Experiments*）颇得好评。值得指出的是，普利斯特列如何把他的电学知识应用于他对气体的实验研究。1773—1774 年间，他把一定量大气空气放在一个玻璃管中水的上面，水用石蕊着蓝色，再让火花反复通过这空气。结果，空气体积减少，水的颜色由蓝变红。在氨气（即“碱质空气”，NH_3）的情形里，发生一种独特的情况：在反复放电火花以后，它的体积**增加了**，而不是像在大气空气情形里那样减少。普利斯特列认识到，“碱质空气”即氨气必定经历了某种深刻的化学变化。他写道：“我使小量碱质空气中发生电爆炸……观察到，每次爆炸都给空气数量增添不少；当给它送入水时，恰恰因爆炸增加的那许多空气未为水所吸收。然后，我在同一个瓶中进行了约一百次爆炸，其中碱质空气数量更多；这次未被水所吸收而剩下的空气非常之多，使我可以十分准确

地鉴定它。它既不影响普通空气，也不受亚硝空气影响，且像我已 354
获得过的空气那样极易燃烧”(*Experiments on Air*, Vol. Ⅱ. 1775, p. 239f.)。

普利斯特列还提出了通过和氧一起爆炸来对气体分析的方法。他把可燃气体同氧在水银上面混合。然后，用电火花产生爆炸，考察残留物。这样，普利斯特列发现，酒精蒸汽通过一根灼热管子时，或者用木炭加热炼铁炉渣(氧化铁)时产生的“可燃空气”，在同氧混合并爆炸之后，残留下“固定空气”(CO_2)，而从铁和硫酸产生的可燃气体(H_2)在以同样方式爆炸后，却没有遗留下这种空气(上引著作，Vol. Ⅰ. 1790 年编，p. 309f.)。

普利斯特列的这一切发现都对化学等的进步具有极关重要的意义。但是，他用燃素说的语言表达自己的成果。他说，燃烧就在于损失燃素，燃素为支持燃烧的那些空气所吸收，而它们本身包含的燃素越少，吸收燃素就越多。现在称为氧的气体维持燃烧最好，因为，按照普利斯特列的见解，它丝毫不包含燃素。所以，他称之为“脱燃素空气”。另一方面，普利斯特列一度把“可燃空气”(氢)看做为纯粹燃素。这个观点最早是理查德·柯万(1733—1812)在1782 年的《哲学学报》(Vol. LXXII, p. 195f.)上提出来的。他主要根据普利斯特列私下提供给他的实验资料，这些实验通过在“可燃空气”中加热金属灰，把它们转变为金属。普利斯特列后来在他的《实验和观察》(Vol. Ⅵ, 1786, p. 14)中记叙了这些实验。但是，普利斯特列不久就放弃了这种认为“可燃空气”是纯粹燃素的观点。在(同沃尔蒂尔一起)观察到“可燃空气”同普通空气一起爆炸时有露淀积(卡文迪什证明它是水)之后，普利斯特列产生一个见解：

“可燃空气”是同水相化合的燃素。

按照燃素说，大气空气是“脱燃素空气”（氧）和“燃素化空气”（氮）的混合物。当在其中发生燃烧时，大气空气充入了附加燃素，因而转变成“燃素化空气”。像同时代人一样，普利斯特列也未充分考虑到下述事实给燃素说造成的困难：在某些燃烧过程中，“脱燃素空气”完全耗尽，而“燃素化空气”一点也未发生。

355 在研究可燃空气的过程中，普利斯特列试图确定，当通过在“可燃空气”中加热金属灰而获得若干种金属时，“进入这几种金属组分的燃素的数量”。他满以为，这些金属**重于**它们的灰末，因为，在这个过程中吸收了可燃空气。如果他能满意地完成这些实验，那他对燃素说的信仰就会彻底动摇，因为，他将发现，还原的（即纯粹的）金属**轻于**它们的灰末。不过，他认为，他的实验不是决定性的，因为，金属灰看来在加热容器中就已部分地升华掉了。他一点也拿不准，究竟他开始时就有了纯粹金属灰，还是实验结束时得到纯粹金属。他不知道，“应当考虑到，可燃空气进入金属灰那仅仅部分地还原的部分；要完全还原全部任何数量的金属灰，是不容易的”（上引著作，Vol. Ⅵ，1786，p. 14）。因此，这些实验并未确定地表明，金属是否重于其灰末。

（参见　D. Mckie，“Joseph Priestley”，*Science Progress*，1933，Vol. 28，pp. 17—35。）

伏打

对一封闭容器中的气体放电花的方法，看来是普利斯特列首创的。他在《实验和观察》（第一卷，1774 年）中记叙了这种方法以及所用装置。但是,这种方法对**混合**气体的应用则显然应归功于亚历山德罗·伏打(1745—1827)。他在《趣文集萃》(*Scelta* 356
d'Opuscoli In terressanti)(Vol. XXXI,p. 3)(米兰,1777 年)上介绍了,他最早做的用电花爆炸封闭容器中混合气体的实验。后来,他又在 1777 年 9 月 2 日写的致普利斯特列的一封信中,再次作了介绍,此信于同年发表于《趣文集萃》(Vol. XXXIV,p. 65)。伏打一度对用蜡烛火焰爆炸开口容器中的"可燃空气"(氢)和"脱燃素空气"(氧)发生兴趣。他还曾试图制造一种由这种爆炸产生的力来控制的**小手枪即小明火枪**。他当时用电花爆炸在用软木塞封闭的玻璃容器中"可燃空气"和普通空气的混合物,软木塞被爆炸力排出。他旨在用这种方法研究这种爆炸引起的体积变化。他的装置是一根带分度的玻璃管,其一端开口,呈漏斗状,另一端用黏合的软木塞封闭,塞子中有两根金属丝穿过,构成电花隙的两点(见图 155)。玻璃管充满水,倒置在水上。玻管中导入八份普通空气,然后导入一份"可燃空气"。当电火花通过时,无空气溢出,但水位上升。再补充"可燃空气",并对混合物施电火花,直至总体积减少将近八分之一份。伏打还发现,当混合物由四份"可燃空气"

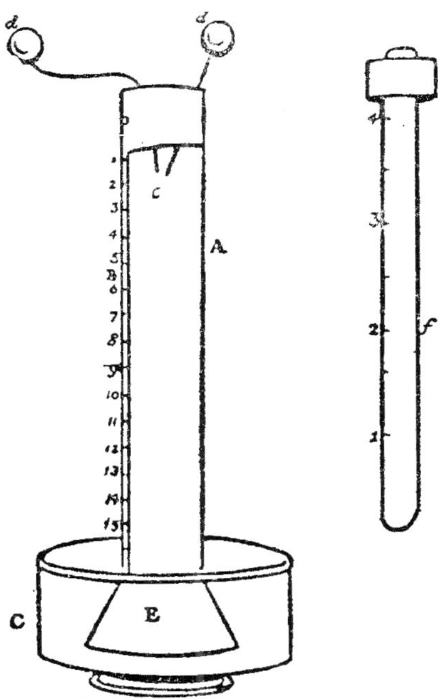

图 155—伏打的爆炸气体装置

357 和十一份普通空气组成时，产生的爆炸最强。在这种情况下，残留物被尽可能地“燃素化”。伏打似乎还对“脱燃素空气”而不是普通空气做过一些实验。他提议用这种方法制造一种用于测量空气好坏的气体测定计(图 156)。

卢瑟福

丹尼尔·卢瑟福(1749—1819)是布莱克的学生，1796—1798年任皇家爱丁堡大学医学院院长。氮的发现归功于他。他是根据布莱克的建议进行这项工作的，他把它写成他的医学博士学位论文。这是他在化学方面的唯一著作，题为《学位论文。论所谓固定空气或碳酸气》(*Dissertatio Inauguralis de aere fixo dicto, aut mephitico*)(爱丁堡，1772 年)。他的著述用燃素说的语言叙述；他做的实验看来不是十分广泛。他表明，一只老鼠在有限量空气中呼吸，直到死去，使这空气减少十六分之一；剩余空气的十一分之一为碱所吸收；最后的残余使一支蜡烛熄灭。在用点燃的蜡烛和燃烧的木炭做的类似实验中，“固定空气”为碱消除后，残余空气也显示类似性质。

卢瑟福把这种“恶浊空气”说成是纯粹燃素和空气的化合物。他说，当在普通空气中焙烧金属时，便获得这种“恶浊空气”。他认为，这进一步证明了它的本质，因为，它只由包含燃素的物体产生。

因此，卢瑟福宣布氮的发现是由于他用燃烧消除空气中的氧，又用碱消除燃烧产生的固定空气后仍有空气剩存。另一方面，他并未认识到，他的“恶浊空气”是一种独特的基本气体，而认为，它只是同燃素相化合的普通空气。

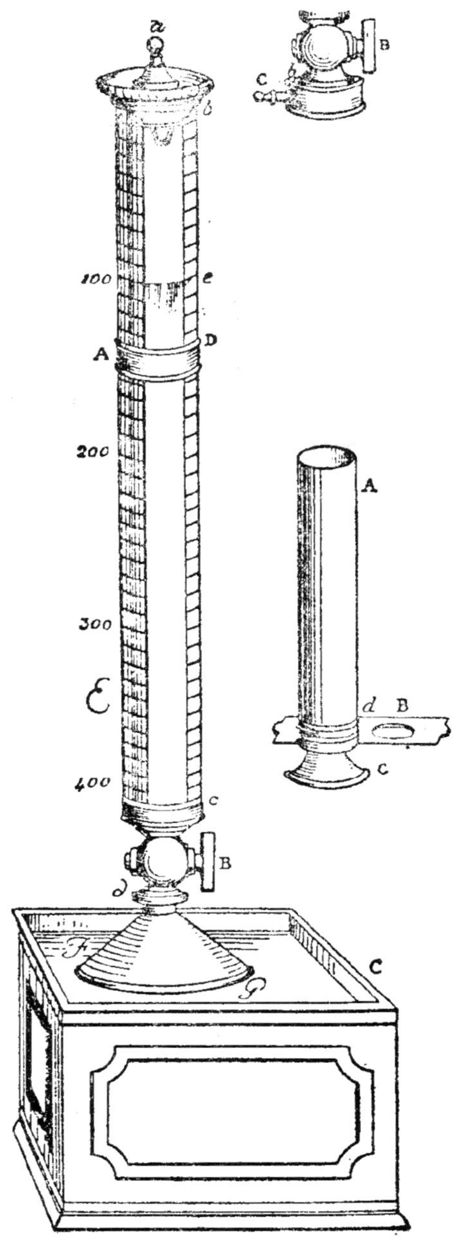

图 156—伏打的气体测定计

气体在槽 C 中水的上面经过一漏斗收集,同氧一起在带分度的容器 E 中爆炸。一根绝缘金属丝 a 穿过金属帽 b;金属丝端末和金属帽之间形成电花隙。水银柱高度借助环 AD 从标尺读取。空气的“好坏”根据它所包含的氢的比例估算。

358 （参见 D. McKie,“Daniel Rutherford and the Discovery of Nitrogen”, in *Science Progress*, 1935, Vol. 29, pp. 650—60。）

舍勒

卡尔·威廉·舍勒(1742—86)出生于当时属于瑞典的波美拉尼亚的施特拉尔松。他从十四岁起在药房工作。1770 年，他定居乌普萨拉，在那里得到柏格曼的友好帮助。1775 年，他当选为在斯德哥尔摩的科学院的院士，同年，他在梅拉伦湖的彻平自己开设了药房。他千方百计做异乎寻常地多的研究工作。普利斯特列限于主要研究气体化学，舍勒则实际上涉猎整个化学领域。过度的操劳致使他早逝。

图 157—舍勒

舍勒认为，“化学的目标和主要业务是机巧地把物质分解为它们的组分，发现它们的性质，以各种不同方式使它们化合”(*Chemical Treatise on Air and Fire*, 1777；英译文载 Dobbin 编：*The Collected Papers of C. W. Scheele*, 1931, p. 89)。鉴于燃烧研究导致那么多困难和矛盾；他决心独立进行许多实验，以探明燃烧这种神秘现象。他很快认识到，不对空气作缜密的研究，就不可能解决燃烧问题。因此，这些问题在 1768—1773 年间一直盘踞在他的头脑中;他在他的《论空气与火的化学》(*Chemical Treatise on Air and Fire*)(1777 年)中说明了他的实验和结果。舍勒首先确定了那些使空气区别于其他气体的性质,然后进行了一系列实验,以表明空气由两种不同气体组成。他的方法是取一定量空气,用某种物质处理之,这种物质吸收这空气的一部分而留下其余部分,它在各种实验中有同样的性质和相近的体积。例如,他为此把硫肝溶液放进一个充气长颈瓶之中。他把长颈瓶封闭,倒放在水的上面。他让这瓶如此放置十四天,然后将软木塞拔去,但仍在水下。于是,水立即进入长颈瓶,这空气看来有四分之一到三分之一已被吸收。当舍勒不用硫肝,而代之以磷、铁屑或一种合适的铁化合物重复这实验时,封闭空气体积减小的程度大致相等。但是,当他在以同样方式封闭在一个长颈瓶中的一定量空气中燃烧氢时(图 158),空气体积只减少五分之一。

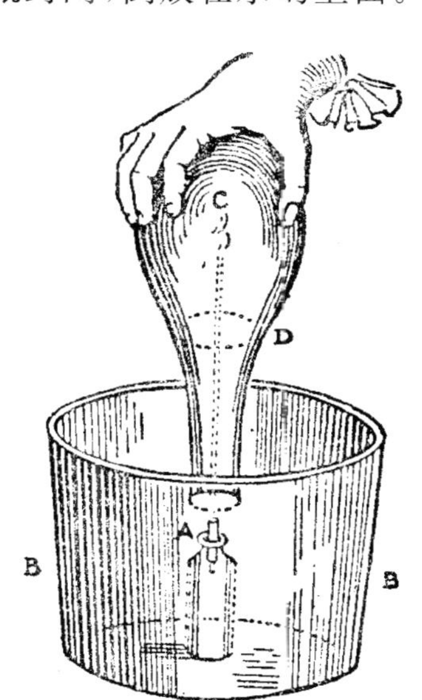

图 158—舍勒在空气中燃烧氢的装置

瓶 A 浸在 BB 中的热水里,瓶中产生的氢在一根玻璃管的末端被点燃。长颈瓶 C 放在火焰之上,水上升到高度 D,火焰此时熄灭。五分之一的空气消失。

舍勒以多种方式制备氧。一种方式是把浓缩的硫酸同精细研磨的“锰”(即软锰矿,自然的二氧化锰)相混合,把这混合物放在一个小的曲颈甑中加热。一个空的膀胱用来容纳这气体(图 159)。

一当曲颈甑底变得炽热,一种气体便进入膀胱,逐渐使之膨胀。舍勒一次取了他通过加热硝酸制备的这种气体的一份样品，并在其中放置一支点燃的小蜡烛。“刚一这样做，这蜡烛便开始燃起很大火焰，发出耀眼的光，令人眼花缭乱。”当把这气体同上述实验中火不再在其中燃烧的残留空气相混合时，他得到了一种空气，它在各方面都同普通空气相像。在上述实验中使火维持并增强的那种气体，他称之为“火空气”；另一种不帮助燃烧的气体，他称之为“污浊空气”。这两种气体后来分别被正式命名为“氧”和“氮”。

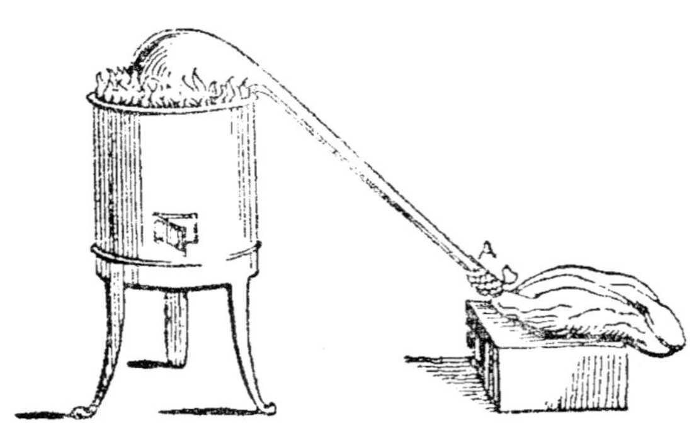

图 159—舍勒收集气体的装置

经过压缩而内无空气的一个膀胱，缚在一个曲颈甑的颈端 A，曲颈甑放在一个火炉上，炉内装有由之产生气体的物质(或几种物质)。

360

当舍勒在一曲颈甑中加热硝石时，膀胱被一种气体膨胀，这种气体也证明是纯粹“火空气”(O)。因此，他便用“火空气”取代普通空气，重复以前对硫肝、磷等等做的实验。现在，几乎未留下什么残余，这气体差不多全被吸收了。但是，当他把“污浊空气”同“火空气”相混合，并在这气体混合物中放入一块磷时，却只有“火空气”被吸收。这一切实验表明，“火空气”是在大气空气中维持火的气体。舍勒指出，在大气空气的情形里，“火空气”同另一种丝毫无助于燃烧的气体相混合。这另一种气体仅仅阻止发生过分迅速和强烈的大火。舍勒制备“火空气”的方法不仅加热硝石或“锰”与硫酸的混合物，而且还加热氧化物，例如金的氧化物或红色的汞氧化物，而这最后也为普利斯特列所采用。

舍勒对“锰”的实验不仅弄清了氧,而且还弄清了锰、氯和氧化钡(BaO),后者碰巧是他在自己实验中所用的“锰”中的一种杂质。他还发现了一些钡的化合物,注意到其硫酸盐的不溶性。

归功于舍勒的发现还有:硫化氢、氯、氢氟酸、氧化钡、氢氰酸、钼酸、钨酸、砷酸、锰酸盐和高锰酸盐以及亚砷酸铜(一种绿色砷颜料,今天仍称为“舍勒绿”)。他进行的实验还产生了一种最致命的毒气胂(砷化三氢)。

通常归功于普利斯特列和其他人的那些气体化学上的发现中,有些已为舍勒所知。舍勒的实验研究对象除了氧、氮和二氧化碳之外,还包括氢氯酸、硫化氢和氧化氮。而且,他还发现,空气的两个成分即他所称的“火空气”和“污浊空气”在水中的溶解度相差很大。因为水比较容易吸收“火空气”,所以,它具有部分地分离空气两种成分的独特性质。这种“火空气”对生活在水中的动物来说,是不可或缺的。动物的生命过程维系于它们吸入“火空气”和呼出二氧化碳。所呼出的气体释放到大气之中,这样,水就能够溶解更多的“火空气”供这些动物利用。舍勒从他实验所得出的主要成果,概略说来就是如此,它们就性质而言,大都仅仅是定性的而不是定量的。

舍勒可以看作是有机化学的奠基人之一。在他的时代之前,
作为科学一个分支的有机化学几乎还不存在。他把一种石灰或铅 361
的溶液加于植物的酸腐液汁,结果得到了一些沉淀物,他认出,它们是某些酸的盐。他用硫酸分解这些沉淀物,成功地制备了各种植物酸,例如酒石酸、柠檬酸、苹果酸、乳酸和草酸。他还发现了鞣

酸和苯甲酸；他从大黄根获得“acid of sorrel”（草酸），并表明这种酸化学上等同于用硝酸作用于糖而制备的“糖酸”。他通过对尿石的研究而发现尿酸。

1782 年，他通过用硫酸分解普鲁士蓝而发现了氢氰酸。他对这种酸的研究堪为楷模。在对脂肪和油的研究中，他分离出了他所称的“油的甜素”（甘油），其方法是用密陀僧和水蒸煮各种油，然后把所留下的水层蒸发掉。

这一切成果对于后来研究者的工作具有根本的重要性。舍勒的研究是在燃素说影响下进行的，但其价值并不因此而受到损害，实际上还有助于推翻它。他的三点论证尤其起到这种作用：(i)空气由两种不同气体组成，其中只有称为“火空气”（氧）的那种有助于燃烧和一切与燃烧相似的过程；(ii)“火空气”可以同普通空气相分离；和(iii)以一比四的比例混合“火空气”和“污浊空气”，可以产生普通空气。

舍勒还是最早研究光的化学效应的人之一。J. H. 舒尔茨在 1727 年首先观察到，包含银的沉淀物对光敏感。舍勒对纯粹氯化银做的实验表明，日光使之还原为银。他还发现，组成光的各种光线对银盐有不同的作用。关于这方面的实验，他对其中一个简述如下。“把一面玻璃棱镜放在窗前，让被弯曲的光线落到地板上；在这种彩色光中，放一张纸，上面撒满角银。于是，可以观察到，角银在紫色中远比在其他颜色中为快地变黑”（*Collected Papers*，英译本，p. 131）。这些发现为照相术准备了基础。值得指出，玻义耳已观察到过氯化银变黑，但把这归因于空气的作用，而不是光的作用。

以上论述只涉及舍勒工作的一部分。他研究的题材范围极其 362
广泛,而且他的实验技能同他的渊博学识一样令人惊叹。然而,这一切工作都是在极端不利的条件下,在十分短暂的一生中完成的。

下一个研究空气化学的重要人物是卡文迪什。

卡文迪什

尊敬的亨利·卡文迪什(1731—1810)是德文郡第三代公爵的兄弟查尔斯·卡文迪什爵士的儿子。他被誉为他那一代中"有学问的人中最富有、富有的人中最有学问的人"。他全身心地致力于化学和物理研究。1766年,他发表了介绍他"关于人工空气的实验"的著述。他写道:"我说的人工空气,一般是指任何包含在其他处于非弹性状态的物体之中、用技术从那里产生出来的空气。"他描述了,他如何收集水上的"固定空气"和"可燃空气"。他解释说,他说的"固定空气",是指"那些特殊种类的人工空气,它们通过溶解在酸中或通过焙烧从碱性物质中分离出来;这名称是布莱克博士在论生石灰的著述中给予它的"。他所称的"可燃空气"就是后来重新命名的

图160—卡文迪什

氢。他是通过把锌、铁和锡溶解于“稀释的矾酸或盐精”而得到它的。他测定了这两种空气的密度以及“固定空气”在水中的溶解度。他发现，同样重量的锌溶解于这两种指定的酸中任何一种，都生成同样体积的“可燃空气”。他得出结论：这种空气来自金属（这个推论同他所接受的燃素说相一致）。在对“固定空气”进行的实验中，卡文迪什采用了两种新的重要方法。他为了干燥这气体，让它通过珍珠灰（碳酸钾）；他把它储存在水银上面（而不是水的上面）。他还在瞬息间就收集了“海酸空气”（氯化氢），发现它立即溶解于水。

363 卡文迪什最著名的工作开始于1781年，他在1784和1785年的《皇家学会哲学学报》上对之作了介绍。他重复了普利斯特列和沃尔蒂尔的实验：当用电火花爆炸普通空气和“可燃空气”的混合物时，在一个干燥容器中生成露。他发现，“423份可燃空气基本上足以使1000份普通空气燃素化；爆炸后留下的空气的体积这时略大于所用普通空气的四五分之一；这样，由于普通空气的体积不可能减小到比用燃素化方法小许多，故我们满可以得出结论：当它们以此比例混合和爆炸时，几乎全部可燃空气和大约五分之一普通空气丧失其弹性，并凝结成沿玻璃容器排列的露。”可是，这露是什么呢？为了回答这个问题，卡文迪什以大得多的规模重复这个实验，逐渐地把500000格令可燃空气同约1250000格令普通空气相混合，并点燃。他得到了135格令液体，这种液体经探究证明是纯水。

他再次重复了可燃空气的实验，但利用“脱燃素空气”代替普通空气。他把适量的这两种气体相混合并使之爆炸，这样耗尽了19500格令“脱燃素空气”和37000格令“可燃空气”。爆炸在其中

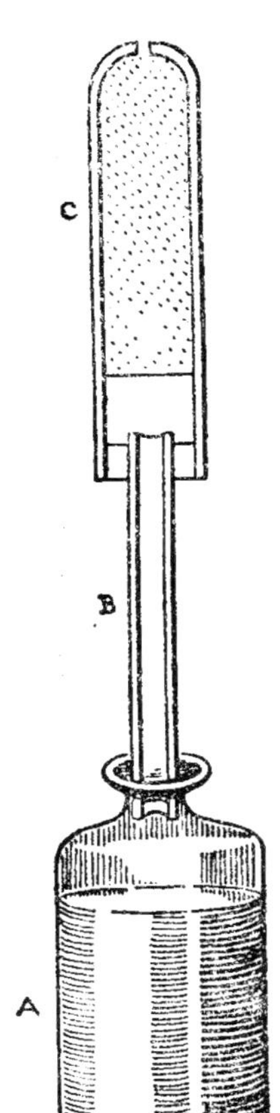

364

图 161—卡文迪什测定氢的重量和密度的装置

A 是一个盛有稀释硫酸的瓶，B 是一根玻璃管，连接于 A 的口，并用封泥加封；C 是一个玻璃圆筒，顶端有一个小孔，它连接于 B，也加封泥。C 充有粗粉末状的干“珍珠灰”(钾碱)。整个装置加以称量，连接 A 和 B 所用的封泥单独加以称量。然后，把一定量称量过的锌加入 A，A 和 B 用封泥连接在一起。氢通过 C 时变得自由和干燥，然后溢入空气。重量的损失由重新称量来确定，并考虑到这装置里空气已为氢所取代。从前面一个实验，可以知道这个质量的锌所使之自由的氢的体积。于是，根据这些数字，便可计算氢的密度。

卡文迪什使用同样或相似的装置来测定化学反应所散发气体的重量。瓶 A 包含酸，通过管 B 连接于另一个较粗的管子 C，后者在顶端开口，让气体溢出，并充塞“珍珠粉”或“滤纸”，以使放出的气体干燥。整个装置加以称量。然后，将一定量称量过的金属或碳酸盐加入 A。当反应完成时，整个装置再行称量。然后，计算给定重量金属或碳酸盐散发的气体的重量。

进行的玻璃球现在包含 30 格令液体，后者“有明显的酸味，在用固定碱使其饱和并让其蒸发之后，产生近 2 格令的硝石；所以，它由水同少量亚硝酸[硝酸]混合而成”。并且，当用大大过量的“脱燃素空气”重复此实验时，这液体变得更酸，而当用过量“可燃空气”或普通空气时，则毫无酸的痕迹。他得出结论：像普利斯特列博士和柯万先生所认为的，可燃空气是纯粹燃素，否则，便是同燃素相混合的水；“脱燃素空气实际上无非就是……失去了其燃素的水”；“水由与燃素结合的脱燃素空气组成”；“这实验中出现的酸，只是

因杂质同脱燃素空气和可燃空气相混合而产生的。”

卡文迪什然后转向研究“亚硝”[硝]酸。普通空气和某种石蕊溶液在一根玻管中被限制在水银上面。然后,对空气放电花。结果,石蕊变红,并且“符合于普利斯特列博士的观察”,空气也减少了。他运用肥皂渣取代石蕊,重复了这实验。他发现,用“好的脱燃素空气”时,空气体积减小甚微,而当用“完全燃素化空气”时,根本没有减少。“但是,当五份纯粹脱燃素空气同三份普通空气相混合时,几乎全部空气都消失了”,肥皂渣中产生的溶液在通过蒸发变干燥时,“便留下少量盐,而它显然是硝石”。他得出结论:“亚硝酸”是“燃素化空气”同“脱燃素空气”的一种化合物。这顺带也解释了,他以往有些实验中为何也出现过这种酸。

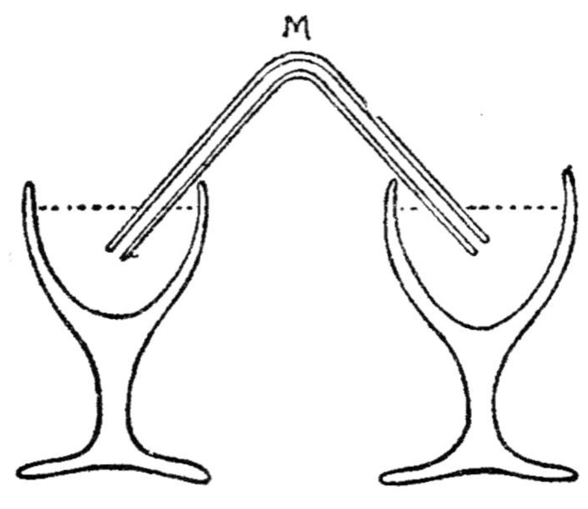

图 162—卡文迪什对
365 **气体放电花的装置**

M是一根弯玻璃管,其中水银上面有空气,两端浸入两个盛有水银的容器。空气、石蕊溶液或肥皂渣积物的供给,由一根细玻璃管导入,这玻管适当弯曲,以使其弯端同M的一个开端相配合;充入时,按要求将这细玻管倒置在盛有这些物质的容器之中,让弯端位于最高处,同时,通过暂时放开按在另一端的手指,释出一些原先充有的水银。在然后将这些物料导入M时,放开手指,让水银压力迫使它们进入。(试比较图154的图19。)

这些实验有一个特点已证明特别令人感兴趣。卡文迪什发现,在刚才提到的那些实验中,总是发现有少量残余空气。在对带过量“脱燃素空气”的“燃素化空气”反复放电花,并用硫肝吸收这过量“脱燃素空气”之后,仍留下“未被吸收的一个小气泡进入玻管，它肯定不超过燃素化空气体积的$\frac{1}{120}$；因此，如果我们大气的燃素化空气有一部分不同于其余部分，并不能还原为亚硝酸，那么，我们可以满有把握地得出结论：它不超过全部的$\frac{1}{120}$”。1894年，瑞利和拉姆齐分离出了这残留部分，即氩。他们发现，同卡文迪什惊人逼近的估计值$\frac{1}{120}$＝百分之0.83相比，它构成普通空气的百分之0.94。

（参见　J. R. Partington：*A Short History of Chemistry*，London，1948，和 *The Composition of Water*，London，1928；和 J. R. Partington and D. McKie："Historical Studies on the Phlogiston Theory"，载 *Annals* of *Science*，1937—39。）

366

第十四章　化学(二)

三、拉瓦锡的化学研究

从玻义耳和胡克到普利斯特列、舍勒和卡文迪什等化学家进行的燃烧和呼吸的实验研究,在拉瓦锡的研究中达到一个紧要关头。拉瓦锡对燃烧和呼吸的解释,第一次显示出它们的真正重要意义。安托万·洛朗·拉瓦锡(1743—94)出生于巴黎。他父亲是个富豪,对科学很感兴趣,因此给儿子良好的科学教育。年轻的拉瓦锡显示出卓越的数学才能,但是,他的主要兴趣在于化学,尤其是应用化学。22 岁那年,他参加城镇夜间照明问题竞赛,向科学院呈交了一篇论文。为此,他获得国王授予的一枚特别金质奖章。1768 年,他当选为科学院院士。此后不久,他就任包税官。他把从这个职务挣来的收入,都花费在昂贵的实验上。后来,他成为硝石和火药工厂总监。在这个

图 163—拉瓦锡

任上,他非凡地表现出他那精深的化学知识和对实际事务的深邃洞察力。

拉瓦锡从玻义耳的著作中获知,当把铅或锡放在一个内有空气的封闭容器中加热时,它们将转变成相应的金属灰,并且重量增加。但是,他决定对这些事实进行独立的实验研究。他把一定量称量过的锡放在一个长颈瓶中,然后,他将瓶密封并加热,直到锡被焙烧。瓶冷却之后,再将瓶连同内封的东西一起称量。总的重量未变。这就否证了玻义耳的见解,后者认为,在焙烧过程中,有些大微粒渗入曲颈甑,同金属相化合。拉瓦锡然后打开长颈瓶,观察到一定量空气冲入瓶中,结果瓶便变得重于它封闭的时候。接着,他称量锡灰,发现它增加的重量恰好等于瓶在打开时空气冲入后所增加的重量。这些实

图 164—拉瓦锡用取火镜在封闭空气中烤烧铅的实验。铅放在杯 N 之中,杯由在玻罩中的水或水银之上的支座 IK 支承。

验结果的唯一可能解释是,在焙烧过程中金属同空气相化合,因此重量增加。拉瓦锡于 1774 年向巴黎科学院报告了这些结果。那 367
时,他尚不知道这些实验表明,空气是混合物;因此,他没能在这个问题上探究出一个更令人满意的解答。然而,同年普利斯特列来到巴黎访问,告诉拉瓦锡他自己的实验工作,尤其是他对"脱燃素

空气”的发现，以及从红色汞氧化物制备这种空气的方法，介绍得很详细。这给拉瓦锡正确解决前述问题提供了启示。因为，他此后不久就表明，燃烧（实际上相似于焙烧）就在于可燃物质同空气助燃部分相化合。这个部分就是普利斯特列和舍勒分别所称的“脱燃素空气”和“火空气”，拉瓦锡起先称之为“空气的最纯部分”、“生命空气”，最后称之为“氧”（即产生酸的东西）。

1773 年，拉瓦锡重复了普利斯特列的一个实验（*Phil. Trans.*，1772，pp. 228—30），即用取火镜焙烧在水或水银上面空气之中的铅和锡。他对锡的实验未获成功，但在对铅的实验中发现，空气体积减少$\frac{1}{20}$，而普利斯特列则发现减少$\frac{1}{5}$。拉瓦锡把这减少归因于这金属焙烧时“吸收、固定弹性流体”（*Opuscules physiques et chimiques*，Paris，1774；英译本：T. Henry 译，*Essays Physical and Chemical*，London，1776，p. 326f.）。

拉瓦锡从 1775 年起做的燃烧实验值得密切注意，因此，这里将根据后来他的《初等化学概论》（*Traité Elémentaire de Chimie*）（1789 年）中的论述加以扼述。

拉瓦锡拿一个曲颈甑，容量约 36 立方英寸，颈很长。他把这长颈加以弯曲，使得曲颈甑能这样放在一个炉子上（图 165）：它的
368 长颈的开端可进入一个置于水银槽 Rϕ 的钟罩里面。他把四盎司纯水银充入一个曲颈甑，利用置于钟罩之下的虹吸管使水银升高到高度 *L*。这高度仔细加以标定，并及时记下大气压和温度。然后点燃炉火，水银保持在十二天里一直接近其沸点。第一天里，没有发生任何引人瞩目的事情。第二天，水银表面出现红色微粒。

它们的数目和大小一直增加到第七天。此后,它们停止增加,保持不变。当水银的焙烧不再产生任何进一步的进展时,让火熄灭,容器冷却。曲颈甑和钟罩中的空气,在 28 英寸大气压和 10°R 温度下,其总体积在实验前等于 50 立方英寸。实验结束时,在同样气温和大气压下,空气体积下降到 42 和 43 立方英寸之间。换言之,空气失去其原始体积的约六分之一。拉瓦锡接着收集水银表面生成的红色微粒,并尽可能去除黏附于它们的水银。他称量了它们,它们的重量为 45 格令。他检测了焙烧完成之后,曲颈甑和钟罩中残留的体积为原先五六分之一的空气,发现它不适合帮助燃烧和呼吸。放在其中的动物一会儿便死去,点燃的细蜡烛也立即熄灭。拉瓦锡然后把 45 格令金属灰放入同一个容器相连的一个小罐。当加热曲颈甑时,金属灰产生 41.5 格令水银和七八立方英寸一种弹性流体,它远比普通空气有力地帮助燃烧和呼吸。拉瓦锡写道:"普利斯特列先生、舍勒先生和我自己几乎同时发现了这种空气。普利斯特列先生给它取名为**脱燃素空气**;舍勒先生称它**苍天空气**;我起初命名它为高度可呼吸的空气,后来代之以**生命空气**这个术语。我们现在可以认为,我们应当思考这些命名。在思考这种实验的环境条件时,我们很容易想到,水银在焙烧过程中吸收空气那适于卫生和适于呼吸的部分,或者严格地说,那适于呼吸部分的基;余下的空气是一种碳气,不能维持燃烧或呼吸;因此,大气的空气由两种性质

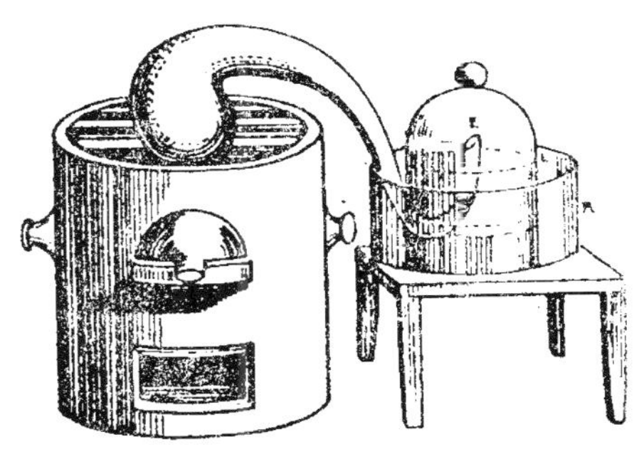

图 165—拉瓦锡的燃烧实验装置

不同并且对立的弹性流体组成”(*Flements of Chemistry*, R. Kerr 译, 1790, p. 36f.)。他通过相应的合成实验证实了这个发现。他按自己分析实验中发现的比例,即 8 份氧对 42 份氮的比例混合这两种气体,结果得到一种气体,它在一切方面都同大气空气相像,也帮助燃烧、呼吸和金属的焙烧。

早在 1773 年,拉瓦锡就已把红色汞灰同碳一起加热,结果得到的,是“固定空气”而不是氧。他后来得出结论:“固定空气”必定是碳和氧的一种化合物。这个推论为他以前的金刚石燃烧实验(1772 年)所证实。用一面强力取火镜点燃封闭在一个内有空气的玻璃容器中的一块金刚石,其时唯一产物是“固定空气”。木炭的行为与此完全一样。如此看来,金刚石在化学上颇像碳。当把一块金刚石包容在木炭粉末之中强烈加热时,它不发生任何变化。这表明,金刚石本身不可熔,仅仅加热不会使之变为挥发性的,而在有氧时仅仅转变为气体“固定空气”(即二氧化碳)。

1772 年,拉瓦锡进行了一些关于磷和硫的实验,发现这两种物质在焙烧时也会重量增加。得到上述结果以后过了几年,他自然而然地想到,这种重量增加可能是由于它们同氧相化合的结果。为了证实这一点,他用一面取火镜点燃一定量称量过的磷,磷放在一个称量过的瓶里,瓶则封闭在一个里面水银上有空气的钟罩里。当燃烧停止时,他换上瓶塞,重新称量它,发现重量增加。拉瓦锡最初把这些结果发表在他的《物理和化学论集》(*Opuscules Pbysiques et Chimiques*)(1774 年)(英译本:T. Henry 译,*Essays Physical and Chemical*, 1776, pp. 383—6)之中。

大家大概已注意到,拉瓦锡在实验中力图同时定性和定量地研究每个化学过程,尽管他得到的结果常常甚至和同时代其他人得到的比较精确的结果有相当大的差别。他在其《初等化学概论》(1789 年)中对刚才提到的那个实验的定性方面叙述如下。

“磷在大气空气和氧气中燃烧同样很成功,其差别在于很大比 370
例的氮气同氧气的混合大大延缓了燃烧,以及所用空气仅约五分之一被吸收,原因是仅仅氧气被吸收。所以,卖验将近结束时氮气的比例达到很大,以致终止了燃烧。我已经表明,磷由于燃烧而变成一种极其轻的白色薄片状物质;它的性质也因这种转变而完全改变。它从不溶于水变为不仅溶于水,而且那么渴求湿汽,以致惊人迅速地吸收空气中湿汽。它藉此转变成一种液体,密度比水高得多,比重也大。燃烧前,磷几乎没有任何明显味感,但同氧化合后,它变得具有极端强烈的酸味;一句话,它从可燃物体类中一员变成一种不可燃的物质,成为那些称为酸的物体之一种”(上引著作,英译本,p. 60f.)。

当拉瓦锡发现,磷或硫同氧化合分别产生磷酸和硫酸,前者进一步氧化便变成硫酸,他就用“氧”这个名字取代“纯粹空气”等等。这种观点把氧看做生成酸的东西,但后来发现,氢氯酸和氢氰酸一类酸都没有氧,因此,它需要加以修正。

拉瓦锡给出了呼吸和燃烧的正确解释。他认为,呼吸在于氧同有机物质的成分相化合。像燃烧一样,呼吸也要释放一定热量。呼吸最基本的产物二氧化碳从有机体得到碳,从大气得到氧。拉瓦锡通过仅仅燃烧有机物质,例如酒精、糖、油和蜡,便得到了二氧化碳和水。这一事实进一步证实了呼吸和燃烧的相似性。拉瓦锡还根据有机物质燃烧时产生的二氧化碳和水的数量,确定了有机物质中所含碳和氢的数量。由于这些确定，我们可以把他视为有机分析的奠基者。他曾试图确定他所考察的那些物质的重量百分组成。例如，他因而通过以铅丹氧化一定量称量过的碳来
371 测定二氧化碳的定量组成。根据这个氧化过程中铅丹的重量损失，他估算出，二氧化碳包含百分之72.1的氧，这非常接近正确值（百分之72.7）。

拉瓦锡解决的另一个化学问题同水的本质有关。如上所述，1781年，卡文迪什已经表明，氧和氢化合产生水，此外再也没有什么别的。拉瓦锡用分析方法继续进行这种研究。卡文迪什于1781年开始对水的研究工作，其结果于1784年1月在皇家学会宣读，并发表于1784年的《哲学学报》，并经查尔斯·布莱格登爵士做了修改，后者于1784年5月当选为皇家学会秘书。布莱格登曾在1783年5月或6月访问巴黎，在谈话中把卡文迪什得到的结果告诉拉瓦锡。拉瓦锡似乎认为，卡文迪什的结论没有根据，遂同布莱格登一起相当粗糙地重复了这实验；但是，他立即于翌日将结果通报科学院。当《科学院备忘录》出版时（它们往往一搁就是几年），这篇文稿发表在1781年那一卷上，所以，拉瓦锡声称这发现属于他自己。在对卡文迪什1784年的研究报告的插话中，布莱格登声明，他曾把卡文迪什的工作告诉过拉瓦锡，像刚才说明的那样。

拉瓦锡于1783年向科学院宣读了他的论文，在论文刊印于1781年卷之前，他又作了增订。简单地说，拉瓦锡的实验就是，把喷嘴喷出的氧和氢的混合物放在一钟罩内的水银上面燃烧。这两种气体用两根皮管送入喷嘴，一根来自一个盛氧的容器，另一根来

自另一个盛氢的容器口钟罩侧壁上生成了水;这水收集起来证明是纯粹的。两种气体的数量没有加以观测;这水的重量量得为不 372
足 5 打兰。

根据这个实验,拉瓦锡就大胆地引出结论:所生成水的重量等于组分气体即“可燃空气”和“生命空气”的重量,因此,水不是简单的物质,而是这两种“空气”的化合物。

1783 年,拉瓦锡和默斯尼埃进行关于水合成的进一步实验;不过,所发表的关于这项工作的说明也包括了后来得到的结果。他们首先发现,铁锉屑慢慢地使蒸馏水释出“可燃空气”。然后,他们使水分解,为此,让水通过一个漏斗滴入一个倾斜的铁枪筒,后者在一火炉中加热到炽热。枪筒另一端装有一根管子,把气体产物导入一个位置适当的容器。当铁管广泛腐蚀,内径因而大大变细时,他们就代之以一根配有小铁件的粗铜管。铁被氧化,相当数量“可燃空气”被收集到。这个定量结果的精确度很低,但它以其定性方面提供了对卡文迪什合成结果的分析证实。

在结束对拉瓦锡化学研究的叙述之前,可以再提一下他最初研究工作中的一项,它给了一个古老错误以致命一击。自古以来许多人就相信,水能变土。早期对河流三角洲的生成以及水为陆地取代的解释,也是基于这个信仰。范·赫耳蒙特、玻义耳和其他人的实验有些似乎也支持它。它似乎是个日常观察的问题:甚至蒸馏水在蒸发以后也有土残留物。拉瓦锡用实验努力解决这个问题,于 1770 年向巴黎科学院报告了他的结果。他取一个蒸发皿,当时称为“鹈鹕蒸馏器”,在它空的时候加以称量,再在盛有反复蒸发的雨水时重新称量。蒸发皿加热一会儿,让空气溢出一些,然后严实地盖住。从 1768 年 10 月 26 日起，把它放在砂浴器中加热，直到 1769 年 2 月 1 日止。约在 12 月 20 日，水中初次出现固体微粒，其数目慢慢增加。冷却后，称量这蒸发皿（其时水已移入另一容器）。这蒸发皿重量损失约 17 格令（实际为 17.38 格令）。拉瓦锡得出结论：这损失的物质说明了水中固体微粒的出现。为了证实这一点，让水蒸发，称量土质残余物。它的重量约为 20 格令（实际为 20.40 格令）。他把这差别归因于实验条件，并解释说，也许因土物质在第二个器皿（水在从第一个器皿中移出时暂时放于其中）中进一步溶解所致。因此，蒸馏水蒸发时所以产生土残留物，不是由于水向土的物质转变，而是由于水对容器的溶解作用。

令人感兴趣的是，舍勒在他的《论空气与火的化学》（1777 年）的序言中也得出了同样结论，尽管他只是依据定性的证据。他把
373 蒸馏过的雪水放在一个长颈瓶中煮十二天。它变混浊了。当冷却后，水就同已沉淀的固体物质分离。这水具有碱的性质；土残余物的行为如同“和微量石灰混合”的硅石（Dobbin 的译本，p. 88f.）。并且，长颈瓶的内表面在水面以下都“暗淡无光”。因此，舍勒得出结论：水使玻璃有些分解，以产生一种土残留物。他写道：“我可以肯定：无论技术还是大自然都不可能独自使纯水转变成一种具有真土一切性质的干物质”（同上，p. 88）。

约从 1785 年起，燃素说开始衰落。新的化学正在拉瓦锡领导下发展壮大，并在他的《初等化学概论》（1789 年）中得到了第一次全面表述。但是，不幸拉瓦锡没有活到目睹这个新运动为越来越多人所接受，并最终取得胜利。他那经典的化学教科书已证明是他的墓碑和纪念碑。它的出版适逢法国大革命爆发；尽管国民议会任用他,但是随后的恐怖时期“不需要科学家”。他在君主制下任过的官职没有被忘记,也未得到宽恕。他因在掌权时期给烟草制品添加越过规定的水而受审。这是莫须有的罪名,但他被判处死刑,于 1794 年 5 月 8 日被处决。非宗教表明可能像宗教一样残忍和狂热,但是,在科学的扎实进步面前,它只能是螳臂挡车。

拉瓦锡的方法和观点产生了强大影响,促使化学科学可同物理学并驾齐驱。这在很大程度上归因于化学从拉瓦锡及其前驱布莱克得来的精密定量方法的推广。化学应用定量方法的一个结果是物质守恒原理表现得更清楚。因为这个公设说,物质既不创生也不消灭,而在化学变化的全部过程中,物质在数量上自始至终保持不变,所以,如果没有这条公设,定量化学就不可能。并且,这种定量精确度的习惯还鼓励了使所用概念达致精确的倾向。例如,玻义耳形成了关于化学元素的明确概念。即不能分解为更简单组分的同质物质。拉瓦锡接受了这一概念,但比玻义耳更有成果地应用了它,虽然玻义耳已成功地应用过它。拉瓦锡认出了,氧、氢、氮、碳、硫、磷和一些金属是元素。拉瓦锡还机智地拒绝把碱类、钾碱和钠碱等看做元素,虽然他未能分析它们。因为,他强烈地感觉 374
到,它们倒像是金属灰或者氧同未知金属的化合物。后来,当应用电化学方法来研究这些物质时,证实了他的猜想。

(参见　M. Berthelot:*LaRevolution Chimique-Lavoisier*, Paris, 1890; D. McKie, *Antoine Lavoisier*, 1935; A. N. Meldrum: *The Eighteenth Century Revolution in Science*, Calcutta, 1929; J. R. Partington: *The Composition of Water*, London, 1928。)

蒙日

在卡文迪什和拉瓦锡研究水组成问题的同时，加斯帕尔·蒙日(1764—1818)也在进行定量研究。他采用的一种方法与卡文迪

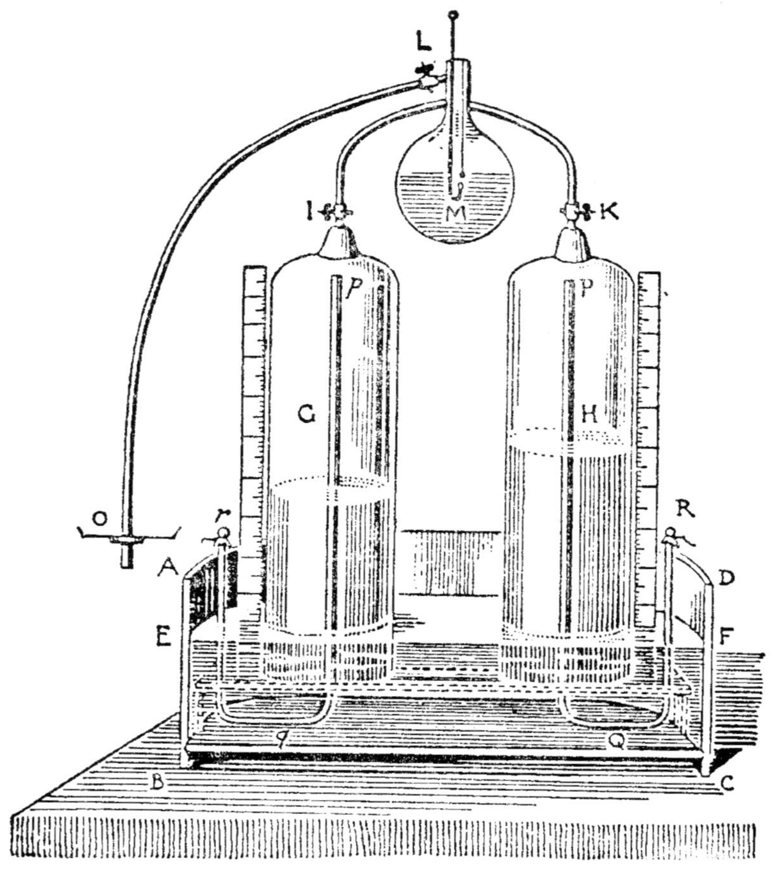

图 166—蒙日合成水的装置

ABCD 是一个内盛水的集气槽。*G* 和 *H* 是带分度的玻璃筒。*RQP* 和 *rqp* 是导入氧和氢的送气管。其数量被测量的气体通过旋塞 *I* 和 *K* 引入玻璃容器 *M*，后者原先由抽气机 *O* 通过旋塞 *L* 抽气，然后在那里由电花引爆。

什的相像。蒙日于 1783 年进行他的实验,有关介绍发表于 1783 年的巴黎科学院《备忘录》(1786 年出版)。这个介绍不无意义,因 375
为与卡文迪什不同,蒙日提供了他的装置的图(见图 166)。蒙日的方法并不是承袭卡文迪什,而倒是借鉴伏打用电火花爆炸气体混合物的方法。他的方法可简述如下:体积被测量的氧和氢导入一个抽空的玻璃球中,在那里爆炸,把所产生的水收集起来加以称量。在 372 次爆炸中,蒙日用了 $145\frac{91}{144}$品脱"可燃空气"和 $74\frac{9}{16}$品脱"脱燃素空气",结果他得到 7 品脱剩余空气和 3 盎司 2 打兰 45.1 格令水。考虑到残余空气的重量(2 打兰 27.91 格令),以及根据密度测定计算出原先所取的"可燃空气"和"脱燃素空气"的重量,蒙日求出,所用的总空气为 3 盎司 6 打兰 27.56 格令,产物的总重量为 3 盎司 5 打兰 1.01 格令,他把这 1 打兰 26.55 格令的差异归因于各种规定的实验误差。他发现,所产生的水略带酸性,他把这归因于可能存在硫酸,因为,他曾通过以这种酸作用于铁而制备了"可燃空气"。

蒙日从他的结果引出结论:纯粹"可燃空气"和纯粹"脱燃素空气"的爆炸产生纯水、热和光。他的定量结果没有卡文迪什得到的那么精确。这是因为他的密度测定受到严重干扰,尤其是测量氢时,他没有把气体弄干燥。

四、化学亲合性和当量

拉瓦锡之反对燃素说,最初得到的支持中,来自杰出物理学家和数学家(如拉普拉斯)的胜于来自化学家。大多数化学家都认为,这个新运动太革命了。采纳拉瓦锡理论的第一个著名化学家是布莱克。继他之后是贝尔托莱,后者关于化学亲合性的研究在化学后来的发展中具有十分重要的意义。

贝尔托莱和其他人

克劳德·路易·贝尔托莱(1748—1822)出生于萨瓦,研习医学,1772 年任奥尔良公爵的侍医。这个职位使他得到充裕的闲暇
376 从事化学研究。他最初的研究同大气空气的组成有关。他于

图 167—贝尔托莱

1780 年当选为巴黎科学院院士,不久法国政府任命他为染厂督导。他给这个工业作了很多改良,包括利用氯来漂白。大革命爆发后,法国与外界隔绝,一切进口都已断绝。这时,贝尔托莱作为一名技术化学家报效祖国。他帮助开发国内资源,尤其是重新组织、改良和扩展钢和硝石的生产。1792 年,他就任造币厂总监,不久又任一个通过发展农业和工业来促进法国繁荣的委员会的委员。约在同时,他当选为巴黎大学化学教授。只是由于如此致用,实际上成为不可或缺的人物,贝尔托莱才得以逃脱拉瓦锡在大动荡时期所遭遇的悲剧命运。

贝尔托莱用实验发现了氨(1786 年)、氢氰酸(1787 年)和硫化

氢（1796 年）等的化学本质。这些实验极其重要。普利斯特列表明，氨气的体积会因放电而增加。贝尔托莱发现，这体积正好加倍，在这个过程中氨分解为近似于三份氢和一份氮。贝尔托莱还表明，氰化氢（HCN）仅由碳、氮和氢组成，这为盖-吕萨克有关氰化物的发现准备了根据。此外，他还表明，硫化氢虽然不包含氧，但却具备一种酸的一切性质。并且，他对氯的研究导致他于 1788 年发现氯酸钾（$KClO_3$）。

1774 年，舍勒发现气体氯，观察到它的漂白性质。1785 年，贝尔托莱通过将氯导入水而制备了氯水，发现这种溶液具有漂白性质。1788 年，他发现，把氯导入苛性钾溶液比较方便，由此生成了一种次氯酸盐溶液；这很快成为漂白工业上的重要漂白剂，称为 Eau de Javelles〔贾韦耳水〕。贝尔托莱在这个领域的工作奠定了漂白工业的基础。他应用拉瓦锡新学说所取得的工业成功以及他对新命名法的应用，大大促进了新化学体系的确立。

1785 年，贝尔托莱发现，加热硝酸铵可以制备氧化亚氮。

贝尔托莱的化学工作并不局限于实验或技术方面。他对化学理论同样也作出了宝贵的贡献。在化学的这一部门，他的声望主
要维系于他广泛研究化学亲合性的本质。因此，这里必须对之作 377
些介绍。

某些物质间的“敌视”和其他物质间的“有择亲合性”的观念在这个时期之前很久就流行了。例如，玻义耳曾表示不满于“……酸和……碱之间假想的敌视”，并表明，盐是由一种酸和一种碱相化合而生成的，一种酸或碱能取代一种盐中的另一种酸或碱（T. Birch 编：*Works*，1772，Vol. Ⅳ，p. 289，和 Vol. Ⅰ，p. 359）。其他

各种化学家也从事盐的研究。这些研究在很大程度上不仅受玻义耳的化学观念影响，而且还受牛顿关于物体间吸引力的观念影响，导致形成了各种各样物质间有择亲合性的表。最早的这类表中，有 E. F. 若弗鲁瓦(1672—1731)制定的一种。他在 1718 年试图表明一种碱对各种酸或一种酸对各种碱的亲合性的次序。他从这样的假设出发：如果一种酸对某种碱的亲合性大于另一种酸，那么，前一种酸将从后一种同该碱化合生成的一种盐中置换它。因此，若弗鲁瓦制定了一些类似物质的表，它们按照在同表首所列物质相化合时彼此置换的能力排列(*Mém. de l'Acad. Roy. des Sciences*, 1718, p. 202)。然而，不久便发现，一种物质对另一种物质的亲合性不是不变的。尤其是 A. 博梅(1728—1804)在 1773 年表明，这些亲合性是变化的，视溶液中反应是在常温("湿法")下还是在这些物质一起加热到较高温度("干法")下进行而定。因此，需要对这两种"法"即反应条件制定不同的表(*Mém. de Math. et de Phys. Presentés à l'Acad. Roy. des Sciences* …, Paris, 1774, Vol. Ⅵ, pp. 231—6)。

图 168—博梅

乌普萨拉大学化学教授 T. O. 柏格曼(1735—84)在 1775—1783 年间编制了这种亲合性表，博梅称它们是必不可少的。柏格曼花了艰巨劳动研究范围广泛的物质，编制了两张亲合性表，每张包括五十九种不同物质。正式结果发表于柏格曼的《物理和化学简论》(*Opuscula Physica et Chimica*,

Upsala)(1783 年,第三卷)(英译本:*Dissertation on Elective Attractions*,London,1785,“the Translator of Spallanzani's Dissertations”译)。可惜,柏格曼未认识到重要的是,要考虑一切参与化学过程的物理条件,而他却倾向于把亲合性看作是不变的,很少受热以及外界条件影响,他写道:“在这篇学位论著中,我将致力于按 378
照吸引的强度确定其次序;但是,每个吸引力的比较精确的量度(它可以表达为数字,并将表明整个这学说),则还只是迫切追求的东西”(英译本,p. 4)。他按照下述各原则得出其结果:“设 A 是一种物质,其他异质物质 a、b、c 等等都对它有吸引力;再设同 c 相化合而饱和的 A(我称这化合为 Ac),在添加了 b 之后,便倾向于同 b 化合而排除 c。于是,可以说 A 对 b 的吸引强于 c,或者说,A 对 b 有较强的有择吸引;最后,设 Ab 的化合在加入 a 时破裂,设 b 被拒斥,a 被选来取代 b,则将可引出结论:a 在吸引本领上超过 b,这样,我们便有一个按效验排列的系列 a、b、c。我在这里称做吸引的东西,其他人命名其为亲合性;我以后将不加区别地使用这两个术语,虽然后者比较带隐喻性,从哲学上来看不怎么适当”(同上,p. 6f.)。柏格曼给自己规定的任务超过 30000 个实验,这甚至还没有考虑到随着化学的不断进步,时有新的物质发现,可能导致情形更趋复杂。然而,柏格曼无所畏惧地紧张从事他的宏伟事业,直到健康的恶化迫使他认识到,他已不可能完成这项任务。所以,他把已经取得的成果发表出来。

贝尔托莱把化学亲合性的工作推进了一个阶段。他首先表明,物质的亲合性受好些因素影响,诸如,质量、可溶性和挥发性,或者,不可溶性和不挥发性(视具体情况而定)。他坚持认为，“一般说来，有择亲合性的作用不会如同一种确定的力”，他力陈，化学亲合性的研究必须放在一个远为广阔的基础上进行。他写道：“一个化学亲合性理论一旦坚实地确立，成为解释一切化学问题的基础，便应当集中或者说包括一切这样的原则，由之，化学现象的原因能在任何可能的环境条件下起作用；因为，观察业已证明，一切这些现象都只不过是这亲合性的各不相同的效应，而物体的一切形形色色化学力均可归因于它”（*Researches into the Laws of Chemical Affinity*，1801；英译本，M. Far-
379 rell 译，1804，pp. 1—4）。贝尔托莱特别强调物质的**质量**，因为他倾向于把亲合性视同万有引力或“天文吸引”，而这里质量当然是一个非常重要的因素。他认为，化学亲合性所以怪异，是因为事实上引力吸引对密切接触物体的作用不同于对远离物体的作用。在前一种情形里，它受形状，尤其受各部分的密切接触、它们同溶剂的关系和它们的挥发性等影响。贝尔托莱对挥发性影响的解释，特别令人感兴趣。“当一种物质以一紧密化合物析出而呈气态时，它就变为弹性的，再不能抵抗分解作用；由此可见，这种性质的物质并未藉其质量起作用。这时，起分解作用的物质能实现完全的分解；所使用的这种分解物质的量，应当恰如直接形成这种化合物所必需的量，或者至少略微有点过量。例如，碳酸可能被另一种物质离析其化合，而这种物质对碳酸盐的基的亲合性可能较弱。这是因为，这另一种物质能藉其质量而起作用，因此能通过逐次作用来克服碳酸的亲合性；但是，为了排除全部碳酸，所使用的这分解物质的数量必须稍许超过为产生饱和所必需的量”（同上，pp. 46f.）。

贝尔托莱的亲合性概念倾向于推翻当时流行的亲合性分类法,后者乃基于这样的假设:一种酸藉亲合力排斥另一种酸。这种倾向因贝尔托莱表明了下述一点而见增强:所生成化合物的可溶性或不可溶性(即"内聚力"),乃是化学变化中的一个重要因素。贝尔托莱写道:"每当一个物体强烈倾向于通过同另一个物体按一定比例相化合而呈固态时,仅仅这种倾向就足以引起它从这状态析出,而与有择亲合力无关"(同上,p. 44)。

同他的亲合性工作密切相联系,并鉴于亲合性取决于各种物理性质,贝尔托莱表明,化学反应是可逆的,以及如果一反应物数量很大,则它的量的出超就能补偿其亲合性的弱小。"在所有由有择亲合性造成的化合与分解反应中,均在两种相互作用的物体之间产生结合基或结合体的配分;这种配分之比例的确定,不单取决于亲合能的差异,而且还取决于物体的量之差异;由此,亲合性弱些的物体之量的出超就补偿了其亲合性的弱小。"(同上,pp. 4f.)他举氧化钡和钾的情形作为例子。两者相互作用产生苛性钾碱和硫酸钡,这变化曾被认为如此便已完成。但是,他表明,这反应是
可逆的,苛性钾碱和硫酸钡能反应生成硫酸钾。同样,惯常认为, 380
碳酸钾被石灰完全苛化;但是,贝尔托莱表明,这反应是可逆的,因为,他通过钾碱和碳酸钙相互作用而获得碳酸钾。他写道:"显然,据认为同酸形成最强化合的那些碱类可能为其他据认为亲合性较弱的碱类所离析,而酸在两种碱之间分配。还可看到,酸可能被其他据认为亲合性较弱的酸所部分地同其碱离析;这时,碱在这两种酸之间分配"(同上,p. 11)。

李希特

耶雷米亚·本亚明·李希特(1762—1807)进行过一些重要的定量化学研究工作。我们对他知道得很少,只知道他出生于西里西亚的希尔施贝格,在布雷斯劳矿场当过化学师,后来在柏林的瓷器工厂任化学师。他发明了**化学计量学**这个术语,用来命名化学专门关于反应物质间定量化学关系的分支。他特别研究了酸和碱间的反应比例。尽管他摆脱不了下述虚幻观念,但他还是发现了一条化学基本定律。这个观念认为,碱类的重量形成一算术级数,酸类的重量形成一几何级数。

在李希特之前,人们对这个问题已有所认识。卡文迪什(*Phil. Trans.*,1767,p. 102)已说过,饱和等量的一种给定酸的"固定碱"(钾碱)和"钙土"(石灰)的重量彼此等当,并观测到(*Phil. Trans.*,1788,p. 178),饱和等量钾碱的相等**重量**硝酸和硫酸也分解等量的大理石。柏格曼注意到,当一种金属在另一种金属作用下,从它的一种盐的一种中性溶液沉淀时,所生成的溶液仍旧是中性的;拉瓦锡力主,应当对复分解情形作定量研究,以弄清楚在这两种酸之间交换碱的过程中,有没有出现多余的酸。

李希特把他的研究成果发表在《化学计量学或化学元素测量技术初阶》(*Anfängsgründe der Sföchyometrie oder Messkunst chemischer Elemente*)(1792—1794)和《论化学的新对象》(*Ueber die neueren Gegenstände der Chemie*)(1791—1802)之中。他从自己的发现看出:两种中性盐在复分解时生成中性的化合

物——所谓的中和定律。[1] 他由此得出结论:这些盐的组分之间必定存在固定的定量关系。他写道:“当两种中性溶液相混合, 381
并随后发生分解时,新的产物几乎毫无例外地也是中性的”;后来又写道:“因此,这些元素之间必定有某个固定的质量比”(*Sföchyometrie*,I,24;这一节译载于 R. Angus Smith:*Memoir of John Dalton*,等等,1856,p. 190)。李希特文笔晦涩,试图用数学方式表达他的思想;他撰著时,时而用燃素说的语言,时而用氧理论的语言;但他很明白,如果他知道了原始化合物中酸和碱的比例,那么,他也就知道了它们在结局化合物的比例。所以,他测定了彼此中和的各种酸和碱的数量,**由此分别给每种酸和每种碱编制了表**。然而,他很清楚,中和一固定重量的一种酸的那些各种重量碱也中和另一固定重量的第二种酸,他并利用这条原理来检验他的一些结果。而且,他还确证了,中和一固定重量的硫酸、氢氯酸或硝酸的碱类或碱土金属间总是成一固定比;他的这些数字可表成如第 437 页所示(参见 I. Freund:*The Study of Chemical Composition*,Cambridge,1904,p. 175)。李希特的数字远不是正确的,人们指责他曾改动它们以适合他的理论;但

---

① 卡尔·弗里德里希·温策尔在他的《物体亲合性学说》(*Lehre von der Verwandtschaft der Körper*)(德累斯顿,1777 年)中发表了关于这个问题的一些研究结果,但是,它们被作了错误的解释。例如,温策尔发现,在硫酸铜和醋酸铅间的反应中,中性并未保持;醋酸铅中的醋酸不足以同硫酸铜中的铜反应;一百二十四份铜中,有九份半仍未溶解。然而,柏尔采留斯后来(1819 年)却把中和定律的发现归功于温策尔,尽管温策尔实际上相信事情恰恰相反。这个错误直到 1850 年之后才得到纠正。然而,值得指出,温策尔在这项研究中发现,化学反应的速率同反应物质的浓度成正比,这条原理后来在化学动力学中起重大作用。

是，这里重要的是，他清楚地看到，如此表所示，碱类数量间应成一固定比。此外，既然柏格曼观测到中和定律在下述场合也成立：一金属在另一金属的作用下，从它的一种盐的一种中性溶液中沉淀，所以，李希特表明，只要测定金属彼此从它们的盐溶液中沉淀的数量，就可计算氧在这些金属的氧化物中的比例。

尽管李希特的文笔晦涩，可他十分清楚地表明，在一种化学反应中等当的两种物质重量，在其他化学反应中也等当。不过，要等
382 到费舍才把这些数据汇编成一张广包的表。

	1000 硫　　酸	1000 氢氯酸	1000 硝　　酸
钾　碱	1606 $\frac{1606}{1218}=1.318$	2239 $\frac{2239}{1699}=1.318$	1143 $\frac{1143}{867}=1.318$
钠　碱	1218 $\frac{1218}{638}=1.909$	1699 $\frac{1699}{889}=1.911$	867 $\frac{867}{453}=1.914$
挥发性碱	638 $\frac{638}{2224}=0.287$	889 $\frac{889}{3099}=0.287$	453 $\frac{453}{1581}=0.287$
氧化钡	2224 $\frac{2224}{796}=2.795$	3099 $\frac{3099}{1107}=2.800$	1581 $\frac{1581}{565}=2.799$
石　灰	796 $\frac{796}{616}=1.292$	1107 $\frac{1107}{858}=1.290$	565 $\frac{565}{438}=1.290$
镁　氧	616 $\frac{616}{526}=1.171$	858 $\frac{858}{734}=1.169$	438 $\frac{438}{374}=1.171$
矾　土	526	734	374

费舍

E. G. 费舍在把 C. L. 贝尔托莱的《亲合性规律研究》(*Recherches sur les Lois de l'Affinité*)译成德文(*Über die Gesetze der Verwandtschaft in der Chemie*, Berlin, 1802)时,把李希特的诸表结合成一张表。费舍写道:"李希特不厌其烦地从实验和计算两方面探究每种酸同碱的关系,并把结果表达成表的形式。他似乎忽视了这样的事实:他的全部表可以归结一个表,其 21 个数字分成两列。我根据他的最新数据进行计算,得出下列的表:

碱		酸		
矾　土	525	氢氟酸	427	
镁　氧	615	碳　酸	577	
氨	672	癸二酸	706	
石　灰	793	盐　酸	712	
钠　碱	859	草　酸	755	
氧化锶	1329	磷　酸	979	383
钾　碱	1605	甲　酸	988	
氧化钡	2222	硫　酸	1000	
		琥珀酸	1209	
		硝　酸	1405	
		醋　酸	1480	
		柠檬酸	1583	
		酒石酸	1694	

"这张表的意义是,如果从一列取出一种物质,比如第一列中的钾碱,相应的数字为 1605,那么,另一列的数字便表示每种酸为

中和这些 1605 份钾碱所需数量；在此例中，将需要 427 份氢氟酸，577 份碳酸，等等。如果从第二列中取一种物质，则第一列将用来确定为中和它需要多少一种碱土或一种碱。”

实质上，这是第一张化学当量表，尽管它们不是这样称呼；它体现了互比定律，虽然这名称只是后来才使用。因此，李希特发现和正确解释了复分解中的中和现象，确定了许多酸和碱的当量，并（通过费舍的计算）发现了一条定量的化学基本定律。他的结果为贝尔托莱所接受，贝尔托莱早期关于亲合性的观念表达在他的《亲合性规律研究》之中，这在本章前面已讨论过；不过，只是经过贝尔托莱的后来一部书即《化学静力学概论》（*Essai de Statique Chimique*）（1803 年），李希特的工作才更加广为人知。这部著作中讨论了以往被忽略的李希特的研究成果。

五、化学命名法的改革

拉瓦锡发起了化学理论的变革。与此同时，几乎必然地发生了化学命名法（名称系）的改革。以往已经出现过这种动向。柏格曼、马凯和博梅都曾竭力呼吁，需要一种统一的命名制；1782 年，居东・德・莫尔沃向巴黎科学院呈交一份建议，提出采用一种新
384 的化学命名制。但是，因为它使用燃素说的语言，而这已是有争议的，所以，它未获普遍批准。然而，现在德・莫尔沃接受了拉瓦锡的观点，跟拉瓦锡、贝尔托莱和富尔克罗等人协同着手修改整个化学命名法。1787 年，他们的命名制以《化学命名方法》（*Méthode de Nomenclature Chimique*）为题发表（巴黎，1787 年）（J. St. John

英译,1788 年)。其中所进行的改进,后来被拉瓦锡记叙在他的《初等化学概论》之中,该书初次问世于两年之后的 1789 年。

他们的出发点是:语言是推理艺术所必需的一种分析工具。因此,他们针对三个对象:"构成这门学科的事实系列、回忆这些事实的观念和表达它们的语词。"(英译本,p. 9)

拉瓦锡就他们的工作写道:"必须看到,如果我们或多或少地违反既成的惯例,如果不采取一些乍一听来刺耳而又不合规范的名称,那么,我们本来就不可能对这些各不相同的问题一直研究到现在;但是,我们已经说过,耳朵容易习惯于新的语词,当语词汇总成一个总括的合理体系时,尤为如此。至少那些常用名称,例如**氯化氧锑**、**白降汞**、**崩蚀水**、**盐基性硫酸汞**、**铁丹**和好些其他名称,都相当不调和,无疑也相当怪异;为了记住这些术语所指称的物质,尤其是不忘掉它们所属的化合物种类,必须进行不断的实践和具备良好的记忆力。**钟形酒石油**、**矾油**、**锑脂**、**砷脂**、**锌花**等等术语现在显得更其荒谬可笑,因为它们导致虚妄的观念;更确切地说,因为在矿物界尤其金属矿物界,根本不存在脂、油或花;最后,还因为这些错误名称表达的物质大都是剧毒的。"(英译本,p. 16f.)

因此,这些化学家试图使化学名称合理化,以期一种物质的名称表达其化学本性。他们的工作设想周到,进行顺利。因此,他们所引入的命名制成为今天所用命名制的基础。作为第一步,他们把全部物质分为两类,即元素和化合物。元素包括一切"简单物质,也即迄今化学家还不能分解的物质"(英译本,p. 21)。元素的命名被认为是十分重要的,"因为通过精密分析可还原为其元素的物体的名称,正确地应表达为这些要素名称的结合"(英译本,

p. 21)。按拉瓦锡的建议,曾经以充分理由重新命名为“生命空气”
385 的“脱燃素空气”现在变为“氧”,后者源出希腊词“酸”和“生成”,因为这要素即生命空气的主要成分的性质是改变许多种物质,同它们化合而呈酸态,或者更确切地说,因为它看来是酸性所必不可少的一个要素(英译本,p. 24)。“可燃空气”变成“氢”,后者源出希腊词“水”和“生成”;实验业已证明,水无非就是用氧饱和的氢(英译本,p. 24)。“燃素化空气”变成“azote”〔氮〕,后者源出希腊词“无生命”,因为它不能维持动物生命(英译本,p. 26)。然而,1790 年,查普托尔把“azote”这个名称改成“nitrogen”〔氮〕,因为他认为它是硝石(nitre)的一个组分。1784 年,柏格曼把“挥发性硇砂精”改名为氨,这个名称一直沿用至今。

硫保持其名称,它的酸这样命名:“Sulphuric acid〔硫酸〕指硫尽可能地用氧饱和;这化合物以前称为矾酸。Sulphureousacid〔亚硫酸〕指硫同不足量的氧化合;它以前称为亚硫矾酸或燃素化矾酸。”(英译本,p. 29)

此外,“Swlphate〔硫酸盐〕是硫酸生成的一切盐的总称。Sulphite〔亚硫酸盐〕指亚硫酸生成的盐”(英译本,pp. 29—30)。“Sulphuret〔硫化物〕标示一切未进到酸态的硫化合物,正式取代硫肝、肝、黄铁矿等等错误而又荒诞的名称”(英译本,p. 30)。

另一个重要改变可说明如下。“就名称之多样而言,任何物质都不及布莱克博士称之为**固定空气**的那种气体;他同时明确表示保留改名的自由权,他承认这名称使用不当。无疑,各国化学家的分歧使我们得到比较充分的自由权,因为这表明,想望能使他们取得完全一致意见,是顺理成章的;我们已按照我们的原则利用了这自由权。我们已经认识到，固定空气是借助燃烧使**木炭**和生命空气直接化合而产生的。因此，这种气体酸不能再随便命名，而必须从其根基引出，而这根基是纯粹的碳物质；因此，它称为**碳酸**，①它和不同碱的化合物称为**碳酸盐**；为了使这根基的命名更加精确，即按一般词义把它同木炭区别开来，以便从思想上去除它一般包含的少量外来物质即灰烬，我们对它使用修改的名称**碳**，表示木炭的 386
纯粹基本要素，其优点是用单一语词表达，避免了歧义。”(英译本，p. 32)

“海酸”业已改名为“盐酸”，而且按照当时对它同今称氯的物质的关系所持的观点，“盐酸”又称为“脱燃素海酸”。它们现在分别被称为“盐酸”和“用氧饱和的盐酸”。“盐酸”的盐现在称为“盐酸盐”，“锡脂”于是也就称为“锡的盐酸盐”，如此等等。虽然“燃素化空气”当时被称为“azote”〔氮〕，但“硝酸”和“亚硝酸”这两个术语逐渐地被人们接受，作为“硝石”的衍生物。

金属灰显然是衍生物，被称为“oxyds”〔氧化物〕(英译本，p. 40)，后来称为“oxides”〔氧化物〕。

于是，二元化合物的名称便由它们的两个构成元素组成。在酸的情形里，“酸”这个总称由一个特定形容词所限定，后者表示这化合物中氧以外的元素，例如硫酸、碳酸、磷酸等等。同时，在这元素即根基可形成两种酸的场合，命名也有区别。在金属灰的场合，类名称“氧化物”后接另一个元素的特定名称，例如 oxide of lead〔铅的氧化物〕，如此等等。

---

① 值得指出，柏格曼早在 1773 年已称它为“气酸”，因为它有酸的性质。

盐按它们所由衍生的酸命名，例如硫酸盐；添上盐基的名称，如锌的硫酸盐，便表示一种特定基的盐。

如上所述，柏格曼在 1773 年把“固定空气”称为“气酸”，因为它具有酸的性质。而按照 1787 年引入的这种新的化学命名法，它改名为“碳酸”。

这样，整个命名法就完全改观了。如此引入的命名制后来扩充为现代命名制，但并没有原则性的改变。

（参见　E. von Meyer：*History of Chemistry*，1891，etc；T. M. Lowry：*Historical Introduction to Chemistry*，1915；J. R. Partington：*A Short History of Chemistry*，1948；和 Sir P. J. Hartog："The Newer Views of Priestley and Lavoisier"，*Annals of Science*，1941，Vol. 5，pp. 1—56。）

第十五章　地质学 387

一、地球成因学

十八世纪里，随着研究地球起源和结构的英国先驱者的有些著作流传到其他国家，人们继续有兴趣在这个领域中进行思索。不过，总的说来，在批判十七世纪各个假说的同时，也在同样程度上仿效它们。

莫罗

意大利人安东·拉扎罗·莫罗（1687—1740）在他的《山上发现的甲壳和其他海洋物体》（*Crostacei e degli altri marini Corpi che si truovano su' Monti*）（威尼斯，1740 年）中，批判了伯内特和伍德沃德的观点，提出了他自己的假说。高山上贝壳化石的存在，是不可能用诺亚时期洪水来解释的。这种现象只能诉诸火山作用来解释。例如，埃特纳和维苏威火山在古代的喷发，那不勒斯附近诺奥沃山在 1538 年突然上升，以及近在 1707 年希腊群岛中出现了一个新的火山岛。莫罗坚认，地球表面原先是光滑的岩石，上面全部覆盖着不很深的淡水。后来，地下火使地球表面裂解，结果，陆地和山岭升出水面，地球内部的各种物质，如黏土、泥土、砂、沥青、盐、硫等等都排放出来，从而在地球原始岩石表面上又形成了一个新地层。海水的咸味起因于那时盐和沥青排放进了原先覆盖地球的淡水。当地下火又引起这种喷发时，出现了更多的陆地和山岭，排放了更多的物质，于是，在地球表面上又形成了新的地层。各个新地层并不总是同时在整个地球上形成的，而是在漫长年月里的不同时候形成的，因此，埋没在它们里面的物质的种类自然就各不相同。当然，莫罗并不否认诺亚洪水的真实性。相反，像比他年长的同时代人安东尼奥·瓦利斯内里（1661—1730）一样，莫罗在他的《山上发现的海洋物体》（*Dei Corpi marini che sui monti sitrovano*）（威尼斯，1721 年）中也力陈，像诺亚时期那样的一次短
388 时洪水并不能解释欧洲相当大地区广布的海相岩层。整个地球必定在一个漫长时期中全为水覆盖。

德马耶

伯努瓦·德马耶（1656—1738）是个法国外交官。他对地质学的兴趣看来是为对人权的轻视所激发的，他把这种轻视同那种幻想相比：地球有朝一日将干涸，为火山喷发所焚毁。他那不合正统的观点是通过一个印度哲学家（特里阿梅德）表达的，但这本书直到作者死去后很久才出版：《特里阿梅德或一个印度哲学家同一个法国传教士的谈话》（*Telliamed ou Entretiens d'un Philosophe Indien avec un Missionaire Fran çais*）（阿姆斯特丹，1748 年）。按照德马耶的见解，整个地球都是海相沉积。陆地和山岭都由砂和泥等等海洋沉积物组成。最高、最古的山岭在组成上简单而又一致，几乎没有动物生活的踪迹。海洋的下沉使这些山岭的巅部

暴露出来；海水的拍打引起它们磨损，这为新的山岭和地层的形成提供了材料，这些山岭和地层中发现了越来越多的化石，它们的排列次序今天还可以从海底相似生物遗骸中看到。这种排列不可能是像《圣经》中记叙的诺亚洪水那样的一次局部和短暂的洪水造成的。使山巅裸露的水面沉降乃蒸发所使然。他估计，蒸发使海面一千年里大约下降三英尺。随着时间的推移，甚至大西洋也将干涸，最终整个地球将像太阳那样突然起燃，耗尽其全部可燃物质，此后，它便重又冷却，成为一个泥质物体。这种燃烧将由大规模火山喷发引起。而按照德马耶的看法，这只不过就是构成地球的沉积物中所包含的有机物的脂肪和油的燃烧。作为自己地球成因学的一部分，德马耶还提出了一种进化观，它认为，一切陆生植物和动物都从相应的海生有机体进化而来，其间在结构和功能上发生了新的生活地所必需的变化。德马耶虽然不因循正统思想，但仍笃信例如有人鱼和美人鱼存在之类迷信。他甚至提出了人鱼和美人鱼转变成真正男人和女人的确切地点即极地。

布丰

布丰伯爵乔治·路易·勒克莱尔（1708—88）在他的《地球学说》（*Théorie de la Terre*）（1749 年，英译本：William Smellie 译，
Natural History，Vols Ⅰ和Ⅸ，亦见 Barr：*Buffon*，Vols. Ⅰ和Ⅱ， 389
1792 年。）和《自然的时代》（*Époques de la Nature*）（1778 年）中提出了一种地球观，它对十八世纪地质学产生了很大影响。像他之前的笛卡尔和莱布尼茨以及他之后的康德和拉普拉斯一起，布丰也把他关于地球起源的阐释同关于整个太阳系的一种学说联系起

图 169—布丰

来。按照这种学说，地球和其他行星原来都是太阳的组成部分，由于一颗彗星的冲击而迸发出来。因此，它们在组成和运动上都同太阳相似。在同母体分离以后，它们炽热而且发光，但逐渐便冷却和暗淡下去，而太阳则继续是白炽的。鉴于地球到处存在大量贝壳化石，布丰深信，海洋必定一度覆盖整个地球，干燥陆地的出现必定是由于地壳断裂，因而大量水消没于如此形成的深渊和洞穴之中所致。

在他的后期著作（*Époques*）中，布丰试图把地球史划分为七个时代。

（1）第一个时代里，像母体太阳那样，地球还是熔融物质，并作为旋转产生的机械结果，而呈扁球形状。它的外表逐渐地冷却和凝固，最终固结到中心。

（2）这种固结是第二个时代的标志。在这个时代，由于地球物质继续不断冷却，地球内部形成中空，表面则形成褶皱，遂成为最早的峡谷和山岭。直至这个时代终结，地球上始终没有水，除了其周围环绕的大气蒸汽之外。

（3）随着地球足够冷却，周围蒸汽能在其表面冷凝，形成全球海洋，第三个时代便开始了。布丰根据可以找到海洋化石的高度进行推断，估算出原始海面高度比现在的海面高度高出九千到一万二千英尺。然而，最初时海洋很热，动物无法生活。只是当后来海水冷却时，才出现了动物。最早的有机体同它们的后继者必定断然不同；只要对从最高山岭上适当采集来的化石进行研究，就可以确定相继物种的历史。侵蚀地壳的水造成黏土沉积；海洋中生命有机体的迅速增加，导致产生包含化石的石灰质沉积。

(4）当相当数量水消没于冷却着的地球的缝隙中而使地壳的下部暴露出来时，第四个时代便开始了。陆地约有百分之一为植被覆盖。植物大都被卷入地壳的下层，包括其裂缝，成为不久将要 390
出现的火山的燃料。布丰认为，火山喷发是地下电对海洋领域内可燃岩石作用的结果；他还把大峡谷的形成归因于火和水之间这种由火山引起的冲突。

(5）第五个时代是继第四个火山时代之后的平静时代。象、河马和犀牛等陆生动物现在出现在热带。当时，热带从亚洲广延到欧洲和美洲。

(6）第六个时代里，东西半球两个大陆分离，格陵兰同欧洲分离，加拿大和纽芬兰同西班牙分离。此外，大西洋中又崛起了新的岛屿。

(7）第七个时代是人的时代，人致力于控制和改造地球的面貌。然而，布丰对人类在这个星球上的未来没有寄予厚望。他相信，地球将不断冷却，终将冷得任何生物都无法在其上生存。

布丰曾试图估计地球史各个时代的长短。他约略估计第一个时代为 3000 年；第二个时代为 32000 年；第三个时代为 25000 年；第四个时代为 10000 年；第五和第六个时代各为 5000 年；第七个时代初期为 5000 年，将来又有 93000 年，其终结时地球上一切生命均将灭绝。这些高度思辨而又缺乏根据的估计值，由于两个原因而令人感兴趣:(1)它们明确地背弃了当时根据《创世记》推算出的几千年长时间;而甚至更为重要的原因是:(2)布丰试图根据用铸铁球做的实验来估计最初几个时代的长短,这样便率先将实验方法引入了地质学研究。

二、古生物学

十七世纪对所谓"图案化的岩石"所表现的兴趣,到了十八世纪实际上有增无已。一度曾有过一种明显的倾向,认为它们是大自然的玩物,而不是曾经生活过的有机体的化石遗骸。爱德华·

391 卢伊德提出了一个机智的(如果不是令人信服的话)折中见解:有些"图案化的岩石"包含海生有机体的遗骸,它们由风雨偶尔通过蒸汽把其胚芽带到岩缝中萌生。瑞士地质学家卡尔·尼古劳斯·朗格在他的《瑞士图案化岩石历史》(*Historia Lapidum Fignratorum Helvetiae*)(威尼斯,1708 年)中支持这种观点。

莱布尼茨

莱布尼茨在他的《原始地神》(*Protogoea*)中对"图案化岩石"的化石性质作了最出色的辩护之一。他在那里揶揄那种声称可以把它们解释为大自然玩物的说法。把这种爱玩耍的习性赋予大自然,只是为了掩盖无知。莱布尼茨用两个论据来反对这样的诘难:这种据说的化石遗骸有些并没有现存生物与之对等。第一,现在尚有许多没有开发过的地区,那里可能发现这种植物和动物。其次,他争辩说,我们倒是可以自然而然地料想,在地球经历许多变迁的过程中，动物外形发生了很多变化，而正因为如此，所以一个地区的各个地层中包含不同种类化石遗骸这一事实，给我们提供了关于它的历史的线索。然而，莱布尼茨的《原始地神》直到 1749 年才发表，这使它未能及时产生其应有的重大影响。在这期间，其他一些人也产生了助长这一倾向的影响。

朔伊希策尔

如果说《圣经》的信仰有时阻碍真理的进步，那么，它们有时也推进真理。关于瑞士化石的最多产的瑞士著作家约翰·朔伊希策尔（1672—1733）就是这样一个例证。在 1702 年发表的一部著作中，他还坚持认为，图案化岩石是大自然的玩物。后来，他读了伍德沃德的《地球自然史试论》（*Essay towards a Natural History of the Earth*），结果产生一个强烈的观念：化石可以看做诺亚洪水的证据。因此，他不仅把《试论地球自然史》译成拉丁文，而且还使他自己发表的全部著述都成为“诺亚洪水的证据”。

图 170—朔伊希策尔

这样，对诺亚洪水的信仰以及维护其真实性的迫切愿望，促使朔伊希策尔（和其他一些人）形成关于“图案化岩石”的正确观念。朔伊希策尔亟望找到证明诺亚洪水的人化石，结果错把一块蝾螈化石当作人化石，让他履行《诺亚洪水证人》（*Homo Diluvii Testis*）（1726 年）的职责。朔伊希策尔还不无幽默感。 392

图 171—朔伊希策尔的化石图(1)

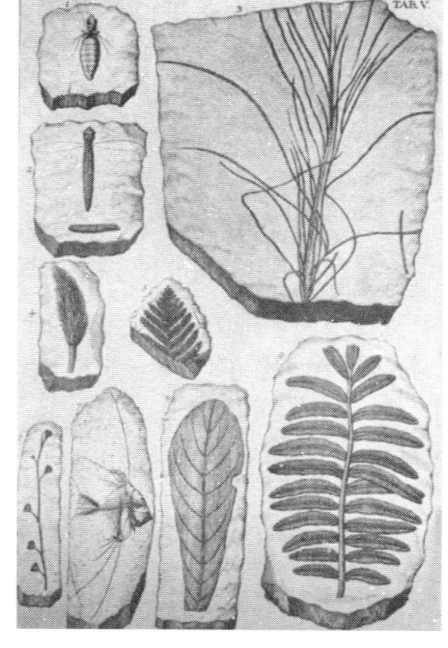

图 172—朔伊希策尔的化石图(2)

在他的《鱼的抱怨和要求》(*Piscium Querelae et Vindiciae*)(1708年)中,鱼化石被描绘为在举行一次会议,抗议带来诺亚洪水从而埋葬这些鱼的邪恶人的后裔的恶毒诽谤。这诽谤就是把鱼化石看做只不过是大自然的玩物而已。鱼化石举出它们的细致解剖结构作为证据,证明它们不可能以机械方式产生,而必须看做为真鱼的遗骸。虽然是无声的物种,但它们足以向不相信的人雄辩地证明了那全球性的诺亚大洪水。朔伊希策尔最重要的著作是他的《诺亚洪水植物标本集》(*Herbarium Diluvianum*)(1709 年),书中描述了许多植物化石等等,并配有大量描绘它们的精美图版。

克诺尔和瓦尔希

十八世纪里对化石作出最完备说明并绘制最精美图解的,当推尼恩贝格的格奥尔格·沃尔夫冈·克诺尔(1705—61)和耶拿的约翰·恩斯特·伊曼努尔,瓦尔希(1725—78)。克诺尔职业是雕刻师,但就爱好而言,则是个博物学家。当他热衷于收集化石并给它们制图时,他已经完成了大量精美版画,给植物学和贝壳学著作做插图,还决定利用大量其他藏品中的化石,撰著一部关于化石的完整论著。他给这部计划中的著作取名为《作为全球大洪水见证的石头》(*Lapides Diluvii Universalis Testes*),这使人想起朔伊希策尔也亟望为这大洪水提供证据。然而,克诺尔完成这书的第一卷就去世了。不过,他遗留了为其余部分准备的大量材料。瓦尔希是耶拿大学的哲学和诗学教授,也是个热诚的地质学家,撰著过一部关于岩石的书(*Das Steinreich*,1762)。他接受劝说,续写克诺尔的著作。整部论著足有对开四卷,配有大约三百幅图版。它题有上述拉丁文书名,并有一个德文副题,即《证明一次全球洪水的自然珍品集》(*A Collection of Natural Curiosities in Proof of a Universal Flood*)。标志着一项勋业成功完成的第四卷于1778年发表。虽然这部著作倾向于为诺亚洪水教义辩护,但也许在很大程度上正是因为这个缘故,它才对到那时为止已经得到的全部古生物学知识都作了精当而又详尽无遗的介绍。

贝林格

无疑,在十八世纪里,一定程度上藉助于诺亚洪水教义,关于"图案化岩石"的正确概念才得到了普及。但是,对立的观点还没有销声匿迹;理性的工作也需要异想天开的东西来助兴。约翰内 393
斯·巴托洛梅乌斯·贝林格在这方面最令人叫绝。他支持对"图案化岩石"作非化石的解释。他是维尔茨堡大学教授、"图案化岩石”的热心收藏家。他在近邻和别处辛勤收集这种石头，并得到他的学生的帮助。这些聪明的年轻人中，有的大概对这位教授如醉似痴地在石头上寻找“图案”那种迫切心感到好笑，就机灵地制作了一些“图案化岩石”，放在他会发现的地方。星体、希伯来文字母等等图案，这位教授全都当做真的，认真地把它们同真正的“图案化岩石”一起记叙在他的《维尔茨堡平版画》(*Lithographia Würceburgensis*)(1726 年)之中。有的学生看到他很轻信，便更大胆地制作了一块刻上他名字的“图案化岩石”，并像平常一样带他到埋藏它的地方。这一发现终于使他恍然大悟：他当了一个长久骗局的戏弄对象。他弃置了他的《维尔茨堡平版画》，并尽可能多地把书本毁掉。但是，这书在1767 年又作为珍本重印。它无疑可能成为那些没有批判眼光的科学家的鉴戒。

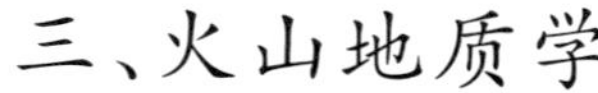

三、火山地质学

盖塔尔

让・艾蒂安・盖塔尔出生于巴黎附近的埃当普。他早年攻读植物学，同皇家植物园的德朱西厄兄弟结识。后来，他当了医生。奥尔良公爵任用他当医学顾问，还让他掌管自己的自然史藏品。公爵死时，他得到一小笔退职金，遂全身心地致力于他所喜爱的植物学和地质学研究。他注意到，某些植物和某些矿物与岩石相关联，于是，便去研究矿物与岩石的分布以及那些造成地面变化的力。1746 年，盖塔尔向巴黎科学院呈交了《矿物学笔记和地图》

(*Mémoire et Carte Minéralogique*),它可以看做是他在地质勘察上的最早尝试。在书中,他根据他在法国中部和北部所做的观察,描述了这两个地区中岩石和矿物的分布。他提出,矿物和岩石排列成一些以巴黎为中心的"带"。中央是一个呈椭圆形的砂质带,它由砂岩、磨石、石灰石、硬岩石和燧石组成。围着它,是一个泥灰质的带,由硬质泥灰岩和少量化石组成。围着这个带,则是一个生岩带,其中包含各种金属,还有沥青、板岩、硫、花岗岩、大理石、煤 394
和其他化石。这一切资料都标示在一张法国地图上,地图上还表明这三个带为英吉利海峡和多佛海峡所截断。盖塔尔推测,这三个带在海下和英国岸上仍延续。他在乔舒亚·奇尔德里的《培根时代的英国》(*Britannia Baconica*)(1660 年)和主勒德·博特的《爱尔兰自然史》(*Ireland's Naturall Historie*)(1652 年)中(他读的是法文译本)找到了他的猜测的证据。因此,他继续在英国地图上勘察,但不像在他祖国地图上那样成功。科学院立即宣布,这本《笔记》是"地理学家和博物学家的一个新领域"的开拓者,并为他们缔结了一条新的纽带。盖塔尔继续进行法国地质勘察工作,绘制了十六张地图(但它们不得已由莫内加以完成,因此由他们联名发表)(*Atlas et Description Minéralogiques de la France*,1780)。盖塔尔还是一个勤奋的古生物学家。他大力促进确定"图案化岩石"的真相。他还第一个在昂热的板岩中证认出三叶虫化石;他的名字还被用来命名一类白垩海绵即 *Guettardia*。在同样受到他注意的地文地质学领域里,他强调了水在陆地剥蚀成因中的作用以及地下水、地面水和雨水实际所起的作用。然而,盖塔尔的声誉主要在于他认出了法国中部的十六或十七座死火山。他是在《论法

国几座曾经是火山的山脉》中论述它们的。这篇论文于1752年在巴黎科学院宣读，1756年发表。当他在为地质勘察搜集材料而旅行时，对阿利埃的穆兰地方的里程碑感到奇怪。它们都是黑色岩石。他认为，它们产自火山。当他听说它们采自沃尔维(Volvic)时，这产地的名字使他更加猜疑，因为Volvi像是*Volcani vicus*(火山村)的缩写。他连忙赶到采石场，发现岩石像是流入这平原的已凝固熔岩流。它绵延约5英里。而且，火山锥和火山口也很容易认出来。于是，他穿过这山区往南到达克莱蒙，登上多姆山(那里以巴斯卡进行过气压实验而闻名)。他举目四望，看到了死火山的锥和口，他还到处发现了大量火山尘埃，证实了他的看法，即这地方的火山性质。这些山脉中，有些山麓处有温泉存在。这使他对自己的揣测确信无疑。十分奇怪的是，当他后来专门研究
395 玄武岩时，他竟没有认出它们的火山性质，尽管他注意到它们在火山地区存在。他从未见到过柱状玄武岩。这个偶然因素导致他错误地得出这样的结论：它是"在水流中结晶而形成的一种可玻璃化岩石"(*Memoir on the Basalt of the Ancients and Moderns*, 1770)。由于命运的安排，盖塔尔因此而成为地质学两个相竞争学派，即火成学派(或火成论者)和水成学派之父。关于这两个学派，本书还要谈到。他在奥弗涅山脉发现旧火山，唤起了火成学派；他关于玄武岩的水成观点，则为水成学派的纲领提供了重要基础。

德马雷斯

盖塔尔的工作为比他年轻的同胞尼古拉·德马雷斯(1725—1815)所继续，虽然并非总是充分为后者所认识。德马雷斯祖籍苏

莱内，幼年家境贫困，到十五岁时，他还几乎目不识丁。亏得一些教师赏识，他才获得了免费教育，先是在特鲁瓦的奥拉托利会学院，最后是在巴黎。甚至在这以后，他也始终唯知勤勉度日。他的一生是生活俭朴但思想崇高的杰出典范。1752年，他因一篇关于布丰《地球学说》所提出的一个论题的论文获奖，这论题就是英国和法国是否曾经由陆地相连过。他对这问题作了肯定的回答。他下这个结论，部分地是根据盖塔尔提出的证据，即同一些地质带在这两个国家里和它们间海峡的底上保持连续，部分地还根据一个事实，即英国以前存在过的一些野兽只能来自大陆，那时英国和法国还由一条陆地带相连，后来这陆地带被北海冲掉了。这篇论文使德马雷斯官运亨通。1757年，他就任政府的一个低级官职，1788年，晋升到法国工业总监。他以此身份大力推进了法国的经济和工业进步。但是，他为此进行的广泛旅行，却提供他充裕的机会，进行富于成果的地质观察。大革命期间，他曾被囚禁过一个短时期。但是，他安步当车，粗茶淡饭，起居木棚。这些习惯让人一点也看不到贵族派头。同时，他又是难得的经济大才。因此，他得以幸存，并且最后官复原职，直至终老。

在奥弗涅火山地区，像盖塔尔一样，德马雷斯也注意研究玄武
岩。在1763年初次访问该地时，德马雷斯比盖塔尔幸运，他在旧
火山邻近，实际上是沿着整个这熔岩的边沿，观察到了柱状玄武 396
岩。发现地的周围环境使他深信，棱柱状玄武岩是火山产物，它的
规则性是火山火焰熔解下面的花岗岩所致。北爱尔兰“巨人堤道”
的玄武岩是当时传诵最广的奇观之一，德马雷斯阅读过大量有关
材料，还读过有关德国各地类似柱体的材料。德马雷斯从图片判

断,“巨人堤道”周围的景观酷似奥弗涅山区;这两个地方的玄武岩柱的刺目颜色和纹理看来完全一样。他下了结论:北爱尔兰海岸以及实际上一切发现有这种玄武岩的地方,必定都是死火山的所在。在连年研究这些问题以后,他认识到,火山作用曾经甚至比盖塔尔所猜想的更为广泛。欧洲大陆有两个广大的旧火山活动区,即(1)东区,从萨克森和波希米亚边境到西里西亚,从弗赖堡到利格尼兹和(2)南区,从科隆附近到拿骚、黑森、达姆施塔特和卡塞尔。德马雷斯把他的部分结论最初发表在1774和1777年的《皇家科学院备忘录》上,但他早在1765年并再次在1771年就已在科学院谈及这个问题。这些报告最重要的部分是论述熔岩沉积的各个主要类型及其相互关系。他在1775年写的一篇论文中,又谈及这个问题,此文在科学院宣读,题为《论根据火山产物确定自然的三个时代,并论这些时代在火山研究中的可能应用》(*On the Determination of Three Epochs of Nature from the Products of Volcanoes, and on the Vse that may be made of these Epochs in the Studyof Volcanoes*)(简写本发表于 *Journal de Physique*, 1779;全文载 *Mém de l'Instit. des Sciences Math. et Phys.*, 1806)。第一个(即最近的)时代包含最近的火山熔岩沉积,它们或者还在活动,或者已在最近死灭。它们是带口的火山锥,以及从火山口延伸到周围地区的多皱、黯黑、草木不长的熔岩席。有的地方,火山锥显出摩擦痕迹,火山渣移到了下面,熔岩上已有一些沟槽。这些变化是雨水和融化的雪造成的。有的地方,流水侵袭了熔岩席,开凿出一个峡谷。第二个(较早的)时代包含的熔岩沉积,其带口的火山锥和火山渣都已被冲掉,它们被流水开凿出的峡谷割裂成一

块块小台地。第三个即最古老的时代的沉积熔岩处于沉积地层的 397
下面，或者同它们交错成层。这个时代一定持续了很长时间，可以在最早的熔岩上沉积 600 至 900 英尺厚水平沉积层。德马雷斯认为，火山喷发仅仅是大自然经过天气和水进行的连续作用过程中的偶然事件。当时，水成学派和火成学派角逐正殷。如果这些相竞争的倡导者研读过德马雷斯的著作（他毫不理会这整个论争），那他们本来可能不会发生激烈的论战。

这里还必须提到德马雷斯的著名火山地图和著作《自然地理学》（*Physical Geography*）（四卷，1794—1811 年）。

德索絮尔和帕拉斯

日内瓦的奥拉斯·贝内迪克特·德索絮尔（1740—99）把德马雷斯认为玄武岩乃由火山火焰熔解花岗岩而成的观点付诸实验检验。他熔解了瑞士和法国的大量各种不同的花岗岩，但他未能把它们还原为玄武岩。他还做了把花岗岩同黑电气石和各种斑岩化合的实验，但他未能通过熔融它们而得到玄武岩。因此，他得出结论（现在看来是错误的）：玄武岩不是像德马雷斯所认为的那样由熔融产生的。虽然这些实验得到的结果都是否定的，但它们使德索絮尔有权跻身地质学领域最早实验家之列。不过，他的声望并不仅仅维系于此。正是他首先使“地质学”和“地质学家”这两个术语流行开来。此外，主要是他的《阿尔卑斯山游记》（*Voyages dans les Alpes*）（三卷，1779，1786，1796 年），不仅大大激励了登山运动和野外地质考察活动，而且还提供了大量可靠的地质学资料，而赫顿等其他更有创见的地质学家对这些资料作了恰当的解释。由于同样的原因，这里还可以提到彼得·西蒙·帕拉斯(1741—1811)的工作。他祖籍柏林。他对俄国地质学所做的贡献，一如德索絮尔对瑞士地质学所做的工作，而且，他是在极端困难条件下进行工作的。他的研究成果记叙在他的《山脉结构研究》(*Consi deration of the Structure of Mountain-Chains*)(1771 年)和《陶里达的物理和地形概况》(*Physical and Topographical Sketches of Taurida*)(1794 年)之中，这两本书均由圣彼得堡科学院出版。

米歇尔

我们现在可以从火山研究转到略述一下地震研究。1750 年
398 袭击西欧各国的一系列地震在整个欧洲引起很大警觉；1755 年接踵而来的灾难性的里斯本地震，使这种警觉变成惊恐。地震这个课题自然引起了学术界的关注，科学学会的出版物大量载文，试图解释这些现象。约翰·米歇尔(1724—93)在 1760 年呈交皇家学会一篇论文《论地震的成因和现象》(*Essay on the Causes and Phenomena of Earthquakes*)(*Phil. Trans.*, Vol. XLIX)，它作出了最宝贵的贡献。他在文中指出，地震通常发生在火山附近，发生在火山喷发的时候。他坚持这样的假说：地震是地下火同大量水突然接触的效应，这时水因而蒸发，以其弹力引起震动。甚至当地下火找到经由火山口的出口时，所产生的扰动也是广泛的；而当这些火无从逸释，其上的山顶崩坍时，扰动自然就远为广泛。降落到火里的山顶空穴中的水立即就蒸发。这样，就在熔融物质和其上岩石之间造成一个空穴，而后者的交替压缩和扩张便造成地面震动。于是，振动波便通过地壳传播，它们的振幅在紧靠扰动源的上方为

最大,随着离这源的距离增加而逐渐减小,直至消没。这种地震波的观念是独创的,并启发作者想出一种确定一次地震震源位置的方法。如果通过观察到的一些震波径迹画线,那么,它们的交点当接近所求之震源。他曾尝试用这方法计算里斯本地震的震源,确定它位于大西洋下面深一至三海里、里斯本和波尔图两地纬度之间的地方。尽管存在种种缺陷,米歇尔的这篇论文还是应当看做为科学地震学的肇始。

四、物理地质学

地壳中各主要类型地层的性质、成因和时序的问题,在十七世纪已经引起注意,尤其可以提到斯特诺的小册子(*De solido intra solidum naturaliter contento*,1669;H. O. 英译为 *Prodromus*, …, 1671)。这个问题在十八世纪里引起了远为严重的关注,而这在很大程度上是由于布丰的推测激起了广泛的兴趣。总之,这一组问 399
题构成了十八世纪地质学的主题。尽管水成学派和火成学派(或火成论者)间的无谓论争造成了障碍,但朝向这个问题的解决还是取得了相当大进步。进行这项工作的研究者中间,相当一部分人很熟悉矿山,尤其是英国的煤矿。这个世纪初,英国、意大利和德国都进行了对地层分类的值得称道的尝试。

斯特雷奇

约翰·斯特雷奇(1671—1743)研究了英国西南部的各种类型地层及其层序。他把研究成果发表于两篇文章和一本书之中。这两篇文章“对在萨默塞特郡门迪普煤矿观察到的地层作了令人啧啧称奇的描述”(*Phil. Trans.*,1719),“对煤矿地层作了解释”,等等(*Phil. Trans.*,1725);那本书的题目则为《各种地层和矿物层等等的观察》(*Observations on the Different Strata of Earths and Minerals,etc.*)(1727 年)。在这些著作中,斯特雷奇正确地描述了从煤到白垩的地层系列的主要门类,注意到这样的事实:煤层是倾斜的,红泥灰岩以上上层地层都是水平的,横穿过煤层边沿。

阿尔杜伊诺

乔瓦尼·阿尔杜伊诺(1713—95),祖籍维罗纳,是威尼斯大学教授,专门研究意大利北部的岩石。他在“两封信”中解释自己所引出的结论。这两封书信是他在 1759 年写给安东尼奥·瓦利斯内里的,1760 年发表于 A. 卡洛杰拉的《科学小册子新收获》(*Nuova Raccolta d'Opuscoli scientifici*)之中。这两封“书信”所以值得提及,是因为信中率先把岩石分为**第一类、第二类、第三类和火山类**四类。阿尔杜伊诺归入第一类的是片岩,它们构成山岭的核心,不包含化石。归入第二类的有石灰岩和泥灰岩、黏土和页岩以及其他包含大量海相化石的成层岩。第三类包括比较晚近的石灰岩和泥灰岩、黏土和砂等等,它们由第二类地层剥蚀而产生的物料形成,只包含陆相化石。火山岩构成一个单独的类或亚类,由火山喷发和洪水泛滥造成的熔岩和凝灰岩组成。

勒曼

约翰·戈特洛布·勒曼(卒于 1767 年)约在同时倡言一种有

些相似的地层分类法。他是柏林大学教授，后来是圣彼得堡大学 400
的教授。他精心研究了哈尔茨山脉和埃尔茨山脉的岩石，在他的《论弗洛茨山脉的历史》(*Essay on the History of Flötzgebirge*)(或成层岩)(柏林，1756 年)中发表了对这些岩石的说明。他把岩石分为三类，第一类是最古老的岩石或山脉，它们向下延伸到不知多少深，向上达到最大高度，种类很少变化，垂直或者倾斜，绝无水平的。第二类是成层岩，由水成层沉积形成，地层是水平的，按规则层序排列，纹理最粗的沉积物在底部，最上端是石灰岩。第三类是更晚近的地层，它们是在第一和第二类岩石形成之后，各时期里局域偶然事件所造成的结果。

富克泽尔

我们现在考察的这批十八世纪先驱中，最重要人物也许是勒曼同时代的同胞格奥尔格·克里斯蒂安·富克泽尔(1722—73)。他原籍图林根的伊尔梅瑙，任鲁道尔施塔特亲王的医生。还在当学生时，他就发现了埃尔富特附近马堡的煤层，后来对图林根的地质发生兴趣。1762 年，他发表了一篇拉丁文的长篇论文，题为《地球和海洋史，基于图林根山脉的历史》(*A History of the Earth and the Sea, based on a History of the Mountains of Thüringen*)(*Trans. Elect.* Soc. Mayence. Vol. Ⅱ)，1773 年，又用德文发表了《地球和人类最初历史概述》(*A Sketch of the Oldest History of the Earth and Man*)。这篇早期论文包含第一张图林根的详细地质图；它还谨慎地定义了许多地质学术语，例如**地层**、**地层系**(formation)(**山系**)等等。他说的地层系，是指依次相继形成的一些地层，它们在各方面都十分相似，足以代表一个地质年代。他识别出图林根有九个这样的地层系：

(1) 最古老的是垂直岩脉系，构成图林根和哈尔茨山脉的顶峰。

(2) 按年代顺序的第二个地层系是石炭系。

(3) 第三个地层系是带大理岩层的板岩。

(4) 第四个地层系为红岩，夹有红色大理岩。

(5) 第五个地层系由白岩组成，带有黏土和砂层。

(6) 第六个地层系由含金属的地层系或二迭系和含铜板岩组成。

(7) 第七个地层系由颗粒石灰岩和白云泥灰岩或蔡希斯坦白云岩。

401 (8) 第八个地层系由砂岩系或斑砂岩组成。

(9) 第九个也是最晚近的地层系是壳灰岩统或上灰岩统。而且，富克泽尔还仔细观察了各个地层系中发现的各种化石，例如煤中的陆生植物、蔡希斯坦岩中的暧昧石、壳灰岩中的菊石。他还注意到，有些地层系只包含陆相化石，表明了古代陆地，而另一些只包含海相化石，表明了那里以往有海洋。

这样，这些先驱者表明了一门科学地层学的基本原理。但是，由于这样或者那样的原因，他们的著作在此后很长时间里很少或者说根本没有受到注意。因此，他们奠定的基础长期受到忽视。这期间出现了一个比较引人瞩目的地质学派，它主宰了十八世纪的余下时间，大大阻碍了科学的进步，同时也对地质学研究的流行和普及作出很大贡献。这个学派就是“地球构造学”的维尔纳学派，或称水成学派。

维尔纳

亚伯拉罕·戈特洛布·维尔纳（1749—1817）原籍萨克森的威劳，他一度在那里的一家铸工厂掌管一个熔铸车间，但为了到弗赖堡矿业学校上学，便离职而去。后来，他又进了莱比锡大学。1774年，他发表了一本德文小册子《矿物的外部特征》（*The External Charaters of Minerals*），这本书的论述特别讲究方法和条理，给人留下十分良好的印象。1775年，他就任弗赖堡母校的收藏馆馆长和采矿工程学教师，直至终老。他使这所学校成为世界最有名的地质学校，吸引了世界各国的大量学生。他生平著作不多。除了上面提到的那部矿物学论著而外，只有一本题为《各类岩石的简单分类和描述》（*A Brief Classification and Description of the* 402
Different Kinds of Rocks）（德累斯顿，1787年）的小册子、几篇矿物学论文和一本薄薄的书，题为《矿脉起源的新理论》（*A New Theory of the Origin of Mineral Veins*）（1791年；Charles Anderson译，1809年）。然而，他的盛名并不仰赖于其著述。他是个极富魅力的演讲师，他那十足的教条主义促使他的学生热衷于他的观点，他们充当他的地质学信经的门徒和传教士，云游四方。维尔纳观点的完整阐述，只能从他的虔诚门徒的著作中去寻觅，其中尤其是弗朗茨·安布罗斯·罗伊斯、多比索·德瓦赞和罗伯特·詹姆森，后者是爱丁顿大学教授、《地球构造学基础》（*Elements of Geognosy*）（爱丁堡，1808年）的作者。他所以能引起听众的兴趣，不仅因为他对论题的讲述简洁明了、条理清楚，而且还因为

他广泛涉猎人类感兴趣的各个领域。尽管他的演讲从矿物开始，但他结束时不停留于矿物，而是纵论矿物分布对民族迁移和特性、对人类生活的工艺美术、对历史、政治和战争，总之，对整个文明的命运的影响。无疑，对地质学研究的流行所作贡献最大的人，莫过于维尔纳。

403 虽然他醉心于演讲中这样驰骋思辨，但维尔纳还是宣称蔑视那些致力于“地球成因学”(即关于地球起源的理论)的思辨地质学家，而正因为这个缘故，他宁可把他的论题称为“地球构造学”，他把它定义为“探索地球构成、各种岩层中矿物的排列以及矿物的相互关系的科学”。他以尊重观察事实，避免一切思辨理论而自豪。然而，他根据自己在萨克森的十分有限经验便作出关于整个地球的一般结论，却又毫不为此感到内疚；像这里将可从他扼述其观点的一段引文可以看到的那样，他仅仅通过强调地断定他的全部假说，便把它们转变成“事实”即确凿的东西。

像他的几个前驱(我们已介绍过他们的观点)一样，维尔纳相信，某些系列、“套”即岩层系规则地重复，每个这样的层系表征了地球史上某个时代。以他在萨克森的观察为指导，他列举出存在依下列时序产生的五个这种层系：

(1) 首先是不包含任何化石的**原生岩**。它们包括花岗岩、片麻岩、云母板岩、绿泥石片岩、原生绿岩和石灰岩、石英岩、蛇纹岩、斑岩、正长岩，等等。

(2) 按年代序，其次是包含化石的**过渡岩**。它们包括云母板岩系、结晶片岩、杂砂岩、过渡绿岩和石膏。

(3) 第三类由沉积岩或**浮岩**组成，包括砂岩、煤、石灰岩、含金属岩、沥青褐煤、壳灰岩、软性岩和白垩、玄武岩、褐煤、黑曜岩、岩盐，等等。

（4）第四类由**运积岩即导生岩**组成，包括砂、黏土、卵石、石灰华、沥青木、皂石和矾土。

（5）第五类也是最近的一类是**火山岩**，包括真正的火山岩（即
熔岩、火山渣和火山灰、白榴拟灰岩和凝灰岩）和假火山岩（即烧黏 404
土、碧玉、磨石和矿渣）。

按照维尔纳对这些各不相同的层系形成方式的解释，海洋起着至高无上的作用。因此，这个地质学派名为水成论。维尔纳认为，地球原先是个完全由海水包围的坚实核心，这海洋的深度至少等于山脉的高度。原生岩石由这大洋所熔解的岩石原料通过化学结晶而形成。过渡岩石中，有些（即板岩和页岩）由化学沉淀形成，其余的（例如杂砂岩）均由机械沉积生成。平静期和扰动期相互交替，海水时而消退而产生新大陆，时而泛滥而淹没现存陆地。这样，就生成了浮岩。运积岩或导生岩层系产生的条件与此相似。按照维尔纳的看法，火山岩最后出现。维尔纳认为，地球没有内部火或别的内部能量积储。因此，他只能把火山岩看做是晚近的偶然产物，并按旧的观点解释其原因。这种旧观点是说，火山岩乃因地壳中积聚的煤燃烧而产生，它们在海洋造成那四个主要地层系之后过了很久才问世。尽管德马雷斯含辛茹苦得来的证据恰恰反对这种观点，但维尔纳仍然倡言这样的观点：玄武岩不是火山的产物，而是水成的，像盖塔尔坚认的那样。

维尔纳的岩石分类法有条有理而又简洁明了，投人所好。任何人在他指导下考察了萨克森的一个矿山，也就能对地壳其余部

分的矿山了如指掌。而成因解释甚至更加简单。一切基本类型岩石无非不是大洋的化学沉淀,就是其机械沉积。水能否溶解花岗岩、金属等等这类物理-化学问题或者按下不提,或者就搪塞过去。这些基本学说是本着一种浅显自信的精神传授的。哪怕它们有些话说不大通,对它们提出疑问,似乎也是无礼的行为。维尔纳的下列一段话或许是令人感兴趣的,它既综述了他的理论,又表现了他那无以复加的自信。

"在重新扼述我们知识的现状时,显而易见的是,我们确凿无疑地知道:浮岩山脉和原生山岭是在覆盖地球的水中相继形成的一系列沉淀和沉积所产生的。我们还可肯定,构成山脉岩床和岩层的矿物都溶解在这遍布全球的洪水之中,并从中沉淀;因此,在原生岩和浮岩山岭岩床中发现的金属和矿物也包含在这遍布全球的溶剂之中,并从中沉淀而形成。我们还进一步断定,不同时期从中形成不同的矿物,时而形成泥土矿物,时而形成金属矿物,时而形成其他矿物。我们根据这些矿物上下重叠的位置,还知道如何以极其高的精确度确定,哪些矿物是最古老的沉淀物,哪些是最晚近的。我们还深信,地球的坚实质体是相继(以湿汽方式)形成的一系列沉淀所产生的;如此积聚起来的矿物的压力在全球不是到处相同的;由于这种压力差别和其他一些共同起作用的原因,地球物质、主要是地面上最高部分产生了裂缝。我们还相信,遍布全球的水之中的沉淀物必定进入水所覆盖的袒露裂隙之中。并且,我们现在确然知道,矿脉带有在不同时期里形成的裂隙的一切标志;由于那些导致矿脉形成的原因,矿脉物质的质地同山岭岩床和岩层绝对相同,这些物质的质地仅因它们出现的空腔的地点不同而异。事实上，那个大储存器（容纳遍布全球的水的那个大空腔）中包含的溶液必然要经历各种运动，而其局限在缝隙中的那部分则未受扰动，而以平静状态沉积其沉淀物”（*Theory of Mineral Veins*，英译本，第110页）。

在维尔纳及其门徒高擎水成论大旗胜利前进的同时，不列颠群岛却在默默无闻地进行细致的地质学研究工作，旨在消除弗赖堡学派造成的危害，把地质学引向一条更加科学的通路。这个抵抗运动的领袖是赫顿。赫顿表明，地下热源是实际存在的，参与造成地壳的某些地层系。因此，这个地质学派用上了火成论（Vulcanism 或 Plutonism）的名称，恰同维尔纳学派的水成论成为对比。

赫顿 405

詹姆斯·赫顿（1726—97）出生于爱丁堡，上过当地的中学。他17岁时跟一个律师当学徒，但不久就为了攻读医学而离去，先是在他家乡的大学，然后在巴黎，最后在莱登，1749年从那里毕业，成为医学博士。但是，他从未行过医。他一度进行各种化学实验，包括硇砂的实验。他最后从硇砂的制造中挣得足够收入，从而得以从事那些他的名望所系的无利可图的地质学研究。1752年，他去到诺福克的一个农场研究农业，从1754到1768年，他经营自己在贝里克郡的农场；但后来他又离开那里，到爱丁堡定居。他在这里结交了约瑟夫·布莱克、约翰·普莱费尔（数学教授）以及詹姆斯·霍尔，全身心地致力于自己的研究。这些研究绝不局限于地质学。在他那经典的《地球理论》（*Theory of the Earth*）问世之前，他已经发表了关于物理学和形而上学的论著。虽然他对地质学的兴趣已有很多年，但他直到1785年才撰写这门学问的著作。在这之前，他已到苏格兰、英格兰、威尔士和欧洲大陆进行过地质旅行，实际上已构思了他的地球理论，并口头告诉过他的朋友。那年，他接受劝说，向当时新建立的爱丁堡皇家学会报告工作。他呈交了两篇论文，发表于该学会《学报》第一卷，题为《地球理论；或地球陆地的组成、离解和复原的可观察规律的研究》（*Theory of the Earth; or an Investigation of the Laws observable in the Composition, Dissolution, and Restoration of Land upon the Globe*）。这理论似乎没有引起多大注意。但是，1793年，后来的爱尔兰皇家科学院院长理查德·柯万（1733—1812）相当激烈地抨击了它。于是，赫顿致力于把他的理论搞得更精致，并提供更充分的证据支持它。其结果便是1795年出版的两卷本《地球理论，附证明和插图》（*Theory of the Earth, with Proofs and Illus trations*）。计划的第三卷共有六章，于1899年由伦敦地质学会出版。

赫顿深入思考了科学方法的问题，发表了一部关于知识问题的多卷著作（*An Investigation of the Principles of Knowledge, and of the Progress of Reason from Sense to Science and philosophy*, 3Vols., 4, 1794）。因此，他进行研究的方法不是随意的，也不是不自觉的，而是经过深思熟虑选定的。这些方法主要可以说是自然主义的方法。地球的既往史必须根据那些现在仍可观察到
406 的或者晚近观察到的自然作用来解释，而不能诉诸任何超自然原因的作用。不管怎样，在科学中，自然现象必须被看做为形成一个不受超自然干预的自成一体的体系（*Theory of the Earth*, Vol. Ⅱ, p. 547）。

像前人一样，赫顿也观察到，土壤覆盖下的岩石通常由按一定顺序排列的并行岩层组成，虽然各岩层在组成上不同，但它们看来全都由更古老岩石的碎屑组成。并且，在海洋的下面，可以形成完全一样的岩层。因此，看来像我们现在所知道的那样，陆地大都可能是由以往存在的陆地的碎屑组成，像沉积物那样水平地展布在海底上，变为坚实的岩石。因此，我们有理由设想，地球一度为水的海洋所包围，而在海底，原生岩石核心的碎屑密集而成为坚实的岩层。但是，赫顿不认为，仅仅压力就能解释软性沉积物之固结为坚实岩石。他坚持认为，固结需要地下热的作用，但他也认识到，热对岩石的通常效应要受它们所承受的压力作用影响。他的观点似乎为斯特诺早已注意到的一个事实所证实，即陆地岩层往往偏离它的作为海相沉积物所应处的水平位置，而且所处位置极不规则——倾斜、折叠、扭弯、断裂，沿垂直位置则端末都截平。像他所指出的，偶尔还发现紧密并列的岩层，它们通常离得很远，分属迥然不同的岩层系。按照赫顿的意见，这些都只能用地球内部蓄积的热所引起的灾变来解释，这种灾变为受热作用的物质产生的抵抗所缓和，结果，在地壳中产生了形形色色的扭曲和不规则性。赫顿认为，火山是地球的通气孔和安全阀，地球的内热不时通过它逸出，从而"防止陆地不必要地升高以及地震的毁灭性后果"（*Theory*，Vol. Ⅰ，p. 146）。

于是，赫顿形成了这样的观念：地球内部可能包含"一种流动物质，它被热的作用熔融，但不发生变化"；他进而还解释了其他各种地质现象。为此，他假设，这种熔融的物质有一部分被从地球内部挤入地壳，从下面侵入各种地层。赫顿认为，粗玄岩（包含颇多

407 争议的玄武岩)、斑岩和花岗岩就是这种侵入岩。因此,他提出,花岗岩和粗玄岩的岩脉是火成物质从下面外流的结果,而不是在上面的海洋沉淀所形成。

赫顿明确认为,玄武岩起源于火山。他首先解释了玄武岩(和类似岩石)同普通熔岩流之间的差异。玄武岩所以具有结晶结构,是因为组成它的熔岩没有到达地球表面,而是留在地下,并在上面岩石的巨大压力下固结。溢出地面的熔岩没有受到这种压力,因此,具有囊状结构。赫顿的假说后来由詹姆斯·霍尔爵士用实验加以证实。

虽然赫顿是个火成论者,但现在应当可以明白,他并不否认像热一样,水在地质演变这场戏剧中也扮演着重要角色。相反,他对地面在水以及空气和热的作用下不断变化的方式作了精彩的描述,给人留下深刻印象。大气的风化作用和化学剥蚀作用使岩石分解;雨和流水把岩屑冲入海洋或其他储水的场所,岩屑在那里蓄积起来,形成新的岩层,它们在适当时候由于某种内部灾变而隆起。这样,旧的陆地被冲掉,新的陆地崛起;这种变化现在仍缓慢但不停地继续进行;"没有显现出开端的踪迹,也望不到终结的尽头"。

就自然地理学而言,特别令人感兴趣的是赫顿关于流水刻蚀地面的思想。这个思想的最精彩表述见诸普莱费尔的《赫顿理论例话》(*Illustrations of the Huttonian Theory*),其中的有关段落录引在第488—489页上。

普莱费尔

赫顿的文字表达能力很差。因此,要不是他的朋友普莱费尔

的帮助，他的思想的传播本来还要大大延迟。普莱费尔的《赫顿理
论例话》(1802 年)竭力把赫顿的思想表达得通俗易懂而又生动有
趣。然而，他在书中也贡献了自己的思想。其中最有独创性的，是 408
他认识到冰川的地质学功能。他指出："无疑，大自然用以搬移巨
大石块的最强大动力是冰川，即那些在阿尔卑斯山脉和其他一等
山脉的极深峡谷里形成的冰河或冰湖"(*Illustrations*，p. 388)。地
质学家和其他人长久以来已对巨大漂砾怎么会令人难以料想地搬
移到阿尔卑斯山脉的山坡和平地的问题，感到困惑不解；但是，在
普莱费尔想到以往和现在冰川这种潜在可能性之前，人们一直提
不出说得通的解释。他还给欧洲陆地高度升降不居找到了最充分
证据，并表明了，苏格兰海岸某些浅滩的升高，必定是因陆地高度
上升所致，而不是海面下降的缘故。

霍尔

赫顿另一个朋友詹姆斯·霍尔(1762—1831)的工作，对于地质学的进步和火成论之战胜水成论，甚至具有更为重要的意义。我们可以言之有理地把霍尔说成是实验地质学之父。诚然，以往已有人做过一些这种实验。我们前面已经提到过布丰和德索絮尔的实验。然而，霍尔的实验远为广泛和带有系统性，并且在进行实验时，他还具有远为深刻的洞察力。赫顿本人并不十分推重实验，因为他不信任那些"推理能力差的人"，他们"拿着一支烛炬，往一只小坩埚底下瞧瞧，凭此就给矿物界的大规模作用下判断"(*Theory*，Vol. Ⅰ，p. 251)。当人们重提德索絮尔根据不充足的实验推断，玄武岩不可能由熔融而成时，赫顿表示疑虑，看来不无道理。

但是，霍尔具有与众不同的能耐。他从布莱克和赫顿那里了解到诸如物体加热时压力变化或者冷却时冷却速度变化等因素的潜在重要性。以这种思想为指导进行的实验，自然比早先那些零散而又相当粗糙的实验更有其价值，结果也更其确定。

霍尔的主要实验结果驳倒了维尔纳派水成论对赫顿火成论所提出的诘难。这种反对意见主要有以下两点。

409 （1）首先，它反驳赫顿的火成论说，花岗岩和粗玄岩之类结晶质岩不可能由熔融的岩浆形成，而只能由海洋沉淀形成，因为如果这种熔融物质冷却，则它将成为玻璃质的和无定形的，而不是结晶质的。

（2）其次，它反对说，石灰岩不可能由熔融态的类似物质形成，因为当这样加热时，一切碳酸均将变为游离的而逸散，其结果将生成生石灰，而不是石灰岩。

霍尔用实验否证了上述第一个论据。他表明，采自维苏威和埃特纳的粗玄岩和熔岩样品可加热使之熔化，然后，可让其冷却，于是，它们便变成玻璃质岩或结晶质岩，视让熔融岩浆迅速还是缓慢冷却而定。他在这些实验中应用了一家铁工厂的反射炉。不过，这实验是利思玻璃厂的一次事故提示他做的。让一定量绿玻璃缓慢冷却，结果它失去玻璃特性，成为不透明的和结晶质的；但当其中一部分重新熔融并使之迅速冷却时，它便又呈玻璃性质。这样，他就做了大量实验，研究冷却速率变化的效应，证实了赫顿关于结晶质岩石是火成岩的观点，否证了水成论的主张即结晶质岩必定起源于水。这些实验还附带也解释了赫顿所注意到的下述两种熔岩间的差异。从一条冷裂缝中升起的熔岩，在敞露的表面处迅速冷却，成为玻璃质的；内部的熔岩则缓慢冷却，变成结晶质的。

同样，第二条反对意见也用适当的实验加以反驳。他把一些粉末状石灰岩放进瓷管、枪筒和由实心铁钻孔而成的管子，仔细把它们密封，然后，让它们经受当时所能得到的最高温度。在被限制的超温加热的空气的巨大压力作用下，石灰岩熔化而又未失去它的碳酸，貌似大理岩。

霍尔做了数百次实验来支持赫顿的理论。这里必须再引述一个实验，他用它表明，一个盛有海水的铁容器底部的砂，只要把它们加热到赤热即可使之变成坚实的砂岩。

霍尔对他的实验的说明载于1790年起的爱丁堡皇家学会《学报》(Vols. Ⅲ—Ⅶ等等)。他一度是这学会的会长。

当然，十八世纪还有许多别的地质学家。然而，他们的工作虽然不无重要之处，但在一部科学通史上没有必要加以叙述。十八世纪末年，还有一些人做了初步的研究工作，他们终将扬名科学史，不过，他们的劳动只是到十九世纪初年才结出硕果而闻名于世。因此，他们理应属于十九世纪。

(参见　A. Geikie: *Fownders of Geology*，第2版，1905；K. A. vcn Zittel: *History of Geology and Palaeontology*，1901；F. D. Adams: *The Birth and Development of the Geological Sciences*，Baltimore and London，1938；K. F. Mather and S. L. Mason: *A Source Book in Geology*，New York and London，1939。)

410 # 第十六章　地理学

地理学主要是一门描述地球表面的学问;但它也力图对它所描述的大量各不相同现象作出科学的解释。它的描述当然依靠探险、勘测和地图绘制艺术;它在科学解释上的成功则仰赖各门其他科学的成就,尤其是天文学、气象学、地质学甚至还有人类学。因此,地理学虽不能说是混杂的,但也具有复合性,在论述时需要参照本书的一些其他章节。

十八世纪在促进地理科学发展上的主要贡献有四个方面。(1)到地球上各个未知的或知之不多的部分探险;(2)对地球精确测量作出的若干重要贡献;(3)制图学上的若干显著改良;和(4)根据当时最先进的地质学和气象学思想,建立自然地理学的全面尝试。因此,以下将按探险、大地测量学、制图学和自然地理学四个标题来对十八世纪地理学作一简明介绍。

一、探险

十八世纪里,太平洋的探险和它南部那神秘的澳大利亚陆地的探寻,仍在活跃地继续进行。十八世纪初,法国探险家获得了有关合恩角的位置和海岸线以及南美洲西海岸的比较精确的知识。

探险家L.布维在1739年发现了现在以他命名的那个南方岛屿，但他错把它当做一个沿一条延长海岸线的角，称它为“环割角”。后来，Y.J.德·克尔盖伦-特雷马雷克在1771年发现一个岛（今称克尔盖伦）时，也犯了类似的错误。荷兰人在这期间继续他们从上一世纪开始的、在澳大利亚海岸和周围海洋的探险。M.范·德尔夫特在1707年访问了梅尔维尔岛；J.罗格费恩在1722年发现 411
了复活节岛，从那里取道低群岛、萨摩亚群岛和新不列颠回到巴塔维亚。俄国人在把西伯利亚开拓为殖民地和征服堪察加之后，到东北亚海岸探险，荷兰航海家在十七世纪已经到达过那旦。十八世纪上半期，一系列俄国探险队来到千岛群岛和耶佐[1]，而在1728年，V.白令从堪察加出发，去探寻亚洲和美洲的接合部，但他到达北纬67°18′以后就折返了。后来在1741年的一次航行中，白令抵达北美阿拉斯加今圣埃利亚斯山的地方。他沿着阿拉斯加半岛海岸航行，但在到达现在称为白令岛的地方便死了，他的船员历尽千辛万苦之后，从那里回到了堪察加。这支探险队的另一名成员A.切里科夫在同白令分手后，也抵达美洲海岸，向南一直航行到北纬58°。在返回堪察加的途中，切里科夫发现了阿留申群岛的几个岛屿。十八世纪下半期，由于俄国人从西部渗透，北美的西班牙人在这种干扰下便力图扩展在太平洋沿岸的资源勘探。1770年发现了蒙特里，J.佩雷斯（1774年）和埃塞塔与夸德拉（1775年）等人率队从那里出发进行探险，其结果是在地图上部分地标绘了夏洛特皇后群岛，以及到达了哥伦比亚河。1764年，J.拜伦在为英国攻

[1] 即日本的北海道。——译者

占福克兰群岛以后回国的航途中，发现了几个岛屿。拜伦返抵后，S. 沃利斯和 P. 卡特雷特旋即出发去太平洋。沃利斯发现了塔希提；卡特雷特考察了圣克鲁斯群岛，航抵东印度群岛①。饱经风霜的法国殖民者路易-安托万·德布甘维尔从 1766 开始进行了一次周游世界的航行，他的航线与沃利斯等人有些相近，途中考察了塔希提、萨摩亚群岛、新赫布里底群岛、卢伊西亚德群岛乃至新几内亚。詹姆斯·库克船长(1728—79)的历史性航行使这一切先驱性的探险达于最高潮。

1768 年，当库克受命于皇家学会，率领一支探险队去观测金星凌日时，他已经在勘察加拿大东海岸。库克原打算一候凌日过去，马上就扬帆南航到纬度 40°去探寻一个南方陆地，然后(如果他还幸存)，向西朝新西兰远航，打算仔细测定新西兰的位置，在它沿岸探险。1768 年 8 月，库克出发绕过合恩角进入太平洋，横渡太平洋到社会群岛，在那里成功地观测了大星凌日。然后，他向新
412 西兰进发，环航了这两个群岛，证明它们都是岛屿；但是，他因感到船在高的南纬度航行风险很大而踌躇不前。因此，在探察和吞并了澳大利亚东岸之后，他便取道东印度群岛返航，于 1771 年 7 月返抵祖国。库克的第二次航行结束了关于一块南方陆地是否存在的众说纷纭状况。他下令航抵好望角，从那里(如果他能找到的话)去布维发现的那块陆地，即布维所称的“环割角”；确定它究竟是一块陆地还是一个岛；如果是陆地，在那里探险；如果是岛，就进行勘测；接着南航，再向东尽可能靠近南极地绕过地球，去探寻这

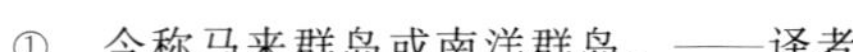

① 今称马来群岛或南洋群岛。——译者

陆地，从而也就访问了这个角。库克于 1772 年 7 月率两艘船启航。他搜寻了六个星期，在北极圈里穿行，没有找到布维的陆地。尔后，他向东航抵新西兰。在随后巡行太平洋的航程中，他抵达南纬 71°10′，他认为，再往前航行是危险的，失诸鲁莽，因为有冰。“实际上，我和船上大部分人都认为，这冰一直延伸到南极，或许同某块它亘古就维系于其的陆地相联；我们发现，向北面上下散布的冰最初全都是在这里即这纬圈的南面形成的，后来由于大风吹刮或其他原因而断裂，又被水流带到北面，这些水流现在也总是可看到在高纬度沿此方向流动。当我们驶近这冰时，可以听到企鹅的叫声，但看不到它们的身影；不过，还有少量其他鸟或者别的东西，它们能致使我们想到近处有陆地。然而，我认为，这冰后面的南方一定有块陆地；但如果有的话，它不可能为鸟或任何别的动物提供比冰本身更好的栖息地，而它必定完全为冰所覆盖”（库克的 *Voyages*，1821，Vol. Ⅲ，p. 270）。在再次访问新西兰之后，库克横渡太平洋，通过合恩角，再穿过南大西洋，于 1775 年返回英国。他写道：“我现在从高纬度巡行南洋，穿越时尽可能不留下可能容存一块陆地的水域，除了南极附近和航行不到的地方而外。……我不否定，南极附近可能有一块陆地或一大片陆地；相反，我认为它是存在的；很可能我们已经看到它的一部分。极度的严寒、众多的岛屿和巨大的浮冰，这一切都倾向证明，南面一定存在陆地：我已提出过理由说明，我为什么认为，这块南方陆地一定位于或延伸到南大西洋和南印度洋对面最南端；我还可以增加一条理由，即在这些 413
海里，我们感到的寒冷程度甚于南太平洋纬度相同的地方”（*Voyages*，Vol. Ⅳ，p. 219）。库克船长的最后一次旅行（1776—

1779)是试图发现一条联结大西洋和太平洋的“西北通道”,它使航海家得以直达东印度群岛,无需绕过好望角或穿过麦哲伦海峡。十六世纪末和十七世纪初许多人尝试过发现这样一条通道,均告失败。不过,他们都是从美洲东边寻找。库克吸取教训,从这大陆的西边去探寻。在海外航行中,他考察了克尔盖伦群岛,访问了新西兰、塔希提和桑威奇群岛,最后抵达美洲西岸北纬 44°33′的地方。他沿这海岸上行到阿拉斯加,把威廉王子海峡和今天所称的库克口(Cook Inlet)看做两条可能的通道;然后,他穿过白令海峡,沿阿拉斯加北岸远航抵达冰角(Icy Cape)。在回国途中,库克发现了夏威夷岛,但他不幸在这里被土人杀害(1779 年 2 月 14 日)。

法国探险家 F. G. 德・拉彼鲁兹在 1785—1788 年试图继续库克的发现。他绕过合恩角,取道美洲在阿拉斯加的圣埃利亚斯山附近的太平洋沿岸,向南航行到蒙特里,沿途把海岸绘入海图。然后,他横渡到亚洲东岸,沿岸上行途经澳门、菲律宾、福摩萨[①]、琉球群岛、朝鲜海峡、日本海、鞑靼湾,穿过萨哈林和耶佐间今仍称拉彼鲁兹的那个海峡,在通过千岛群岛到堪察加之后,再向南到友爱群岛和澳大利亚的杰克逊(悉尼)港,他在那里发现一个英国殖民地。拉彼鲁兹从这里出发去进一步探险,但是整个探险队都在圣克鲁斯群岛丧生。布律尼・当特雷卡斯托于 1791 年率领一支探险队出发去搜寻拉彼鲁兹。他访问了塔斯马尼亚、新喀里多尼亚以及包括新不列颠在内的其他岛屿,他还把澳大利亚南部海岸和

① 即我国的台湾岛。——译者

新几内亚的大部分海岸都绘入海图，最后他也死于旅途。十八世
纪末年，许多商人访问了美洲西北海岸，他们的报道增长了关于世
界这一地区的知识。为了证实据认为发现了可能是通过这个大陆
的一条通道，也为了解决同西班牙的一场争端，乔治·范科弗船长
出发去太平洋海岸，于 1792 年到达那里。他极细致地在海图上绘 414
下了从普吉特海峡到库克口这段海岸。他认为，他已一劳永逸地
解决了西北通道的问题。范科弗的同船水手之一 W. R. 布劳顿于
1796—1797 年勘测了日本和千岛群岛之间的亚洲东海岸，并向上
航行到鞑靼湾。

十六和十七世纪各别旅行家已经开始的南亚腹地的探险，在十八世纪又继续进行。耶稣会传教士继续勘察中国内地。当维尔利用他们搜获的资料绘制了地图（1735 年）。许多传教士在十八世纪初访问了拉萨，其中一个名叫 H. 德西德里的取道拉合尔、斯利那加和列城到达这座禁城，再沿印度河和布拉马普特拉河航行通过西藏，最后经由尼泊尔返回（1716—1721）。S. 范·德·皮泰在 1724 年进行了从波斯取道拉萨到达中国的旅行。十八世纪下半期几个外交使团到达西藏，一般都是经由不丹去到这个国家①。詹姆斯·伦内尔对孟加拉作了深入全面的勘察，他的《孟加拉地图册》(*Bengal Atlas*)于 1779 年问世，他的印度斯坦地图到十九世纪才由于进行了勘测印度的工作而被废弃。C. 尼布尔于 1761 年率领一支丹麦探险队到阿拉伯半岛探险，记述了那个地方。1794 年，伍兹到缅甸的伊洛瓦底江探险，一直深入到阿瓦。十八世纪中

① 西藏历来是中国的一个行政区划。——译者

期，俄国探险家到北亚，从阿尔汉格尔向东，从勒拿河口向西，大致完成了对亚洲北极海岸的勘察。梅塞施米特到西伯利亚和中亚部分地区探险，他在1725年顺叶尼塞河面下，后来到达蒙古的达兰诺尔；雷纳特在1716和1733年间也到那里旅行，根据收集到的材料，绘制了一张宝贵的亚洲内地地图。后来，俄国科学院组织对亚洲俄国进行广泛的科学考察，逐渐地增补先驱探险家绘制的地理略图。

非洲是为了系统探险而深入考察的全部大陆中最晚近的一个。詹姆斯·布鲁斯在1768年到阿比西尼亚旅行，继续十六和十七世纪传教士在那里的先驱性探险。他从临红海的马萨瓦出发，到贡德尔和青尼罗河源头；他返回时穿越努比亚沙漠到埃及。在

415 西北海岸地区，英国和法国的探险家继续在冈比亚河和塞内加尔河流域活动。荷兰在1652年建立的那个“殖民角”在十八世纪成为一个基地，从那里去进行沿非洲东南海岸到纳塔尔和迪拉果阿湾的海陆探险。其他探险队的目标是沿西南海岸进入大纳马卡兰，十八世纪中期它们越过奥兰治河以后插进了这个地方。十八世纪末，已经到达了沃尔菲施湾，还相当广泛深入地考察了“殖民角”毗邻的内陆地区。

法国探险家十七世纪在北美开辟了以大湖为中心、密西西比河以东、俄亥俄河和哈得逊湾之间的那个地区。然而，太平洋究竟位于密西西比河以西多远的地方，仍属很大的疑问。西厄尔·德·拉韦朗德里试图到达太平洋。他于1731年从尼皮冈湖出发，到伍兹湖，而他的儿子奋力进到温尼伯湖。后来，拉韦朗德里的两个儿子向西旅行，至少远达落基山脉，但未能抵达太平洋。与此同

时，英国殖民者从他们在北美海岸的殖民地出发，继续向内地进发。十八世纪末，英国开拓的地区向西已远达密西西比河，而向北主要由于乔治·克罗根带头，英国殖民者同俄亥俄河对岸的法国殖民者相接触。十八世纪在哈得逊湾邻域的探险，主要在哈得逊湾公司主持下进行，旨在发现通往太平洋的西北通道。米德尔顿从海上探寻这样一条通道，他在1742年发现了索斯安普敦岛以西的韦杰湾和雷普尔西湾；S.赫恩从陆上探寻这条通道，他在1771年从哈得逊湾向西前进，到达科珀曼河，并追溯到它在北极圈的河口。在返途中赫恩发现了大概是大奴湖的地方。A.亨德里开辟了这个地区在哈得逊湾西南的部分，他在1754—1755年间沿海斯河上溯航抵温尼伯湖和穆斯湖，从那里再沿萨斯喀彻温河上行到今卡尔加里附近的红鹿河。加拿大商人不久以后就沿着温尼伯湖、萨斯喀彻温河和阿萨巴斯卡湖这条路线到达大奴湖。A.麦肯齐于1789年从阿萨巴斯卡湖畔的奇普怀安堡出发，顺奴河而下，到达大奴湖，从那里再沿以他命名的那条河航抵这河在北冰洋的三角洲。他沿原路返回时，只花了102天便行过了将近3000英里。1792年，麦肯齐再次从奇普怀安堡出发。他顺皮斯河而下，顺利地利用有陆上运输路线相联的帕斯尼普河、弗雷塞河和贝拉科拉三条河，到达贝拉科拉河口的太平洋，这样他终于横越了北美 416
大陆。

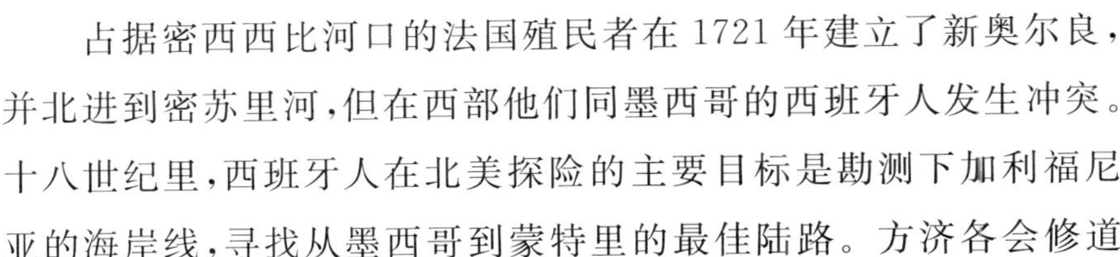

占据密西西比河口的法国殖民者在1721年建立了新奥尔良，并北进到密苏里河，但在西部他们同墨西哥的西班牙人发生冲突。十八世纪里，西班牙人在北美探险的主要目标是勘测下加利福尼亚的海岸线，寻找从墨西哥到蒙特里的最佳陆路。方济各会修道士 F. 加尔塞斯沿科罗拉多河上溯，对这河的部分流域进行了重要的探险，另外两个修道士 S. V. 德·埃斯卡兰特和多明格斯在 1776 年在今犹他州的地方进行探险，他们此行是为了寻找从新墨西哥的圣菲到太平洋海岸的通路，但未获成功。在南美，拉蒙神父在 1744 年到奥里诺科河和里奥内格罗之间的地域探险，这个地区有许多探险队来过，洪堡的探险是最高潮。拉孔达明于 1743 年在对秘鲁作了大地勘测探险之后，顺亚马孙河而下。十八世纪中期，M. 费利克斯·德利马和其他葡萄牙旅行家考察了亚马孙河南部各支流，包括瓜波雷河和马德拉河。耶稣会传教士也大力开辟大查科地区，而 F. 德·阿萨拉对巴拉圭河和巴拉那河流域进行了长期的很有价值的勘察。

（参见　J. N. L. Baker：*A History of Geographical Discovery and Exploration*，1931。）

二、大地测量学

十八世纪里通过测量子午弧来测定地球大小的所有尝试中，最细致、最精确的是法国在大革命后那几年里进行的。除了纯粹科学的动机之外，这种测定还有其实用的目的，即定义长度的自然标准，把它用作为整个度量衡制的基础。至少从十四世纪开始发展贸易以来，欧洲就感到需要一种统一的米制。形形色色标准的通行，给欺诈和压迫带来很大机会；但是，一切试图取消这种滥用
417 的努力都遭当权者的抵制。因此，法国革命者的首要任务之一是普遍采纳一种**自然的**长度单位，取代各种习惯标准；根据它当可导

出体积和重量的单位。早在1670年，加布里埃尔·穆东就已建议采用1′的子午弧及其十进分度作为长度标准（*Observations diametrorum solis et lunae apparentium*，p. 427）。约在同时，惠更斯在他的《摆钟论》（*Horologium Oscillatorium*）（1673年）中建议，用一个秒摆的摆长或此长度的三分之一作为一个适合此目的的单位。这两个建议都是在大革命以后提出的，但人们在那之前很久就已知道，一度子午弧的长度和一个秒摆的摆长当在不司纬度测量时，同样变化甚微。国民议会任命一个委员会负责以所能达到的最高精确度测定这两个长度，委员会成员包括几位最杰出的法国科学家（其中有拉普拉斯、拉格朗日、蒙日和博尔达）。博尔达和卡西尼在巴黎测量秒摆长度所采取的程序在第三章里已说明过。最后决定不采用任何摆的长度作为标准，因为这种长度取决于把时间划分为单位（例如秒）的概念，而这些单位是任意的，不是自然常数。结果改选四分之一地球子午圈的千万分之一作为单位（但这种分数的选择也引入了一个任意的因素）；梅尚和德朗布尔承担尽可能精确地估算这长度的任务，他们测量了从敦刻尔克到巴塞罗那跨度近10°的子午弧，这段子午弧卡西尼·德蒂里和拉卡伊早先已测量过。这子午弧在1806年时向南延伸远达福门特拉岛；因此，这弧中心的纬度应尽可能靠近45°纬圈，一度子午弧的长就是在这纬度上求取的。有两根基线，一根靠近巴黎，另一根靠近佩皮尼昂；它们用铂杆极为仔细地加以测量。铂杆由博尔达监制，其中还包含他在测量他的摆长时所用的那种热膨胀指示装置。这项工作受到大革命时代骚扰的影响，而它需要多年坚持不懈的努力方能完成。这弧的测量涉及勘测和解一百多个三角形。米的长度

最后于1799年确定为3英尺11.296线(按特瓦兹[①]量度),它标定在一根铂棒上,后者作为长度的最终标准。重量标准用一块铂代表,这铂的重量等于一立方分米(升)纯水在真空中、处于其密度达
418 到最大时的温度的重量(1000克)。后来更加精细的大地测量使人们认识到,四分之一子午圈的法国估计值是有误差的;但是,**一般在这类场合还是坚持这公认的标准**。德朗伯尔和梅尚得到的这些结果具有特殊的科学意义,因为它们表明,地球不是一个规则的旋转椭球,因此,没有两根四分之一子午圈严格相等。威廉·马奇在1800—1802年间测量从约克郡到怀特岛的子午弧所得的结果也表明了这一结论(*Phil. Trans.*,1803,p. 383ff.)。

(参见 *Base du śystéme métrique décimal*,Paris,1806—10。)

三、制图学

兰伯特、欧勒和拉格朗日三人在十八世纪里对制图学的进步作出了重要贡献。这门学科在十八世纪下半期的重大理论发展,同科学发现旅行的组织(例如库克船长的旅行)和比较精确的地形测量相联系。例如,在广泛的精确的大地测量作业的基础上,卡西尼的法国《几何地图》(*carte ǵeométrique*)在1750和1793年间问世。它以184张图刊行,按1∶86400比例绘制,成为其他各国地图的楷模。然而,理论制图学史上的一个新时代开始于兰伯特的《陆地和天空图绘制术述评和增进》(*Anmerkungen und Zusätze*

① 特瓦兹(tois),法国古长度单位,合1.949米。——译者

zur Entwerfung der Land-und Himmelskarten）一书于 1772 的出版。（见奥斯特瓦尔德的 *Klassiker*，No. 54。）

在兰伯特之前，已经有一些人研究了各种特殊类型的投影地图；但是，他第一个制定了作为这个学科基础的各条一般定理，解释了一张地图所应满足的各个要求。在研究这些问题时，兰伯特还发现了几种至今仍在应用的新的投影方法。其中最重要的是正形投影法和等面积（或等积）锥顶投影法。在最后一节里，兰伯特考察了地球的扁球体形状。

几年以后（1777 年），欧拉也注意投影地图的问题。他关于这个问题的论著（见奥斯瓦尔德的 *Klassiker*，No. 93）远远超出兰伯特的范围，它们构成了拉格朗日和高斯研究一些面在另一些面上 419
保形表示问题的出发点。欧拉的第一篇论文系关于球面在平面上表示的问题。但是，在早期的投影法中，球面上各点按照透视定律投影到平面上，以使在一个位于一定点的观察者看来，它们处于本来应处的位置。欧拉则推广了问题，表明球面上点如何可按任何变换定律表示在一平面上。另外，欧拉还解释了麦卡托投影法的条件，证明一张麦卡托图是正形的，球的面元素变换成了平面上的相似元素，他进一步表明，这样一张图提供给海员的最大便利在于，事实上任何斜驶线（即任何以同一角度截切全部子午圈的曲线）在这里都变换成了一条直线，它也以同一角度截切这图上的全部子午圈（它们也是并行直线）。并且，欧拉还从他的一般方程推出那众所周知的表示，即地球的北半球或南半球表示为一个圆，其圆心表示极地，而子午圈和纬圈在图上相互垂直截切。他表明，在这种投影法中，球面上一切小区域全都复现为平面上的相似图形。

在第二篇论文中，欧拉解释了现在更经常应用的球极平面投影法。它更精确地复现面；它是正形的，把球面上的全部圆都变换成地图上的圆或直线。欧拉的最后一篇论文解释了德利尔绘制其俄罗斯帝国地图时所应用的投影法，说明了如何可把用这种投影法绘制的地图的缺陷减小到最低限度。这种投影法（麦卡托已开其先河）是一种锥顶投影法，按照它，子午圈变换为相交于一点的等距直线，纬圈变换为围绕该点的同心圆。

拉格朗日在1779年的论文（"Sur la Construction des cartes geographiques"，载 *Nouv. Mém. de l' Acad. R. de Berlin*, p. 161ff.）中把高等数学分析应用于制图学问题。他从一种比兰伯特和欧拉更为一般的观点出发来对待这些问题，他把结果应用于确定子午圈和纬圈变换为地图上圆的各种可能情形。高斯在1822年给出了把一给定几何面的元素保形表示在另一这种面上的问题的一般解（见奥斯特瓦尔德的 *Klassiker*, No. 55）。

420 四、自然地理学

十八世纪自然地理学史上的划时代事件是瑞典化学家托尔贝恩·柏格曼（1735—84）的《世界概述》(*Werlds Beskrifning*)出版。这部著作于1766年问世，立即被译成多种欧洲语言。这部著作以其记叙完备、资料丰富著称。它结构系统化，一般结论和思辨成分都以全书不断援引的大量例证事实为根据。该书分为六篇，各篇又分为若干章节。

第一篇概述地球表面，把它设想为一个大洋，上面有两个大岛和无数小岛。这两个大岛分别为旧世界大陆和美洲大陆。每个大岛据认为由两个主要大陆组成，它们由一狭长陆地相联——欧亚（像我们说的那样）由苏伊士地峡联到非洲，而南北美洲由巴拿马地峡相连。略述了这些大陆的概况，包括它们面积的大致估计值，但说水只覆盖地面的三分之一左右（而不是三分之二强）。

该书第二篇论述了陆地。较详细地研讨了大陆、岛屿和地理性质尚不明的陆地（如格陵兰），概述了从腓尼基人以迄于柏格曼当时的地理发现历史。哈得逊湾、日本海等等地方海岸线的那些不解之谜，根据到过那里的探险家的报道加以讨论。在接着研讨地球（其总分布用河流来表明）表面的不规则性时，柏格曼区分三种类型山脉。(i)高耸的、冰雪覆盖的、无树木的山，往往是火山，有陡峭的顶峰；(ii)第二类型山脉像脊骨上的肋骨那样垂直地从第一类型山脉岔出去，但没有后者高，常常覆盖有森林；(iii)更低，往往只是些丘陵，从第二类型山脉岔出，就像后者从第一类型山脉岔出一样。大河发源于第一类型山脉的矮坡，在第二类型山脉间流过，这些山脉往往构成河谷的侧坡；小河和溪流在第三类型的丘陵之间流过。可以认为，这些山岭的山麓全都相连在一起，它们间的山谷充满岩屑，成为世界可以居住人的部分。柏格曼认为，许多岛屿和河岸是部分地为海洋淹没的山岭，他还指出，某些山脉以陆地和海洋延伸相当距离。例如，分隔挪威和瑞典的山岭可追踪到经由日德兰而达阿尔卑斯山脉，而沿另一条路线通过苏格兰北部的岩石岛屿直到冰岛和格陵兰。安的列斯群岛看来是沉没在水下的、连接佛罗里达和南美海岸的山脉的山峰；而印度洋中的岛屿从 421
排列来看，是一个从莫三鼻给延伸到苏门答腊的山脉。描述了山

脉的典型形态，并附插图，还解释了测定山岭高度的大地测量方法和气压测量方法。在接着考察的地壳诸性质中，柏格曼认为，它的层状结构也许最为重要。一般说来，在任何适当范围的地区上，地层的配置相当一致，并且同地面大致平行。它们主要由砂和黏土组成，砂作为岩石颗粒，有玻璃质的，也有白垩质的，按各种比例相混合。柏格曼制定了许多地层表，表明欧洲各地挖掘的矿井所暴露的地层配置。例如，阿姆斯特丹的这样一个洞穴从上到下经过下列组成和厚度的地层：

园地土壤	7 英尺	硬黏土	2 英尺
泥炭	9 英尺	粗白砂	4 英尺
软黏土	9 英尺	干泥土	5 英尺
砂	8 英尺	细软泥土	1 英尺
泥土	4 英尺	砂	14 英尺
黏土	10 英尺	和砂混合的黏土	8 英尺
泥土	4 英尺	和贝壳混合的砂	4 英尺
砂（支承建筑物的桩打入其中）	10 英尺	黏土	102 英尺
		砂	31 英尺

地层可能这样形成：任何可溶解的物质悬浮在水中，天长日久便沉降下来。一系列相继地层一般意味着，必定有不同物质在不同时期悬浮于水中。要是地层果真如此形成，则今天的陆地几乎全都一定曾经处于水下，柏格曼正是反复申明这一点；因为，如果这地层系列仅仅是全都同时悬浮于水中的不同物质沉降的结果，那么，最重物质组成的那些层次应在底部，而我们看到的情形并非如此。并且，水在各处不可能包含同样的物质，因为相距不远地方的各个地层就可能判然不同。地层最初在其中沉淀的水很可能是海；实

际上，地层中常常存在的贝壳就表明这一点。柏格曼区分开最古 422
的深处的地层和晚近的不规则的地层，后者由山脉的岩屑、火山产物、沙丘、腐殖质土等等组成。只有某些山岭是成层的；其他山岭仅仅是（常常异质的）岩石的块体。柏格曼就**组成**和矿物含量、**厚度**、**出现顺序**和**倾角**（即对地平线的倾角）等方面讨论山脉岩层；对**岩脉**也作了类似讨论，还解释了岩层中的**裂隙**和**断层**。在讨论这些问题时，援引了许多典型事例，处处显示了柏格曼那专门的矿物学知识。在接着的考察中，同有机体（或其部分）相像的岩石、有机体在其他岩石上的印痕以及在意想不到地方的动物和植物的遗骸都被认为是化石。提到了许多令人瞩目的这类发现。化石出现在许多种环境条件下：散落在砂或黏土之中，或者嵌埋在坚硬的岩石里。许多化石显得同现存生物品种密切对应（例如提到在德国发现的一种东印度植物的印痕）；也有一些化石不同任何已知生物品种相对应。柏格曼认识到，可以利用化石作为地层指标。他并提出了下列四条原则：(i)一切包含化石或者构成化石物质的矿物都是在时间中形成的；(ii)一切包含贝壳的、在岩层之上的地层都是在时间中造成的；(iii)水必定一度曾覆盖今天陆地的全部或者至少大部；(iv)大洪水曾在世界的大部分泛滥，如果不是全部的话（其证据是例如在迄今知道从未有像生活过的地方发现了像的遗骨）。该书这一部分最后阐述了地下的洞穴、锅穴，等等。它们的成因（当它们不止是弃置的矿时）必定主要可归诸三种因素的效应：(i)地震和火山作用；(ii)水的侵蚀；(iii)下层地层沉降而它们上面的地层仍保持原来位置。

第三和第四篇分别论述地球的水系统和大气，它们的内容没

有给十七世纪末的这些方面著作增添什么。接着研讨了泉水的起源问题。柏格曼认为，泉大都由雨和高处的雪水供水；泉水透过松土渗入坚硬的下层土，沿着它们的斜坡下流，直至受到阻碍；它然后流过障碍物，涌入疏松的土中，要不然，就向下渗透，沿地下沟槽
423 流动，直至遇到一个出口。但是，山坡上凝结的水蒸气必定也在维持泉流中起一定作用。有些人提出，海水透过砂质层，而柏格曼认为，对于某些靠近海滨的泉来说，可能真是如此；否则，像其他人所认为的那样，水蒸气可能上升到同海洋相通的地下洞穴的顶部而凝结，如此便向高处的泉供水。矿泉水所含的盐分得自它所通过的地层；似乎还暗示，温泉和间歇喷泉的热量部分地是化学作用的结果。所讨论的其他“水”包括河流、沼泽、湖泊、海和大洋。比较了一些主要河流的平均梯度；按牛顿方式解释了潮汐，指出了各主要洋流。

像这个时期的通常做法那样，也诉诸大气中出现的各种本性的蒸气来解释大气的主要性质。水蒸气和蒸气聚集在大气中，水聚集在海洋中；但是，这两个过程都不会无定限地进行下去，海洋和大气各都作为对方的一个出口。气压计所以发生变化，部分地是由于所包含的蒸气数量变化，部分地是由于热分布不均衡而造成的局部大气密度和高度变化。风是空气为恢复大气两部分间暂时受到扰动的平衡而进行的转移。区分了三种大气现象（大气的明显可见的变化）：**水的、光的和火的**。水类的典型是露，其生成过程解释如下。日落以后蒸气从地球上升；日出时空气先于地球变热，它膨胀而上升，让这些蒸气部分地留在后面而成为露。虹霓、幻日等等都得到了公认的解释；还认识到了摩擦在产生大气电中

所起的作用(导致雷暴、圣埃耳莫火等等)。鬼火被认为是腐败有机物质的发光性。仿效梅朗,也把北极光解释为乃黄道物质侵入地球大气所致。

第五篇论述了地球上发生的变化,有些是规则的,有些是偶然的。**规则的**变化包括季节周期:这部分地起因于天文学因素,但由于局部的条件(土壤质地、离海洋的远近等等)而变得复杂,也没有把气候同纬度相关联的简单规则。**偶然的**变化部分地起因于人的因素。例如,森林的破坏可能改变气候;运河改变地球的表面;如
此等等。在自然变化中,陆地的沉降和上升以及地震和火山喷发 424
引起的变化都有大量历史事例;河流的剥蚀、海岸侵蚀和冲积陆地的形成都在不断地进行着。由于洋流力量的长期作用,许多岛屿被同大陆割裂开来。这常常可以从动物的相似性,或者像英国和法国的情形那样,从岛屿和大陆间在海峡两岸悬崖的环境、高度和组成等方面的对应关系推知。柏格曼赞同流行的观点:海洋在不断地缩小。他为了支持这种见解而引证了下述三点。(i)历史上海洋明显后退的事例;(ii)今天的内陆以前存在过水的迹象(例如,山坡上的水平水位标记、远离海洋处的旧锚);(iii)众所周知,大量水转变成了固态(例如,水转变成冰,年复一年地积聚在山峰上,或者成为冰山,以及水成为许多矿物的成分),以及水进入植物和动物体内。该书这一部分最后概述了一些理论,它们乃关于使地球表面成为现状的那些作用力(无论是火还是水),这现状同地球表面在造物主手里时的状况判然不同。所评价的地球成因学说包括伯内特、莱布尼茨、伍德沃德、雷、胡克、惠斯顿、林奈和布丰等人的理论。

柏格曼的书的第六即最后一篇论述植物和动物的习性、生长和繁殖。整部著作附有柏格曼的同事弗雷德里克·马利特的一篇独立论著，它详备论述了作为一个天体的地球。

值得指出，虽然柏格曼在描述泉和河流的形成时，似乎也是说，水的流动在一定程度上由梯度和障碍形成的沟槽所预先决定，但是，赫顿的概念要生动鲜明得多，他认为，水的力量造成渠道，并以其流动路线刻蚀地球。“每条河流看来都有一条主要干线，由各条支流供水，每条支流都沿一个同其大小成比例的河谷流过，它们全部汇成一个河谷系，彼此相通，并且它们的斜坡都调节得很巧妙，以致它们没有一个从过高或过低的高度上同那主要河谷相连，而如果这些河谷并非每一个都是流经它的水流所造成，那么，决计不可能出现这样的事实状况。实际上，如果一条河仅由单一水流组成而无支流，流过一条直的河谷，那么，可以设想，某个强大的水
425 冲击或者说大洪流是一下子就开辟出其水所由导入海洋的渠道的；但是，我们在考察一条河的通常形态时发现，干线分成许多支流，它们的发源相隔很远，而且本身又分成无数分支。这时，我们会强烈地感到：所有这一切水道都是水本身开凿成的；它们是通过冲刷和侵蚀陆地而慢慢挖掘成的；正是通过反复弹拨这具乐器，已把这组奇妙的乐谱线那么深深地刻印在地球表面上。”(*Illustrations of the Huttonian Theory*, p. 102.)

另一部关于**自然地理学**的重要专著是 N. 德马雷斯写的，这里只要提一下就够了。它在 1794—1811 年间出版，共四卷。

第十七章　植物学 426

十七世纪里，物理学的进步使显微镜能应用于动植物的研究；一些研究者或者自愿或者不得不利用这样提供的机会去研究有机体的细微形态和结构。生物学家也开始认识到实验对于生理学研究的重要性，虽然这个领域的进展因物理学和化学知识不充分而延缓。然而，十八世纪初年，上一世纪所特有的那种热情和首创精神却有所减退；所获致的成果也相应地不怎么重要。这部分地是因为，早先那种醉心纯粹思辨，而不锐意制定可证实假说的倾向又抬头了；部分地还因为，需要对十七世纪生物学家提供的大量观察资料进行审察、汇总和系统整理。十八世纪早期致力于作成合适的动植物系统分类的尝试，主要就是这种需要促成的。这些尝试在一定程度上是令人满意的。然而，十八世纪末年生物科学中显示了一种新的较为深邃的精神。这种精神一直引导着各门生物学科走向后来的发展。

一、植物分类法

十八世纪初期，植物学家几乎完全致力于植物分类体系的制定以及那些据信有助于解决植物系统分类问题的植物结构问题。十八世纪生物学的这个部门和类似部门中，最著名的人物是林纳

(后来以卡尔·冯·林奈而闻名)。

林奈

卡尔·林奈(1707—78)出生于瑞典。在一度研究神学之后,他转向注意生物学和医学。他还出于生物学兴趣而周游列国,为后来撰写论著收集材料。1741年,他就任乌普萨拉大学植物学教授,在那里终志。

图 173—林奈

427 林奈熟悉前人的著作,并大量加以利用。他把舍萨平努斯、荣格、莫里森、雷、里维努斯和土尔恩福尔等人的学说大量汲取到他的理论植物学和分类体系之中。然而,由于林奈以其特有的方式加以选择和安排,这一切知识在他那里产生了新的价值。

林奈基本上是个分类学家,他把植物学的一切其他方面和问题都从属于分类问题。例如,他对植物性征这个具有独特生物学意义的独立问题,没有特别的兴趣。林奈读了卡梅腊鲁斯(*De Sexu Plantarum*,1694)对他所发现的雄蕊和心皮在植物繁殖中的功能的说明以后,利用它作为系统分类的线索;但是,林奈认为,没有必要单独研究这个问题。因此,后来是克尔罗伊特(1733—1806)首先对传粉作用做了深入全面的研究。

林奈在他的《自然系统》(莱顿,1735 年)中发表了他的分类体系

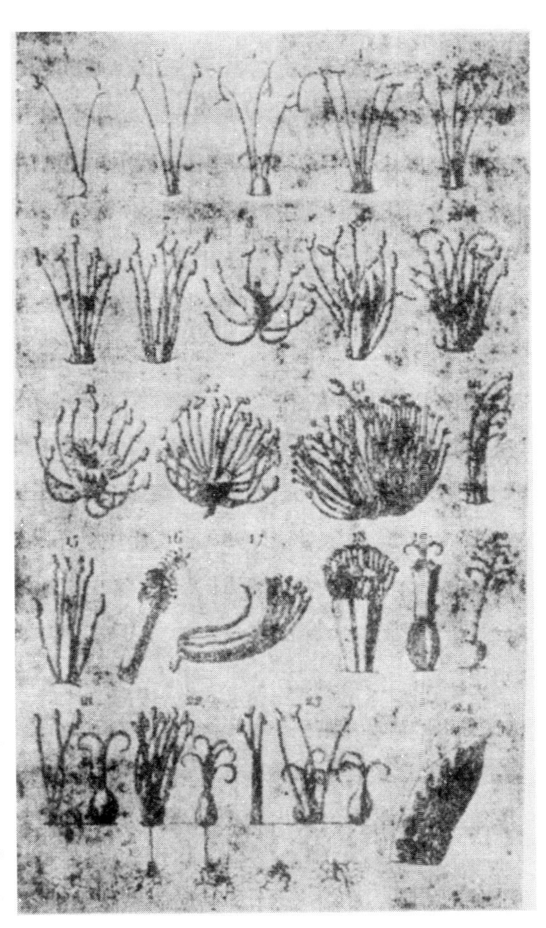

图 174—林奈的 24 种植物

(图 174)。如上所述,这种植物分类乃建基于花的性状,尤其是雄蕊和心皮的数目和排列。第 493 页上的表显示出了这种分类的一般特性;图 174 图示了此分类表最后一列中列举的植物的 24 个纲。

在这个所谓的有性分类体系中,植物分为纲、目、属和种,纲主要由雄蕊数目决定,而目(即纲的下一层次)由皮心数目划分。林奈坦率地承认,这种分类是人为的;但他认为,在标本大量积累,使得有必要制定能直接付诸应用的分类的时候,这为植物的系统排列提供了工作基础。用戴登·杰克逊的话来说:"他最著名的著作是《性征体系》(*Sexual System*),……它以其简单性和适用性而具有无可争议的优点。它是在最需要这样一个计划的忖候提出来的;这个时候,热诚的探索者二百年来已积聚了为数十分多的形形色色计划,它们像是放在花神庙中的一大堆杂乱无章的材料,而到那时为止还一直未提出过什么深思熟虑的或切实可行的整理这

些材料的计划。而正当这一切材料大有淹没建造者之势的时候，这个性征体系产生了。按照这个体系，我们很容易考察和确定植物，从而形成了迷宫中的一条阿莉阿德尼线[①]”（*Linnaeus*，1923，p. 364）。

428 **林标的分类体系**

纲

- 植物具有
  - 明显的雄蕊和雌蕊
    - 雄蕊和雌蕊同花
      - 同雌蕊离生的雄蕊
        - 不相连的雄蕊
          - 长度相等的雄蕊（非两强或四强的）
            - 1 雄蕊 …… 1. 单雄蕊的
            - 2 雄蕊 …… 2. 两雄蕊的
            - 3 雄蕊 …… 3. 三雄蕊的
            - 4 雄蕊 …… 4. 四雄蕊的
            - 5 雄蕊 …… 5. 五雄蕊的
            - 6 雄蕊 …… 6. 六雄蕊的
            - 7 雄蕊 …… 7. 七雄蕊的
            - 8 雄蕊 …… 8. 八雄蕊的
            - 9 雄蕊 …… 9. 九雄蕊的
            - 10 雄蕊 …… 10. 十雄蕊的
            - 12—19 雄蕊 …… 11. 十二雄蕊的
            - 20 或更多个，周位的 …… 12. 二十雄蕊的
            - 20 或更多个，下位的 …… 13. 多雄蕊的
          - 长度不等的雄蕊
            - 两长和两短雄蕊 …… 14. 两强雄蕊的
            - 四长和两短雄蕊 …… 15. 四强雄蕊的
        - 雄蕊联生
          - 通过成一束的花丝 …… 16. 单体雄蕊
          - 通过成两束的花丝 …… 17. 两体雄蕊
          - 通过成多于两束的花丝 …… 18. 多体雄蕊
          - 通过花药 …… 19. 聚药雄蕊
      - 附着于雌蕊的雄蕊 …… 20. 雌雄蕊合体的
    - 雄蕊和雌蕊异花 ……
      - 在同株植物上 …… 21. 雌雄同株的
      - 在异株植物上 …… 22. 雌雄异株的
      - 在有些花中离生的、在其他花中在同株或两三株不同植物上联生的雄蕊和雌蕊 …… 23. 杂性的
  - 隐藏的或不明显的繁殖器官 …… 24. 隐花植物

① 古希腊英雄传说中，公主阿莉阿德尼提供给英雄提修斯的线，引导他走出迷宫，喻能帮助解决复杂问题的办法。——译者

林奈认识到，一个理想的分类方案应当按亲缘关系把物种分 429 为自然群体。按照这种方案，在有些场合，为了作成一种比较合乎自然的排列，实际上要容许例外，“这时，各相异类型间亲缘关系的远近应是唯一的决定原则。”像雷一样，在林奈看来，分类的基本单位是种。林奈的种是一个植物群，它同其他类群判然不同。每个种都被看做为一对原始亲本的产物，而后代产生时并未发生形态或习性的改变。林奈在他的早期著作中执意坚持种不变的教条，这给他探索基于自然亲合性的分类体系造成很大妨碍。1751 年，林奈认识到了这样的事实：各植物类群到处相互类似；然而，尽管如此，他还是比任何其他生物学家都更加坚信种的不变性。

在林奈的后来两部著作即《植物的纲》(*Classes Plantarum*)(1738 年)和《植物学哲学》(*Philosophia botanica*)(1751 年)中，植物分类问题也占有了他的注意力。《植物的纲》的内容被作者说成是“关于一种自然排列方法的片段”，但是没有举出理由证明所提出的分类是合理的。《植物学哲学》细致而又全面地阐明了这个植物分类自然体系，还对某些纲的名称下了定义。这本书广泛流传，影响深远。它多次重版，移译成英文、法文、德文和西班牙文等多种文字。J. J. 卢梭对这本书推崇备至，说它“比那些最大的对开书都更充满智慧”。

《植物的纲》和《植物学哲学》两本书一起包含了林奈的贡献：提出一种植物分类自然体系，也即建基于种间亲缘关系而不仅仅基于植物某些器官间相似的分类。B. 戴登・杰克逊(*Linnaeus*, p. 364)综述了林奈的植物分类贡献的范围和价值，把他的原话录引在这里也许是有益的。“他毕生致力于发现这〔即一种自然分类

430 体系〕,并建议其他人也参与这项工作。可是,已发现的类型是那么少,因此,他没有可能获致成功。林奈十分诚实坦率,没有宣称他的结论是完善的,因为他自己也感到它们有缺陷。所以,他满足于仅仅建立起自然系谱,而让别人去使之完善,让别人构造系统的整体。从那时以迄于今,植物学家一直在拟定一个自然体系,但未达至目标,甚或未找到一个大体方案。就此而言,人们公认,林奈的贡献具有非同寻常的价值,证明了他目光敏锐,不时表现出一个凡人所能具有的最强预言能力。人们还一致认为,他第一个(同人为体系相对立地)明确提出自然系谱,标明进展路径,弄清楚其主导。值得指出,林奈一下子把性征体系提到最大高度,还奠定了自然体系的基础,并力陈这种体系的无可争议的必要性,他自己曾这样说过:'A(阿尔发)和 Ω(欧米加)[①]都是植物学所希望的对象'。"

同一个有效分类体系密切相关的,是一种有效的命名法,即用于此分类中各个类和亚类的一个合适的名称体系。林奈致力于构造一种合适植物命名法的尝试,结果写成了他的《植物的种》(*Species Plantarum*)(1753 年)一书,他认为,这是他的最佳著作。他花费了七年时间才完成这部著作,希望以此"向世界显露他的才能"。它无疑使他那分寸得当的宏愿得遂,因为,它今天仍在植物学的系统著作中占据突出地位。它牢牢地确立了双名法的普遍应用,按照这种命名法,每种植物均用属名和种名的结合来命名,以取代流行的噜苏的拉丁名字。林奈并不是引入双名法的第一人。

---

① A 和 Ω 分别是希腊文的第一个和最后一个字母,各喻第一位和最后一位的事物。——译者

里维努斯(1652—1725)已经提出过一种类似的植物命名方法。然而,双名法作为生物命名法的基本部分之得到公认,应归功于林奈。林奈的《植物的种》中所阐释的双名法之被植物学家公认,为《国际植物命名规则》(*The International Rules for Botanical Nomenclature*)(耶拿,1906年)所证实,书中在“命名法的出发点;优先性原则的限制”(Ch. III, Sect. II, Art. 19)的标题下有这样的说明:“适合于一切具有维管束植物类群的植物命名法始于林奈《植物的种》一书的初版本(1753年)。人们现在赞同把这部著作中出现其名称的那些属同《植物的属》(*Genera Plantarum*)(第5版,1754年)中对它们的描述联系起来。”

刚才所引那段话中提到的林奈对植物的描述是很重要的。像合适的命名法一样,有效的描述也是分类的一个重要附属部分。431
因为,分类体系中所列举的每个类和亚类都必须加以描述,以使它易为人们辨识。当时通行的描述都相当冗长而又噜苏。林奈对植物学所作贡献之一,正是他改革和改良了描述植物的方法。他宣扬,植物描述应尽可能地经济,并身体力行。他的描述总是简洁而又中肯。实际上,他有时还力求简洁达到无以复加的地步,为此,他漠视语法学家的完全句要求,而满足于单纯的短语。

十八和十九世纪的许多植物学家都同林奈一样,也相信能够制定出一个植物自然分类体系。可以说,对这种分类的探索促成了许多研究工作。虽然这些工作本身就十分有意思,也很重要,但它们所以特别引人瞩目,还是因为它们大有前途给自然亲缘关系问题提供新启示。

林奈的广泛影响和他的工作所赢得的尊重,从世界各地纷纷建立以他命名的学会这一事实得到证明。在一部科学通史中，不可能花篇幅来详尽无遗地介绍他。不过，这里有必要谈到伦敦林奈学会，它创建于 1788 年。这个学会历史的完整记叙，见诸 B. 戴登·杰克逊的《林奈》。

林奈曾很自然地渴望，他的植物学书籍和收藏的植物标本不要在身后散佚。它们是“他的自豪和乐趣所系”，他希望它们完整并一直保持原样。他最初显然想把他的藏书室和植物标本室遗传给他的儿子。可是，经过再三考虑，他改变了主意。他把藏书室传给儿子，但留下遗嘱，把他宝贵的植物标本室卖掉，所得收入给他的几个女儿。他死后，子女们作了特殊的安排，以防止藏书室同植物标本室分离，以及植物标本室可能散佚。因此，小林奈一人既得到了书籍也得到了植物。但是，他于 1783 年死去，于是藏书室和植物标本室便又转归他的母亲，后者决定卖掉这些东西。她便同皇家学会会长约瑟夫·班克斯爵士接洽，后者以前曾出价要购买这些藏品。班克斯同青年医生詹姆斯·爱德华·史密斯联系，史密斯已在伦敦拥有一个宝贵的植物标本室。史密斯最后买下了“林奈的宝藏，当他整理时，发现它们比他原先的预料更为宝贵”。这些稀世收藏品的占有使它们的藏主试图实现他的一个夙愿，即在伦敦建立一个新的自然史学会，以取代他和其他人都感到不满的现有学会。因此，1788 年，在他的两个朋友，尊敬的塞缪尔·古
432 迪纳夫(后来的卡莱尔主教)和托马斯·马香的帮助下，史密斯创建了林奈学会，并于 1802 年得到皇家特许状。当史密斯于 1828 年去世时，林奈的收藏品为林奈学会所得，自此之后，学会便把保管这些珍宝作为第一要务。瑞典科学家可能对瑞典受损而英国得

益感到遗憾。但是,这件事也不无报偿。像戴登·杰克逊所指出的,“虽然瑞典人可能想到林奈收藏品的命运就感到哀伤和耻辱,但是,还要承认,它们之转让于伦敦大大促进了自然史知识的传播,结果,瑞典人自己也参与扩展林奈所热爱的科学。正是这件事导致伦敦林奈学会于1788年3月18日建立,而从此这科学学会兴旺了起来,硕果累累”(*Linnaeus*,p. 357)。(亦见 A. T. Gage:*A History of the Linnean Society of London*,London,1938。)

德朱西厄

林奈的《植物的种》和《植物学哲学》发表后的那几年里,对植物学作出最显著贡献的是安托万·洛朗·德朱西厄(1748—1836)。他给我们表征了较小的植物类群,他称之为植物的单种集团或目。鉴于为了确定可藉以识别一个植物类群的那些特异性状,必须批判考察大量材料,这个任务是很了不起的。可是,德朱西厄为系统植物学未来所做的工作甚至还不止于此。他给我们重新引入和精细制定了一个自然分类体系,以取代林奈那虽然效用卓著但基本上人为的分类,人们对它的不满正在日益增长。还在十七世纪末,雷就已在他的《植物历史》(*Historia Plantarum*)(1686—1688)中,把自然分类定义为“既不把相异的种放在一起,也不把亲缘关系相近的种分离开来的分类”。他从这概念出发,提出了一种分类体系。约翰·林德利在十九世纪说,这体系无疑构 433
成当时普遍采用的所谓德朱西厄方法的基础。安托万的伯父贝尔纳·德朱西厄(1699—1777)利用林奈《植物学哲学》中所保留的一种自然体系的片段,作为他在特里亚农皇家植物园排列植物的基

础。这位老德朱西厄没有留下记叙他所采用的植物分类法的著述。然而，他的侄儿在其《植物的属》(*Genera Plantarum*)(1789年)中描述了这种分类法，并承认它得益于林奈的自然分类法。正是在这部著作中，安托万·德朱西厄首次提出了成为很久以后工作之基础的那种分类体系。这种分类是雷所提出的那种分类的修正型，补充了林奈片段提示的一些观念。

德朱西厄的分类体系

			纲
无子叶植物			1. 无子叶植物
单子叶植物			
雄蕊	下位的		2. 单下位的
	周位的		3. 单周位的
	上位的		4. 单上位的
双子叶植物			
无瓣的	上位的		5. 上位雄蕊的
	周位的		6. 周位雄蕊的
	下位的		7. 下位雄蕊的
合瓣的	下位的		8. 下位花冠的
	周位的		9. 周位花冠的
	上位的		
		连合花药	10. 聚药花冠
		离生花药	11. 散药花冠
离瓣的	上位的		12. 上花瓣的
	下位的		13. 下花瓣的
	周位的		14. 围花瓣的
雌雄蕊异花的			15. 雌雄蕊异花植物

在德朱西厄的植物界分类中，沿用了林奈体系，即主要划分为无子叶植物、单子叶植物和双子叶植物，只有一个例外，就是林奈

所用的术语“多子叶植物”代之以雷提出的旧术语“双子叶植物”。如此标定的三大类，当然就是植物的三个鲜明种类。但是，把无子叶植物同单子叶和双子叶植物相提并论，暴露了对植物中有无子叶存在这一点的意义抱错误的认识。子叶的重要性尚足以使其成为植物基本划分的基础，然而，直到十九世纪中叶，这种关于某些植物（今名隐花植物）的潜伏繁殖器官本性的错误概念才消除掉。434
那时，威廉·霍夫梅斯特尔方才能够使这种植物在分类体系中占据一个比较适当的地位。同样，当德朱西厄把雄蕊在植物中的位置作为区分单子叶植物的各个纲和双子叶植物的各种类别时，他也过高估计了雄蕊位置的表征作用。尽管存在这种种缺陷，德朱西厄的分类还是标志着系统植物学的一个真正进步。然而，为了公正对待雷，应当记住，德朱西厄的分类乃建立在雷的分类之上，正像后来德康多尔的分类源出德朱西厄的分类一样。

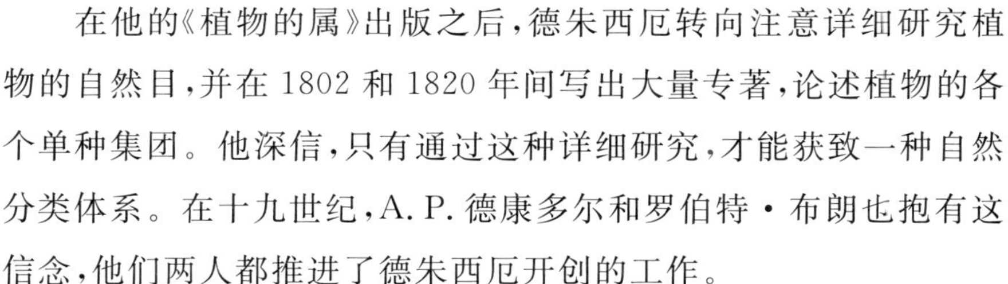

在他的《植物的属》出版之后，德朱西厄转向注意详细研究植物的自然目，并在 1802 和 1820 年间写出大量专著，论述植物的各个单种集团。他深信，只有通过这种详细研究，才能获致一种自然分类体系。在十九世纪，A. P. 德康多尔和罗伯特·布朗也抱有这信念，他们两人都推进了德朱西厄开创的工作。

二、植物形态学

如上所述，十八世纪植物学家进行的许多研究都着眼于达致一种植物自然分类。然而，有些植物学家仅仅满足于研究植物及其器官的组分和功能，而并不向往像建立一种植物自然分类体系这样的进一步目标。这些研究者之一就是格特纳。

格特纳

德国符腾堡的约瑟夫·格特纳(1732—91)于1788年发表了他的著作《论植物的果实和种子》(*De fructibus et seminibus plantarum*)的第一部分。这是对植物形态学的一个重要贡献。它系统地论述了各种果实和种子,但并未打算利用它们作为一种植物分类的基础。事实上,格特纳认为,不可能根据任何一个器官甚至像果实这样一个重要器官来达致一种令人满意的植物分类。因此,他满足于极其小心谨慎地描述尽可能多的果实和种子,而不涉及任何别的植物学问题。得助于大量细致的插图,他的描述成

435 为对植物学研究的一个宝贵贡献。虽则主要致力于如实的观察和描述,避免比较大胆的猜测,但格特纳并不戒绝就果实和种子各别部分的结构提出一些小心的概括结论。他的《论植物的果实和种子》的导论性章节以相当篇幅论述这些问题。格特纳还成功地阐释了许多关于植物繁殖器官结构的形态学问题,到那时为止人们对这器官还不甚了了。

隐花植物繁殖器官的结构在那时还认识得不够完善。当时,习惯上都用显花结构即用雌蕊和雄蕊来解释它们。这在当时流行的各种植物分类体系中,都是显而易见的。按照这些分类,不管自然的还是人为的,今天称为隐花植物的那种植物归类为无子叶植物,并因而从反面即用子叶的不存在来表征。甚至格特纳实际上也不理解隐花植物中孢子的本性。但是,他发现,显花植物的种子中有胚,而孢子没有这种东西,因此他认识到,孢子和显花植物的

种子有根本的不同。

格特纳对种子的说明促进人们更清楚地了解种子的各别部分。但是，他未能对在种子包被中发现的一切东西都作出解释。他把自己解释不了的那些部分统称为“卵黄”，他并描述说，它是“种子内脏的这样一个有许多形状的部分：通常位于中央，在胚乳和胚之间，离开子叶也同离开胚乳一样远”（*De fructibus* …，1788，Ch. XI，p. cxlvi）。值得指出，格鲁在十七世纪实际上已月过这个术语。格特纳一定知道这一点，因为他常常提到格鲁的《植物解剖学》（*Anatomy of Plants*），书中在描述某些种子时，明确谈道，“有许多东西……它们除了**胚乳**或胚乳由之产生的清澈液汁之外，还有一个**卵黄**，或类似的实体，它既不是种子的一部分，也不是**覆盖**物的一部分，**而是与两者都不同**”（1682 版，p. 202）。格鲁认为，这卵黄是幼苗的食物来源。他继续写道：“这实体处在毗邻种子的**覆盖物**里面，因此成为种子的首要的最精的**养料**，一如**卵黄**之于**小鸡**”（上引著作）。

由此可见，如果我们要准确评价格特纳在这个研究领域里的独创性的程度，就必须仔细研讨他前人的著作。十七世纪的显微
镜学家已具备相当多的种子结构知识，奠定了格特纳赖以建树的 436
基础。格特纳的前驱中，最重要人物是上面提到的内赫米亚·格鲁（1641—1712），这里应当对他在这一研究领域的著作作些介绍。

在谈到豆种子的结构时，格鲁写道：“剥掉豆的**表皮**，种子本身就显露出来了。它的组成部分有三个，即**主体**和两个附属体；我们可以称它们为豆的三个**有机部分**。……**主体**不是一个整块，而沿长度分为两半即两个裂片，它们在豆的**基底**处相联……在**豆**的**基**

底处，还有两个附生的**有机部分**。……这两个**部分**的较大者无裂片。……这个部分不仅**豆**有……而且一切其他植物都有；上述两个附属体中较小的那个……成为这**植物**的**根**……隐蔽在**豆**的两个**裂片**之间。……这个部分在其松散端分裂成一根根的东西，宛如一束羽毛；因此，它可以称为羽状部”（*Anatomy*，p. 2f.）。这段叙述准确记述了观察，但未提供形态学的解释。在一个世纪以后格特纳的著作中，一定程度上也沿此路线进行描述；但是，由于后来对各种各样果实和种子的观察更为丰富，所以格特纳能够提出一些概括的结论，而以往的植物学家即便凭想象设想出它们，也是无法加以验证的。

格特纳把处于种子之中的幼苗原基称为“胚”。然而，他看来把这名称局限于指称格鲁所称的“附属体”，排斥“主体”即子叶。格特纳说：“胚是能育种子最重要、最基本的部分，唯有它生产新的植物，其余一切不管怎样都附加于它，以应暂时的用途”（*De fructibus* …，Ch. XIII，p. clxiv）。然而，格特纳似乎在这个问题上已经感到一定程度的拿不准。在刚才所引的说明中，看来他认为子叶是胚的派生物，但他在别处说，子叶和胚结合而构成种子的核。例如，他写道：“子叶是有机核的组成部分……而这核同胚根和胚芽一起形成胚的组织，子叶通常由于种子发芽而变成新植物的第一片叶子，后者往往不同于后生的其他叶子。”（上引著作，Ch. XII，p. clii）

格鲁还为恰当识别种子同胚乳与那些仅由“三个有机化部分——裂片和附属体”组成的东西之间的差别，提供了根据。他指
437 出：“也带有庞大覆盖物的**种子**大多数分裂成两个**裂片**；它们基本

上都像一对小**叶子**。在**净化的安哥拉坚果**中，壳剥去后，上**覆盖物**(干燥的且向上皱缩的)好像仅只一个。……在这下面是在最里面的厚**覆盖物**；从中间把它切开，就露出真正的种子：由十足的叶子组成……在基底处同胚根相联”(*Anatomy of plants*，p. 205)。这段话反映了完全认清存在一种物质，即“在最里面的厚覆盖物”，而它不是“真正种子”的组成部分；它还表明，格鲁认识到他称之为“十足**叶子**”的子叶的叶子本性。

格特纳证实并扩展了格鲁所做并加以描述的观察。格鲁如此准确地记叙了相当多种类的种子，认识到了许多它们表现出来的结构差异，因而赢得了声誉。然而，格特纳则为我们更进一步拓展了形态学研究的这一重要分支，以明白晓畅和卓有助益的方式表述了其结果。他那个时代的植物学中，基本上是林奈的观点占支配地位。然而，林奈未认识到种子胚乳的作用，实际上还根本否认它的存在。因此，重要的是，应重新评价种子间可观察到的结构差异的实在性。

格特纳充分认识到，植物早期胚胎阶段的研究具有重要意义，有助于阐明植物成熟体结构的形态学。他一再转向研究未成熟的植物器官，以增进了解这些器官完全发育的形态。当时，关于传粉和受精生理的知识水平还不够高，因为，还未能提供为形成关于种子形态学的正确概念所必需的资料。他的同时代人克尔罗伊特对传粉的研究，为更充分地认识花粉作为能育种子发育的一个必要因素的重要性，奠定了基础。但是，必须等到十九世纪，才发现了为正确理解种子形态学所必需的全部资料，那时对受精的比较详细研究揭示了种子各个部分的起源及其诸发育阶段。

格特纳对花器官的形态学作出的最宝贵贡献之一是，确立了种子和果实的明确区分。在他之前，干闭果一直被误认为是裸种子。格特纳把果实定义为成熟子房、果皮，它总是子房皮的产物。
438 他解释说："果皮这个用于果实的术语不仅表达了成熟子房的确切形态，而且还具体指明了它同种子的区别所在。因此，果皮一般称为生殖窠，它仅由成熟子房构成，把种子隐含在自身之中，所以，只有当种子被从生殖窠中吐出时，才能看清它们的独特结构"(*De fructibus* …，Ch. V，p. lVIII)。这个真果概念一直保持到了现在。当植物其他部分同果皮相联时，就植物学而言，这合成的结构称为"假果"。

三、植物解剖学

尽管格鲁和马尔比基在十七世纪树立了光辉榜样，但十八世纪显微镜学家在植物解剖学知识方面进展甚微。英国植物学家尤其如此。欧洲大陆上，许多研究者详细研究了植物结构，成功地纠正了前人的一些错误。但是，他们也引入了许多新的错误。总的说来，十八世纪没有产生过一个在才智和洞察力方面能同上一世纪解剖学家相匹的植物解剖学家。十八世纪里对植物解剖学缺乏兴趣，其原因在一定程度上可以从下述事实明白：甚至十七世纪那些伟大解剖学家也不是为植物解剖学而研究植物解剖学，而是把它当做认识植物的其他方面，尤其是生理学的辅助手段。例如，格鲁在列举植被研究中最令人感兴趣的问题时，强调了下述各种探索："首先，一株植物是通过什么手段而达致生长的。……培育植物的养料如何恰当地分配给它的各个部分。……这种生长和增长为何不是一种程度的,而是有多种不同的程度。……然后,探索植物各个部分各种运动的原因究竟何在。……再进一步,生长季节性的原因又可能何在。……它们如何做到方便的摄食、掩藏、覆盖或其他方式的保护……以保持植物整体的健康和生命。最后,不仅对植物本身而且对其后代要注意什么。”(*An Idea of a Philosophical History of Plants*,1682,p.3)这些探索实际上都属于生 439
理学,虽然格鲁应用解剖学方法解决这些生理学问题。他说:“把植物解剖开来,我们看到,它们有那么大的差异……于是,我们必然会想,这些内在的多种多样性要么是无穷无尽的;要么是有限的,而这样的话,我们就会想,得归因于什么呢?”(上引著作,p.8)可见,植物的解剖学研究被认为附属于对它的生理学研究。当十八世纪植物学家在生理学研究(包括实验)上未借助显微镜就取得成功时,他们自然就对详细的植物解剖学研究失去兴趣。

沃尔夫

卡斯珀·弗里德里克·沃尔夫(1733—94)是十八世纪致力于研究植物解剖学的植物学家之一。在他的《发生理论》(*Theoria Generationis*)(1759年)中,他表达了这样的观点:植物组织是“像发好的生面那样充满气泡的”同形物质。他认为,植物组织的主要物质是一种浸透汁液的胶质物质,起先呈小滴状,随着逐渐增大而变成细胞的层状体(空腔)。沃尔夫认为,如此形成的层状体分隔个别细胞,从而形成让汁液从一个细胞或导管进入另一个细胞或导管的孔。他未能证明这些据说的单个细胞间的孔或穿孔的存在。然而，他给后来的植物解剖学研究带来了某种刺激。

四、植物生理学

十七世纪在植物生理学的研究上有了一个良好的开端。格鲁和马尔比基对这门学科作出了一些重要贡献。十七世纪作出的那些动物生理学重大发现刺激了植物生理学的研究，提示了动植物结构间的某些类比。在那些虔诚地相信“动植物最初是同一双手创造的，因而是同一个智慧的发明”的研究者看来，这种类比似乎是自然而然的。这种类比实际上提示了一些富于成果的假说，它们导致后来延续下去的一条重要的植物学研究路线。然而，格鲁和马尔比基一度没有值得称道的后继人。在德国，哲学家克里斯蒂安·沃尔夫(1679—1754)继承了马尔比基的一些思想，他对马尔比基关于植物生活必需空气的观点推崇备至。沃尔夫甚至在哲学史上也未赢得重要地位。生物学史上所以值得提及他，主要是
440 因为他的著作广泛宣扬了同时代人和直接先驱的最主要的生理学问题和观点。此外，他的功绩还在于进行了独立观察，以证实或驳斥他所阐发的那些生物学观点。十八世纪植物生理学上第一个真正的进步是黑尔斯作出的，他可以被视为格鲁的真正接班人。

黑尔斯

斯蒂芬·黑尔斯(1671—1761)被一位历史学家誉为“植物生理学之父”(Reynolds-Green：*A History of Botany in the United Kingdom*，1914，p. 198)，而这位历史学家也并未忘却格鲁和马尔

比基的成就。在从事植物生理学研究之前，黑尔斯已对动物生理学问题研究了多年。当1718年他成为皇家学会会员时，他向学会说明了他对植物中液汁运动的最早观察。《皇家学会议事录》(XII)在1718年3月18日那天有下列记载："尊敬的黑尔斯先生告诉会长：他最近做了一个新实验，研究太阳的热对树中液汁上升的作用。会长希望黑尔斯先生进一步进行这些实验，并要求他呈交这第一篇论文。"黑尔斯进一步进行了这些实验，1725年，《皇家学会议事录》(XIII)的下述记载报道了进一步的进展："1月14日，副会长汉斯·斯隆爵士任主席。尊敬的黑尔斯先生报告了一篇论植被机能的专著，包括六项实验，分为六章。宣读了第一章的一部分，其余部分奉命下次会议再读。学会感谢黑尔斯先生作了如是报告，希望他继续精心搞出可望增进自然知识的一项设计。"两年以后(1727年)，皇家学会会长伊萨克·牛顿爵士指令发表黑尔斯的包括他到那时为止的全部成果的"专著"。这部专著标有下述冗长题目：《植物静力学：或一些关于植物中液汁的静力学实验的说明。一篇关于植被自然史的论文。 441
也是用各种各样化学-静力学实验分析空气的尝试的一个示范；它曾在皇家学会的几次会议上宣读》(*Vegetable Staticks*: *Or*, *An*

图175—黑尔斯

Account of some Statical Experiments on the Sap in Vegetables. Being an Essay towards a Natural History of Vegetation. Also, a Specimen of an Attempt to analyse the Air, by a great variety of Chymio-Statical Experiments; which were read at sereral Meetings before the Royal Society）。这部专著涉及植物生理学整个领域——植物中的水通道；植物从叶子的"排汗"；水在植物营养中的作用；空气在植物组织中所起的作用，等等。黑尔斯认为，非常可能，植物"通过其叶子从空气汲取其一部分养料"，"叶子的一大用途……是在一定程度上尽维持植物生命之职，一如动物的肺之维持动物生命之职"（上引著作，p. 325）。

图 176—黑尔斯的液压实验

A、B、C 是三个水银量规，固装于三根藤枝，其中两根已有两年，而 OB 老得多。水银被液汁沿管 4、5、13 往下推，在不同条件下推过不同距离。实验表明，液汁的力量很大，不仅从根而且还从茎和枝发出。

黑尔斯在十七世纪的前驱舍萨平诺、马尔比基、雷和格鲁等人
442 已试图诉诸吸涨作用和毛细现象这类物理因素来解释植物中水的

运动。但是,他们很少或者一点也不了解水在茎中连续上升而从叶面通过蒸发释出的机制(这过程今称“蒸腾作用”)。另一方面,黑尔斯实际上成功地测量了“植物和树吸收和排汗的水汽的数量。”这是很不容易的。在他从一个幸运的机遇得到启发之前,他曾对成功感到绝望。他做过血液在动物动脉中流动的实验,因此产生了一个想法,即也对液汁在植物中的运动做类似的实验。他自己这样说明这项事业。“我想,我能够做类似的实验,发现植物中液汁的力;但是,大约七年来我一直对这发现的成功感到绝望。只是由于一个偶然事件,我才悟出了这一发现。那时,我王力图用各种方法制止一株藤的一根老茎的伤流,因为它截枝的日子太靠近伤流活动期,而我恐怕这会致它于死命。在各种手段均告无效之后,我在这茎的横切口上缚上一个膀胱,我发现,液汁的力大大扩大了这膀胱。由此我得出结论:如果像我以前对几种活动物的动脉所做的那样,也以同样方式在那里固定一根长玻璃管,那我便求得液汁在该茎中的升力,而这果然按我的预料成功了。因此,我于不知不觉中不断用各种实验把研究步步推向深入”(*Preface to Vegetable Staticks* p. iii)。

这种独创性的观察启示黑尔斯想出可用以研究植物中液汁运动的方法。同时,这种观察还首次演示了今天称为根压的现象,即 443
“根部有相当大力量在伤流活动期把液汁往上推移”。但是,黑尔斯并不满足于演示这种力的存在;他还想**确切**知道,液汁在他用以取代一株植物之截去上部的玻璃管中到底上升到多远。这种定量实验也附带地导致发现,根压随季节而变,并有每日的变动,还受温度变化影响。

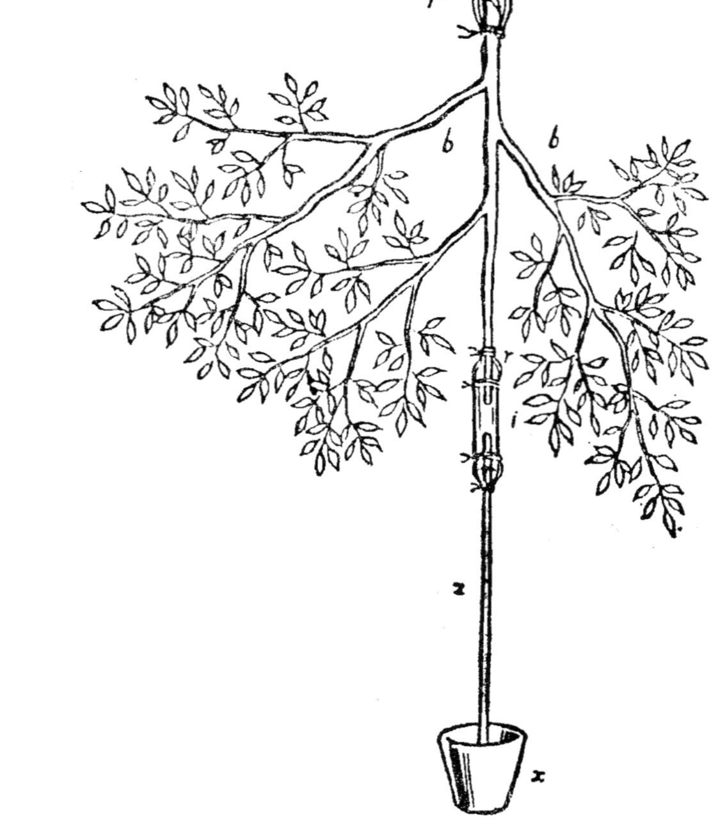

图 177—黑尔斯演示枝在小端吸收水的实验

从一棵旺盛的苹果树上截取的一根枝 bb 的粗端 p 被粘结，并缚上一个湿膀胱。主丫枝在 i 处切断。粘接于枝 ir 的玻璃管 zr 充有水，放在水银 x 中。这枝吸收大量的水。“这个实验证明，枝将从浸在水中的小端强烈吸水送到大端；也从浸在水中的大端吸水到小端。”

在哈维发现动物血液循环之后，一般都认为，类似的循环也可发现在植物中存在。黑尔斯用一系列精心设计的实验消除了这种观念。他表明，“枝将强烈地从浸在水中的小端吸水到大端；也从

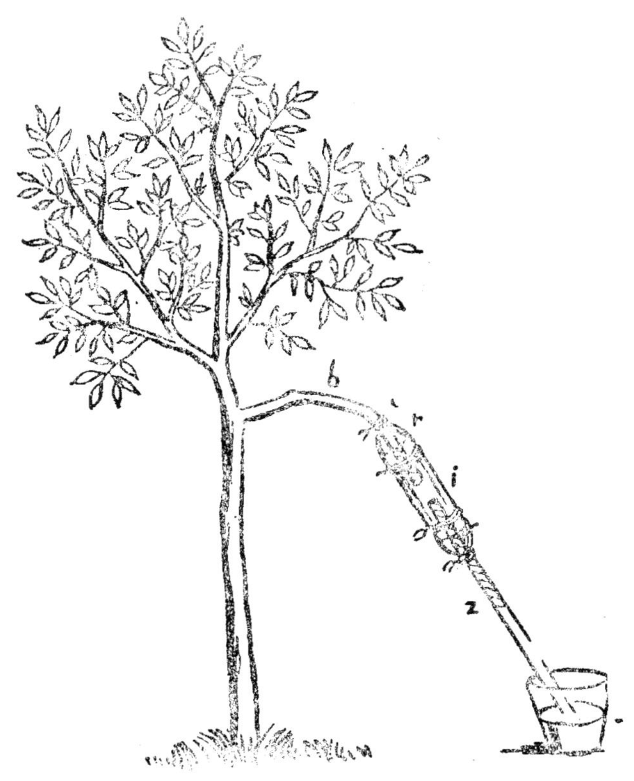

图 178—黑尔斯测量仍附着在树上的枝在小端吸水的力

量规 *riz* 粘接于一棵矮小旺盛的苹果树的一根柔顺枝 444
条 *b* 上。随着这枝在其横切口 *i* 处吸水，水银在管子中上升。

浸在水中的大端吸水到小端”（上引著作，p. 89）。他也证明了，各导水单元间有侧向沟通存在。在可同动物中循环相比拟的那种类型循环中，不可能有侧向沟通，也不可能发生流向反转。

上面已经指出，在黑尔斯之前，曾认为吸涨作用和毛细现象已足以解释水在植物中的运动。黑尔斯丝毫也未贬低这两种过程的作用，但他很快还认识到，叶在提升水和维持连续水流中可能起不

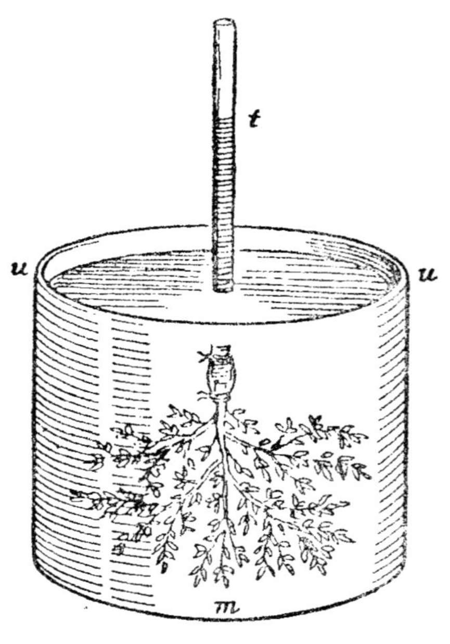

图 179—黑尔斯的植物排汗实验(1)

445 一根苹果枝 m 装接在充有水的玻璃管 t 之中。这枝浸在盛水的容器 uu 中。过 48 小时后,管中的水下降 $18\frac{1}{4}$ 英寸。然后,把枝连同附着的管从水中取出,悬在空中。12 小时以后,这枝吸取 $27\frac{1}{2}$ 英寸管中的水。“这实验表明了,排汗力很大。因为,当枝浸入时……管中的水……只能极少量地通过叶,直到枝露置于空中。”

小作用。他写道:“因此,很可能树和植物的根……不断由新鲜湿汽滋润;它……有力地潜入根部。因此……和导液毛细管的吸引作用相协同,湿汽向上渗入植物的本体和枝;从那里进入叶……湿汽被大量释放,通过叶面排汗。”(上引著作,pp. 66—67)黑尔斯十分看重叶的作用,因此,他写道:“植物(它们无生气)没有一个引擎,而动物藉助它的胀缩有力地驱动血液通过动脉和静脉;然而,大自然令人惊叹地发明了其他手段,极其有力地提升液汁,并使其

保持运动。”（上引著作，p. 76） 446

亚里士多德教导说，植物的食物是在土壤中合成的，在那里为植物所吸收，通过“营养灵魂”的活动转变成适合生长的养料。这种植物营养的观念流行了几百年，到十七世纪才告终，亚里士多德的观念也到那时才不复阻碍植物营养理论进步。1676年，发表了一封信《物理学简论》（*Essais de la Physique*），它给植物生理学研究引入了一个新概念。这封信是法国物理学家埃德梅·马里奥特（1620—84）撰写的著作《论植物的营养》（*De la Vegetation des Plantes*）的一部分。马里奥特把比较精密的物理学方法应用于植物营养问题，并对植物的灰作化学分析，从而表明，植物吸收同一些种类“土壤中的中间要素”，把它们转变为各种截然不同的化学物质。但他仍坚持传统观点，以至坚认，植物从土壤获得其全部养料。他用下列一番话综述他的结果：“植物的根……吸收大量水……水中包含一些其他植物要素；因为水容易蒸发，而其他元素则很难这样，所以，这些要素便留在这植物的管孔和纤维之中，在那里**以各种不同方式混合和结合**，视每种植物的状况而定。”

关于植物的食物来源，马尔比基和同时代的马里奥特意见基本一致。他试图指定，各种器官在营养作用以及在（他认为植物中存在的）液流循环的维持中，各起其一定作用。马尔比基认为，这包含养料的液汁在树木的纤维状部分中运行，而这些导管起着空气管的作用，因此称为“trachea”〔导管〕。空气（马尔比基深知其重要）通过根或叶进入植物。他认为，这些器官都很重要；在他看来，它们之位于据认为的循环系统转折点上，有利于养料的转变。

黑尔斯正是在这个基础上建立他的植物营养理论。J. 冯·萨

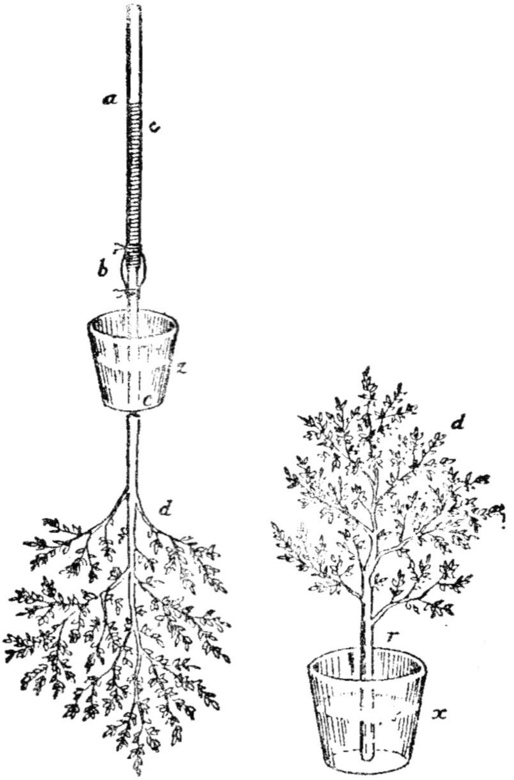

图 180—黑尔斯的植物排汗实验(2)

一株粘接于充有水的玻管 ab 的苹果枝 d。这枝在玻管下面的 c 处截切。一个玻璃水槽 z 固定在茎的其余部分 cb 的底部，槽内水面上盖有牛肠，以免茎 cb 滴下的水蒸发。截下的枝 dr 放在一个水量经过称量的储水器 x 中。这枝吸收 18 盎司水，而在同一期间只有 6 盎司水通过茎 cb，这茎上始终有一水柱压着。“这再次表明排汗力量之大；同时，通过枝 r 的各个细长部分汲入大量的水，即通过这枝长茎 cb 的那么多水，cb 长 13 英寸，管 ab 中有 7 英尺水压作用于它。”

克斯这样谈到他在这个领域的著作：“斯蒂芬·黑尔斯的出色研
447 究，使从马尔比基和马里奥特到英根豪茨为增进植物营养知识所
做的一切工作都黯然失色。……他的《植物静力学》……是第一部

比较完备地论述植物营养的著作……它基本上是作者自己的研究成果”(*History of Bontany*,英译本,Oxford,1890,p. 476)。

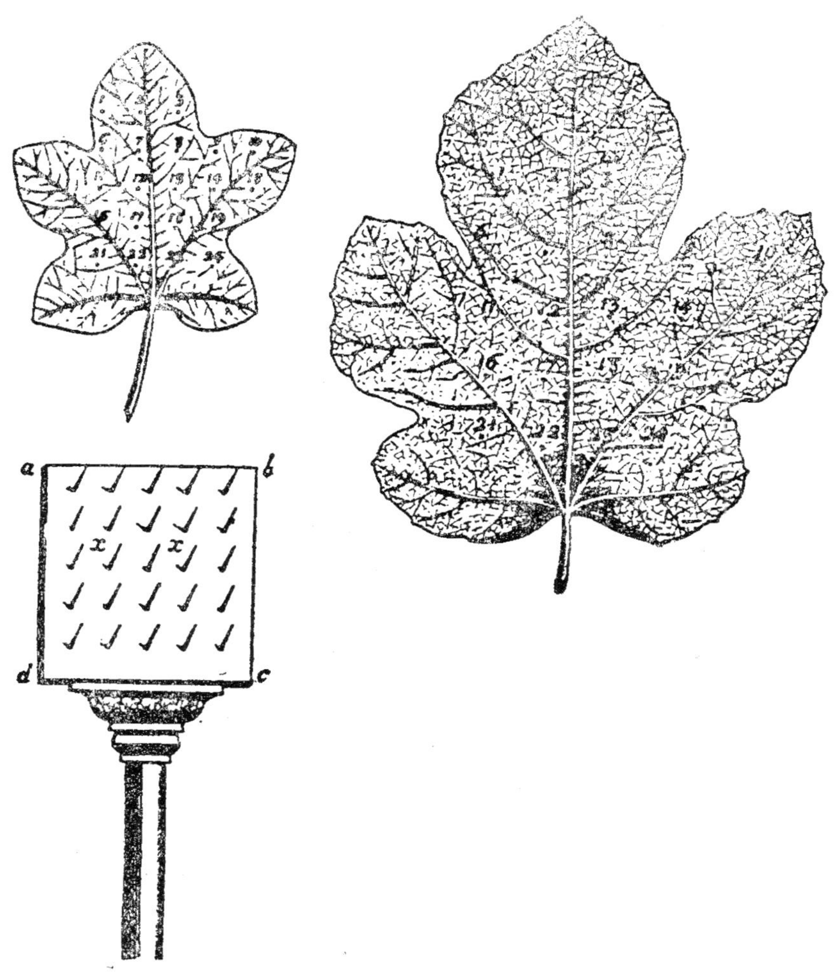

图 181—黑尔斯关于叶膨胀方式的实验

用一块栎木板 *abcd*,按$\frac{1}{4}$英寸间距规则地钉上 25 枚钉子,把一张无花果叶子(左上)伏刺在钉子上面,钉子浸染过铅丹,以留下不褪的痕迹。叶子长足时(右上),这些红点按图示比例散开。

他对植物营养知识未来发展所做的最重要贡献，也许是他注意到叶的作用不仅在于从土地吮汲营养液，而且还在于从空气吸
448 收物质。他写道：“这些被叶吸收的新的空气化合物……不无可能是构成植物的……较精细要素……的材料。……植物很可能通过叶从空气中吸取一部分养料。”他还说：“难道光不也可能自由进入叶和花的膨胀表面，由此大大促进植物各要素变为精华吗？”(*Vegetable Staficks*，pp. 324—7)

必须记得，黑尔斯是非凡的化学家，事实上他发明了最重要的化学仪器之一——集气槽(见图182)。自然，他把他的化学知识

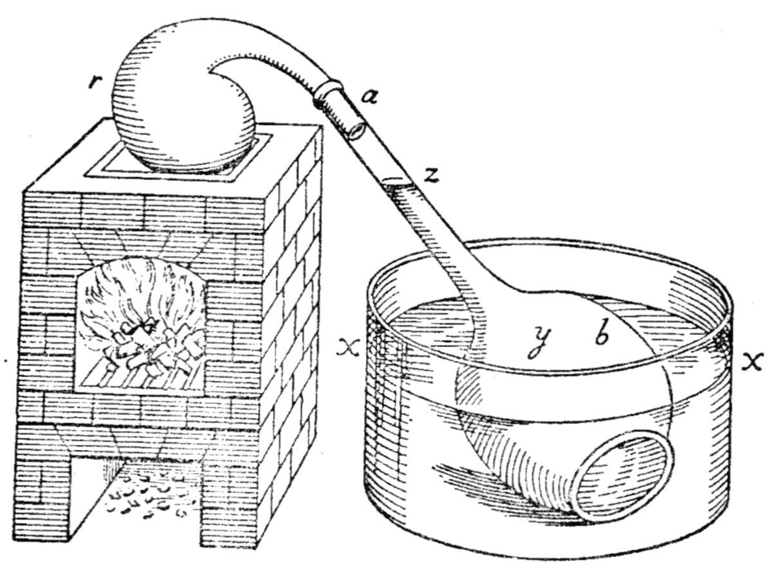

图 182—黑尔斯的原始集气槽

加热曲颈甑 r 中各种物质时产生的空气，通入放在水槽 xx 中的量规 ab。藉助一虹吸管可将空气抽出，而水则上升到 z。在加热了曲颈甑中的东西之后，水位 xx 下降，这下降表明有多少空气释出。(在这集气槽的一种改进型中，接受器 ab 和发生器 r 分开。见第432页上的图153。)

运用于生物学问题。十七世纪的化学家业已证明，空气对于生命的维持是必不可少的。当然，黑尔斯也以这种观点为指导，他因而进行实验来证明，植物和其他物质中都包含相当数量的空气。他指出："做过的许多实验证明，植物不仅以根部，而且还通过其干和枝的各部分吸入大量空气……这使我更仔细地去探索一种对动植物生命和生长的维持来说那么必需的流体的本性。"（上引著作，pp. 155—156）迈克尔·福斯特爵士这样谈到黑尔斯关于空气的著作（见第395、550页及以后）："他的著作中率先明确宣称，气体既以自由态也以化合态存在。由于明确提出这条原理，他对其他人的研究产生了显著的影响，从而有力地促进了后来其他人作出发现。"（*Lectures on the History of Physiology* … Camb., 1924, p. 229）

植物生理学直到十八世纪末才得到进一步发展，那时普利斯 449

特列、英根豪茨和塞内比埃等人在这些年里化学进展所造成的有利条件下进行植物营养研究。

普利斯特列

第十三章里已叙述过约瑟夫·普利斯特列对化学的重要贡献。这里只需回顾他有关植物生活的发现。普利斯特列考察了复原或更新被呼吸或蜡烛燃烧等等污浊的空气。他从一个错误观念出发，它建基于植物生活和动物生活间的一个虚妄类比。然而，他的假说可付诸检验，并且他为此所做的实验例证了，甚至一个虚妄假说只要能为观察或实验检验，也能导致发现真理。这段史实可用他自己的话扼述如下。他写道："人们可能想象，既然普通空气对于植物和动物的生活来说是必不可少的,因此,植物和动物以同样方式影响它。我承认,当我最初把一根薄荷枝放进倒置于一盛水容器中的一个玻璃瓶之中时,我也抱着这种料想;但是,当它在那里继续生长了几个月之后,我发现,这空气既未使蜡烛熄灭,也未使我放在里面的老鼠有任何不适。”(*Phil. Trans.*,1772,Vol. 62,pp. 166—7)进一步的实验表明,生长着的植物“复原”蜡烛在其中燃烧的空气和动物呼吸所污染的空气。普利斯特列得出结论:空气的这种“复原”取决“于这植物的营养状况”(同上,p. 169)。按照他自己的说法,由于一个幸运的机遇,“他悟出了一种复原已被蜡烛燃烧侵染的空气……并且至少发现了一种复原剂,自然界把它应用于此目的。它就是植被”(同上,p. 166)。约在同时,即1771 年 8 月,他也对呼吸污染的空气做了实验(同上,p. 193)。普利斯特列的发现,与动物不同,植物不是污浊空气而是使之复原,对后来的植物学研究产生了相当大影响。

英根豪茨

荷兰生物学家扬·英根豪茨(1730—99)把普利斯特列关于植
被对空气影响的研究推进到一个新阶段。他是在一次访问英国期
450 间了解到普利斯特列的工作的。1779 年,他发表了一部著作,题
为《植物实验,发现它们在日照下有巨大的净化普通空气的力量,但在阴荫处和夜间侵染这空气》(*Experiments upon Vegetables, discovering their great power of purifying the common air in sunshine, but injuriog it in the shade or at night*)。他在书中证明,植物复原空气,依赖于日光的作用。因为植物的叶所需要的,

是“太阳的光而不是太阳热的作用”(上引著作,p. 8)。他继续又说:“太阳的光而不是热,即使不是唯一的那也是主要的原因,致使植物产生其脱燃素空气。”(p. 79)可以注意到,英根豪茨当时受到燃素说影响。但是,后来他就摆脱了它。他在后来的一部著作《论植物的营养》(*On the Nutrition of plants*)(1796 年)中,表示他得益于新的化学,要是没有它,他本来“不可能从事实推出真实的理论”。英根豪茨发现光合作用,认识到它是不同于他也相当注意的呼吸的一种过程。他写道:“我进行这种探索后过了不久,眼前就展现了一幅重要景象:我注意到,**植物不仅像普利斯特列的实验所表明的那样,在污浊空气中生长六到十天左右就能使之恢复,而且植物还能在几小时内就完全地履行这一功能;这种惊人的作用根本不是由于植物的营养,而是日光对植物的影响所使然**”(*Experiments upon Vegetables*,1779,Preface,p. xxxiii)。

在英根豪茨的著作中,我们看到了,他对大气在为植物提供养料中的作用作了远为充分的评价,因为他写道:“植物看来靠它们伸展的根从土地中汲取其大部分液汁;它们的燃素物质主要得自大气,它们从大气中吸收自然的空气。它们以其叶中的物质精制这空气,从中分离出它们自身营养所需要的东西。……一株植物……不可能……去搜寻它的食物,而必须在……它所占居的空间中寻找一切它所需要的东西。……树把它的无数叶子伸展到空气中,把它们散布开来……尽可能不相互阻塞地去从周围空气中吸入一切它们所能从中吸收的东西,并把……这物质……置于阳光的直射之下,以便接收这巨大发光体作用所能提供的恩惠。”(上引著作,p. 74)塞内比埃和德索絮尔在随后的年月里继续了这里开创的工作。其中塞内比埃的工作属于我们所考察的这个时期。

451 塞内比埃

如我们所见，在后期工作中，英根豪茨利用了拉瓦锡的新的化学理论。但是，塞内比埃（1742—1809）从中得到了更大的助益。1800年，《植物生理学》（*Physiologie Végétale*）中发表了就光对植物营养影响进行的无数实验的结果和结论。塞内比埃著作的重大功绩之一在于，它按照新的事实总结了当时已知的一切论及植物生理学诸多方面的著作。例如，萨克斯说，关于当时最为重要的问题，即植物中碳的起源问题，“在了解英根豪茨著作的那些人看来，无可置疑的是，植物中的碳至少大部分来自大气；但是，塞内比埃对这问题作了与众不同的考虑；他努力考虑到一切协同起作用的因素，尤其是再次证明，在光中的植物所释出的氧来自它所已吸收的二氧化碳，而只有绿色部分而不是其他部分能够完成这种分解，自然界中有充足的二氧化碳供给植物养料。不过，虽然他深信，绿色叶子分解它们周围呈气态的二氧化碳，但他认为，这种物质主要取道根而同上升的液汁一起进入叶子”（*History of Botany*, p. 497）。

德索絮尔

著名生理学家泰奥多尔·德索絮尔（1767—1845）发表的著作有相当一部分不属于我们这一时期，而在十九世纪初。但在这里论述其一部分，还是比较合适的，因为，它们可以认为是英根豪茨和塞内比埃两人工作的直接产物。有人这样谈到十八世纪生理学家:“黑尔斯、普利斯特列、塞内比埃、英根豪茨和德索絮尔都是碳同化作用研究的先驱。……这些人中间,德索絮尔最伟大:他第一个核定了表明光合呼吸商的统一的平衡表……他还第一个表明,水和盐以及二氧化碳是绿色植物营养所必不可少的。”(T. G. Hill:载 *Report of the Brit. Assoc. for Adv. Science*,1931)

英根豪茨和塞内比埃仅满足于对之作观察和描述的那些过 452
程,德索絮尔却加以定量的研究。结果,他发现了,水的各成分同二氧化碳中的碳一起被吸收到植物之中。

植物生理学的定量研究方法导致德索絮尔从事其他一些探索。当充分认识到了,构成植物物质中如此重要组成部分的碳是空气供给的时,人们自然而然地就倾向于轻视土壤,而在这之前一直认为,它是攸关重要的。德索絮尔则表明了,植物从土壤获得的无机物质是何等地重要;根部植在蒸馏水中生长的植物,几乎丝毫也不增加其本体的物质。似乎可以合理地认为,既然大气中二氧化碳含量那么少,所以,这含量的增加将导致产生更多的植物食物。然而,德索絮尔表明了这假说的局限性。他指出,如果二氧化碳不是变得致死性的,那么,二氧化碳的增加便来自光强增大。这个认识对于进一步研究碳同化作用,具有重要意义。

五、植物的性

格鲁、卡梅腊鲁斯和其他人

十七世纪,卡梅腊鲁斯(1665—1721)做了表明花粉对于能育种子产生具有重要意义的实验。在他的著作《论植物的性》(*De Sexu Plantarum*)(1694 年)中，他写道："在同株植物上雌雄花离生的植物中，我从两个例子认识到去除花药所带来的危害。当我在花药展开之前摘除雄花，并阻止雄幼花生长，但保留子房时，我从未得到完满的种子，而只有空的种皮。"很大程度上由于这一实验工作的力量，人们几乎普遍相信，卡梅腊鲁斯发现了植物的性。但是，1720 年即卡梅腊鲁斯死的前一年发表的布莱尔的《植物学论集》(*Botanik Essays*)表明，这不是十八世纪初年的公认观点。
453 书中第四篇论文论述"植物的发生"，布莱尔在文中写道："我现在要论述动植物共同的那些东西。我是指它们的发生即物种繁殖方式的问题。……许多人论述过动物发生的问题，但罕有人能给出人们所期待的令人满意的说明；能够令人信服地论述植物发生问题的人，就更其寥若晨星。因为，人们至今仍不明白：(i)虽然动物有两种不同的性……但植物尚无已知的这种东西"(*Botanick Essays*，1720，p. 221)。在表明了像动物一样，植物也"必然有两性"之后。布莱尔"追溯了从发现者格鲁博士直到现在，这种见解即植物像动物一样也有雌雄两性的起源和发展。格鲁博士第一个隐约暗示这个见解。它已为……雷先生改进。卡梅腊鲁斯(像他自己承认的那样)受到他的著作的激发而推进了这个见解"(上引著作，Preface)。布莱尔还说："鲁道尔夫斯·雅各布斯·卡梅腊鲁斯……在他的《植物的性书简》(*Lettre de Sexu Plantarum*)中，正是由于这两位英国伟人，才认真地考虑古代人屡屡否定的这种主张植物有两性的见解。他承认，他因读了格鲁博士和雷先生关于这个问题的著述才相信这条真理的，他把作出如此宝贵发现的殊荣归于他们两人”(*Botani ok Essays*,p. 272)。今天,我们也得按格鲁和雷的同时代人和直接后继人的看法,把属于这两人的荣誉归于他们。菲利普·米勒写道:“格鲁博士是我所能找到的唯一作者,他观察到,那些以某种方式起着雄性精子作用的药片所散发的……粉。但我认为,他在这里还有缺陷,因为他认为,它们只是滴落在外面……而由某些含酒精的发散物给内含的种子授精”(Miller,*Gardener's Dictionary*,1731)。

布莱尔断定,卡梅腊鲁斯承认得益于格鲁,这是完全正确的。这鸣谢见诸《论植物的性》第 226 页。无疑,这一发现应归功于格鲁。然而,应当承认,卡梅腊鲁斯也有一定功劳,因为他做了这方面的实验工作。植物的性的最终证据毕竟必须到实验证明中去寻求;卡梅腊鲁斯还把格鲁提出的理论观念付诸实际应用,因此,给他荣誉也是公正的。然而,帕特里克·布莱尔还指出,在卡梅腊鲁斯之前,已经有人用实验表明,雄蕊的产物对于能育种子的发育是必不可少的。他记叙说:“雅各布·博巴特先生……约在三十八年 454
前〔即约 1682 年〕,那时还没有完全弄懂植物有两种不同性的学说……就已观察了一株叫 *Lychnis Sylvestris Simplex*〔单枞萜剪秋罗〕的植物,它的花虽有雄蕊,却没有顶端;……他留心这株植物,小心照料它,直到种子成熟;他最后收到的种子坚实至极。……他把它们播种在他的园子里……但是却连一株也没有长出来。”(*Botanick Essay*,p. 243)布莱尔还说:他的“这个说法得之于著名的谢拉德博士……他们两人都是深孚众望、声誉卓著的人物,我可以斗胆说,这个关于植物有不同性的见解现在建立在另一个基础上,它不同于我们现代作者大都接受的基础”(上引著作)。

不无可能的是，卡梅腊鲁斯不知道这部著作，至少在他写作《论植物的性》的时候还不知道，因为，布莱尔写于1720年的说明看来是博巴特观察的首次发表。说卡梅腊鲁斯第一个提出，植物的性可同已知动物的性相比拟，或者第一个用实验证明它，这种说法似乎不可能证明是合理的。但是，增进我们关于这个问题的知识的，是卡梅腊鲁斯的工作，而不是博巴特较早的工作。

及至十七世纪末，已经最后定论地证明，能育种子只能作为传粉的结果产生。然而，要经过许多年之后，这个学说才得到普遍公认。这期间，逐渐积累起了相当数量证据，它们最终确立了，植物的性和杂种的形成（天然的和人工的）都是无可争辩的事实。

克尔罗伊特和其他人

诚然，约瑟夫·克尔罗伊特（1733—1806）的工作是十八世纪里这一领域中最杰出的贡献之一。然而，尤其在英国和美国，还有一些人也大大增进了我们的知识，因为他们仔细记录了他们对植物育种进行的观察和实验的结果。C. 泽克尔在评价《植物杂种的早期记录》（*Early Records of Plant Hybrids*）（*Joun. Heredity*, Vol. 23, 1932）时，注意到这样的事实：科顿·马瑟早在1716年就已“记录了（1）风媒传粉；（2）杂交（不同品种交配）；（3）有些后代和雄性亲本相似”（上引著作，p. 446）。卡梅腊鲁斯已经用玉蜀黍（Zea Mays）做实验研究，在他之后的杰弗罗伊、马瑟、保罗·达德利和詹姆斯·洛根等人也做过这样的研究。这些植物杂交早期研究者能得到这种植物作研究，是很幸运的，因为像后来所表明的那
455 样，雄性亲本的影响直接显现在发育的胚乳（食物保存物）之中。

杰弗罗伊的观察表明，能育种子的产生需要花粉，但这些观察对杂交毫无贡献。不过，以下的摘录可用来表明，这些美国人的早期观察在多大程度上奠定了我们关于传粉以及杂种形成知识的基础。马瑟于1716年在一封致联邦储备系统的詹姆斯·佩蒂弗的信中写道："我可以提供例子来说明植被保存的方式，在此我报告我邻居最近做的两个实验。"

"我的邻居在他田里种植了一行我们的玉蜀黍，不过这些谷物给着上**红色**和**蓝色**；田里的其余地方，他种上最普通颜色即**黄色的**玉蜀黍。在最向风那一边，这一行侵染了毗邻的四行、第五行的一部分以及第六行的边缘，使它们像自行生长那样着色。但在背风那边，至少有七八行被这样着色，而且在更远的那些行上，也有些较淡的痕迹"（参见 Zirkle：*Journ. Heredity*, Vol. 23, 1932）。保罗·达德利在1724年记录了"这种谷物〔玉蜀黍〕生长中同样的异常现象，即在谷物种植后，颜色交换或混合"（*Phil. Trans.*, 1725, p. 198）。1735年，詹姆斯·洛根写给柯林森一封信（后来发表于 *Philosophical Transaotions*, 1736, p. 192ff.），信中他记录了他园子里对玉蜀黍做的大量观察和实验。可以看出，他抓住了问题及其种种可能性。他也许第一个认识到，他能够把雌花分离出来，方法是给它们盖上"细布……以防止花粉通过"（上引著作，p. 193）。他写道："在穗上，我覆盖细布，结果，连一个成熟子粒也未长成。……但在其余部分，我留一部分，又拿掉一部分穗丝〔柱头〕，结果，每一处都长出极匀称的完全子粒。"（上引著作，p. 194）

凡是和植物打交道的人，不管抱什么目的，普遍都对植物的性这个问题感兴趣。例如，理查德·布莱德雷在他的著作《栽培和园

艺新改良》(*New Improvements of Planting and Gardening*)(1717 年)中专门用一节论述植物发生。他在 1718 年写道:“我认为,自己有责任声明,这个秘密的第一个线索是皇家学会的一个杰出会员罗伯特·鲍尔斯先生在几年之前告诉我的;他抱有这个观念已不下三十年之久,即植物也有和动物有些相似的繁殖方式。
456 我从这位先生那里得到的启发,后来为该学会另一位学识渊博的会员塞缪尔·莫兰先生所进一步阐发,他……使我们懂得,花的顶端的粉〔即雄性精子〕怎样变成植物种子的子宫即瓶状体,而其中的种子正藉其被授精。于是,我以探明真相为己任,我十分幸运,竟用一些实验作出了证明。”

在“本系统的论证部分”,布莱德雷描述了他用两组郁金香做的实验:一组是一大片,有四百株;另一组有“十二株,长得十分健康,离前一组非常远”(上引著作,p. 20)。当他“在传粉体成熟或出现这种征象之前,小心地把这些郁金香的顶端都除去”的时候,他“极其小心地观察”它们的开放。“这些郁金香那年夏天没有结种子,而……这四百株我让它们一一独处时,每株都产生种子”(上引著作)。他还说明了用“远离其余同类”的榛和别的风媒传粉植物做的实验。他指出,如果雄葇荑花序在花粉散落之前被去除,那么,就不会结出果实,“除非你记住挑出某朵花,而它能由另一棵树的葇荑花序……轻轻散在它上面而受精”(同上)。

布莱德雷完全清楚他的观察的重要性。因为他指出,“根据这知识,我们可以用同纲的一株的花粉给另一株授精,由此来改变任何水果的性状和味道”(上引著作,p. 22)。他在另一处还写道:“并且,一个精明的人根据这种知识能够产生以前未闻的稀罕品种植

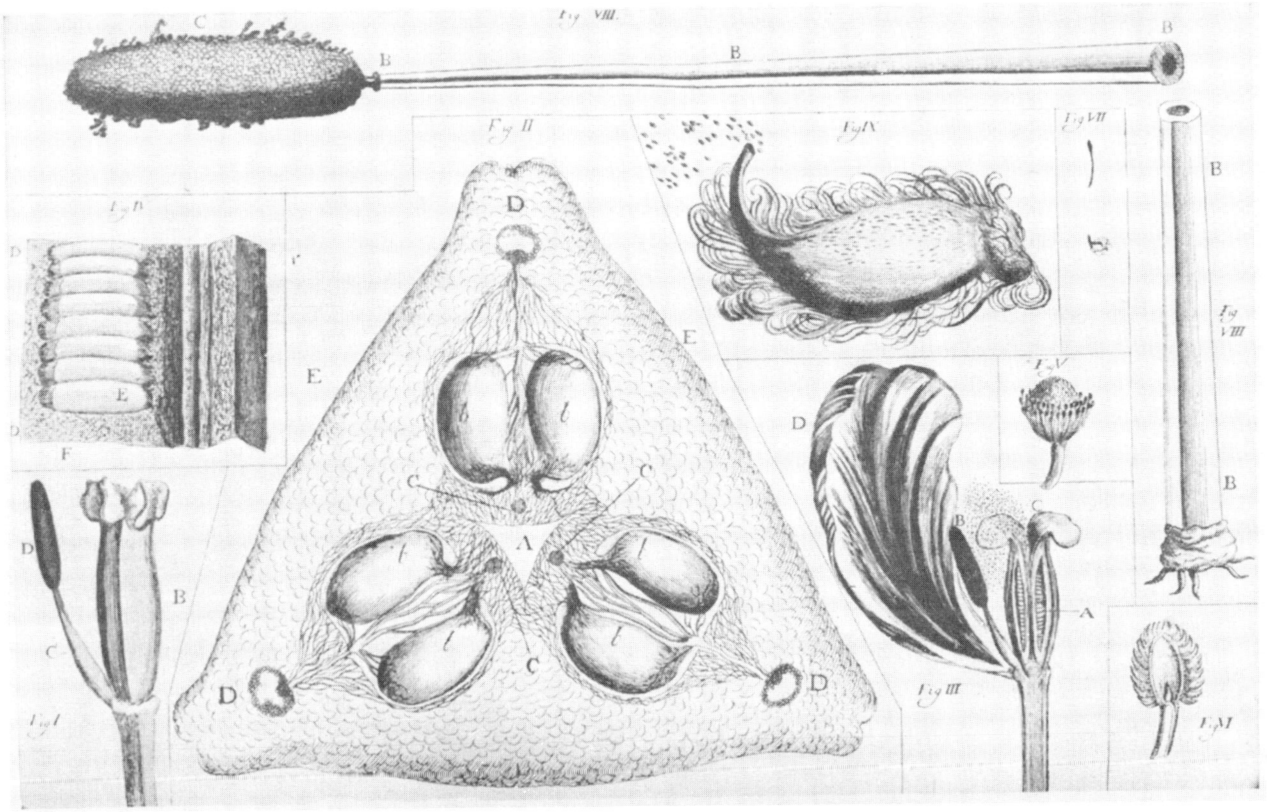

图 183一 布莱德雷的植物生殖部分示图

物，其方法是，为此目的选择两种在各部分都接近相似的植物。”（上引著作，p. 23）

这些见解不止是无谓的思辨。这为他对一件事的评论所证实，这事发生在“霍克斯顿的托马斯·费尔柴尔德先生的园子里。用美国石竹的花粉授精的一株麝香石竹的种子长出……一株植物，它既不是美国石竹，也不是麝香石竹”（上引著作，p. 24）。他把这种植物同杂种相比较，指出，“就发生而言，〔它们〕也和杂种相同，但却不能繁衍它们的种”（同上）。种间杂种的自花不育性在实践上已完全确定，但还没有可能从理论上了解，或者作为思辨结果提出。

如上所述，早在 1716 年就已确定，风是传粉的媒介。我们对
457 昆虫作这一工作的重要性的认识，要晚一些，最初是菲利普·米勒的一次观察发现的。米勒把这观察写信告诉了理查德·布莱德雷，后者把这信发表于《论耕作和园艺》（*A Treatise of Husbandry and Gardening*）。在 1721 年 10 月 6 日的一封信中，米勒在描述了他的观察之后写道：“这使我尝试实验，在花落花粉之前，把花的顶端摘除；……但是，我大吃一惊，一些种子十分成熟，具有一切应有的优良性状，我们把它们播种后，长势很好。我的朋友为此责备我，说我宣扬的是个十足的幻想，但我希望，他们能等我再尝试一次；因此，我种植十二株郁金香，一旦它们开花，就用一把精细的镊子取除顶端，免得我碰落一些花粉，而且我用显微镜也看不出还有花粉留下。过了大约两天，我坐在园子里观察，看到一些蜜蜂在我近处的一片郁金香花丛中穿梭不停；我盯住它们，看到它们飞出来时，腿上和腹部都沾有花粉，其中有一只飞进我已使之去雄的一

株郁金香；我拿起显微镜观察它飞进去的那株郁金香，发现它留下足可给这郁金香授精的花粉；当我把这告诉朋友时……和他们又言归于好。但是，也许海外有人可能重蹈覆辙……我希望你将此信发表；因为，除非采取措施把昆虫赶开，否则，植物就可能由远比蜜蜂小的昆虫授精。”布雷莱德给这段说明作补充说：“这观察到了昆虫在花间传递雄花粉，由此给一些否则绝不可能再育的花授精。这是个崭新的思想，也十分合理。”（上引著作，1724，Vol. 11，p. 14）

这一切工作以及还有许多工作都是在克尔罗伊特记录他的传粉实验之前做的。在他的时代，这工作很少为人们理解，也更得不到什么好评。然而，他的《关于植物的性的统一的实验和观察的初步报道》(*Vorläufige Nachricht von einigen das Geschlecht der Pflanzen betreffenden Versuchen und Beobachtungen*)（1766年）证明已具有关于传粉和杂交的关键性知识，而这成为后来研究的可靠基础。

关于柱头上花粉粒萌发的知识的缺乏，并未对传粉作用的观察带来太大影响。诚然，克尔罗伊特进行工作时相信，柱头上花粉粒发出的流体流入胚珠；他对花粉管的产生，以及花粉管通过花柱
到达子房和胚珠的路径，都毫无所知；当然，他也不知道，雄配子沿 458
此途径能到达卵子。克尔罗伊特认为，受精本质上是化学的化合。他认为，这过程乃是花粉粒的油状物质同柱头流体的混合，因此，他不得不认为，受精发生在柱头上，而不是在胚珠中。他主要关心传粉的机制以及花粉在产生新一代中的作用。就此而言，克尔罗伊特所做的杂种产生实验具有带根本性的重要意义。但是，这一

点要到十九世纪才为人们所认识。

克尔罗伊特大约做了六十五个植物杂交实验。作为实验和观察的结果,他得出下述结论。仅当亲缘关系密切的植物杂交时,杂交才有成果或者获得成功,而且,即使这样,也不总是取得成功。成功时,杂种植物一般长得较快,花开得或早或迟,持续时间较长,在秋天,不仅从茎而且还从根长出幼枝。他认为,造成这些优点的,可能是这样的事实:与自然植物不同,杂交植物并不由于种子发育而削弱。他还观察到,在杂交植物继续自花传粉之后,它们的原始亲本类型又重现。

至于受精的方式,克尔罗伊特认为,不仅无花果树,而且黄瓜、甜瓜和各种其他植物,也都通过昆虫受精。在十八世纪末,施普伦格尔还表明,大自然自己也以昆虫为媒介进行植物杂交的实验。

施普伦格尔

毫不奇怪,在物种不变性被确凿无疑地接受的环境里,产生介于亲本植物之间的杂种的可能性,是得不到支持的。这一事实可从植物研究的这一方面只有零星发展这一点得到充分印证。十八世纪里,这方面研究还有一个杰出倡导者是康拉德·施普伦格尔(1750—1816)。萨克斯在写到他时,说道:"在康拉德·施普伦格尔那里,我们看到了又一位像卡梅腊鲁斯和克尔罗伊特那样的天才观察家。不过,在概念大胆性方面,他超过他们两人。因此,他甚至比他们更得不到同时代人和后继者的理解。"(*History of Botany*,p. 414)

今天的植物学家在阅读施普伦格尔的著作时,可能会责备它们采取纯粹神学的观点，这种观点现在已罕有人支持。然而，恰恰在如此探求他观察到的一切事物的根本动机以及植物和昆虫间关系的解释的过程中，施普伦格尔写成了他的最佳著作。1793 年，施普伦格尔发表了《新发现的关于花的构造和受精的本质的秘密》(*Das new entdeckte Geheimnis der Natur in Bau und Befruchtung der Blumen*)，书中他提出了自己关于传粉和花对来访昆虫 459
的适应的观点。克尔罗伊特和其他人已经证明了，通过亲缘关系相近的种之间的异花传粉，有可能产生杂种。然而，施普伦格尔扩充了这工作而表明，异花传粉是一个种之内的常见现象。事实上，许多花各部分的形态和排列背后的动机似乎就在于此。“因为，非常多花都是雌雄异株的，并且，可能至少许多两性花是雌雄蕊异熟的，所以，大自然看来未曾希望，一切花都由其自己的花粉来授精。”两性花的雌雄蕊异熟特别引起注意，并且，施普伦格尔既熟悉雄蕊比柱头先成熟的花(即后雄蕊花)，同样也熟悉柱头首先成熟的花(即雌蕊先熟花)。

传粉主要是昆虫的工作，非常多花都只对一定昆虫的来访表现出特殊的适应；不过，像风之类的媒介也担负传粉的工作。没有呈彩色花被或花蜜形式的那种专门吸引昆虫的手段的植物，通常是风媒传粉的，并且施普伦格尔还发现它们产生大量很轻的花粉。

从施普伦格尔积累的大量知识中，还可以援引许许多多例子。但是，这里只要再补充一点就够了。虽然总的说来他坚持克尔罗伊特关于受精的观点，但他增进了关于传粉和保证传粉进行的机制的知识，使之离我们今天的水平仅一步之遥。

(参见　J. von Sachs：*History of Botany*，1530—1860，Oxford，1890；H.

F. Roberts：*Plant Hybridization before Mendel*，Princeton，1929；以及第 556 页上关于植物学的书。）